A DEMON-HAUNTED LAND: Witches, Wonder Doctors
and the Ghosts of the Past in Post-WWII Germany
Copyright © 2020 by Monica Black
Published by arrangement with Metropolitan Books,
an imprint of Henry Holt and Company, New York.
All Rights Reserved.

Tradução para a língua portuguesa
© Clemente Penna e Patricia Jeremias, 2024

Diretor Editorial
Christiano Menezes

Diretor Comercial
Chico de Assis

Diretor de Novos Negócios
Marcel Souto Maior

Diretora de Estratégia Editorial
Raquel Moritz

Gerente Comercial
Fernando Madeira

Gerente de Marca
Arthur Moraes

Gerente Editorial
Marcia Heloisa

Editor
Bruno Dorigatti

Capa e Projeto Gráfico
Retina 78

Coordenador de Diagramação
Sergio Chaves

Designer Assistente
Jefferson Cortinove

Preparação
Felipe Pontes

Revisão
Lucio Medeiros
Retina Conteúdo

Finalização
Sandro Tagliamento

Marketing Estratégico
Ag. Mandíbula

Impressão e Acabamento
Braspor

DADOS INTERNACIONAIS DE CATALOGAÇÃO NA PUBLICAÇÃO (CIP)
Jéssica de Oliveira Molinari - CRB-8/9852

Black, Monica
    Uma terra assombrada por demônios / Monica Black ; tradução
de Clemente Penna, Patricia Jeremias. — Rio de Janeiro ;
DarkSide Books, 2024.
    336 p.

    ISBN: 978-65-5598-454-5
    Título original: A Demon-Haunted Land: Witches, Wonder
Doctors and the Ghosts of the Past in Post-WWII Germany

    1. Ciências ocultas - Alemanha – História 2. Guerra Mundial,
1939-1945 – aspectos psicológicos 3. Casas mal-assombradas
4. Demonologia - Estudo de casos I. Título II. Penna, Clemente
III. Jeremias, Patricia

24-4299   CDD 133.4094

Índices para catálogo sistemático:
1. Ciências ocultas – Alemanha – História

[2024]
Todos os direitos desta edição reservados à
DarkSide® Entretenimento LTDA.
Rua General Roca, 935/504 — Tijuca
20521-071 — Rio de Janeiro — RJ — Brasil
www.darksidebooks.com

UMA TERRA ASSOMBRADA POR DEMÔNIOS
Monica Black

Bruxas, Doutores Místicos e Fantasmas do Passado na Alemanha Pós-Segunda Guerra Mundial }

Tradução
Clemente Penna
& Patricia Jeremias

DARKSIDE

Para Nikki, minha irmã

No âmbito restrito de um discurso diabólico,
a ansiedade, a vingança e o ódio aparecem livremente
[...] mas são elementos, acima de tudo, deslocados,
encapsulados [...] mascarados e subjugados.

— Michel de Certeau, *La Possession de Loudun*

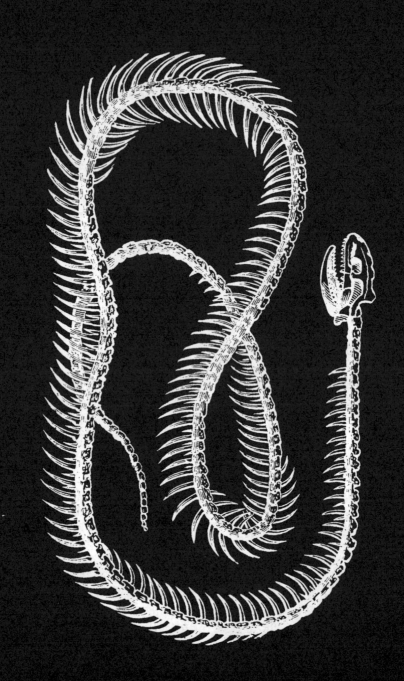

SUMÁRIO

Introdução 13
1. Lendo os sinais 31
2. Um estranho na cidade 57
3. O milagre de Herford 69
4. Medicina da alma 90
5. O messias em Munique 108
6. Se o mal é a doença,
   o que seria a cura? 136
7. A doença que vem do pecado 162
8. Existem bruxas entre nós? 185
9. A cruzada de Kruse 216
10. Alvorecer de uma nova era 248
Conclusão 278

Agradecimentos 284
Índice remissivo 289
Notas 301

INTRODUÇÃO

Frau N. e sua família eram de uma vila da Francônia, no sul da Alemanha. Seu pai era conhecido por ser um *Braucher*, uma pessoa com certos poderes de cura. Embora a maioria dos moradores daquelas regiões dependessem dos que possuíam tais poderes, comunidades como a de *Frau* N. geralmente tinham uma opinião ambígua a respeito dos curandeiros, que beirava a desconfiança. Afinal, alguém que era capaz de usar magia para afastar doenças, também não poderia fazer o mesmo para causá-las? Quando seu pai teve uma morte sofrida, os vizinhos confirmaram suas suspeitas de que ele estava mancomunado com forças ocultas e passaram a ter sentimento semelhante em relação a *Frau* N. Ela também era conhecida por ser muito fechada e "nadar contra a corrente", e por ser muito alinhada aos "bem-nascidos".

No entanto, os verdadeiros problemas de *Frau* N. se iniciaram quando *Herr* C. chegou ao vilarejo. O homem dizia entender de curas e afirmou conseguir determinar as causas de uma doença com a leitura de sinais — farelos de pão, cinzas e gravetos flutuando na água. Esse homem se tornou bastante atuante na vila com sua magia. Ele alegava possuir poderes de magia branca e controlar forças magnéticas. E também começou a espalhar rumores acerca de N., dizendo que a vira através de uma janela lendo um livro que continha feitiços e encantamentos. Para C., isso significava que a mulher trabalhava para o demônio, enquanto ele, para Deus.

Herr C. bebia, trabalhava pouco e negligenciava sua extensa família. A comunidade não o via com bons olhos, entretanto, quando dois aldeões de meia-idade morreram subitamente, os rumores que já circulavam a respeito de *Frau* N. pioraram. Suspeitavam que havia o dedo dela nas mortes. Quando o filho do pastor local perdeu abruptamente o apetite, ela também levou a culpa e o mesmo ocorreu com a morte de um porco. C. começou a fazer previsões de que as crianças da família dona do falecido porco adoeceriam e ficariam mancas. Para evitar tal maldição, o curandeiro aconselhou a mãe a coletar a urina das crianças para que ele a borrifasse por fora da casa de N. como defesa contra suas maldades. Houve uma previsão de que N. procuraria a família em três ocasiões pedindo o empréstimo de objetos, o que deveria ser negado. Se todas as suas instruções fossem seguidas à risca, a mulher não teria mais nenhum poder sobre a família.

A família recusou a ajuda de *Herr* C., contudo seguiu cheia de preocupações. Ele conseguiu criar um clima de intenso medo na comunidade. Os menores eventos ocorridos na vila passaram a ser interpretados como resultado de bruxaria. As crianças foram proibidas de comer qualquer coisa que fosse preparada por *Frau* N. ou aceitar presentes dela. Caso aquela senhora levasse flores a um casamento, as pessoas as jogavam fora. Se desse a alguém um vaso com plantas, essas eram arrancadas pela raiz.

Ao fim, não restou alternativa à N. além de acionar C. na Justiça. Ele foi considerado culpado de difamação e recebeu uma sentença leve de prisão. Depois disso, os rumores relacionados a N. ainda podiam ser ouvidos em sussurros, porém não eram mais ditos em voz alta.[1]

Em meu primeiro contato com N. e C., a história dos dois me pareceu, até a surpreendente reviravolta no final, com algo que poderia muito bem ter se passado no início da Idade Moderna na Europa. Não fosse, é claro, pela chocante guinada ao final: a perseguida e difamada *Frau* N. vai aos tribunais pôr fim ao seu tormento. O acusador e difamador, *Herr* C., é repreendido e sentenciado à prisão. Esse é um desfecho que dificilmente ocorreria se estivéssemos, digamos, nos séculos XVI ou XVII, quando uma simples acusação de feitiçaria poderia desencadear grandes investigações judiciais e clericais. A tortura de suspeitos geralmente levava ao aparecimento de mais bruxas e feiticeiros. Resultando, no mais das vezes, em execuções e fogueiras.

Todavia, a história de *Frau* N. e *Herr* C. não se passou nos séculos XVI ou XVII. Ela ocorreu logo após a Segunda Guerra, na recém-criada República Federal da Alemanha. Por algum tempo após os horrores do Terceiro Reich, após o Holocausto e o mais sangrento e niilista conflito na história da humanidade, bruxas e feiticeiros — homens e mulheres que se acreditava personificarem e estarem ligados com as forças do mal — pareciam ter ficado à solta pela região. Entre aproximadamente 1947 e 1965, uma série de "julgamentos de bruxaria" — assim chamados pela imprensa — ocorreram ao redor do país, da Baviera católica ao sul, à protestante Eslésvico-Holsácia ao norte. Esses julgamentos ocorreram em pequenas vilas com a de *Frau* N., e em outras pequenas e grandes cidades.

Em seu nível mais básico, uma acusação de bruxaria na Alemanha do pós-guerra consistia na imputação de maldades ocultas e alegações de conspirações malévolas. Não há como negar que questões em torno da maldade assombraram o imaginário do pós-guerra e a vida de muitos cidadãos comuns após o nazismo, e as bruxas foram apenas uma de muitas dessas manifestações. Nos arquivos, encontrei fontes nas quais as pessoas relatavam serem perseguidas por demônios e que mencionavam a contratação de exorcistas. Me deparei com um curandeiro muito conhecido que afirmava ter o dom de diferenciar as pessoas boas das más, curar as primeiras e expulsar as segundas. Localizei registros judiciais e policiais que descrevem círculos de oração cujos membros se reuniam para combater infecções demoníacas. Deparei-me com imensas romarias a locais sagrados em busca de cura espiritual e redenção. Nos jornais, li rumores a respeito do fim do mundo, profetizando perdição aos maldosos e salvação aos inocentes.

Para compreendermos como a feitiçaria e outras fantasias relacionadas ao mal podem nos ajudar a entender os primeiros anos da Alemanha Ocidental, é preciso que pensemos a feitiçaria de uma maneira diferente da qual estamos acostumados. Ao contrário do temor existente às bruxas nos séculos XVI e XVII, as acusações de bruxaria na Alemanha do pós-guerra não envolviam atos sexuais com demônios, voos noturnos, levitações ou a capacidade de cair de um lance de escadas sem se machucar. O repertório não incluía mais súcubos e íncubos, ou o Sabá das Bruxas.[2] A história de N. e C. e muitos outros personagens como eles eram mais banais e bem menos fantásticas. Embora as acusações girassem em torno de maldades infligidas com uso de magia, seus principais elementos envolviam meras suspeitas, ciúmes e desconfiança. No entanto, não obstante o quão mesquinhos possam parecer estes episódios para aqueles que o veem de fora, eles foram bastante sérios, por vezes existencial e mortalmente sérios, porque lidavam com o bem e o mal, a saúde e a doença.

A crença em bruxas, demônios e curas mágicas não são apenas vestígios de um mundo "pré-moderno", estático e imemorial, que se perpetua de maneira imutável de geração a geração. Essas crenças possuem elementos culturais e histórias específicas que mudam ao longo do tempo, embora compartilhem de traços que se estendem ao longo de regiões e períodos históricos. Quase todas as pessoas que viveram nos Estados Unidos na década de 1980, por exemplo, lembrarão da grande obsessão com cultos "satânicos" que realizam rituais com abuso de crianças. Embora distinta em muitos aspectos dos episódios tratados neste livro, essa obsessão compartilha alguns temas com os casos alemães: as acusações geralmente surgem no seio de relações próximas, entre familiares, vizinhos e cuidadores. As alegações, além das disputas interpessoais, fazem vir à tona também uma ansiedade e mal-estar de ordem cultural. É neste mesmo sentido que as histórias e fantasias de bruxas na Alemanha no pós-guerra podem nos ajudar a entender melhor a sociedade na qual tais histórias circulavam. Por que tanto medo de maldades ocultas, danos espirituais e a possibilidade de uma punição cósmica surgiram naquele momento? Por que alguns tipos específicos de mal parecem ter ganhado força *após* o nazismo?

* * *

Cada período de tempo contém uma insondavelmente vasta e caleidoscópica gama de variáveis que influencia a direção e o caráter das mudanças históricas de maneiras completamente imprevisíveis. Ou seja, é um truísmo dizer que cada momento histórico é único. No entanto, o período logo após o fim da Segunda Guerra foi distinto em um sentido mais radical. Aquela guerra ainda nos deixa atordoados. A dimensão do desastre desencadeado pela Alemanha nazista no mundo foi tão intensa a ponto de desafiar a lógica e forçar um rearranjo de tudo mais a sua volta.[3] Esta capacidade da guerra de zombar tanto das formas cotidianas e populares de conhecimento, quando das cultas e acadêmicas, causou uma reviravolta antropológica — colocando em choque a humanidade como um todo e pondo em dúvida todo conhecimento básico e noção de mundo então em existência.[4] A criatividade para a destruição e crueldade demonstrada na Segunda Guerra rompeu com quase tudo que era perceptível ou aparente no comportamento humano e servirá de tema para as ciências sociais ainda por décadas a fio.[5] A própria maneira pela qual a guerra foi travada — genocídio, massacre de civis, migrações forçadas em massa, esquadrões da morte, campos de concentração, tortura médica, estupro em massa, morte por desnutrição de prisioneiros de guerra, bombardeios aéreos, bombas atômicas — tudo isto obliterou não apenas qualquer distinção prévia existente entre civis e militares, casa e campo de batalha, mas também qualquer diferença entre o real e o incompreensível. Antes que tivessem sido inventados pelos nazistas, quem poderia imaginar a criação de complexos industriais cuja única função fosse a produção e posterior eliminação de cadáveres?[6]

Quando teve início o século xx, os aviões sequer haviam sido inventados. Àquela altura, poucos seriam capazes de conceber que, em algumas décadas, cidades inteiras seriam transformadas em escombros por bombas aéreas. Poucos teriam a capacidade de imaginar que uma única bomba seria capaz de destruir todas as formas de vida de uma cidade, e vaporizar corpos humanos, deixando em seu rastro apenas silhuetas fantasmagóricas de seres vivos — ou que pessoas fossem ficar, como ocorreu em Hiroshima, "nem vivas, nem mortas", perambulando pela cidade "como fantasmas".[7] Ficção científica se tornou realidade científica. O médico e filósofo alemão Karl Jaspers, que se opôs aos nazistas, tinha esperança de que, com o fim da guerra, a ciência iria se redimir da bomba atômica e dos experimentos médicos nazistas. Em 1950, no entanto, ele admitiu que "a condição humana ao longo dos milênios parece ter sido relativamente estável em comparação com o momento impetuoso vivido atualmente pela humanidade, como resultado da ciência e da tecnologia, e que a está levando para um lugar incerto".[8]

Na Alemanha derrotada, uma leitura do mundo era especialmente difícil. O próprio país não sobreviveu à guerra como um Estado intacto, se considerarmos "Estado" como uma entidade soberana com seu próprio governo, burocracia, Exército e autonomia para firmar convenções e tratados comerciais. A Alemanha não tinha mais o direito de emitir sua própria moeda, não podia nem mesmo colocar placas de trânsito.[9] Muitos dos tradicionais símbolos e locais de autoridade — as Forças Armadas, a imprensa, as universidades e os estabelecimentos médicos — estavam moralmente comprometidos de forma muito profunda, ou foram extintos pelas forças aliadas durante a ocupação do país. Os britânicos, franceses, soviéticos e norte-americanos dividiram a Alemanha em quatro zonas de ocupação militar. Os britânicos e norte-americanos fundiram suas zonas e criaram a Bizonia, em janeiro de 1947. Quando os franceses de juntaram a eles, em 1949, nasceu a Trizonia. A região possuía até um hino não oficial, *Nós Somos os Nativos da Trizonia* — que foi um grande sucesso no carnaval daquele ano —, assim como as Forças Armadas e o governo alemães, o hino nacional da Alemanha também fora banido.[10] Os Aliados falavam abertamente a respeito de desmantelar todo aparato industrial do país de uma só vez, fechar minas e enfraquecer a indústria pesada, responsáveis pela capacidade bélica avançada do país.[11] O sentimento geral era de que a Alemanha poderia produzir com segurança relógios, brinquedos e cerveja, mas jamais armas.

Uma sensação generalizada de indeterminação pairava sobre a Alemanha — não apenas por que seu governo havia sido decapitado, sua rica economia reduzida ao escambo e a administração da vida pública estava sob o controle quase total de forças estrangeiras. Outros elementos muito caros à vida cotidiana dos alemães também haviam mudado. Palavras e ideias, símbolos e formas de cumprimentar, até mesmo gestos antes usados livremente viraram tabu. O chão, quase que literalmente, moveu-se sob os pés dos alemães: no verão de 1945, os Aliados se reuniram em Potsdam e concordaram em redesenhar o mapa da Europa, retirando da Alemanha seus territórios ao leste dos rios Oder e Neisse. No turbilhão que se seguiu, entre 12 e 14 milhões de alemães de várias partes da Europa Oriental, alguns de comunidades que existiam desde a Idade Média, fugiram ou foram expulsos de suas vilas e aldeias, por vezes mediante grande violência.[12] Will-Erich Peuckert, um folclorista, fugiu de sua nativa Silésia como um refugiado. Após o colapso de seu país e sua experiência como fugitivo, ele descobriu que "pensamento racional e causal" não "era mais suficiente" para que ele continuasse seu trabalho acadêmico. Ele se questionava se o motivo fora que "nosso império se desmantelou e nos quedamos presos à escuridão, e nada mais importava a não ser a colheita dos grãos".[13]

Milhões pereceram. Milhões desapareceram e se perderam para nunca mais serem encontrados. Outros milhões permaneceram nos campos de prisioneiros de guerra criados ao redor do mundo. Milhões perderam tudo por uma causa que poucos pareciam capazes de lembrar um dia terem apoiado. "De repente, tivemos que reconhecer", um homem se recordava, "que tudo o que fizemos, por vezes com grande entusiasmo ou senso de dever, havia sido em vão."[14] A derrota, a ocupação e as perdas apenas agravavam a necessidade de repostas. O que causou a derrota? Quem foram os culpados?

Alienação e deslocamento social haviam se tornados questões já bastante salientes mesmo antes do fim da guerra. Em 1945, um relatório da SD (a *Sicherheitsdienst*, divisão de inteligência da *Schutztaffel*, ou SS) descrevia sentimentos "de luto, prostração, amargura e crescente fúria" entre as pessoas, que crescia na população devido "ao grande desapontamento por ter confiado em quem não deveriam". De acordo com o relatório, tais sentimentos eram mais latentes "entre aqueles para quem a guerra trouxe nada além de sacrifício e trabalho árduo".[15] Nos últimos meses do conflito, os alemães lutavam não apenas contra os exércitos aliados em seu próprio território, mas também entre si. Cerca de 300 mil ou mais alemães de origem não judaica foram executados pelo regime nazista por traição, deserção ou por exibirem sinais de derrotismo. Aqueles que decidiram abandonar a batalha por vezes apareciam enforcados com um cartaz preso ao pescoço com os dizeres "covarde".[16] Tais atos de "justiçamento", em especial os realizados em pequenas cidades e bairros, não foram esquecidos ao fim da guerra, mesmo que o ressentimento não houvesse encontrado uma válvula de escape.[17]

Imagine-se vivendo em uma pequena cidade onde o médico da sua família, ao fim da guerra, fosse o mesmo que recomendara ao Estado nazista que você fosse esterilizado. Essas eram contas impossíveis de serem ajustadas e as perdas jamais seriam compensadas.[18] Para muitas pessoas, a vida cotidiana foi assolada por fraudes e traições. Nas noites de insônia, elas se questionavam o que havia acontecido com seus entes queridos que desapareceram durante a guerra. Alguns se lembravam do dia em que seus vizinhos judeus foram levados e mesmo que, naquele momento, muitos não soubessem o motivo, mais tarde ele ficaria evidente. Algumas famílias adotaram crianças durante a guerra; a elas foi dito se tratar de órfãos, talvez poloneses ou tchecoslovacos. Certamente muitos pais adotivos em algum momento se perguntaram quem eram os pais biológicos de seus filhos e o que acontecera com eles. Durante a guerra, as pessoas compravam objetos em feiras ao ar livre, itens roubados dos judeus que foram levados para morrer na Europa Oriental — louças, livros, casacos, móveis. Os alemães comiam na porcelana e bebiam nos copos que pertenceram aos seus vizinhos, vestiam as suas roupas e se sentavam a suas mesas de jantar.[19]

A língua alemã é famosa por seu extenso vocabulário. *Schicksalsgemeinschaft* era um termo utilizado durante a guerra para descrever uma comunidade supostamente unida pela experiência de um destino em comum. Hoje em dia, é consenso entre os historiadores que o tal destino em comum não passava de uma mera invenção da propaganda nazista.[20] Não resta dúvida que depois de 1945 não havia na sociedade alemã nenhum senso de experiência mútua e coletiva, pelo contrário, o que se viu foi o esfacelamento da confiança e a dissolução de laços morais. Os cidadãos foram encorajados a trair e entregar ao regime todos os que demonstrassem o menor traço de deslealdade, o que mandou muitos para campos de concentração e para a morte — durante o Terceiro Reich, denunciar se tornou um estilo de vida.[21] Uma pessoa poderia ser denunciada para a Gestapo por algo tão banal quanto escutar uma estação de rádio estrangeira. A memória dessas experiências, para traidores e traídos, não se dissipou rapidamente. Alexander Mitscherlich, um psiquiatra que viria a se tornar um dos mais proeminentes e importantes críticos sociais da Alemanha Ocidental, descreveu que a "frieza" que "caíra sobre as relações entre as pessoas" desafiava a compreensão. Foi algo "em escala cósmica", ele escreveu, "como uma mudança climática".[22] Uma pesquisa de opinião pública feita em 1949 perguntou aos alemães se as pessoas eram confiáveis. Nove entre dez responderam que não.[23]

Muito daquilo que sabemos a respeito do mundo nos chega pelas palavras de terceiros, pais e amigos, professores e a imprensa; e aceitar boa parte dessas informações é um ato de fé. Por exemplo, como o historiador da ciência Steven Shapin afirma, nós podemos "saber" a composição do DNA sem nunca tê-la verificado pessoalmente. Neste sentido, conhecimento e confiança estão interligados. "Ter conhecimento" requer confiar em outras pessoas como testemunhas mútuas de uma realidade compartilhada e confiar nas instituições que fornecem as informações que moldam nossa existência cotidiana. A sociedade poderia ser, ela própria, descrita como um sistema hereditário de crenças a respeito do funcionamento do mundo, crenças essas que fortalecem e dão sentido e continuidade ao nosso dia a dia.[24] Todavia, a confiança não existe *a priori* nem é algo axiomático: ela possui uma historicidade específica, e se constitui de maneiras distintas, sob diferentes circunstâncias.[25]

Na Alemanha após a Segunda Guerra, mesmo os fatos mais básicos da vida cotidiana nem sempre podiam ser fácil ou definitivamente comprovados. Até pelo menos 1948, o mercado clandestino reinava e os alimentos eram quase sempre adulterados.[26] Isto é café ou chicória? Farinha ou amido de milho? Mesmo nas mais simples das questões, nada parecia ser o que realmente era. Por anos após a guerra, muitos documentos oficiais ainda faziam referência ao "Reich alemão", ou seus redatores pareciam confusos quanto às partes da Alemanha cedidas à Polônia que ainda faziam parte do "império".[27] A confusão moral produziu o desejo de "tratar os fatos como se eles fossem meras opiniões".[28] Como ponderou o romancista W. G. Sebald, um "acordo tácito que unia igualmente a todos", tornou as discussões a respeito "do verdadeiro estado de ruína moral e material em que o país se encontrava" um grande tabu.[29]

Algumas verdades elementares eram demasiadamente tóxicas para serem sequer contempladas, quiçá discutidas. O filósofo Hans Jonas escapou do nazismo ainda jovem, em 1933, exilando-se na Palestina, onde se alistou nas Brigadas Judaicas. Sua mãe permaneceu em Mönchengladbach, na Renânia, terra natal de sua família. Ela foi morta em Auschwitz. Quando Jonas regressou, em 1945, visitou a casa da família em Mozartstraße e conversou com o novo proprietário. "Como está sua mãe?", o homem perguntou. Jonas respondeu que fora assassinada. "Assassinada? Quem faria uma barbaridade dessas?", indagou o homem, incrédulo. "Ninguém faria uma coisa dessas com uma senhora de idade". "Ela foi morta em Auschwitz", Jonas contou ao homem. "Não, isso não pode ser verdade", retrucou. "Por favor, você sabe que não pode acreditar em tudo que dizem por aí!" O homem colocou seus braços em volta do ombro de Jonas. "Isso que você está falando das mortes e as câmaras de gás — isso são apenas histórias de atrocidades." O homem então percebeu que Jonas olhava para a bela escrivaninha que pertencera a seu pai. "Você a quer? Quer levá-la com você?" Revoltado, Jonas disse não, e saiu abruptamente.[30]

Algumas pessoas tiveram uma experiência de guerra tão insuportável que não eram capazes de conectar seus próprios pensamentos e sentimentos nem mesmo com aqueles que compartilharam dessas mesmas experiências. O romancista Hans Erich Nossack testemunhou o bombardeio aliado a Hamburgo, sua cidade natal, em 1943. Depois desse episódio, percebeu que "pessoas que viviam juntas na mesma casa e comiam à mesma mesa respiravam o ar de mundos completamente separados. [...] Elas falavam o mesmo idioma, porém suas palavras expressavam realidades completamente diferentes".[31] No romance *Und sagte kein einziges*

Wort [E não disse uma só palavra, em tradução livre], escrito em 1953, Heinrich Böll retrata um personagem chamado Fred Bogner, que não consegue se relacionar com ninguém que conhecera antes da guerra, antes de se tornar um soldado. O homem ficou tão mortificado com sua pobreza e sua incapacidade de lidar com seus traumas que sai da casa que compartilhava com sua esposa, Käte, e seus filhos. E passa o resto de seus dias bebendo e visitando cemitérios, buscando conforto entre os mortos e assistindo às missas de corpo presente de pessoas que nem sequer chegou a conhecer. Algumas vezes as famílias desses mortos o convidavam para almoçar, e ele tinha mais facilidade em conversar com essas pessoas do que com qualquer um de seus conhecidos.[32]

Quando a Segunda Guerra chegou ao fim, a Alemanha se encontrava em ruínas. Cidades inteiras haviam sido destruídas por bombas e artilharia, grandes extensões de terra se encontravam totalmente desmatadas, com todas as árvores cortadas e usadas como combustível, e era como se partes inteiras do país tivessem sido praticamente apagadas. No entanto, ainda mais duradoura que a devastação física, e ainda maior que o estigma da derrota e da ocupação, foi a ruína moral. Em 1945 a Alemanha era um pária global, responsável por crimes que desafiavam a imaginação. Mesmo assim, em pouco tempo a região ocupada da Trizonia se tornou a República Federal da Alemanha, ou Alemanha Ocidental. Ela logo seria integrada ao lado ocidental da Guerra Fria, possuía uma economia sem paralelos na Europa e via suas cidades, outrora destruídas por bombardeios aéreos, serem rapidamente reconstruídas para uma vida confortável de muito consumismo. A história, que geralmente é conhecida por se mover glacialmente, não tem em seus registros muitas mudanças de destino tão abruptas quanto esta. Tal contexto de dramáticas transformações fez vir à tona uma série de questões tão ricas quanto perturbadoras.

A historiografia vem, por muito tempo, tratando a história da Alemanha Ocidental como um caso de sucesso.[33] Tais estudos descrevem a centralidade do conservadorismo no país, sua estabilidade e o construção de uma república constitucional sob a liderança cautelosa do chanceler Konrad Adenauer. Os historiadores enfatizam o "milagre econômico" das décadas de 1950 e 1960, e destacam a presença de um capitalismo pleno mesclado a um forte estado de bem-estar social — a "economia social de mercado" —, que gerou um padrão de consumo na Alemanha Ocidental sem paralelo na Europa. A historiografia costuma ressaltar a integração do país ao bloco ocidental na Guerra Fria, a partir de uma narrativa centrada no árduo trabalho de reconstrução e nas melhorias graduais da economia que levaram à "normalização" após a devastação da guerra. Essa narrativa se mantém implícita nas obras alusivas ao pós-guerra. "A cada novo ano", escreveu um historiador, "a Alemanha dava um passo à frente [...] em direção à estabilidade e previsibilidade de uma vida civil."[34]

É uma história atraente. A maioria dos alemães-ocidentais gostaria de ser ver dentro dela após a guerra, depois dos traumas da derrota e da ocupação estrangeira. Uma nova autoimagem nacional esteve em gestação nas primeiras décadas da República Federal da Alemanha, e ela não era baseada em devaneios de superioridade racial e indomável valentia militar, mas em habilidades técnicas, disciplina e trabalho duro. Essa narrativa também era, sem dúvida, reconfortante, uma vez que a sua concretude, razoabilidade e natureza ordeira se contrastavam fortemente ao imaginário fantasioso do Terceiro Reich. Saíam de cena o culto ao líder mítico e o misticismo de terra e sangue.

Estas grandes narrativas nacionais fornecem coerência, e amenizam uma série de problemas. Como alguns estudiosos muito bem notaram, o início da República Federal foi como um filme *noir* — um gênero popularizado na Hollywood dos anos 1930 e 1940 que tinha suas raízes estéticas no expressionismo alemão. O gênero *noir* faz um jogo entre superfície e profundidade, luz e sombras; enfatizando que aquilo que vemos não necessariamente mostra tudo na cena, que uma pequena camada de verniz pode esconder uma imagem bem menos agradável. Logo abaixo da superfície da Alemanha Ocidental, movendo-se nas sombras das profundezas adjacentes, encontrava-se a sempre presente memória da guerra e dos crimes que levaram à própria criação daquele novo

Estado.[35] Ainda mais importante, a surreal mudança abrupta que ocorreu — de uma ditadura genocida para uma democracia, do saque e extermínio para uma "vida normal" — baseava-se, em grande medida, na integração dos nazistas à sociedade. Geralmente protegidos de responsabilização judicial, muitos deles encontraram nichos promissores em meio às mudanças na realidade econômica e política. Muitas profissões, como cargos públicos no judiciário, nas forças policiais, na medicina e na educação, mantiveram-se repletas de antigos nazistas.

As contradições dessa transição, por tão dissonantes que foram, não podem ser analisadas levando-se em conta apenas questões genéricas como níveis de desemprego e Produto Interno Bruto (PIB).[36] Contemplar esse lado *noir* da história da Alemanha Ocidental no início do pós-guerra requer um olhar para outras realidades. Como um historiador bem notou, a literatura do período menciona "lunetas mágicas, profetas mancos, brinquedos militares, jogos e esportes, motores poderosos, robôs, bombas de hidrogênio, aborto, suicídio, genocídio e a morte de Deus".[37] Tais elementos apresentam uma conexão incongruente, como engrenagens que se encaixam à força. Os jornais da época revelam justaposições igualmente bruscas: uma propaganda de sabão de roupa retratando uma dona de casa com cintura fina e cabelos bem-arrumados, vestida num asseado avental branco, é veiculada ao lado de uma história relacionada as imensas covas coletivas recém-descobertas na praça da cidade.

De certo modo, mesmo o mais atento observador poderia ficar com a impressão de que pouco havia mudado para os alemães após a Segunda Guerra. A mais famosa dessas observadoras foi a filósofa judia alemã Hannah Arendt, que fugiu de sua terra natal em 1933, estabeleceu-se nos Estados Unidos e regressou para uma visita em 1949. O país parecia seguir como se nada tivesse ocorrido. Em nenhum outro lugar na devastada Europa os pesadelos daqueles últimos anos "eram menos sentidos e menos comentados do que na Alemanha", escreveu Arendt. Ela descreveu uma população indiferente e sem emoção, que de modo inescrutável enviava cartões-postais de locais históricos e monumentos nacionais aniquilados pelas bombas, cenas de um passado destruído e desaparecido. A filósofa questionou se a "frieza" da Alemanha no pós-guerra significava "uma recusa semiconsciente de aceitar o luto ou uma genuína inabilidade para sentir".[38] Era como se, ao fim da guerra, os alemães tivessem sacudido a poeira, limpado os escombros pedaço por pedaço e começado a reconstrução. O que a maioria das pessoas sentia ou pensava do que ocorrera — o colapso e derrota de seu país, a ocupação por forças estrangeiras, a participação ou cumplicidade de muitos alemães nos hediondos crimes cometidos —, tudo isso permaneceu nas sombras e cercado de silêncio. Embora os alemães falassem, até de modo obsessivo, de suas perdas com a guerra, havia uma série de assuntos que simplesmente não eram discutidos, pelo menos não publicamente: as alianças com o antigo regime, a participação nas perseguições antissemitas, nos saques, no genocídio e crimes de guerra.

O filósofo alemão Hermann Lübbe elaborou o famoso (e controverso) argumento de que o silêncio relativo aos crimes nazistas era crucial para que da velha nação surgisse uma nova, "era uma necessidade política e psicossocial, a maneira de transformar nossa população do pós-guerra nos cidadãos da República Federal da Alemanha".[39] Era o silêncio que permitia a uma sociedade destroçada por saber que dentro de si havia todos os tipos de pessoas — os que apoiaram o nazismo, os que se opuseram e os que transitaram entre esses dois extremos — reconstruir de forma unida a nação. As pessoas mantiveram o silêncio em prol da reintegração.[40]

É uma versão que soa quase como harmoniosa, mas com a qual este livro não concorda. O silêncio relacionado ao que eufemisticamente chamavam de "passado recente" era obsequioso, porém esteve longe de ser perfeito. Ninguém conseguia esquecer os demônios que o nazismo libertou: as pessoas apenas não faziam comentários a respeito, ou falavam de maneira altamente codificada e ritualizada.[41] O passado frequentemente surgia em frente aos olhos, como um fantasma que quer lembrar aos vivos que sua missão na Terra ainda não estava completa.

O silêncio — mesmo que imperfeito — pode tornar muito difícil a vida de um historiador. Nosso trabalho se baseia consideravelmente nas palavras, de preferências naquelas que tenham sido cuidadosamente arquivadas e sejam fáceis de consultar. No entanto, boa parte das experiências humanas acontece além das palavras, ou não é registrada por elas. Em alguns casos, o próprio silêncio se constitui em uma evidência. Embora códigos implícitos restringissem como e o que as pessoas falavam do passado nazista, e nem os grandes crimes ou pequenos desvios fossem discutidos abertamente e em detalhes, o passado podia vir à tona (e o fez) por meio de instrumentos e formas inusitadas. Mesmo quando tudo se assentou e parecia que voltava ao seu devido lugar — como um asseado avental branco — o passado sempre voltava para rasgar o presente.

Este livro, em última instância, conta a história de uma sociedade que colapsou moral e materialmente e precisou iniciar um processo de reconstrução. Antigos valores — aqueles que em primeira instância tornaram possível o Nacional-Socialismo — converteram-se em tabu, mas não desapareceram. A cultura — entendida aqui como as ideias que grupos de pessoas impõem ao mundo e que moldam a maneira pela qual eles entendem o funcionamento desse mundo — transforma-se apenas gradualmente. É preciso que as circunstâncias mudem e novas ideias precisam de tempo para se impor: novas formas de ser, viver e agir, novos comportamentos e ética e mesmo novas maneiras de educar as futuras gerações.[42] Pelo menos inicialmente, a reconstrução da Alemanha se deu de diferentes maneiras e sob intenso controle externo, os aliados vitoriosos tiveram papel de destaque, moldando os discursos e disseminado novas forma de pensar, além, é claro, de serem os responsáveis por ditar todos os procedimentos cotidianos. Ao mesmo tempo, muitos dos funcionários do antigo regime não tardaram a ocupar suas antigas posições de poder e influência. Os antigos valores não desapareceram. Um novo mundo teve que ser criado em volta deles.

Para compreender como um tipo de sociedade iniciou o processo de se tornar um outro tipo, este livro observa duas assombrações do pós--guerra que, embora distintas, têm grande relação entre si. Uma delas atormentou indivíduos, enclausurando as almas que buscavam descanso espiritual — as que buscavam cura, transformação ou redenção. A outra assolou comunidades inteiras nas quais a ebulição de ressentimentos sociais desencadeou o temor às bruxas.

Evidências da primeira assombração emergiram já ao fim da guerra, quando rumores apocalípticos surgiram, espalhando medo não apenas de uma catástrofe genérica, mas, mais especificamente, de julgamento e ira divinas. Após uma breve diminuição com o fim da guerra, os rumores voltaram à tona com força total quatro anos depois. Um homem santo surgiu do nada e começou a curar os doentes. Esse curandeiro, Bruno Gröning, era cultuado por um número enorme de pessoas que acreditavam ser ele o novo messias, o arquiteto da libertação, mesmo que com frequência castigasse aqueles vistos como "os seres do mal", que considerava perversos demais para serem curados. Embora não tenha sido o único curandeiro do pós-guerra com um número considerável de seguidores, foi sem sombra de dúvida o mais famoso, e as pilhas de documentos que o citavam espalhados pelos diversos arquivos alemães fornecem uma perspectiva incomparável relacionadas à cultura e as ansiedades do período pós-guerra. Essas ansiedades são igualmente exibidas em outras cenas descritas no livro: nas muitas aparições da Virgem Maria nas regiões católicas da Alemanha Ocidental, entre grupos de oração locais que realizavam exorcismos, e também nas peregrinações para ouvir e ver ao vivo os evangelizadores que viajavam pelo país.

A obsessão de Gröning com indícios de maldade no segundo tipo de assombração, espalhou-se por vilas e distritos inteiros. Já no começo de 1950, manchetes de jornais de norte a sul passaram a registrar, com cada vez mais frequência, casos de vizinhos acusando uns aos outros de feitiçaria, em histórias semelhantes à de *Frau* N. e *Herr* C. O mais bem documentado exemplo que temos desse fenômeno produziu uma grande quantidade de fontes — é possível que sejam os únicos documentos existentes que contenham narrativas ricas da prática de bruxaria naquele período. Tais relatos fazem transparecer as complexidades ocultas existentes nos primeiros anos do período pós-nazismo e trazem à tona as relações sociais do pós-guerra de uma maneira que poucos documentos são capazes de fazer.

Durante todo o período moderno, os historiadores têm narrado em minuciosos detalhes o grande interesses que milhões de alemães, de vários estratos sociais, demonstraram quanto às crenças e práticas sobrenaturais de diversos tipos. Homens e mulheres, de áreas urbanas e rurais, membros das elites e das classes trabalhadoras — todos exibiam um grande apetite por astrologia, parapsicologia, sessões espíritas, leitura de mãos, espiritualismo, telepatia e adivinhações e também movimentos ocultos como Ariosofia e Teosofia.[43] O ecletismo que marcava a prática da medicina na Alemanha também permitia que tradições populares e curas mágicas florescessem em paralelo ao que, até as revelações de Nuremberg acerca dos crimes cometidos pelos médicos nazistas, era considerada a vanguarda da cultura médica.

Contudo, havia uma grande particularidade nos tipos de eventos sobrenaturais que ocorreram na Alemanha após a Segunda Guerra, muitos deles curiosamente centrados em questões como pecado e culpa, cura e redenção. Por que muitas das cenas deste livro reconstroem e recontam questões que giram em torno do bem e do mal, inocência e culpa, doença e cura? Esta é uma questão profundamente *histórica*, uma questão de "por que nesse lugar?" e "por que nesse momento?". Com suas muitas e fortes implicações de cunho popular e religioso, que giravam em torno de degradação e purificação espiritual, esses fenômenos foram expressões de um mal social que foi peculiar à Alemanha do pós-guerra. E estavam calcados em temores, culpas, vergonhas, responsabilidades, desconfianças e perdas que marcaram a vida após o nazismo. São a evidência do vazio — ao mesmo tempo moral, social e epistêmico — que se abriu ante a derrota, o colapso e o confronto, supervisionado pelas forças aliadas, do extermínio em massa.

Ao olhar pelo prisma das cenas e eventos esquecidos que este livro narra, percebemos o que muitos vezes permanece oculto: medo da profanação espiritual, desconfianças tóxicas e um mal-estar que permeava a vida cotidiana. Por baixo do comportamento indiferente percebido por Arendt, encontram-se ansiedades que nem mesmo possuíam nomenclatura e que, ao longo dos anos 1950, misturavam-se ao consumismo e ao esquecimento do passado. À sombra imediata do Holocausto, da derrota na Segunda Guerra e das tensões das primeiras décadas da Guerra Fria, os alemães-ocidentais silenciosamente tratavam de suas muitas feridas e pesos de consciência. A corrupção marcou muitos relacionamentos, e um distanciamento profundo entre as pessoas se manteve, mesmo à medida que a reconstrução avançava, pavimentando ruas e construindo lojas, escolas e praças se enchiam de vida e os negócios floresciam. As cenas que este livro descreve oferecem uma janela de observação para o, de outro modo, inacessível território existencial e espiritual.[44] Elas são um portal para uma terra assombrada por demônios.

1

LENDO OS SINAIS

Nos séculos XVI e XVII, as regiões calvinistas ao redor da cidade de Lemgo, entre a floresta de Teutoburgo e o rio Weser, no que hoje é conhecido como estado da Renânia do Norte-Vestfália, foram locais de intensa caça às bruxas. Durante quatro sucessivas ondas, entre 1561 e 1682, mais de duzentos moradores de Lemgo foram executados por prática de bruxaria.[45] A maioria mulheres, muitas delas idosas.[46] Ao varrer as bruxas de suas comunidades, as pessoas acreditavam que subvertiam as intenções do Diabo, expondo seus conspiradores clandestinos e erradicando o mal. Desmascarar as bruxas era fazer a vontade de Deus.

Nos séculos seguintes, esse aspecto do passado da cidade se tornou um crescente desconforto na memória dos moradores da região. Marianne Weber, autora feminista e esposa do sociólogo Max Weber, frequentou a escola em Lemgo na década de 1880. A reputação da cidade como "ninho de bruxas", ela lembrou, era uma "desgraça!".[47]

Meio século depois, com os nazistas no poder, o recém-reformulado museu de Lemgo reabriu com uma exposição relativa à época da caça às bruxas. A exposição trazia os instrumentos de tortura usados nos interrogatórios, como prensas para os dedos e as "botas espanholas", usadas para esmagar as canelas dos suspeitos, e o museu descrevia o fenômeno como uma "lamentável consequência da Idade Média". Durante um discurso proferido na abertura da exposição, em 1937, o prefeito Wilhelm Gräfer se referiu à era da caça às bruxas como "um capítulo sombrio da história de nossa cidade" e que representava "uma distorção completamente inexplicável da mentalidade, espírito e essência dos alemães".[48]

Muitos cidadãos compartilhavam do entusiasmo de Gräfer. Com o início do Terceiro Reich, todos imaginavam ser o começo de uma nova era. Uma era na qual a sombria ignorância chegava ao fim. Um jornalista que testemunhou a exposição em Lemgo sentiu seu coração se encher "de profunda gratidão [...] o destino nos agraciou com tempos felizes — nos quais não apenas as torturas infligidas às bruxas ficaram para trás, mas nos quais é garantido a todos os alemães, companheiros de raça, o direito de viver". A era de caça às bruxas parecia algo remoto e mantido a distância segura, por trás dos vidros do museu. Em junho de 1939, quando um desfile festivo foi organizado, as jovens de Lemgo que faziam parte da seção local do Liga Nacional-Socialista das Meninas Alemãs se fantasiaram de bruxas para levar os convidados aos seus assentos.[49]

Apenas sete meses antes, em novembro de 1938, os pogroms da *Kristallnacht* [Noite dos Cristais] ocorriam ao redor do país. Em grandes e pequenas cidades, os alemães queimavam sinagogas, quebravam janelas de lojas cujos proprietários eram de origem judaica, agrediam e assassinavam judeus. Os moradores locais também destruíram a sinagoga local, suas janelas foram quebradas e o prédio incendiado à luz do dia. O estúdio fotográfico de Erich Katsenstein, um judeu da cidade, foi destruído, e dois cemitérios judaicos profanados.[50]

Assim como as lendas a respeito das bruxas tiveram imenso peso cultural nos séculos XVI e XVII em Lemgo, a ponto de produzir grandes levas de execuções, as lendas dos poderosos inimigos judeus que corrompiam e destruíam a Alemanha começavam a ganhar validade entre os alemães ao longo da década de 1930. Quando a guerra veio, essas ficções se tornaram a explicação que faziam com que aquela batalha fosse uma necessidade existencial. Após 1943, conforme a guerra se tornava cada vez mais mortífera dentro da própria Alemanha, todos os tipos de quimeras passaram a ser mais e mais convincentes. Premonições, rumores e lendas ganharam um tremendo e previsível poder. Fofocas, especulações e sussurros alcançaram uma soberania epistemológica. As pessoas liam os sinais na tentativa de compreender o incompreensível e o até mesmo inimaginável: eles estavam perdendo a guerra.

Em Lemgo, assim como ao redor da Alemanha, a vida dos judeus se tornou ainda mais precária nos anos que sucederam a *Kristallnacht*. Os judeus viviam na cidade desde o século XIV. Em 1900, auge da comunidade judaica na região, 111 dos 8.184 residentes de Lemgo eram judeus.[51] Em 1942, apenas 22 permaneciam na cidade, a maioria idosos.[52] Foi em julho desse ano que um grande número de moradores locais se reuniu na praça do mercado para assistir aos últimos de seus vizinhos judeus serem deportados.

O que passou pela cabeça dos que se juntaram para assistir aquela expulsão? Sabemos que pelo menos alguns deles julgaram ser aquele um ato perturbador e, pior, perigoso. Alertaram que "a nação alemã deveria se preparar para uma punição divina" por tratar pessoas idosas daquela maneira, "gente que não seria capaz de machucar uma mosca".[53] Esse não era um ponto de vista popular, mas uma vez externado, era impossível não escutá-lo. Estava lá, havia sido pronunciado. Mais tarde, quando todos souberam exatamente qual fora o destino dos judeus de Lemgo, certamente alguém se lembrou de tê-lo escutado, ou dito.

Em grande medida, a maioria dos alemães se manteve indiferente às perseguições sofridas por seus vizinhos judeus. No entanto, para alguns deles, a maneira pela qual a guerra vinha sendo conduzida — uma campanha impiedosa e apocalíptica, que não poupava nem sequer os idosos — trazia consigo perigos associados não apenas à violência e às armas e bombas caindo do céu, mas também perigos *espirituais*. Durante os catastróficos últimos estágios da Segunda Guerra, alguns se perguntavam se tudo o que estava acontecendo não poderia ser uma punição divina.

Como descreveu o historiador Nicholas Stargardt, "os alemães misturavam as ansiedades de sua culpabilidade com aquelas de sua própria vitimização".[54] As pessoas se viam ouvindo todas as hipóteses disponíveis, escolhendo dentre as mais variadas possibilidades. Quase todo mundo se arriscou em previsões quanto ao futuro e se tornou adepto da leitura de sinais.

Um padrão de se envolver em especulações interpretativas, movidas por medo e vitimização, emergiu com particular intensidade após o que Stargardt considera um divisor de águas da guerra: os bombardeios a Hamburgo. No decorrer de uma semana, no final de dezembro de 1943, bombardeiros britânicos e norte-americanos atacaram a cidade pelo ar. No total, 34 mil pessoas foram mortas, e boa parte da segunda maior cidade alemã ficou destruída. Os Aliados nomearam o ataque Operação Gomorra, em referência à cidade impenitente destruída por Deus no Livro de Gênesis. Esse nome certamente visava transmitir uma mensagem para além da mera capacidade destrutiva da ação. "Gomorra" aludia a qual era o lado de Deus na guerra. Era uma profecia. Os Aliados, em certa medida, souberam como transformar em armas a ansiedade espiritual, sabiam que lutavam uma guerra que era capaz de fazer emergir medos ancestrais de deuses vingativos. "Nossa cidade está morrendo", disse um pastor a sua congregação após o bombardeio a Hamburgo. "Devemos culpar a Força Aérea Real?" Não, concluiu, não havia apenas a mão do inimigo por trás daquele ataque, mas também "a mão de Deus!".[55]

Tais sinais, como bem sabia o pastor, deveriam ser lidos. Eram oblíquos e precisavam ser decifrados. Conforme a guerra se arrastava, empilhavam-se também augúrios de todos os tipos. Alguns alemães traçaram uma conexão direta entre o bombardeio de Hamburgo e a perseguição aos judeus. O próprio regime nazista encorajava essa interpretação dos fatos — ao menos uma versão dela. Para fortalecer a determinação dos alemães, o ministro da Propaganda, Joseph Goebbels, fez circular a ideia de que as bombas aliadas eram uma "retaliação dos judeus": a influência judaica era o que levava Washington e Londres a tentarem destruir a Alemanha. No entanto, após Hamburgo, a versão de Goebbels adquiriu vida própria. Ao redor do país, os alemães sussurravam que se tratava de uma vingança à Noite dos Cristais. Em várias cidades, incluindo Hamburgo, imensos bunkers de concreto foram construídos em locais que abrigavam sinagogas. Para um grande número de pessoas, isso fazia as bombas parecerem uma vingança divina.[56]

Na tentativa de apaziguar os humores da nação, Goebbels começou a prometer milagres, incluindo uma "arma fantástica" que mudaria os rumos da guerra. O ministro solicitou a sua equipe um texto, que seria enviado de forma anônima pelo correio, com profecias que previam o triunfo final da Alemanha.[57] Antigas lendas e peças de folclore voltaram a circular, retratando um iluminado grande Reich alemão na forma de uma imensa ave que protegia seus filhotes — uma imagem de surreal benevolência em meio a uma guerra de aniquilação.[58] Canções populares com títulos como "A vida segue" e "Não é o fim do mundo" ocupavam as ondas de rádio, clamando por perseverança. Outras — como "Não se preocupem", "Eu sei que um dia o milagre ocorrerá" e "Compre um balão colorido" — buscavam mandar os problemas para longe.[59] Porém, as bombas seguiram caindo, e a frente de batalha não parava de se aproximar. Com o fim da guerra no horizonte, não havia como barrar a enxurrada de rumores que se proliferavam por todo o Reich.

Os alemães então fizeram aquilo que todos os seres humanos costumam fazer em face ao desconhecido: observaram a natureza em busca de presságios. As pessoas buscavam por provas de veredictos, favores ou punições, na tentativa de dar sentido a um mundo que ruía a sua volta. No outono de 1944, na região dos Sudetos, muitas pessoas afirmaram ter visto nos céus uma enorme nuvem de fumaça vinda do leste, na forma de um ameaçador punho cerrado e ensanguentado.[60] Na Baixa Silésia, os moradores dizem ter visto o sol "dançar", dando a impressão de que poderia colidir com a Terra a qualquer momento. As pessoas que testemunharam esse episódio passaram a acreditar que, em breve, o mundo "seria envolto em chamas e morte".[61] Uma espada flamejante teria se materializado sobre a floresta da Boêmia.[62] Alguém afirmou ter visto uma imensa cruz nos céus, com a lua ao centro.[63] Em Friesoythe, na Baixa Saxônia, um morador com o dom da premonição teve uma visão: a cidade inteira arderia em chamas.[64]

Tal sentimento apocalíptico não era de todo despropositado. Adolf Hitler se recusava a permitir a repetição do ocorrido em 1918, quando a Primeira Guerra terminou no que muitos alemães consideraram uma vergonhosa capitulação. As lideranças nazistas firmaram um pacto de lutar até o último minuto, qualquer que fosse o resultado. "A guerra seguiria", escreveu o historiador Richard Bessel, "não por causa de considerações estratégicas, mas pela batalha em si."[65] Adolescentes foram mandados aos campos de batalha quase sem nenhum treinamento, e armas antitanque foram entregue nas mãos de idosos e crianças, para que defendessem sua pátria. Soldados foram enviados para batalhas suicidas, nas quais não havia nenhuma chance de êxito. No outono de 1944, 5 mil soldados alemães morriam diariamente na frente de batalha oriental.[66] Em um único mês, janeiro de 1945, cerca de 450 mil soldados das *Wehrmacht* morreram, um número maior do que a soma das baixas britânicas e norte-americanos ao longo de toda a guerra.[67]

Quanto mais o Exército alemão lutava para manter sua desesperadora posição, maior era o número de vidas civis colocadas em risco pelo conflito. Na primavera de 1945, cerca de 19 milhões de pessoas foram evacuadas das cidades para o campo para evitar os bombardeios, ou rumaram para o oeste, fugindo dos soviéticos, que àquela altura ocupavam vários territórios na região leste da Alemanha.[68] Muitos desses fugitivos eram mulheres que seguiram a pé, carregando tudo o que possuíam acompanhadas por seus filhos. As pessoas não tinham abrigo nem comida e ficavam à mercê da violência de forças militares locais e estrangeiras. Com o enfraquecimento das defesas antiaéreas alemãs, os bombardeios aliados contra cidades se tornaram mais intensos e mortais. Os ataques aéreos alcançaram o sul e o leste do país, até então consideradas regiões relativamente seguras. Em fevereiro de 1945, mais de 25 mil pessoas foram mortas em Dresden por um único bombardeio noturno. Terminado o ataque, restou aos sobreviventes apenas empilhar os corpos sobre vergalhões de metal, jogar gasolina e atear fogo. Eles queimaram por dias.[69]

Conforme o Exército Vermelho avançava pelo leste, as visões de uma eventual vingança dos soviéticos — uma retribuição às brutais políticas de aniquilação que nazistas impuseram à União Soviética — geravam uma particular ansiedade. As pessoas "tentavam desesperadamente se acalmar, falando para si próprias que o fim, talvez, não fosse ser assim tão ruim". Tais observações, escritas por um agente anônimo da inteligência da SD, em março de 1945, são especialmente marcantes. "Uma população de 80 milhões", continuava — em referência aos alemães —, "não pode ser simplesmente exterminada até o desaparecimento de seu último homem, mulher e criança." Seguramente, "os soviéticos não se voltarão contra os operários e camponeses", ponderava o agente: "todo estado precisa de trabalhadores". Algumas pessoas talvez tenham sentido conforto nesse tipo de racionalização. Outros se voltaram para o álcool, tendo como desculpa "qualquer evento banal para beber aquela última garrafa, guardada para a festa da vitória [...] ou para o retorno de um filho ou marido". As pessoas começaram a conversar abertamente "com desconhecidos" em trens e ônibus de assuntos que "na semana anterior ninguém sequer considerava falar a respeito", e as atenções se voltaram, nos últimos dias da guerra, para questões práticas, tais como acessar reservas de dinheiro, buscar lugares para se esconder ou onde arrumar veneno, pistolas ou outro instrumento com o qual se suicidar.[70]

Parados à beira de um abismo de horrores de dimensões desconhecidas, alguns se perguntavam o que *significava* o fracasso da Alemanha na guerra, e como dar sentido àquela monumental derrota e destruição de vidas. Ou pior: as pessoas não conseguiam dar um sentido a nada do que estava acontecendo. "A percepção de que nada daquilo fazia muito sentido levou centenas de milhares de alemães a uma sensação literal de dor", escreveu o agente da SD. Ele ouviu pessoas dizendo frases como "Não merecemos que as coisas tenham tomado esses rumos" ou "Não merecíamos ter sido levados a esta catástrofe". Afinal, não haviam apenas cumprido com o seu dever? Fazendo o que lhes fora ordenado? Mesmo em meio ao terror dos bombardeios, incontáveis noites de insônia, propriedades destruídas e perda de amigos e familiares, o povo alemão não havia afinal apenas "trabalhado em favor da guerra, no limite de sua capacidade física, mostrado lealdade, paciência e aceitado sacrifícios inimagináveis em prol de sua nação?".[71]

Relatos que se iniciam narrando as virtudes de um indivíduo e terminam se perguntando o que deu errado estão relacionados à teodiceia: a busca pelos significados *por trás* dos eventos, suas principais causas, quando as respostas mais óbvias não satisfazem. Quando meros fatos não têm o poder explicativo, e questões mais profundas de cunho moral e existencial permanecem sem resposta. "Eu vivi a experiência da destruição de Hamburgo como um espectador. Fui poupado pelo destino de ser um protagonista daquele episódio", recordou-se Hans Erich Nossack. "Não sei o motivo. Sequer consigo dizer se isto foi ou não um privilégio." Enquanto as bombas caíam, Nossack passava férias no campo, perto o suficiente para ver a destruição da cidade, porém longe o bastante para permanecer em segurança. Recordou que sempre teve uma "relutância mórbida" em deixar a cidade nos feriados e "gastar tempo precioso" em vez de trabalhar. Ele não conseguia compreender o motivo que o fez, naquela ocasião, ter dito sim a sua esposa, Misi, quando ela sugeriu que saíssem de Hamburgo. Não havia "uma explicação plausível para eu ter concordado com ela naquela ocasião", escreveu.[72]

Então, de repente, após todo o caos e morte, a guerra acabou. No que sobrou das cidades alemãs, onde antes havia casas e prédios, só se via montanhas de tijolos e pedras, vergalhões retorcidos de metal, vidro estilhaçado e pedaços de lajes de concreto.

Trapos de lençóis brancos tremulavam aqui e ali nos apartamentos e escombros dos prédios que permaneceram de pé, como bandeiras de rendição improvisadas. Havia pouco combustível disponível, pouca comida e nenhum produto à venda. O dinheiro não valia nada. Doenças se proliferavam furiosamente: tuberculose, sífilis e difteria. A infraestrutura havia desabado ou fora destruída pelas bombas. Milhões de refugiados já estavam no país ou rumavam para lá. Alguns eram sobreviventes dos campos de concentração, trazidos à força pelos nazistas para o Reich; outros, ex-trabalhadores forçados. Havia ainda um grande número de pessoas que fugiram dos ferozes ataques do Exército Vermelho ou foram desabrigadas pelos bombardeios. Logo, a essa "sociedade de desenraizados" se juntariam milhões de pessoas de grupos étnicos germânicos que fugiram ou foram violentamente expulsos de suas terras na Europa Oriental.[73]

No princípio, as forças de ocupação aliadas exerceram controle de quase todos os aspectos da vida cotidiana, grandes e pequenos. Foi um desafio material imenso. Era preciso remover os entulhos dos escombros, tornar as estradas novamente transitáveis, reconstruir ferrovias, pontes, bueiros, redes de esgoto, escolas, hospitais, reformar e mesmo reconstruir prédios residenciais inteiros. Os exércitos aliados precisaram despender muitos recursos: combustível, suprimentos médicos, moradias e veículos motores. Era preciso alimentar uma enorme e diversa população.

Não obstante a urgência destas questões, o desafio moral foi igualmente grande. Os soldados soviéticos começaram a libertar os prisioneiros dos campos de concentração já em 1944. Eles assistiram eventos que poucos fora dos domínios nazistas haviam testemunhado e que desafiavam a imaginação humana. Encontraram montanhas de ossos e cinzas humanas, covas e fornos crematórios imensos, salas cheias de cabelos, sapatos, malas e brinquedos. Quando, alguns meses depois, os franceses, norte-americanos e britânicos começaram a libertar os prisioneiros na parte ocidental da Alemanha, encontraram milhares de pessoas doentes e famintas, muitos à beira da morte.[74] J. Glenn Gray, um soldado norte-americano que mais tarde se tornaria filósofo, ajudou na libertação de um campo de concentração. "Eu tinha consciência", escreveu, "que eu me deparava com a hora da verdade, algo que dificilmente se repetiria."[75]

Os Aliados já discutiam a justiça no pós-guerra e como seria a reabilitação da Alemanha mesmo antes do fim dos conflitos. Na Conferência de Ialta, em fevereiro de 1945, Joseph Stalin, Winston Churchill e Franklin D. Roosevelt concordaram que, uma vez vitoriosos na guerra, "varreriam os nazistas do mapa, seu partido, leis, organizações e instituições, toda e qualquer influência militarista e nazista seria removida dos cargos públicos e da vida cultural e econômica do povo alemão".[76] O objetivo dos vitoriosos era garantir que "todas as organizações nazistas seriam dissolvidas, as instituições nazistas destruídas, as leis nazistas revogadas e os próprios nazistas retirados de posições de poder e influência".[77]

Esse processo, que mais tarde seria conhecido pelo nome de desnazificação, envolveu uma série de elementos. Entre os mais conhecidos, estão os Julgamentos de Nuremberg, quando os líderes remanescentes do Terceiro Reich, bem como o alto oficialato militar, o alto escalão da administração pública, barões da indústria e médicos foram julgados, já em 1945, por crimes contra a humanidade. Outras medidas envolveram grupos muitos maiores da população. Os Aliados deram início ao expurgo de tudo o que simbolizava o antigo regime nazista. Monumentos nazistas foram demolidos ou implodidos, feriados nazistas foram extintos e as suásticas e slogans nazistas apagados e removidos dos prédios. Utilizando questionários e tribunais civis, os Aliados buscaram determinar qual era o grau de envolvimentos das pessoas como o regime de Hitler e suas instituições, a população foi dividida em quatro categorias de cumplicidade, que ia de "exonerado" a "infrator grave". Aqueles considerados perigosos eram geralmente enviados para os campos de detenção. Os considerados menos culpados eram colocados para remover entulho dos escombros e em geral removidos de suas funções, caso ocupassem cargos públicos. O racionamento de comida era feito com base no grau de cumplicidade das pessoas e visava, segundo a historiadora Alice Weinreb, assegurar o objetivo de que "o quão melhor fosse a vida de alguém na Alemanha do Terceiro Reich, pior ela deveria ser após seu colapso".[78]

Desde o começo, questões como culpa e responsabilidade, penitência e desonra, tornaram-se praticamente sinônimo da ocupação no pós-guerra. Os Aliados "viam a população alemã como moralmente impura", algo que demonstravam pendurando fotos das pessoas assassinadas pelo regime em árvores nas praças das cidades, acompanhadas de uma legenda, como a que pode ser vista no pôster na página ao lado com os dizeres: "ISTO É CULPA SUA".[79]

Os Aliados juntavam as pessoas que moravam próximas aos campos de concentração e as obrigavam a enterrar e reenterrar os mortos. Foram produzidos filmes das libertações, registrando as salas de tortura; sobreviventes doentes e famintos à beira da morte; as fornalhas e os abrigos; retroescavadeiras empurrando os corpos esqueléticos e desfigurados dos mortos em imensas covas. Os alemães eram levados até

as salas de cinema e obrigados a assistir a esses filmes, num ritual de mortificação e retaliação moral. Por vezes, os soldados aliados filmavam os alemães entrando e sentando nos cinemas escuros e assistindo aos filmes (ou virando o rosto para não verem as imagens), na tentativa de avaliar qual era o grau relativo de constrição, culpa ou indiferença daquelas pessoas.[80] As imagens e cenas dos filmes aliados que foram usadas para documentar o que aconteceu nos campos de concentração se constituem na "cena primordial" da desnazificação, a primeira vez que muitos alemães se viram forçados a ficar frente a frente com o extermínio em escala industrial.[81]

No início, houve entre os alemães certo grau de apoio a tais medidas. Entretanto, já em 1945, a opinião pública começou a mudar. A desnazificação passou a provocar "um sentimento de inquietação e gerou demandas quase públicas por mudanças".[82] Decidir em qual categoria de cumplicidade um indivíduo deveria ser encaixado foi um processo ambíguo. As pessoas estavam convencidas de que os apoiadores do nazismo não eram necessariamente culpados por crimes específicos, o que rapidamente criou um consenso de que excluir da vida pública todos aqueles que tiveram qualquer tipo de participação em organizações nazistas era um sério impedimento à reconstrução do país e ao retorno do funcionamento da economia e da normalidade na vida cotidiana. Por vezes, a pessoa mais capacitada a executar um trabalho específico era um membro do partido.[83]

Em 1946, os procedimentos de desnazificação já se encontravam sob responsabilidade de tribunais locais geridos por alemães. O processo rapidamente se corrompeu, passando a operar "nos bastidores, com base em fraudes, traições mútuas e subornos explícitos".[84] Antigos nazistas (ou pessoas simpáticas à causa) influenciavam nos veredictos. Investigadores foram intimidados. Algumas testemunhas não foram encontradas. Assim, muitos casos acabaram sendo rebaixados de grave para uma categoria mais amena.[85] Os alemães começaram a ver o processo ora como muito lento, ora como muito severo ou leniente, e ora como de aplicação inconsistente.[86] Zombavam dos tribunais, dizendo que eram "fábricas" de "companheiros de viagem", cujos crimes do passado eram apagados. Todo mundo conhecia algum proeminente nazista que conseguiu escapar ileso, e figuras inexpressivas que não tiveram a mesma sorte. O apoio popular inicial à desnazificação se esvaía. Já em 1949, apenas 17% dos alemães que viviam na zona de ocupação norte-americana eram favoráveis à desnazificação.[87]

A corrupção, no entanto, foi apenas uma das razões para o ressentimento alemão em relação à iniciativa. Tanto os sobreviventes judeus quanto as forças de ocupação geralmente se deparavam com uma postura bastante defensiva dos alemães quando o assunto era culpa. A maioria dos alemães parecia ser em essência incapaz de admitir qualquer malfeito, antissemitismo, aliança com regime nazista e simpatia com suas políticas.[88] Alguns negavam a realidade dos crimes do Nacional-Socialismo, ou insistiam que todos os países haviam feito coisas terríveis durante a guerra, ou colocavam toda a culpa nos altos escalões do partido e na ss. A vontade de saber a verdade variava. O que os alemães viram e o que interpretaram quando olhavam para os pôsteres com imagens de sobreviventes doentes e esqueléticos, e as pilhas de corpos que as forças de ocupação pregaram em todas as cidades, ou quando assistiram às atrocidades filmadas pelas forças aliadas, ou ouviram os testemunhos dos julgamentos de Nuremberg no rádio, era geralmente diferente das pretensões aliadas ao veicular tal conteúdo. Era virtualmente impossível aos espectadores diferenciar se aquelas inúmeras pilhas de corpos eram de campos de concentração diferentes. A propaganda do Terceiro Reich muitas vezes se utilizava de imagens semelhantes para denunciar crimes cometidos contra alemães, fazendo com que muitos se questionassem de quais campos de concentração de fato vinham as imagens retratadas, se do Eixo ou dos Aliados.[89] Alguns alemães denunciavam que as imagens dos filmes foram editadas ou eram falsas, ou insistiam que retratavam, na verdade, vítimas alemãs.[90] Tudo isso fez com que o esforço pedagógico dos Aliados possa ter contribuído para o aprofundamento de um sentimento de alienação entre a população alemã.

Muitos alemães ficaram particularmente ressentidos com sentenças consideradas "indiscriminadas e inapropriadas", ao individualizarem uma culpa que julgavam ser "coletiva". Em outras palavras, temiam as acusações generalizadas, sob as quais as pessoas eram consideradas culpadas independente de suas ações individuais, desconsiderando o que cada um fez ou deixou de fazer, ou que sabia ou desconhecia. A ideia de uma culpa coletiva produziu uma ansiedade tão profunda que alguns estudiosos a têm considerado uma memória traumática.[91] Os intensos efeitos dessa memória e sua consonância cultural podem estar ligados a uma relevante distinção linguística. Em alemão, "culpa" (*Schuld*) carrega um peso psicológico muito maior que no inglês [e no português], conforme argumenta o sociólogo Ralf Dahrendorf. A palavra "carrega consigo um tom de irreversibilidade", de algo "incapaz de ser anulado pelo tormento metafísico". Ou seja, a culpa alemã não traz consigo o mesmo sentido de uma condenação na justiça pelo cometimento de um crime. Essa culpa invoca um sentimento de inquietação mais transcendental, uma mancha que impossibilita a renovação ou salvação.[92]

Os estudiosos do tema vêm há muito debatendo se as forças de ocupação utilizaram ou não essa linguagem de culpa coletiva nos documentos oficiais. No entanto, ainda mais importante é saber como os alemães *sentiram* essa culpa e a forma exagerada com que se defendiam de acusações que "ninguém imputava".[93] Nesse sentido, mesmo a rejeição à culpa coletiva pode ser percebida como uma relevante evidência histórica, uma "indireta" ou "paradoxal admissão" de culpabilidade ou vergonha.[94] A velocidade com que as pessoas passaram a odiar um sistema e uma ideologia aos quais muitos haviam se entregado de corpo e alma, sacrificando quase tudo o que possuíam, é um indicativo do quão poderoso foi o reflexo psicológico por trás dessas questões. O medo de carregarem aquela mancha por muito tempo, mesmo por gerações, produziu poderosos tabus.[95]

É igualmente verdade que humanistas liberais, como o filósofo Karl Jaspers, e antigos exilados do nazismo, como Thomas Mann, dominaram a esfera pública no pós-guerra e deram depoimentos não apenas admitindo a culpa da Alemanha como condicionando a renovação e transformação democrática do país com tal admissão de culpa. Por outro lado, também é verdadeiro que uma "obstinada cultura do silêncio" permitia aos alemães preservarem um certo sentido de honra. Manter-se calado era manter-se leal e fiel a sua própria autenticidade.[96] O historiador Thomas Kühne argumenta que o Holocausto e os crimes de guerra foram tão tóxicos que uniram todos os seus envolvidos numa espécie de "comunidade do crime".[97]

Todavia, mesmo que o choque causado pela catastrófica derrota, pela humilhante ocupação estrangeira e pelo medo da culpa inelutável tenha unido alguns alemães, essas foram questões que os colocavam em conflito. As denúncias seguiram acontecendo após a guerra, com pessoas entregando seus vizinhos aos oficiais Aliados, fosse por um genuíno desejo de justiça ou para cair nas graças das forças de ocupação.[98] Os alemães expulsos ou exilados que retornaram da Europa Oriental eram enfaticamente lembrados de sua condição de forasteiros. Chegando em grande número a um país dilacerado pela guerra e com escassez de recursos, não costumavam ser bem-vindos e eram muitas vezes tratados com grande animosidade, rotulados pelos demais alemães como parasitas, ladrões e "estrangeiros".[99] Esses refugiados, que muitas vezes perderam ainda mais com a guerra que outros alemães, faziam questionamentos inquietantes. Por que *nós* perdemos tudo — não apenas nossas casas, nossas famílias, mas também nossa terra natal? "Por que nós", mas não vocês, por implicação, "é que temos que pagar a conta de Hitler?"[100] A alienação também foi uma marca da vida familiar. Centenas de milhares de mulheres alemãs de todas as idades foram estupradas por soldados. Como boa parte dos homens estava desaparecida, morta ou fora colocada em campos de prisioneiros de guerra, as mulheres tiveram pouco tempo para se recuperar dessas experiências traumáticas, já que a responsabilidade pela manutenção da família recaía sobre seus ombros.[101] Mesmo as famílias mais afortunadas, que conseguiram se reunir após a guerra, descobriram que a vida não seria fácil. As festas de boas-vindas aos maridos que regressavam não duraram muito. Alguns passaram a bater nas esposas e muitos descobriram que seus filhos não os reconheciam mais. Muitos voltaram sem braços ou pernas, cegos ou surdos, e sem condições de trabalhar. Outros tinham pesadelos constantes nos quais se lembravam de coisas que fizeram ou testemunharam.[102]

A traição e a confusão vieram acompanhadas de questionamentos implícitos em relação à culpa. "Estou imaginando tudo isso?", murmurou um ex-soldado ao seu psiquiatra depois da guerra. "Por que tantas perdas e sacrifícios? Tudo em vão."[103]

A oposição à desnazificação nas zonas ocidentais da Alemanha só fez crescer. Aqueles que estiveram submetidos ao processo se queixavam dos prazos arbitrários das internações, do racionamento desigual de comida e do sentimento geral de que algumas pessoas, embora tenham tido implicação mais direta nos crimes cometidos, nem sempre eram punidas de acordo. Em 1949, muitos já exigiam o fim da desnazificação, enquanto outras vozes passaram, cada vez mais, a defender algo ainda mais radical: um processo generalizado de anistia, um recomeço sem a marca dos crimes nazistas. Com uma anistia, muitos tinham a esperança de que a ficha criminal dos condenados nos processos de desnazificação seria extinta.[104]

Em maio de 1949, foi adotada uma constituição para a nova República Federal — a Lei Fundamental — e fundado o novo parlamento da Alemanha Ocidental, o Bundestag. Pela primeira vez desde o começo da ocupação, os alemães que viviam nas zonas ocidentais assumiam algum grau de controle do legislativo e outras áreas da vida pública. O país só se tornaria plenamente soberano em 1955; até lá, esteve em vigor o Estatuto da Ocupação, de setembro de 1949, que garantia às potências ocidentais a palavra final em todas as questões econômicas, diplomáticas, comerciais e militares que envolvessem a República Federal da Alemanha, e uma forte presença militar foi mantida no país ainda por muitas décadas. Contudo, à medida que o controle das questões legais e políticas voltava para as mãos dos alemães, a ideia de uma anistia ganhava forte apoio político. Muitos estados alemães começaram a considerar a promulgação de suas próprias leis de anistia e mantinham a esperança de um perdão generalizado em nível federal.[105]

Durante os debates parlamentares relativos a tais questões, em dezembro de 1949, os legisladores lamentaram a "grande confusão" a que o país fora submetido. Lembraram em discursos os "anos apocalípticos" que foram obrigados a suportar e o "período maléfico" que o país vivera. A confusão, o apocalipse e as maldades a que se referiam não eram as iniquidades dos anos em que Hitler esteve no poder. Em vez disso, a referência era aos julgamentos do período *posterior*: os anos da ocupação aliada e da desnazificação. Quando uma anistia geral foi finalmente promulgada, no último dia de 1949, ela cobria os crimes de sequestro e agressão, "atos contra a vida" e também roubos e danos à propriedade cometidos contra judeus, como, por exemplo, na Noite dos Cristais.[106]

Alemães-ocidentais de todo o espectro político apoiavam a anistia — mesmo os partidos políticos que se opuseram ao nazismo e cujos membros pagaram esta oposição com a vida. Por quê? O que fez com que políticos, independente de seus pontos de vista ideológicos e de suas próprias experiências durante o Terceiro Reich, compartilhassem do mesmo senso de "necessidade", como ponderou um parlamentar durante os debates relativos à anistia, "de encobrir o passado com esquecimento"? Havia um certo cálculo político nisso tudo, por certo, mas, ainda mais importante do que isso, e como argumentou o historiador Norbert Frei, a anistia oferecia a todos os alemães-ocidentais uma ruptura com o passado e com os crimes desse passado, e não apenas do ponto vista legal, mas em especial em um sentido psicológico.[107]

No começo de 1950, o jornal protestante *Christ und Welt* publicou um texto conclamando a Alemanha Ocidental a realizar uma anistia ainda mais abrangente do que a estabelecida no fim de dezembro de 1949. Apenas um perdão ainda mais amplo daria fim ao que o periódico chamava de uma "guerra civil" em gestação na Alemanha Ocidental. Essa guerra civil se manifestava, segundo explicaram os editores do jornal, na sempre presente possibilidade de "ser denunciado" por algum conhecido — um vizinho, talvez um colega de trabalho ou um antigo sócio — que poderiam fazer uma acusação às autoridades acerca da "vida política pregressa" ou algo que alguém pudesse ter feito "no passado recente". "Enquanto estas questões indesejáveis não forem solucionadas por uma anistia abrangente de verdade, não teremos paz em nossa sociedade", alertava o *Christ und Welt*.[108]

Durante os primeiros anos do pós-guerra, o clero algumas vezes descreveu um fenômeno que chamava de "fanatismo apocalíptico" circulando pela cultura popular, e conclamava suas congregações a se manterem fiéis à "verdadeira escatologia bíblica".[109] Não foi pequeno o número de visões que misturavam temores de punição e vingança ou a necessidade de expiação. Na Baviera católica, um radiestesista que cavava poços artesianos chamado Alois Irlmaier ganhou certa notoriedade local durante a guerra ao prever com sucesso o lugar em que bombas cairiam e como sobreviver a elas. Depois da guerra, ele passou a ser procurado por sua habilidade em descrever qual foi o destino das pessoas desaparecidas: quando os mortos em suas visões apareciam de costas para o altar da igreja, Irlmaier sabia que estavam no purgatório ou amaldiçoados.[110] Em 1947, Léon Hardt, um astrólogo e telepata, apresentou-se diante de uma plateia lotada no Regina Palast Hotel, em Munique, e alertou a todos que a situação política e econômica ficaria "muito grave" caso não ocorresse em "renascimento espiritual da humanidade". Segundo Hardt, "está em nossas mãos o poder de concretizar o céu ou o inferno".[111] Ao mesmo tempo, os editores do jornal de crítica cultural e literária *Der Ruf* lamentavam as pilhas de cartas e artigos recebidas de "curandeiros de todos os tipos" que afirmavam serem capazes de "solucionar praticamente qualquer problema do pós-guerra, da culpa coletiva ao besouro-da-batata". Um desses curandeiros, que se autointitulava "consultor especial para reconstrução espiritual, religiosa, da generosidade na política e de todos os demais tópicos relacionados, além de questões morais", atribuiu uma temporada de "clima extraordinariamente seco e aumento de incêndios florestais", em 1947, à "crescente exaustão psíquica" da população alemã.[112]

Porém, foi no começo de 1949 que uma insistente onda de novos rumores de violência cósmica e calamidades terrenas começou subitamente a se espalhar pela Alemanha Ocidental ocupada. Disseminadas pelos jornais e no boca a boca, esses rumores alertavam que o mal estava florescendo e previam retaliações e caos. Especulações sinistras se multiplicavam: muito em breve, dizia-se, o mundo seria inundado pelas águas ou se partiria ao meio. O planeta Terra seria obliterado por bombas atômicas ou aviões que disparam raios mortais. Colisões entre estrelas lançariam meteoros na Terra, iniciando uma reação em cadeia que destruiria o mundo. O mais angustiante de todos esses rumores profetizava que cairia uma neve tão densa e impenetrável que sufocaria toda a vida no planeta.

Os rumores se tornaram uma forma crucial de comunicação entre os alemães que tentavam interpretar o que aconteceu durante o final cataclísmico da guerra. As pessoas também buscavam adivinhos, leitores de mãos e numerologistas para ajudá-las a compreender o que estava ocorrendo, para evitar as bombas que caíam, para descobrir o que aconteceu com seus entes queridos que estavam desaparecidos e para saber qual foi o destino espiritual daqueles que morreram. No entanto, essa nova e poderosa onda de rumores apocalípticos ocorreu concomitantemente a sinais palpáveis de reconstrução. Em 1949, as enormes montanhas de entulho já haviam sido removidas para fora das zonas urbanas ou cuidadosamente empilhadas ao longo de ruas novamente transitáveis. Escolas e universidades que foram construídas ou reconstruídas já estavam em funcionamento. Novos e democráticos partidos se formavam. O transporte público voltava a operar. Em 1948, uma nova moeda, o marco alemão, foi introduzida nas zonas de ocupação ocidental com a intenção de pôr fim ao comércio ilegal e estimular a economia. Com uma moeda confiável em circulação, os produtos rapidamente voltaram às prateleiras das lojas, e jornais e revistas retornaram às bancas. A vida começava a tomar forma.

O que então teria causado o ressurgimento tão dramático de burburinhos alusivos a iminentes catástrofes e mortes quase quatro anos após o fim da guerra e depois do "boom" da reforma monetária, no que muitos estudos relacionados à República Federal consideraram ser um momento fundador das transformações de um cenário do pós-guerra para um de reconstrução e renovação democrática?[113]

Traçar as origens de algo tão efêmero quanto um rumor ou um boato é algo que de fato está além da capacidade de um historiador. Todavia, o conteúdo das profecias apocalíticas de 1949 sugerem que, independente da melhoria gradual nas condições de vida, ainda não havia clareza a respeito de questões relevantes e urgentes. O futuro parecia não apenas sombrio, mas também repleto de perigos espirituais.

Nós apenas sabemos desses rumores por que alguém decidiu pesquisá-los e publicá-los. Alfred Dieck era um estudioso da pré-história, da etnologia e do folclore. Foi de sua mesa na cidade universitária de Göttingen, que registrou esses boatos, e fez anotações alusivas à maneira como circulavam e um levantamento minucioso das permutações que sofriam à medida que eram contados e recontados. Dieck estava em busca de uma sociologia dos rumores — quem passava à frente essas histórias, e para quem? Uma mulher que contou para um homem, um balconista para um professor universitário ou um morador da cidade para um da área rural? Dieck percebeu que essas histórias emergiam em lugares muito diferentes: cidades industriais, comerciais e universitárias; burgos católicos e vilas protestantes. Dieck, no entanto, concentrou-se nos rumores que emergiram próximos a Göttingen e nas regiões ao redor de Hanôver. Ouviu relatos fantásticos ecoando pelas ruas e leu histórias ainda mais incríveis nos jornais, como, por exemplo, que seus amedrontados compatriotas gastavam todo o dinheiro que lhes restava em bebidas, ou relatos de conversões religiosas e batismos em massa. Havia também rumores de pessoas aterrorizadas fugindo para as montanhas ou cometendo suicídio.[114]

Mergulhar a fundo no sentimento apocalíptico de 1949 era, de certo modo, um projeto feito sob medida para Alfred Dieck. Ele tinha um faro apurado para o insólito e para o sobrenatural. Ainda adolescente, traduzira para o alemão a obra *Uma Princesa de Marte*, de Edgar Rice Burroughs. Em 1930, escreveu uma dissertação acerca das múmias do pântano, como eram conhecidos os restos mortais de habitantes da Era dos Metais preservados nos pântanos sem oxigênio do norte da Europa. Muitos desses indivíduos sofreram mortes violentas, outros tantos serviram de sacrifício humano. No começo da guerra, ele foi enviado para a frente de batalha, feriu-se e mais tarde foi detido num campo de prisioneiros. Era um homem que entendia o significado da palavra ruína. Embora futuramente viesse a publicar muita coisa, e a abordar diversos temas, sua carreira acadêmica nunca se recuperou após 1945. Segundo seus próprios cálculos, ele "emergiu da guerra um homem 80% danificado".[115]

Dieck não se preocupava muito com o conteúdo dos rumores que registrava, e também não analisava sua ressonância emocional ou religiosa. Limitava-se a catalogar o aparecimento e transformações desses rumores. No entanto, não se furtava a opinar quanto ao que teria feito o pânico tomar conta de seus compatriotas. Passados quatro anos da ocupação aliada, admitia que o clima no país seguia sombrio, pesado e ruinoso. Para ele, as forças de ocupação eram as culpadas. Suas reclamações eram numerosas e específicas. Criticou os Aliados por não terem oferecido um substituto crível para a enorme fé que os alemães haviam depositado em Hitler — embora devessem tê-lo feito. Denunciou muitas das políticas da ocupação, como a extinção do Exército alemão e a proibição do funcionamento de qualquer indústria capaz de produzir munição, o que levou ao desmantelamento de parques industriais inteiros, além de críticas à expropriação de recursos como política de reparação dos crimes de guerra. Condenava também a proibição aliada ao comércio com outros países que tinham excedente de produção de alimentos, ao mesmo tempo que muitos alemães passavam fome. E teceu comentários apreensivos relacionados às crescentes tensões entre norte-americanos e soviéticos. Ele tinha convicção de que vários dos produtos "perversos" e de "mau gosto" da cultura norte-americana, como as radionovelas que passaram a tomar conta da grade, substituíam as "reverências majestosas da vida e da morte" alemãs por algo, em suas palavras, "temeroso".[116]

Dieck culpava igualmente os jornais alemães. As forças de ocupação passaram a exercer um estrito controle da imprensa após a queda do Terceiro Reich, e todo tipo de publicação necessitava de uma autorização prévia. No entanto, com a reforma monetária de 1948, o papel deixou de ser um produto racionado. "A circulação de jornais cresceu espantosamente", recordava um artigo de 1954 da revista *Foreign Affairs*, segundo o qual o número de publicações saltou de 160, no início de 1949, para mil em meados de 1950.[117] Essa explosão da imprensa periódica no pós-guerra produziu um ambiente altamente competitivo que, segundo ele, estimulava o sensacionalismo. Alguns jornais publicavam matérias que eram peças místicas e de adivinhação ao lado das notícias, ou, como percebeu Dieck, o misticismo passou a ser a notícia. E citou histórias que falavam de uma iminente mudança de posição do eixo da Terra, e outras que afirmavam que um aumento da atividade humana no Polo Sul desencadearia uma nova "grande inundação".

Na verdade, as profecias apocalípticas que marcaram o ano de 1949 tiveram origem em rumores que se espalhavam de boca a boca para só então serem amplificados pelos jornais. Embora alguns jornais de fato apelassem para o sensacionalismo, muitos apenas faziam troça da população que suas próprias notícias ajudavam a atiçar. APOCALIPSE!, bradava uma manchete. Outra alertava, O MUNDO ACABARÁ NO DIA 17 DE

MARÇO!, ou registrava, jocosamente, que AS FAMÍLIAS QUEREM ESTAR JUN-
TAS PARA O FIM DO MUNDO!.[118] Em Munique, o *Süddeutsche Zeitung* mostrava os preparativos para o fim dos tempos. Açougueiros supostamente
distribuindo carne de graça, mendigos e pedintes recebendo esmolas
generosas e muitos "antigos nazistas" podiam ser vistos novamente os-
tentando a insígnia do partido.[119] Ao que parece, ao menos para a imprensa, o medo generalizado que se disseminava não passava de uma
grande piada e motivo para ridicularização. No entanto, Dieck seguia
ouvindo as pessoas passando para frente qualquer fragmento de profecia
que ouvissem, como numa grande feira de maus augúrios. Uma vez publicados nos jornais, esses fragmentos de informação voltavam às rodas
de conversa como rumores, que apareceriam novamente como notícia
nas páginas dos jornais, fechando o ciclo de prognósticos apocalípticos.

As explicações de Dieck para os cenários sombrios que se espalhavam por seu país não ajudam muito a compreender por que, após quatro anos da *conclusão* de uma guerra de aniquilação, os alemães vivendo
nas zonas ocidentais da ocupação passaram a temer que o mundo estivesse chegando ao fim. Não há dúvida de que o nascente conflito com
a URSS teve certa influência. Os soviéticos viram a introdução do novo
marco alemão, em 1948, como uma ameaça. A resposta veio em junho
daquele ano, com o fechamento do acesso terrestre e fluvial a Berlim,
a antiga capital do Reich, que era ocupada conjuntamente por quatro
potências estrangeiras. Esse bloqueio, por sua vez, levou à organização
do que ficou conhecida como a Ponte Aérea de Berlim, com os Aliados
realizando milhares de viagens aéreas para abastecer a cidade com suprimentos. Esse episódio foi um divisor de águas no início da Guerra Fria.

Quando deu início aos seus estudos, a ponte aérea já acontecia havia
alguns meses, contudo, de todo modo, Dieck não a considerava um fator
relevante. Para ele, todo esse movimento de contar, recontar e prever
acontecimentos era evidência de uma "crise de nervos" mais generalizada que acometia os demasiadamente crédulos e os que se assustavam
facilmente, um exemplo clássico de "surto coletivo". Rumores irracio-
nais já podiam ser vistos com frequência em 1940, quando a Alemanha
invadiu a França, recordava. Tempos depois, em 1949, no Equador, a

transmissão de uma estação de rádio de Quito de uma leitura da versão em espanhol de *Guerra dos Mundos* levou pânico à população e causou tumulto nas ruas.[120]

O que sua descrição padrão de "psicose coletiva" não considerava, ou não tinha como fazê-lo, é o fato de a "crise de nervos" não ser de fácil generalização e possuir mais de uma causa. Afinal, os rumores falavam do medo da maldição e da punição, questões que já eram uma preocupação desde os últimos anos da guerra. Nesse contexto, os relatos apocalípticos de 1949 se tornam uma importante marca histórica.

Uma leitura a contrapelo desses sinais — uma leitura que olhe não apenas para o que as fontes dizem de modo explícito, mas também para o que está implícito nelas — focaria de imediato na insistente repetição que fazia do argumento no qual os alemães e alemãs "não se sentiam culpados" ou "apenas minimamente responsáveis" pelas consequências da guerra. Durante o Terceiro Reich, "os crimes, que a maioria das pessoas desconhecia", escreveu, erroneamente, na verdade não foram "uma questão em debate". A maioria dos alemães, observou, continuava acreditando, como já o fazia há anos, que a Segunda Guerra fora, em grande medida, um subproduto da Primeira Guerra, um conflito imposto à Alemanha pelo que ele chamava de "os conhecidos circuitos financeiros americanos" — um codinome para judeus. O que Dieck estava a dizer era o seguinte: "ninguém sabia de nada" a respeito dos crimes nazistas, porém, segundo ele, muitos de seus compatriotas seguiam acreditando que os judeus foram os responsáveis pela guerra, pela derrota alemã e pela crise do pós-guerra. Há muitos pontos a serem examinados nessa série de ilações e histórias fictícias, entre eles o porquê da explicação que Dieck fez da repentina explosão de temores apocalípticos ter sido imediatamente seguida por uma insistência no fato de nenhum alemão se sentir responsável pela guerra e suas "consequências".[121]

Ao mesmo tempo que afirmava que seus compatriotas não sentiam culpa, ele ignorava algumas implicações de suas próprias descobertas. Alguns dos rumores que registrou, por exemplo, insinuavam que apenas os pecadores seriam atingidos pelo dilúvio que se avizinhava. Outros relatos afirmavam que apenas crianças menores de dois anos — as verdadeiramente inocentes — sobreviveriam. Os anjos, diziam alguns, cuidariam das crianças que sobrevivessem ao fim do mundo.[122] Esses augúrios, assim como os que haviam por vezes circulado durante a guerra, estavam centrados mais diretamente em julgamento e punição, responsabilidade e culpa — temores que Dieck se convencera não importarem muito para a maioria dos alemães. Nem todos, ao que parece, eram assim tão otimistas.

O apocalipticismo de 1949 indica que a culpa — e mesmo sua intensa rejeição — encontraram formas subliminares para adentrar em muitas dimensões da vida no pós-guerra. Algumas pessoas viam a possibilidade de uma ira cósmica, ou sentiam uma inquietação existencial. Pairava no ambiente um sentimento de mal-estar que não podia ser facilmente dissipado. Naquele dia em Lemgo, alguém levantou a voz para dizer que os alemães deveriam esperar pela fúria divina por mandarem para a morte os judeus idosos da cidade. Tal episódio foi lembrado por alguém mais tarde. Entretanto as pessoas também eram capazes de sentir culpa por terem perdido a guerra e percebido que todo o sacrifício foi em vão. Será que a própria derrota não era um sinal?

O pensamento apocalíptico é geralmente associado com períodos de crise, mas pensar dessa forma não significa pensar apenas em termos de desastres. Apocalipse significa revelação — desmascarar, um olhar por trás das cortinas, um vislumbre de verdade transcendente. "Aqui há sabedoria", é o que diz a Bíblia em Apocalipse. O apocalipse trata dos sinais, mas é também das interpretações, a *exegese* desses sinais. Tanto na tradição profética judaica como na cristã, ele é a promessa do julgamento final, uma nova era de pureza para os escolhidos. Perguntado por um de seus seguidores "o que será de nós?" — referindo-se aos alemães — o clarividente bávaro mencionado anteriormente, Alois Irlmaier, previu igrejas incendiadas e muitos clérigos mortos. Porém, depois disso, suas visões lhe mostravam que o Papa coroaria três reis, e que haveria comida suficiente para todos, e que as pessoas poderiam cultivar a quantidade de terras que desejassem. A temperatura aumentaria. Os bávaros poderiam produzir vinho e cultivar frutas tropicais.[123] É preciso fazer uma exegese dos sinais para descobrir quem seriam os escolhidos para habitar esse feliz paraíso de redenção e frutas tropicais, quem seriam os condenados e que tipo de batalhas cósmicas seriam travadas neste meio-tempo.[124] Os rumores da chegada do Armagedom em 1949 eram justamente isso: a procura por visibilidade, conhecimento e clareza em um momento de incertezas e volatilidade.

O mundo estava mesmo acabando? Alguém sobreviveria? Essas questões talvez não estivessem na cabeça de todos os alemães naquele ano, mas muitos passaram noites em claro remoendo pensamentos soturnos e refletindo quanto ao imponderável. "A situação do mundo me preocupa, tudo parece sombrio", foi a resposta de um homem a uma pesquisa de opinião. Outros entrevistados na mesma pesquisa contaram que, quando se deitavam à noite, pensavam em sua terra natal, que tiveram de abandonar, nos parentes mortos ou desparecidos na guerra. Preocupavam-se com dinheiro, trabalho, saúde a as economias perdidas. E com pessoas estranhas, "ciganos" — que, neste caso, significava quase todos os "estrangeiros" — e ainda com a criminalidade. "Eu passo o tempo todo com medo", disse uma mulher. "Porém eu não sei bem do quê."[125] Como era possível saber em quem confiar? "Nós, na Alemanha, estamos vivendo um período em que a maioria das pessoas não sabe mais o que é verdade e o que é mentira", foi o que afirmou um misterioso grupo em Kassel, que se autointitulava a Liga Militante Contra o Niilismo e trazia no cabeçalho de suas cartas uma imagem de Hércules matando a hidra.[126] Quando perguntados se as pessoas possuíam boas ou más intenções, apenas um terço dos entrevistados escolheram a primeira opção.[127] Não surpreende que muitos ainda examinassem os céus em busca de sinais.

Ou, ao menos, em busca de manchetes. Alfred Dieck continuou sua pesquisa e percebeu um aumento no grau de ansiedade nos rumores apocalípticos por volta de fins de fevereiro de 1949. Havia a recorrente previsão de que o derradeiro dia da humanidade sobre a face da Terra seria 17 de março. Na esperança de capitalizar com a dramaticidade do momento, a estação Rádio Alemã do Noroeste transmitiu uma radio-novela na qual uma enorme chuva de meteoros ameaçava o planeta.[128] Se esse episódio se assemelhava de alguma maneira com o que se passou em 1938, quando Orson Welles transmitiu *Guerra dos Mundos* ao público norte-americano via rádio, podemos imaginar que certamente muitos ouvintes alemães prenderam a respiração.

2

UM ESTRANHO NA CIDADE

O ano de 1949 teve sua parcela de eventos extraordinários. Em agosto, a União Soviética testou sua primeira bomba atômica. Discos voadores teriam sido avistados do Japão ao Novo México. No início daquele ano, em Los Angeles, uma nevasca incomum — a maior registrada na história da cidade — cobriu as praias por três dias.[129]

Na Alemanha Ocidental, um turbilhão de profecias apocalípticas insistia em surgir. Contudo, de repente, entre elas, um tipo diferente de notícia começou a se espalhar. Em março de 1949 — no mesmo mês e praticamente no mesmo dia que aquele rumor previa para o fim dos tempos — na pequena cidade vestfaliana de Herford, um menino incapaz de permanecer em pé por conta própria recebeu a visita de um curioso estranho. Embora ninguém, nem mesmo os pais do menino, soubesse explicar como o fato teria ocorrido, após encontrar o homem o menino se levantou da cama pela primeira vez em meses e, devagar e inseguro, começou a caminhar.

O impacto desse acontecimento foi explosivo, como um trovão inesperado. Logo, dezenas de milhares se dispuseram a ficar na chuva, por dias, apenas para ter a chance de um relance daquele que seria o responsável pela recuperação do menino: um curandeiro soturno, de cabelos longos, vestido com tons de azul e preto. Aqueles que buscavam uma cura prostravam-se diante dele em súplica ou tentavam comprar a água na qual havia se banhado. Alguns acreditavam que o curandeiro poderia ressuscitar os mortos.[130] Ele se tornou a primeira celebridade alemã do pós-guerra, sua imagem estampava jornais e tabloides de um canto a outro do país. *Paparazzis*, policiais e por vezes a equipe de um documentário o acompanhavam a todos os lugares. Alguns o chamavam de médico milagroso (*Wunderdoktor*), curandeiro milagroso (*Wunderheiler*), trabalhador milagroso (*Wundertarter*), mensageiro da cura (*Heilspender*) e até mesmo de salvador (*Heiland*). Outros o chamavam de charlatão, demônio, pervertido, lunático e incitador de histeria nas massas. Ainda para outros, era o "filho bondoso de Deus". Seus amigos o chamavam de Gustav. Seu nome era Bruno Bernhard Gröning.[131]

A manchete de uma das primeiras notícias a mencioná-lo nos dá uma ideia da forma como as pessoas o percebiam naquele momento: DEUS ME ENVIOU: A VERDADE SOBRE O "MESSIAS DE HERFORD".[132] Durante os meses que se seguiram, Gröning foi entrevistado por programas de rádio e destaque em cinejornais. Meros rumores de que poderia estar em determinados lugares eram suficientes para criar enormes engarrafamentos na cidade. Autoridades do alto escalão do governo exaltavam seus talentos diante de multidões; aristocratas, estrelas do esporte e do cinema tornaram-se seus amigos.

Quem era esse *Wunderdoktor* e qual era sua mensagem? O que teria feito com que centenas de milhares de pessoas, ou mesmo milhões, lessem a seu respeito, o dessem ouvidos e peregrinassem longas distâncias na esperança de conhecê-lo? A explicação, em parte, se deve ao fato de ele ser percebido como um poderoso instrumento da providência. Herford está localizada na mesma área geográfica do estudo conduzido por Alfred Dieck envolvendo as profecias apocalípticas que previam um iminente fim do mundo e nevascas que sufocariam o planeta. Agora, o caos teria gerado algo inesperado: a cura. Parece que todos aqueles que buscavam por algum sinal teriam finalmente encontrado.

Ainda assim, não era fácil entender o significado desse sinal. Como outros milhões de cidadãos, Bruno Gröning era um ex-soldado e prisioneiro de guerra. Assim como os outros também havia sido um membro do partido nazista. O saludador não tinha o que poderíamos chamar de uma filosofia, ao menos não no início. Não fazia pregações, não escreveu livros nem fundou uma igreja. Quando falava, na maioria das vezes utilizava aforismos elípticos e vagos, que por vezes se referiam a temas espirituais, mas mais frequentemente rodeavam a ideia do bem contra o mal. Não possuía uma técnica definida para a cura dos doentes, ao menos não uma que expressasse com clareza em palavras. Não estava claro para ninguém o *que* aquele homem curava, ou como. Seu método consistia, na maioria das vezes, em apenas estar perto dos doentes e fixar seu olhar algumas vezes nos enfermos. E isso frequentemente não funcionava: o menino cuja cura se transformou na história inicial desse caso algumas semanas depois estava de volta na cama. Entretanto, com regularidade suficiente, a cura parecia se manter.

Muitas fontes expressam o impacto poderoso de Gröning nas pessoas, e muitas testemunharam suas curas. Porém da perspectiva da história, a verdadeira narrativa não é, de forma alguma, a respeito do curandeiro. E sim, sobre *eles*: as multidões que surgiam em torno de Gröning em qualquer lugar que estivesse, as esperanças, medos e fantasias que todos projetavam nele, além do vasto drama de emoções — em geral estritamente controladas — que se desenrolavam nessas aglomerações. A interação entre a sociedade alemã do pós-guerra e Bruno Gröning tem sua importância porque em grande medida aquela sociedade o inventou para curar o que a afligia — não apenas doenças e lesões, mas inquietações e danos muito mais difíceis de perceber. Essa é uma história de doença e cura, e relacionada a busca por redenção. Porém, antes de mais nada, é uma história de uma família e um estranho na cidade.

✳ ✳ ✳

Dieter Hülsmann, filho único de Helmut e Anneliese nasceu apenas três dias após o início da Segunda Guerra Mundial. Ele demorou um pouco para começar a andar. Quando deu seus primeiros passos, pouco depois de completar 2 anos de idade, ainda eram hesitantes, e seus pés, conforme cresciam, começaram a curvar-se. Quando completou 4 anos de idade, os médicos engessaram suas pernas e pés na tentativa de corrigi-los. O gesso ia até a altura dos joelhos.[133]

Nessa época, o pai do menino estava na guerra, servindo como engenheiro da *Panzerwaffe*, a divisão armada do *Wehrmacht*. Mais tarde, ele passou uma temporada num campo de prisioneiros de guerra, retornando para Herford em junho de 1945.[134] No caminho de volta para casa — tanto de trem como a pé — viu, quilômetro após quilômetro, as ruínas de uma vida que não existia mais: pontes demolidas, maquinários destruídos, escombros de edifícios incendiados e sepulturas ao longo das vias com cruzes improvisadas. É provável que Helmut não tivesse a ilusão de que a destruição estaria restrita ao front, principalmente porque o front havia se estendido por toda a Alemanha. Cartas vindas de casa mencionavam bombas, batalhas e intermináveis caravanas de refugiados. Porém ouvir essas coisas não era o mesmo que vê-las pessoalmente.

De volta a Herford, Helmut encontrou seu filho em uma condição lamentável. Mandou que o gesso fosse retirado na hora. Ainda assim, a condição de Dieter piorou. Então levou o filho para a clínica da Universidade de Munique, a pouco mais de cem quilômetros de distância. O diagnóstico foi incerto, porém desalentador: atrofia muscular progressiva. A avaliação foi confirmada por uma clínica pediátrica e por outros dez "médicos e professores", embora nenhum deles tivesse um tratamento para oferecer. Não há nada que se possa fazer, essa teria sido a resposta dos médicos para a família. Durante o inverno de 1948-49, quando Dieter contava 9 anos de idade, o menino foi para a sua cama e de lá não se levantou pelo período de dez semanas. Nada aquecia suas pernas geladas — nem cobertores, nem garrafas de água quente ou massagens.

Quando o menino tentou ficar de pé, Helmut teria dito que "seu corpo se dobrou como um canivete".[135]

KOMMUNALARCHIV HERFORD/STADTARCHIV HERFORD

O pai de Anneliese disse saber de alguém que conhecia um curandeiro. Recentemente o homem teria ajudado uma mulher paralisada há mais de cinco anos a voltar a andar. Talvez ele pudesse ajudar o menino?[136]

Certo dia, um conhecido trouxe Bruno Gröning, de carro, para Herford. Um tempo depois, o relacionamento do saludador com os Hülsmann passou por uma investigação legal e os registros históricos revelam algumas confusões em torno da data, contudo parece ter sido no dia 14 ou 15 de março.[137] O calendário indicava que a primavera estava próxima, mas Herford estava cinzenta, úmida e com muitos ventos, e nos dias seguintes estaria ainda mais fria. Ali, no vale de Ravensburg, entre a floresta de Teutoburgo, a oeste, e as pequenas colinas às margens do rio Weser, a nordeste, os últimos dias do inverno podiam ser impiedosos, com um céu de chumbo sobre florestas e prados, com cidades, fazendas e vilas se desdobrando até onde a vista alcança. Em dias chuvosos, a neblina pode encobrir a terra marrom, incorporando a paisagem e o céu nublado em uma tonalidade único e impenetrável, da cor de lã molhada.

Os Hülsmann tinham seu lar numa linda propriedade na Wilhelmsplatz. No passado, a praça havia exibido uma estátua que, diferente do que muitos talvez pudessem imaginar, devido ao seu nome, não era uma homenagem ao imperador Wilhelm. O homenageado era um herói muito mais antigo: Viduquindo, líder rebelde saxão do século VIII. Após lutar contra o Exército franco de Carlos Magno por mais de uma década, Viduquindo foi derrotado em 785 e obrigado a se converter ao cristianismo. Conta a lenda que o saxão, cujo nome significa "filho da floresta", chegou à cerimônia de seu batismo montado em um cavalo preto. Se isso era um ato de provocação diante da conversão forçada ou a forma de expressar a morte de sua personalidade pagã, é impossível saber. Na tradição popular, essa é, sem dúvida, uma história de redenção: um "filho da floresta" — significando não apenas uma criança pagã no pensamento da época, mas um filho do Demônio — tornando-se cristão, ou seja, um filho de Deus. Muitos nazistas, no entanto, viam Viduquindo não apenas como um herói popular mas como uma figura ideológica exemplar, um germânico nativo manifestando-se contra o cristianismo militante de Carlos Magno, cujo império havia destruído deuses locais pré-cristãos e usurpado as liberdades históricas dos povos germânicos. Nas regiões interioranas da Vestfália dos anos 1940 e 1950, cabeças de cavalo ainda decoravam as casas. A tradição dizia que o espírito de Viduquindo vivia nelas, protegendo as casas e trazendo saúde.[138]

De 1899 a 1942, a estátua se manteve de pé a apenas alguns passos da porta da casa dos Hülsmann. No entanto, durante a guerra, a estátua foi derrubada e, assim como sinos de igrejas e outras preciosidades, foi derretida e transformada em armas.[139] Se ao chegar à porta dos Hülsmann, no final daquele inverno, Gröning se virasse levemente na direção oeste, não veria a triunfante estátua de Viduquindo montado em um cavalo de bronze com seu capacete alado, mas apenas um bloco de granito.

Não há documentos que nos permitam reconstruir qualquer detalhe da chegada de Gröning a Herford. Porém fotografias da época nos permitem imaginá-lo em um cenário de tarde cinzenta, diante da elegante casa dos Hülsmann, talvez parando para observar o monumento violado. Ele não era alto. Sua estrutura, embora atlética, era um pouco esquelética. Em imagens, a manga dobrada da camisa revelava os braços fortes e definidos.

*   *   *

Seu cabelo — espesso, escuro e levemente comprido para a época e o lugar — era com frequência mencionado e virava alvo de piadas na imprensa. As pessoas comentavam incessantemente a respeito do azul intenso de seus olhos levemente arregalados. Sua face era de uma pessoa cansada ou mesmo exausta. Tinha mãos acostumadas ao trabalho e as unhas manchadas pela nicotina.[140] Suas roupas eram simples e, pelo que tudo indica, sempre escuras. Falava de forma simples. Em seus bolsos, por vezes carregava pequenas bolas de papel laminado onde guardava pedaços de seu cabelo e suas unhas. Gröning possuía um inconfundível bócio que, segundo ele, o permitia absorver as energias responsáveis pela doença de seus pacientes.

Anneliese Hülsmann era uma mulher magra que se vestia em estilo básico e tinha os cabelos modestamente presos para trás. Helmut, por sua vez, era considerado por muitos como um homem grosseiro — aquele tipo que masca um charuto enquanto fala alto.[141]

Ainda assim, dada a ocupação de Helmut como engenheiro, os Hülsmann pertenciam à classe média de Herford. O curandeiro, por outro lado, tinha origem na classe trabalhadora. Não se sentia confortável falando em alemão e, segundo alguns relatos, preferia falar no dialeto de sua cidade natal.[142] Era um fumante inveterado de cigarros norte-americanos — Chesterfields — e bebia litros e mais litros de café preto. Não sabemos ao certo o que aconteceu após sua chegada na casa dos Hülsmann, se teriam sentado para conversar, beber café e fumar enquanto trocavam gentilezas e compartilhavam suas apreensões. Contudo sabemos que o saludador foi ver Dieter. Tempos depois, muitas pessoas atestaram a extraordinária habilidade desse refugiado de cabelos longos e aparência magra. Como parecia ter o poder de saber o que estava errado no corpo de uma pessoa enferma e como conversar com esses doentes. Tudo mudou tão logo ele apareceu. Você poderia ouvir um pingo cair, diziam. O olhar fixo de Gröning ia lentamente de uma pessoa para outra, enquanto o próprio permanecia perfeitamente imóvel com as mãos no bolso, dizendo aos aflitos para não pensarem muito no fato de estarem doentes.

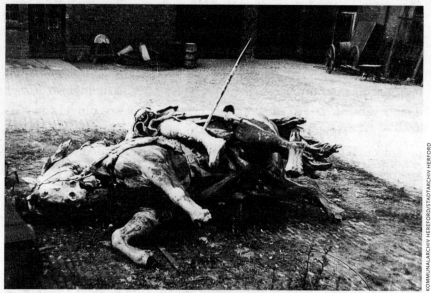

Os doentes começavam a sentir seus dedos tremerem, assim como outras partes de seus corpos. O curandeiro pegava um pedaço do alumínio da embalagem do cigarro e o transformava em pequenas bolas, em seguida as entregava aos doentes, que deveriam segurá-las focando nelas até que se sentissem melhor. Ele tinha uma mania, repetir estranhas rimas, como: "pode ser grelhado, como pode ser assado" (*Umgekebrt ist auch was wert*). Os pacientes diziam sentir uma corrente calorosa fluir através de seus corpos, ou uma sensação inabitual de comichão sob seu olhar.[143] Segundo Bruno, seu irmão Georg tinha a habilidade de fazer cessar dores de dente apenas se concentrando no dente enfermo.[144]

O que aconteceu quando Gröning encontrou Dieter Hülsmann pela primeira vez foi contado e recontado por anos a fio: inicialmente por rumores, fofocas, piadas, cartas e conversas casuais; mais tarde por artigos de jornais, revistas, sermões, palestras, filmes, panfletos e livros; e, por fim, em acusações, denúncias, dossiês, relatórios policiais e psiquiátricos, testemunhos, instruções judiciais, investigações legislativas, revistas acadêmicas e, eventualmente, muito, muito tempo depois — em *websites* escritos em vários idiomas. Uma hora após o encontro com o curandeiro, o menino de repente passou a sentir novamente as

pernas, algo que, segundo Anneliese, "quase não acontecia mais". Havia uma sensação de ardor em suas pernas e costas. Seus membros frios em pouco tempo estavam aquecidos. Na manhã seguinte, embora inseguro e ainda trêmulo, Dieter, que havia passado a maior parte daquele deprimente inverno do pós-guerra na cama, se levantou e andou.[145]

Nos dias seguintes, sua melhora progrediu ainda mais. Em um primeiro momento, Helmut disse que "praticamente não acreditava" no que estava acontecendo. Porém logo teria se convencido de que seu filho estava curado.[146] Duas semanas depois, recordava Anneliese, "meu menino pôde se mover livremente e andar sem ajuda [...] pela casa e lá fora". O garoto ainda precisava de ajuda para subir escadas e se apoiava apenas nas pontas dos pés em vez de apoiá-lo todo no chão.[147] Contudo seu pai afirmou à imprensa que estava certo de que isso também passaria.[148] Àquela altura, os Hülsmann já haviam convidado Gröning para morar com a família. E ele aceitou.

Não demorou muito para que a propriedade situada no número 7 da Wilhelmsplatz estivesse cercada de peregrinos, conforme a notícia da cura de Dieter se espalhava pelas redondezas de Herford, e logo por toda a Alemanha Ocidental. Milhares de pessoas invadiram a pequena cidade com a única esperança de ver o homem vestido de preto ou trocar algumas palavras com ele, buscando alívio para enfermidades de toda natureza imaginável. O curandeiro encontrava com as pessoas na sala dos Hülsmann ou no gramado em frente à casa. De tempos em tempos, em especial tarde da noite, surgia na sacada do andar de cima para ministrar curas para a multidão reunida a sua frente. Ninguém sabia explicar como as curas aconteciam, no entanto o que ouviam era impressionante: pessoas paralíticas ou acamadas por anos de repente se levantavam e caminhavam. Adultos e crianças com problemas de fala passavam a conversar sem hesitação ou constrangimento. Braços, pernas ou dedos rígidos e lesionados tornavam-se flexíveis e dores crônicas deixavam de existir. Surdos voltavam a ouvir e cegos voltavam a enxergar.

O que trouxe lucidez para o caos crescente de 1949, em resumo, não foi o fim dos tempos, como previam os rumores dos últimos meses. Em vez disso, foi uma série de milagres, do tipo que qualquer um poderia reconhecer. Conforme as pessoas em busca de cura passavam a chegar diariamente a Herford naquela primavera, Wilhelmsplatz se transformou num destino espiritual. O mundo não se afundou em iniquidades, o fogo do apocalipse não se concretizou, raios de morte não dividiram a Terra ao meio. Em vez disso, houve cura. Houve redenção. Logo, o que já estava sendo chamado de "os milagres de Herford" iria fascinar toda a nação.

Embora a aparente cura de Dieter pudesse parecer extraordinária, o homem que ajudou o menino a caminhar novamente era em muitos aspectos um alemão comum do pós-guerra. Nascido em 1906 numa família católica, Gröning era o quarto de sete filhos, e cresceu em Danzig, subúrbio de Oliva.

Situada na baía de Danzig e cercada por vales e florestas a oeste e ao norte, Oliva era uma *luftkurort*, um lugar conhecido por seu ar salubre. Os Gröning moravam em um grande quarteirão urbano conhecido como um *mietskaserne* ou, pejorativamente, como "barracos de aluguel". Como milhares de crianças da sua idade, os irmãos Gröning cresceram à sombra da Primeira Guerra Mundial e do bloqueio britânico que trouxe enormes dificuldades para a população civil: fome, doenças e morte.[149]

Gröning era como outros milhões de homens de sua época, um soldado da Segunda Guerra Mundial e depois um prisioneiro de guerra. Foi convocado para servir em março de 1943, apresentando-se para o serviço num centro de treinamento de caçadores de tanques, os *panzerjäger*, em Kolberg, a algumas centenas de quilômetros de Danzig. Os *panzerjägers* viajavam em veículos, ou mesmo a pé, armados com lançadores de mísseis, e saíam à caça de tanques soviéticos para explodi-los. Não era uma missão para cardíacos. Seus registros das *Wehrmacht* mostram que o curandeiro foi capturado pelos soviéticos em Köslin, não muito longe do lugar onde havia sido treinado. Foi mantido preso de março a outubro de 1945 em um campo de prisioneiros de guerra em Frankfurt às margens do Oder.[150]

Gröning e sua esposa, Gertrud, se casaram em 1928 e tiveram dois filhos. Ambos morreram ainda na infância; o mais velho, em 1939, vítima da insuficiência de uma válvula cardíaca; o mais jovem, em 1949, de pleurisia. (Não está claro se o filho mais jovem do casal morreu antes ou depois dos eventos de Herford.) Essas mortes agravaram a situação de um casamento já infeliz, e algum tempo depois o casal se divorciou.[151] A vida profissional do curandeiro era itinerante. Dedicou-se por um tempo a aprender o ofício de carpinteiro, foi mensageiro de uma empresa de exportação, garçom, eletricista e fabricou móveis. Também trabalhou consertando relógios, máquinas de costura e bicicletas. E foi vendedor de tinta.[152] Em 1945, quando os Aliados se encontraram em Potsdam e concordaram em redesenhar o mapa da Europa, sua cidade natal, Danzig, tornou-se Gdansk, na Polônia — e ele se tornou um refugiado.

Em Danzig, Gröning foi membro do partido nazista. Isso também não era um fato incomum. Após a Primeira Guerra Mundial, tensões étnicas aumentaram na cidade. O tratado de Versalhes colocou Danzig sob a proteção da Liga das Nações, transformando-a numa cidade livre (*Free City*) — uma cidade-estado praticamente independente. Alemães e poloneses compartilhavam a cidade livre sob difíceis condições em uma era de arrogante nacionalismo. Quando o partido nazista surgiu no cenário político no início dos anos 1920, trouxe incertezas quanto ao "destino" de Danzig, e com o tempo os conflitos escalaram. O nazismo ganhou relevância em Danzig mais rapidamente que em outros lugares da própria Alemanha. Em 1933, os nazistas tiveram maioria absoluta nas eleições parlamentares municipais.[153]

Ainda assim, vale destacar que muitos homens da família Gröning, incluindo não apenas Bruno mas também seu pai, August, e seu irmão, Georg, se filiaram ao partido. Embora não haja muitos registros que revelem exatamente quando isso ocorreu, em 1936 eles já constavam como filiados, anos antes da Alemanha invadir a Polônia e reivindicar Danzig para o Reich. A família também mudou seu nome: de Grönkowski, ou talvez Grenkowski, ou mesmo Grzenkowski para Gröning — os registros do partido nazista não são consistentes quanto à grafia do nome.[154]

O que motivou a mudança do nome? É possível que Grönkowski soasse polonês demais para as tensões étnicas em Danzig. Aqueles que desejavam ser reconhecidos como membros efetivos da comunidade nacional alemã — não necessariamente para se filiar às organizações nazistas ou servir nas Forças Armadas, mas apenas para casar-se — precisavam "confirmar sua pureza" e estavam constantemente em busca de um "refinamento racial".[155] Entretanto a mudança de nome pode também ter sido motivada pelo interesse de exibir a herança alemã e a identidade ariana dos Gröning. Novamente, o momento nos chama a atenção: a mudança aconteceu em 1936, muito tempo antes de a Alemanha ter invadido a Polônia e ter conquistado Danzig para o Reich, em 1939.[156]

O próprio Gröning nunca foi mais do que um membro do baixo escalão do partido. Contudo, como veremos, sendo uma celebridade, com frequência se cercava não apenas de outros ex-nazistas que ocuparam cargos subalternos, mas também de alguns que tiveram proeminência no partido.

Logo, centenas de milhares de alemães viajariam para lugares remotos como Herford, esperando ver o curandeiro pessoalmente e se curar de alguma doença. Uma pessoa improvável havia chegado num lugar também improvável e passou a exercer façanhas incomuns: um clássico cenário milenar, um símbolo que anunciava transformações.[157] E o homem no centro desse cenário era um ex-nazista que falava com frequência de uma luta terrena entre "pessoas más" contra todos os outros. Bruno Gröning era basicamente um indivíduo de personalidade complicada, mas sua relação com seus concidadãos também não era menos complicada.

3

O MILAGRE DE HERFORD

Que a história de Gröning tenha iniciado entre as baixas montanhas vestfalianas, em uma cidade convencional e burguesa mercantil como Herford é tão surpreendente hoje quanto foi na época. Organizada e com uma população trabalhadora, a cidade era conhecida pelo seu "saudável espírito empreendedor", como destacou um jornal em 1949, assim como também por suas fábricas têxteis, móveis planejados, chocolate e cigarros.[158]

Os milhares de peregrinos em busca do *Wunderdoktor* que começaram a chegar complicaram ainda mais as já consideráveis atribulações do pós-guerra na localidade e, é bem provável, foram uma grande dor de cabeça para Fritz Meister, o prefeito. Meister fazia parte de uma nova elite da região no período pós-1945. Um social-democrata removido de um mandato anterior pelos nazistas em 1933, o prefeito era, no linguajar classicamente eufemístico do período, politicamente "limpo".[159] Isso não era capaz de o transformar por unanimidade em um herói, apesar de Vestfália ter demonstrado no início menor entusiasmo em apoiar Adolf Hitler se comparada a outras regiões, e a própria cidade de Herford demonstrou ainda menos entusiasmo que as cidades em seu entorno.[160] Embora o nome de Meister sugira uma certa aptidão para a administração, os desafios colocados pelo chamado dos milagres e o fluxo inesperado das massas que invadiram a cidade em busca de cura eram significativos, talvez os maiores desafios que havia enfrentado em sua carreira no pós-guerra.

Era grande a variedade de queixas trazidas a Bruno Gröning por quem buscava cura: dores de cabeça, asma e dor no nervo ciático; calcificação da espinha, câncer de todos os tipos, neurofibromatose (que causa crescimento de tumores nos nervos), disfunções da tireoide, sinusite e artrite. Alguns sofriam de lesões na laringe, deslocamento de quadril, tremores e inúmeras formas de paralisias. Outros apresentavam paralisia cerebral, escolioses, angina, epilepsia, distúrbios do sono, tuberculose e úlceras.

A saúde dos alemães havia se deteriorado pelos anos de guerra, seguidos pela escassez de cuidados médicos e de habitações adequadas. Para piorar, os britânicos, em cuja zona estava localizada Herford, compartilhavam a ideia de que, por uma questão de justiça, o padrão de vida dos alemães deveria permanecer severamente limitado. As rações diárias de alimentos foram mantidas em níveis baixos, o que os médicos alemães apontavam como sendo a razão para o "alarmante declínio" da saúde da população.[161]

A saúde das mulheres, em Herford, assim como em outras partes do país, havia sido especialmente afetada após a guerra. Entre as muitas consequências dos estupros, estava a gravidez indesejada e um número elevado de casos de doenças venéreas. As mulheres eram vítimas desses e de outros tantos sofrimentos. Considerando que muitos homens haviam morrido, permanecido prisioneiros ou retornaram para casa incapacitados para o trabalho, coube às mulheres iniciar o processo de limpeza dos escombros deixados pela guerra nas vilas e cidades. Elas cuidaram das crianças, buscaram abrigo e se "embrenharam" no interior, trocando objetos de valor por comida na tentativa de complementar as pequenas rações diárias. Ao mesmo tempo, como podemos imaginar devido ao tempo de serviço militar, a maioria absoluta das pessoas com deficiência após a guerra era de homens. Aqueles elegíveis para as pensões de guerra em 1950 somavam mais de 1,5 milhão de veteranos incapacitados, entre esses, mais de 200 mil haviam sofrido alguma amputação, 56 mil teriam sofrido algum tipo de dano cerebral, 34 mil tinham olhos de vidro, e 6,6 mil estavam cegos.[162]

A saúde das crianças também era motivo de preocupação. A mortalidade infantil permanecia um terço maior que os níveis do período anterior a guerra, ao menos até 1948. Nas áreas urbanas, as crianças estavam suscetíveis a vermes e raquitismo. Crianças cujos pais haviam morrido ou adoecido, assim como aquelas que pertenciam a famílias extensas, estavam mais suscetíveis à desnutrição. Um estudo clínico publicado na *Lancet*, em 1948, concluiu que a saúde nutricional, no entanto, era uma questão de "menor relevância" quando comparada ao "perigoso ambiente social e psicológico das cidades bombardeadas".[163] As crianças também nasceram menores no pós-guerra e ficaram mais suscetíveis a diabete e problemas de circulação, assim como a doenças mentais.[164]

De modo geral, Herford havia sofrido estragos menores durante a guerra se comparada a outros lugares. Ainda assim, a cidade havia sido bombardeada diversas vezes. Como resultado, em 1949, a principal preocupação era o número insuficiente de moradias. Durante os bombardeios, milhares de civis alemães foram retirados de Herford por questão de segurança e, após a guerra, se juntaram a aproximadamente 7 mil refugiados que foram reassentados na cidade — alguns foram expulsos das antigas regiões alemãs e enviados para o leste, outros migraram para a zona soviética a oeste.[165] Herford era também uma das bases de operação do governo militar britânico (conhecido como Comissão de Controle para a Alemanha), as forças de ocupação britânicas haviam confiscado mais de seiscentas casas para uso próprio, despejando mais de 6,5 mil residentes.[166]

A multidão de pessoas em busca de cura que rumaram para a cidade na primavera de 1949 aumentou ainda mais o problema habitacional. Ao mesmo tempo, os milhares de peregrinos incomodavam as autoridades militares britânicas que viviam perto da Wilhelmsplatz, e as reclamações não tardaram. Caso as perturbações não acabassem, alertaram os britânicos, não haveria outra solução a não ser requisitar um número maior de casas para o seu pessoal, talvez em áreas mais silenciosas da cidade.[167] A pressão em cima das autoridades municipais aumentou.

No final de abril, o secretário de saúde, dr. Siebert, chamou Gröning para uma conversa em seu escritório. O curandeiro reagiu ao convite organizando uma coletiva na casa dos Hülsmann, evento que contou com a participação do prefeito e outros administradores locais.[168] Alguns dias depois, Meister anunciou, diante de uma plateia de 120 testemunhas, a seguinte proibição: "daquele momento em diante" Gröning estava proibido de "praticar curandeirismo". [169] Mas o *Wunderdoktor* não seria facilmente dissuadido. Diante da proibição, ele (ou alguém agindo em seu nome) resolveu ir para o tudo ou nada e distribuiu panfletos pela cidade instruindo os interessados em seu poder de cura a pedir a autorização do prefeito ou de um médico para poder vê-lo.[170]

Cartas requisitando a "consulta" começaram a se acumular sobre a mesa de Meister, implorando que ele cedesse aos pedidos e autorizasse as visitas ao curandeiro. Um homem chamado Fritz T., que sofria de tendinite, problemas no fígado, artrites e reumatismo e usava cadeira de rodas desde 1935, escreveu para o prefeito afirmando que, embora tivesse "conseguido falar com *Herr* Gröning através apenas de uma janela", ele "já se sentia melhor, mais leve e com maior mobilidade". Censurando o prefeito, Fritz T. disse desejar que aqueles que proibiam *Herr* Gröning de exercer seu ofício deveriam passar ao menos duas semanas doentes e presos a uma cadeira de rodas para entenderem o que ele tinha que suportar.[171]

Transformando-se em uma novela local, as notícias relativas aos milagres de Herford se espalharam rapidamente. E o desenrolar de cada capítulo trazia simultaneamente o avanço de uma sinalização política: a fundação da República Federal, em 23 de maio de 1949.

A população local logo relacionou a histórica criação da segunda república alemã — com seus ideais de democracia, justiça e igualdade — ao contexto de Herford. "Eles não deveriam ouvir apenas os médicos", um repórter ouviu em meio a um grupo de apoiadores de Gröning reunidos na prefeitura para protestar contra a recente proibição. Deveriam do mesmo modo ouvir "o povo, como em uma democracia".[172] Alguns cidadãos protocolaram reclamações com espírito populista. De acordo com um residente de uma pequena comunidade da região, a proibição não continha "um único traço de democracia, pois havia sido decretada contra a vontade das massas". Era um "tapa na cara dos enfermos", garantia o cidadão, que comparou a proibição aos "atos [...] comuns durante o Terceiro Reich".[173]

O acolhimento apaixonado que Gröning recebia do público parecia ser, em parte, uma reação à repressão do partido nazista contra curandeiros. A Alemanha possuía uma longa história de práticas de medicina leiga e milagrosa: desde a fundação do Estado-nação alemão, praticamente todas as pessoas que desejassem praticar curandeirismo poderiam fazê-lo sob o princípio *de facto* conhecido como *Kurierfreiheit* ou "a liberdade da cura".[174] Ninguém menos que Otto von Bismarck já havia declarado antes do *Reichstag* que o Estado não possuía o direito de banir os ensinamentos daqueles com o "talento recebido por Deus e pela natureza para a cura".[175] Embora o princípio do *Kurierfreiheit* não fosse absoluto, desde o início do Império Germânico, em 1871, até as vésperas da Segunda Guerra Mundial houve a proliferação de uma enorme variedade de artes médicas. Milhões de pessoas visitavam mesmeristas e terapeutas especializados em hipnose, homeopatas, hidroterapeutas, terapeutas de radiação, herboristas e iridologistas, leitores de mãos e benzedeiros e praticantes de medicina antroposófica, para citar apenas alguns. Em 1933, quando o partido nazista ascendeu ao poder, havia três curandeiros para cada médico profissional.[176] Um proeminente médico estimou que curandeiros sem licença tratavam mais da metade de todas as doenças. Em um único mês do ano de 1934, mais de 250 mil pessoas pagavam com seus próprios recursos pelas consultas de curandeiros, já que esses, diferentemente dos médicos profissionais, não tinham seus serviços cobertos pelos planos de saúde.[177]

Os nacionais-socialistas apresentaram inicialmente uma postura ambígua em relação aos curandeiros, embora alguns tivessem o apoio de nazistas influentes e membros do alto escalão do Terceiro Reich, como Rudolf Hess, tenente de Hitler, e Heinrich Himmler, mandachuva da ss. O editor do *Der Stürmer*, Julius Streicher, presidia a Associação dos Curandeiros da Alemanha.[178] Hospitais de medicina natural e homeopática foram criados em Berlim, Colônia, Stuttgart e Munique, entre outras cidades.[179] No entanto, um Estado organizando um vasto empreendimento eugênico e se preparando para uma guerra dificilmente teria condições de ceder espaço para ervanários.[180] Em 1939, o estado nazista decidiu dar fim ao princípio do *Kurierfreiheit*, promulgando uma nova lei que bania curandeiros de tratar doentes a menos que obtivessem uma licença das autoridades.[181] A lei tinha o objetivo de regular "a prática das artes de cura [...] no sentido comercial e profissional" e regulamentar a "determinação profissional, cura ou o tratamento das doenças, dos sofrimentos ou lesões". Uma emenda de 1941 foi além e reprimiu práticas médicas que as autoridades considerassem "ocultas".[182]

Conforme Bruno Gröning ganhava fama, muitas pessoas passaram a considerar o banimento dos curandeiros como uma lei "nazista" que deveria ser eliminada, assim como outras leis da época. Porém a discussão em torno do curandeiro ganhou dimensão política maior pois este continuava a ignorar tanto a proibição da prática de curandeirismo sem licença quanto o decreto de Herford contra ele. A controvérsia também deu aos cidadãos a oportunidade de contar suas histórias e voz aos seus sofrimentos. Em inúmeras cartas endereçadas a Meister, os remetentes narravam detalhes desesperadores de dor, sofrimento e de seus trabalhos durante e depois da guerra. Um homem de Lüdenscheid, Walter S., por exemplo, atribuiu seu "reumatismo muscular crônico" aos "terríveis maus-tratos" recebidos em um campo de prisioneiros de guerra francês. Essa experiência o teria deixado "psicologicamente desequilibrado". Walter S. conseguia andar com muita dificuldade e mal conseguia falar. "Perdi minha fé no mundo e na ciência médica", escreveu ele.[183]

Muitas das cartas recebidas pelo prefeito eram escritas por pais de crianças que estavam doentes ou incapacitadas. Um homem chamado Gustav B. "soube pela imprensa dos eventos em Herford e gostaria de ter um encontro com o curandeiro para tratar de sua filha de cinco anos de idade que não conseguia falar nem andar".[184] Outra mãe, Hilde R., escreveu com "uma grande solicitação". A filha dela de seis anos era muito pequena para a idade e não era capaz de falar ou "entender adequadamente o que é dito a ela". Hilde R. já havia levado a filha para se consultar com outros médicos, alguns famosos, entre eles o "Professor Ibrahim, de Jena".[185] O dr. Jussuf Ibrahim era um renomado médico egípcio-alemão. Somente muito depois se tornaria amplamente conhecido o fato de ele ter participado da "eutanásia" de crianças com deficiências físicas durante o Terceiro Reich. As filhas de Gustav B. e Hilde R. — e talvez Dieter Hülsmann também — podem ter sido poupadas desse destino apenas pelo fato de serem ainda muito pequenas para que os médicos o recomendassem.

Por fim, uma comissão de médicos das cidades de Herford e da vizinha Bielefeld se sensibilizou diante da pressão pública e ofereceram ao curandeiro a chance de submeter sua "arte de cura a testes" em uma universidade ou clínica na zona britânica, ou em hospitais da redondeza. Gröning, no entanto, recusou a oferta. Ele não se via como um "curandeiro", como mais tarde fez questão de esclarecer.[186]

Que tipo de curandeiro era ele, então? E o que exatamente curava?

Isso era o que o superintendente da igreja protestante de Herford, o pastor Hermann Kunst, tentou entender durante uma série de entrevistas que conduziu com Gröning em maio de 1949, e também ao ouvir a opinião que "pessoas com pontos de vista bastante distintos" tinham do curandeiro. O clérigo era uma personagem local importante, que acompanhou várias paróquias no pós-guerra, época em que as igrejas católicas eram praticamente as únicas instituições intactas. Com uma carreira ilustre na igreja e entre políticos nacionais conservadores, chegou a receber felicitações públicas de aniversário enviadas por presidentes.[187]

Em um relatório, redigido tempos depois, Kunst narrou alguns fatos biográficos importantes. O *Wunderdoktor* era católico, não havia concluído o ensino escolar ou aprendido um ofício. Não possuía "presciência como curandeiro" e jamais havia estudado medicina. Gröning não adquiriu seu conhecimento com outras pessoas, explicou. Não lia livros ou jornais e condenava enfaticamente a hipnose, a qual associava negativamente à magia. Seus talentos, disse, vinham de Deus. Kunst também registrou alguns sinais de excentricidade que ouviu de terceiros: a família Hülsmann "testemunhou que ele comia muito pouco e praticamente não precisava dormir".

O curandeiro, explicou Kunst, algumas vezes dedicava horas a um único paciente. Em seguida, simplesmente dizia "você está saudável" ou "você ficará curado nesse ou naquele tempo". Ele teria dito a Kunst que era capaz de curar as pessoas à distância. Para tanto, necessitava que lhe enviassem apenas um pedaço de papel com a seguinte mensagem: "Peço para ser curado".[188] Segundo o pastor, a opinião pública local ora o proclamava como "um novo messias", ora como "um vigarista". Porém "a verdade é que as pessoas que conheço estão livres de antigas dores e sofrimentos desde que encontraram o saludador, e têm uma nova chance na vida. Já em outros, antigas dores voltaram após algumas semanas ou meses", afirmou, frisando que não via "razão para acreditar que *Herr* Gröning usasse seus dons para enriquecer". Na verdade, o curandeiro dizia "querer permanecer um homem pobre". Havia relatos de que teria recusado grandes somas de dinheiro para curar pessoas ricas e teria dito que seu desejo era servir a comunidade, e que aqueles que curou deveriam se comprometer a uma vida de sacrifícios. Embora o pastor acreditasse que essas virtudes eram coerentes com a perspectiva cristã, expressava certa preocupação teológica. O curandeiro se dirigia à multidão "em nome de Jesus" ressaltou Kunst, porém "com o objetivo de cura apenas física" e não de perdão.[189]

O pastor, de modo compreensível, supôs que Gröning fosse uma espécie de curandeiro religioso, e de certo modo ele era. Ele falava de Deus com frequência, dizia que seu poder de cura vinha de Deus e proclamava a cura em nome de Deus. Todavia enquanto o pastor mergulhava na teologia cristã, falando de pecado e perdão, o curandeiro falava de espíritos malignos. No início de junho, um jornal local de Herford, o *Freie Presse*, citando "uma fonte confiável", noticiou a visita que Gröning teria feito recentemente a uma fazenda nas redondezas, onde diversas pessoas estavam doentes. O saludador recomendou que um buraco fosse aberto, com 45 centímetros de profundidade, próximo ao limite da propriedade. O fazendeiro encontraria lá uma raiz de uma antiga árvore morta. Ao cortar a raiz, afirmou o curandeiro, o espírito maligno seria expulso da vizinhança e acabaria com a maldição que vinha atormentando o fazendeiro e adoecendo seus familiares.[190]

Isso era curioso, assim como também era o fato de Gröning afirmar repetidamente que apenas ajudaria pessoas "boas". "Quando se deixava convencer pelas lágrimas de alguém ruim, [Gröning] sofria com febres altas nos dois ou três dias seguintes", relatou Kunst. O bem e o mal eram condições que o curandeiro afirmava ter a habilidade de sentir, algo que percebia nas pessoas e que as marcava como portadores de desejos benéficos ou maléficos. Um relato da época registra uma situação na qual teria dito a um colaborador para se certificar que uma determinada mulher havia se afastado; "ela está possuída pelo Demônio", comentou.[191] As pessoas portadoras de desejos malignos poderiam fazer outras pessoas doentes. Porém o curandeiro estava atento às formas pelas quais até mesmo as pessoas com boas intenções poderiam se transformar em más pessoas. Ele explicou ao pastor Kunst que ajudava pessoas desde a sua infância, e que havia testado seus dons inúmeras vezes, certificando-se de que eram concedidos por Deus e não vinham "de baixo", ou seja, do Demônio. Gröning afirmava que aqueles que tinham sido curados por ele e que no futuro agissem de forma errada seriam punidos, perdendo a saúde que haviam conquistado.[192] Estar doente, em certa medida, significava que a pessoa cometeu alguma transgressão ou causado algum mal. Doenças eram punições por maus comportamentos. Mas havia diferentes graus de enfermidade. Algumas transgressões e doenças poderiam ser curadas, outras não, pois nem todas as pessoas mereciam ser curadas. Segundo relatos da imprensa, Gröning teria afirmado que apenas ajudaria aqueles que fossem "merecedores".[193]

O homem era de fato um curandeiro religioso, porém não do tipo que sussurra orações ao lado da cama dos doentes. A espiritualidade da sua medicina não possuía um aspecto único. Algumas vezes, falava de Deus e da energia divina, em outras falava das "pessoas malignas" que infectavam raízes de árvores com espíritos demoníacos, adoecendo seus vizinhos. "Pessoas malignas" era um antigo sinônimo popular para bruxaria.[194] Para entendermos essa faceta das curas de Gröning, precisamos entender um pouco mais das práticas da medicina popular alemã. Precisamos entender um pouco de bruxaria.

O tempo das grandes caçadas às bruxas chegou ao fim há muito tempo na Europa. A última execução legal de uma bruxa no território europeu de língua alemã se deu em Glarus, na Suíça, em 1782.[195] Mas isso não significou o fim do medo das bruxas. Nem evitou o pavor entre os membros de uma comunidade em relação àqueles capazes de causar uma maldição para maltratar os demais.

A caça às bruxas do início da era moderna tem influenciado consideravelmente nossa concepção acerca do que seria a bruxaria. No entanto, no sentido mais básico, acusar alguém de ser um bruxo ou uma bruxa é acusar essa pessoa de conspirar para praticar maldades ocultas: para infligir o mal, a desgraça e a doença.[196] Bruxaria, nesse sentido, é um idioma cultural, uma forma de entender e explicar as coisas ruins que recaem sobre nós.

Em sua etnografia, datada de 1937, *Bruxaria, Oráculos e Magia entre os Azande,* o antropólogo britânico E. E. Evans-Pritchard defende que a bruxaria deve ser entendida principalmente como uma explicação para os infortúnios da vida. Ao conduzir seu trabalho de campo entre os Azande, habitantes do Centro-Leste da África nos anos 1920, Evans-Pritchard percebeu que a bruxaria era "onipresente" e desempenhava um papel "em todas as atividades da vida azande".

> Se uma praga ataca a colheita de amendoim, foi bruxaria; se o mato é batido em vão em busca de caça, foi bruxaria; se as mulheres esvaziam laboriosamente a água de uma lagoa e conseguem apenas uns míseros peixinhos, foi bruxaria [...] se um príncipe está frio e distante com seu súdito, foi bruxaria [...] na verdade, qualquer insucesso ou infortúnio que se abata sobre qualquer pessoa, a qualquer hora e em relação a qualquer das múltiplas atividades da vida, ele pode ser atribuído à bruxaria.

Os Azande atribuíam à mesma causalidade que ele, afirmou o antropólogo, o mesmo conjunto de fatos acerca do funcionamento do mundo. Porém também percebiam, em qualquer situação, que poderia haver diferentes *tipos* de causas interagindo umas com as outras. E, como asseverou Evans-Pritchard, "os fatos não se explicam por conta própria".

O antropólogo ofereceu esse famoso exemplo: de tempos em tempos, "um velho celeiro desmoronava no território azande". Quando isso ocorria, por vezes alguém morria, já que as pessoas geralmente se sentavam embaixo dos celeiros nas horas mais quentes do dia. Os Azande sabiam perfeitamente bem que os celeiros desabavam porque os cupins roíam suas estruturas. Contudo o fato de um celeiro desabar e machucar aqueles que estavam embaixo num dia quente não poderia ser explicado apenas por mera causalidade. Saber que os cupins roem os celeiros e causam seu desmoronamento não explica por que eles desabam em um determinado momento, ou por que determinadas pessoas estão sentadas embaixo do celeiro naquele exato momento, e não meia hora antes da queda, por exemplo. Evans-Pritchard aprendeu com os Azande que os cupins representam apenas uma causa *imediata*. A queda dos celeiros também possui uma causa *definitiva*, e é essa causa que os povos do território azande definem como bruxaria.[197]

Para os Azande, como descreveu o antropólogo, a bruxaria, era, antes de mais nada, uma forma de imprimir um sentido maior aos eventos da vida de uma pessoa, de explicar as razões de seus infortúnios como, por exemplo, uma má colheita ou uma doença. Narrativas se multiplicam nos espaços entre o conhecido e o desconhecido, especialmente nos espaços onde a vida e o conhecimento são mais frágeis. Doenças são misteriosas, surgem sem aviso e suas causas geralmente não são conhecidas. Ao explicar a morte, uma doença ou o azar, a bruxaria funciona como uma forma de teodiceia, uma forma de entender por que as desgraças acontecem — como, por exemplo, a queda dos celeiros em um exato momento e a quem causa algum tipo de mal.[198] Na medicina popular alemã a bruxaria funcionava de forma similar, conferindo sentido aos eventos. O primeiro manual dedicado ao tema, *Medicina Popular Alemã*, de Gustav Jungbauer, escrito em 1934, descreve as inúmeras maneiras pelas quais o povo interpreta as doenças, o que as causam e como tratá-las.[199] Professor de folclore na Universidade Carolina, em Praga, Jungbauer documentou uma gama de prevenções e tratamentos para moléstias de todos os tipos. O conhecimento médico popular, explicou, possui seu próprio vocabulário para as doenças e reconhece uma variedade maior de problemas de saúde se comparado ao conhecimento médico de formação universitária. A medicina popular reconhece, por exemplo, uma maior variedade de febres, e as identifica por diferentes nomes, como a "febre preguiçosa" (*Faulfieber*) — uma moléstia sofrida por aqueles cujo sangue "está estragado". A medicina popular possui suas geografias próprias, destacou o folclorista, isso porque o diagnóstico e a eficácia do tratamento dependem algumas vezes do clima, ou porque os herboristas podem contar com diferentes ervas, dependendo da sua localização. Médicos populares também podem prescrever uma série de práticas (se banhar em água corrente antes do amanhecer do dia de Páscoa), ou prescrever certas atividades para mulheres grávidas, por exemplo. O livro de Jungbauer enumerou diversas terapias: invocar o nome de Deus, orações, oferecer bênçãos, encantamentos, uso de amuletos, carregar imagens de santos, transferir a doença (para outras pessoas, animais ou plantas) ou literalmente, enterrá-la.[200]

O que de fato define a diferença entre a medicina popular e a medicina profissional gira em torno de como cada grupo *explica* as causas das doenças. Tanto a medicina profissional quanto a medicina popular buscam pelas causas naturais, porém a medicina popular muitas vezes não era capaz de encontrá-las e recorria ao sobrenatural: o alinhamento da lua e das estrelas, por exemplo, os fantasmas dos mortos, os demônios ou o pecado.[201] Desse ponto de vista, a doença poderia ser rica em *significados*. Poderia trair manobras de malfeitores, como as bruxas, ou, como uma letra escarlate, poderia revelar uma vergonha pessoal ou uma transgressão religiosa ou social. As doenças estavam repletas de questões morais e da possibilidade de serem julgadas moralmente.

Körle, uma vila do Hesse, no vale do rio Fulda, descrita pelo antropólogo Gerhard Wilke, oferece um bom exemplo de como as pessoas podem interpretar as doenças, e as muitas formas pelas quais valores morais podem ser associados ao bem-estar físico. A maioria dos moradores dessa vila vivia da agricultura, embora alguns usassem o trem para ir ao trabalho na cidade vizinha, Kassel. Os moradores da vila geralmente resolviam suas próprias necessidades médicas e apenas recorriam aos médicos em casos graves de acidente ou enfermidades. Recorriam aos sinais da natureza — a aparição fora de época de corujas ou buracos de toupeira especialmente grandes — para antecipar ou interpretar o surgimento de uma doença. A própria doença em si era um sinal, e os moradores da vila tendiam a associá-la à sujeira, poluição ou desordem. As doenças eram frequentemente percebidas como uma forma de julgamento cósmico, como punição por comportamentos impróprios ou irresponsáveis, refletindo, desse modo, a ordem da sociedade e o cosmo como um todo. Elas podiam revelar pecados de toda ordem e magnitude. Desse modo, as doenças estruturavam a economia moral da comunidade: aqueles que sofressem de problemas cardíacos ou de problemas circulatórios eram percebidos pelos moradores como pessoas que tinham uma vida desregrada. Talvez não tivessem trabalhado duro o suficiente, ou tivessem se comportado de forma irresponsável, criando, assim, um fardo social para toda comunidade. Câncer e úlceras eram percebidos como castigos, talvez por um comportamento sexual inapropriado durante a juventude. Numa comunidade em que as pessoas dependiam umas das outras para realizar todo o trabalho necessário à continuidade e à prosperidade da própria comunidade, a manutenção de uma condição saudável era sinal de autodisciplina e de confiabilidade.[202]

É certo que os moradores da vila não percebiam todas as doenças como julgamentos morais ou punição cósmica. Tuberculose e pneumonia, consideradas como doenças que poderiam afligir qualquer pessoa, eram apenas dois fardos da humanidade.[203] Porém muitas pessoas de comunidades como Körle, das quais havia centenas na Alemanha, atribuíam às doenças e à cura significados sociais e espirituais, suscitando uma busca pelas causas *por trás* das causas. A doença poderia ser um presságio, um sinal propício para a especulação e a interpretação. Nesse sentido, os curandeiros ofereciam um serviço que os médicos profissionais com suas explicações naturais-científicas não eram capazes, pois podiam interpretar os significados morais e espirituais das doenças.

Segundo o folclorista Gerhard Staack, a medicina popular implica um certo dualismo ou ambiguidade moral. Curandeiros "justificam [...] suas práticas" invocando o nome de Deus, ressalta Staack, mas os rituais para banir o demônio envolvem performances abertas à interpretação. "Aqueles que fazem uso da mágica podem utilizá-la para o bem ou para o mal", escreveu. "Essa pessoa não está limitada apenas pela lei moral; caso se comporte de forma arbitrária ou tente prejudicar outras pessoas com seu poder, então terá sucumbido às tentações do Diabo e se tornado um feiticeiro." Ser um curandeiro bem-sucedido poderia significar, em outras palavras, possuir a reputação de ser um poderoso *Hexenbanner* — literalmente um "expulsador" de bruxas, capaz de combater o demônio ou colocá-lo a seu uso.[204]

O dualismo moral identificado por Staack sugere que os curandeiros conhecidos pela capacidade de identificar bruxos e quebrar seus feitiços malignos eram ao mesmo tempo temidos e reverenciados. Novamente, aqueles capazes de anular o mal de um feitiço, extirpar uma influência demoníaca e curar as doenças causadas pelos demônios eram também percebidos capazes de lançar feitiços e causar desgraças, doenças e prejuízos. Karl, um irmão distante de Gröning, teria afirmado que, durante a infância, Bruno era fascinado por uma curandeira da vizinhança, *Frau* Bialke, a quem chamava a "milagreira" [*Wunderfrau*] da cidade. Aparentemente as pessoas permaneciam em fila para receber suas curas, que às vezes envolviam sessões de exorcismo. Segundo o irmão do curandeiro, diziam que ela havia sido possuída pelo demônio e somente poderia transferir esse demônio para uma criança. Após a morte de *Frau* Bialke, os vizinhos se convenceram de que seu espírito havia sido transferido para o "menino Gröning".[205] Essa história contém dois elementos que se entrelaçam: primeiro, um poder incrível havia sido transferido de uma geração de curandeiros para outra; segundo, aquele poder — de curar, beneficiar e fazer o bem — poderia coexistir com a maldade diabólica.

As evidências sugerem que essas crenças e práticas eram muito mais difundidas do que se poderia supor num país com cultura médica e científica tão renomadas. O *Atlas do Folclore Alemão*, um vasto estudo etnográfico realizado nos anos 1930, coletou informações relacionadas aos mais variados tipos de costumes e práticas, cultura material e formas de linguagem e crenças, inclusive o conhecimento médico popular. Entre as práticas documentadas pelo Atlas, está o *Besprechen*, ritual de vocalização de preces e encantamentos para a cura e prevenção de feitiços.[206] No triângulo formado por Hamburgo, Dresden e Danzig — uma área centralizada em Berlim — quatro em cada cinco pessoas registraram o uso da *Besprechen* em suas comunidades. Em partes da Baviera, da Baixa Saxônia, Hesse e de Vurtemberga, entre 40% e 80% dos entrevistados relataram seu uso.[207] Gröning, como vimos, era de Danzig, e a Baviera é a região onde ele havia alcançado maior sucesso.

Folcloristas alemães dos anos 1930, 1940 e 1950, incluindo Gustav Jungbauer e Gerhard Staack, tinham a tendência de admirar práticas que consideravam representativas da Alemanha antiga, formas pré-cristãs de conhecimento que, supostamente, permaneceram inalteradas nas áreas rurais. Entretanto quando o assunto era a medicina popular, a distinção entre o mundo urbano e o rural era muito menos marcada do que imaginavam tais estudiosos. Estatísticas do projeto Atlas indicam que embora o *Besprechen* fosse menos comum em Munique que no interior, em outros grandes centros urbanos, como Hamburgo ou Berlim, não havia diferença significativa entre as áreas urbanas e rurais na frequência do seu uso.[208] Em algumas partes da Alemanha Ocidental, 90% dos habitantes acreditavam que algumas pessoas tinham o poder de feitiçaria.[209]

O famoso dualismo dos curandeiros — a ambiguidade moral que possuíam — levava as pessoas a interpretar Gröning e sua missão de curar os doentes em termos completamente divergentes. Paralelamente às muitas mensagens que os doentes enviaram a Meister, implorando por uma consulta com o *Wunderdoktor*, há outras cartas, hoje arquivadas em Herford, escritas por pessoas que o acusavam de ser o próprio demônio. Um grafologista chamado Ludewitz afirmou em maio de 1949 ter realizado uma análise da caligrafia do curandeiro, e o denunciou com base nessa análise por torpeza moral e perversão sexual.[210] Um grupo chamado Sociedade Missionária Europeia acusou o curandeiro de usar as "artes do demônio" e estar associado a "forças demoníacas", com as quais ele supostamente teria a intenção de "chocar a humanidade".[211] "Estamos realmente vivendo em um tempo no qual o Demônio avança com seu exército", escreveu um representante da Liga Militante Contra o Niilismo. "Como um alemão e cristão sincero", declarou o representante da Liga, "estou comprometido a ajudar na luta contra o mal" — referindo-se a Gröning. Esse cidadão viu na repentina materialização do curandeiro e na resposta de seus concidadãos um retorno explícito ao nazismo. "Para aqueles como eu, que se viram presos às forças satânicas do Terceiro Reich e depois foram salvos", escreveu o homem, "vemos as coisas com outros olhos".[212]

O autor da carta pode ter acertado num ponto: alguém da cidade vizinha de Gronau escreveu para Meister referindo-se misteriosamente a Gröning como "o Terceiro Messias".[213] Esse cidadão imaginava o curandeiro como a terceira parte de um triunvirato divino, no qual Jesus e Hitler representariam as partes um e dois? Talvez. Os limites morais do pós-guerra nunca foram claros, e certamente não o eram em torno do curandeiro: um cidadão de Werries, outra cidade não muito afastada de Herford, perguntou ao prefeito, em junho, se ele possuía consciência de todas as implicações da proibição que instituiu. Meister estaria realmente preparado para se colocar no caminho de Gröning, o "Anjo do Senhor"? Afinal, como o habitante de Werries alegou, o destino espiritual do país estava em risco; as pessoas deveriam "se voltar sinceramente para Jesus" para evitar a *Unheil* que ainda nos ameaça". *Unheil* pode significar calamidade, catástrofe ou infortúnio, mas também pode significar maldade e também "profano" ou "incompleto". Qual era a natureza dessa calamidade? De acordo com o correspondente de Werries, em vez de extraírem lições espirituais da guerra e dos bombardeios, seus concidadãos haviam permitido que as coisas se degenerassem ainda mais. "As putas estão de volta", escreveu, "exatamente como os ciganos, vagabundos, assassinos, adúlteros e ladrões." Até os mais jovens eram "completamente corruptos".[214]

Algumas semanas depois, em julho, uma pessoa de Miesbach escreveu para Meister expressando a esperança de que o curandeiro encontrasse alguém que apoiasse seu trabalho, pois a situação só piorava. "Estamos vivendo a sina dos judeus", escreveu o cidadão de Miesbach. Pensava que a condição na qual sua nação estava era uma decorrência do fato de que seus companheiros alemães "deram pouca importância ao Novo Testamento e carregavam entre nós muitos dos erros do Antigo Testamento dos judeus, com um Deus cercado de ira".[215] Obcecados com a punição e a vingança divina, seus concidadãos ainda não haviam aprendido a importância espiritual do perdão cristão.

Os alemães haviam se acostumado, ao menos na última geração, a ver o mundo pela lente dos extremos, branco no preto, aliados ou inimigos, bem ou mal, os "arianos" e os outros. As cartas enviadas a Meister são testemunho disso, mesmo quando sugerem um esforço orquestrado e permanente das pessoas para interpretarem o destino e procurarem formas de salvação. Ao mesmo tempo, revelam um desejo intenso de culpar alguém pelos seus sofrimentos, e a maioria demonstrava preocupação com as "maldades" do *presente*, não do passado. Neste sentido, a *Unheil*, a calamidade que pairava no ar, não seria o nazismo, mas a derrota e a ocupação: era isso que havia levado os alemães a se prostituírem ("as putas estão de volta"). Eram os Aliados que haviam fracassado em lidar com "ciganos", assassinos e ladrões. Eram as forças de ocupação que teriam permitido a "corrupção" da juventude. A comparação aqui implícita era com o Terceiro Reich, percebido como uma força positiva que havia, na verdade, lidado definitivamente, e em muitos casos de modo sanguinário, com qualquer problema social identificado.

A imprensa, por sua parte, praticamente só fazia uma interpretação frenológica das características físicas de Gröning, como se fossem pistas de sua origem e classe, motivações, talentos e hábitos, e pudessem oferecer uma janela de entrada para a sua alma. Os jornalistas nunca se eximiam em descrever a cor e a expressão de seus olhos (um azul-claro intenso, ou seria um verde acinzentado?); a cor e o comprimento dos seus cabelos, seu andar e sua silhueta, seu consumo excessivo de café e cigarros. Autores de jornais e revistas muitas vezes sugeriam que o saludador tinha parentesco com "iogues hindus", ou que ele fosse um "cigano".[216] A descrição mais recente — no período que se seguiu à campanha nazista de perseguição e assassinato em série dos Sinti e dos [grupos de ciganos] Roma — teve complicadas implicações, para dizer o mínimo. "Ciganos" eram considerados perigosos, intrusos que não inspiravam confiança, mas também eram percebidos como portadores de habilidades mágicas. Dizer que o curandeiro tinha parentesco com "os ciganos" apontava para qualidades desejáveis — clarividência e poderes sobrenaturais —, mas também para relações com o Demônio.

Em meados de junho de 1949, o prefeito de Herford expressou preocupação com as muitas pessoas em busca de cura que, devido a uma "insuficiente noção da necessidade da proibição para a proteção pública", passavam noites e dias ao aguardo no relento e na chuva, "desafiando o bom senso e a razão e em detrimento da própria saúde".[217] Na esperança de dispersá-los de uma vez por todas, Meister anunciou que permitiria a Gröning realizar "uma única cura em massa". Mas após o evento, a multidão permaneceu imóvel.[218] Nas últimas semanas de junho, carros e até mesmo ônibus tomaram a rua dos Hülsmann.[219] Sem lugar para ficar — todos os hotéis, pousadas e hospedarias estavam lotados —, viajantes cansados e doentes acampavam nos bancos da estação de trem, dormiam em seus carros ou mesmo ao relento, no gramado da casa dos Hülsmann.[220] O jornal *Freie Presse* descreveu a multidão nas ruas, praças e parques da cidade, que formavam um vasto e crescente *bivouac*. Os manifestantes montaram uma resistência revoltada e ameaçadora à proibição das curas de Gröning.[221] Aqueles que não puderam comparecer pessoalmente enviaram cartas "de Dortmund, Koblenz, Mannheim, Munique", reportou um jornal, até mesmo cartas vindas da "Inglaterra, França, Holanda, Bélgica e Austrália".[222]

Alguns jornalistas e editores parecem ter sido contagiados pelo Milagre de Herford, tanto quanto qualquer outro morador da região. Mesmo após os tratamentos de Gröning terem sido proibidos, revistas de circulação nacional, como a *Stern*, continuaram repetindo a história do primeiro encontro com o pequeno Dieter e publicando outras histórias prodigiosas: o próprio prefeito Meister teria testemunhado Gröning, que dizia ser um enviado de Deus, fazer com que "adultos completamente aleijados pudessem caminhar sem a ajuda de muletas"; que "úlceras teriam sido curadas sob o toque de suas mãos".[223]

A imprensa de Herford permaneceu prudente. No início de junho, o *Freie Presse* relatou que Dieter estava "de volta à cama".[224] Mas a história de Dieter, independentemente de qual fosse a sua verdade, havia ganho vida própria. No mesmo dia, um semanário ilustrado, o *Der Hausfreund*, instigou as pessoas que buscavam cura com a notícia de que os policiais colocados em frente à casa dos Hülsmann estaria autorizando a passagem de pessoas "que tivessem vindo de longe" para ver Gröning. "A polícia teria cedido à pressão dos fatos", publicou o periódico em editorial.[225] Meister se viu obrigado a informar o governador que a situação na cidade havia se tornado "intolerável".[226] Jornalistas vindos de fora da cidade descreveram uma "multidão agitada" reunida para protestar diante da prefeitura, aos gritos de "enforquem o prefeito". A polícia teve que intervir "para evitar a escalada da violência". Alguns manifestantes foram presos. "Foi o início de uma revolta", relatou o jornal *Mercury*, de Munique.[227]

Conforme as semanas avançavam, as pessoas continuavam a se dirigir a Herford.

"Elas vêm de toda a Alemanha Ocidental", escreveu um correspondente no final de junho. As pessoas se apinhavam na casa dos Hüslmann "a qualquer hora. Cinquenta a cem pessoas pela manhã. Duzentas ao final

do dia. Quinhentas à meia-noite". Só então, muito tarde da noite, uma janela do segundo andar se abria. Gröning "dirigia algumas palavras à multidão e distribuía fotos suas". Alguns esperavam por "três, quatro ou cinco dias [...] sob chuva, praticamente sem comer e acampando em salas de espera durante a noite".[228] As revistas publicavam fotos de pessoas felizes retornando ao trabalho, com suas paralisadas nervosas curadas, ou fazendo agachamentos após o saludador curá-las da asma.[229] O *Freie Presse* alertou quanto "a influência quase extraordinária" que o curandeiro exerce nas pessoas, e sugeriu que ele sofria de doenças mentais, destacando que um "psiquiatra, com certeza, encontraria características patológicas no peculiar comportamento de Gröning".[230]

Um jovem diabético parou de tomar sua insulina ao ouvir Gröning dizer que qualquer pessoa que "tivesse fé suficiente em Deus estaria curado". Pouco tempo depois o jovem ficou fraco e entrou em coma. Acabou sobrevivendo, mas ficou dependente de cuidados intensivos.[231] Como resposta ao ocorrido, o ministro do Bem-estar Social da Renânia do Norte-Vestfália pediu ao governador para abrir imediatamente procedimentos legais contra Gröning, por violar a proibição ao curandeirismo, por fraude e por causar danos físicos a alguém como consequência de sua negligência.[232] Os advogados do saludador responderam à acusação alegando que seu cliente não aceitava dinheiro em troca de seu trabalho, e por isso não poderia ser acusado de violar a proibição. Para sua defesa, Gröning apenas respondia às necessidades "de inúmeras pessoas em sofrimento". Ele oferecia ajuda aos doentes apenas com base em suas convicções religiosas, por senso de caridade e amor. "Atuava nas pessoas espiritualmente, sem o uso de remédios", e as curava sem, na verdade, tocá-las fisicamente, argumentaram os advogados.[233]

Logo, todo o estado da Renânia do Norte-Vestfália (ao qual Herford pertencia), assim como a cidade marítima de Hamburgo, proibiram completamente que curandeiros tratassem os doentes.[234] Outros estados, no entanto, como o estado de Eslésvico-Holsácia, declararam que não obstruiriam a missão de Gröning. "Em todos os lugares, de Flensburgo à Renânia, as pessoas estão falando do *Wunderdoktor*", relatou o jornal *Die Welt*. O saludador era o assunto principal na zona britânica "ofuscando os atuais eventos, fazendo com que as pessoas esqueçam suas preocupações, sejam elas grandes ou pequenas".[235] Em uma coletiva de imprensa em Hamburgo ao final de junho, Gröning foi questionado se era religioso. "Sim, acredito em Deus", respondeu. "Eu vivo com Deus."[236]

4

MEDICINA DA ALMA

As pessoas procuravam Bruno Gröning para que as curasse de uma grande variedade de doenças, mas um número surpreendente de cartas enviadas para o prefeito de Herford, Fritz Meister, na primavera de 1949, foram escritas por pessoas que sofriam especificamente com algum tipo de paralisia. "Soube que *Herr* Gröning tem tido grande sucesso na cura de paralisia [*Lähmung*]", um homem escreveu para o prefeito em junho de 1949.[237] A imagem padrão do fotojornalismo da época mostrava pessoas em cadeira de rodas, muletas e bengalas chegando para conhecer o *Wunderdoktor*. Os jornalistas que descreviam essas cenas na Wilhelmsplatz ressaltavam essa impressão, nem sempre de forma favorável. Um deles retratou as multidões como "dominadas por aleijados e pessoas que não conseguem andar", lado a lado de "pessoas com tremores e feridos de guerra".[238] A paralisia nos membros era um sintoma associado a traumas de combate desde a Primeira Guerra Mundial, mas, de acordo com um relato, após a Segunda Guerra um número três vezes maior de veteranos de guerra alemães se tornaram inválidos.[239]

O dr. Jens Bergfeld, que publicou um texto chamado *O Wunderdoktor de Herford*, em 1949, descreveu uma série de pessoas que buscavam cura para a perda de fala em decorrência de ferimentos de guerra.[240] Outra publicação relatou a história de uma mulher que ficou surda e muda "após perder seu único filho, e por causa de circunstâncias ocorridas durante a invasão russa" (a referência vaga ao termo "circunstâncias" era provavelmente um eufemismo para estupro).[241] Alguns dos doentes eram descritos como sofrendo de cegueira da guerra (*Kriegsblindheit*), uma condição também conhecida desde a Primeira Guerra.[242] Embora muitas outras enfermidades figurassem na extensa lista de aflições, as doenças vagamente atribuídas a danos ocorridos na guerra, como deficiências e debilidades nos membros e órgãos sensoriais dos enfermos, eram temas especialmente proeminentes.

Anne Harrington, historiadora da medicina, descreve várias ocasiões de "mal funcionamento dos corpos" — quando a origem das enfermidades não estava relacionada a fatores fisiológicos, biológicos, ou psicológicos dos indivíduos, mas sim localizados na experiência social.[243] Thomas Mann, que passou os anos do nazismo exilado nos Estados Unidos, certa vez comentou que membros da comunidade de exilados "pareciam particularmente suscetíveis" a "ataques cardíacos, na forma de trombose coronária e *angina pectoris*". Considerando a dor e o medo que experienciaram, Mann ressaltou que não se tratava de "questão a ser posta em dúvida".[244] Certa vez mencionou os "corações asmáticos do exílio".[245]

Harrington analisou como experiências de "traição, alienação interpessoal e poder político" poderiam ajudar a explicar algumas dessas enfermidades ou incapacidades físicas súbitas. Um dos exemplos mais marcantes que a autora apresenta, e que soará familiar aos leitores de uma certa faixa etária, principalmente os norte-americanos, diz respeito à crise dos controladores de tráfego aéreo, no início da década de 1980. Em 1981, os controladores entraram em greve em protesto contra as condições de trabalho e a carga intolerável de estresse associada ao exercício de suas funções. Embora muitos pesquisadores tenham imediatamente concordado que os controladores de fato trabalhavam sob alto nível de estresse, não conseguiam encontrar provas materiais disso, como níveis elevados de cortisol ou aumento da pressão arterial. Por fim, Robert Rose, um conhecido psiquiatra que fazia parte da equipe de pesquisadores da *Federal Aviation Administration* [Administração Federal de Aviação] responsável por apurar o problema, concluiu que a causa do sofrimento dos controladores não estava diretamente associada ao estresse, mas à falta de apoio social. Os controladores percebiam que ninguém se importava com o quão árduo era o trabalho que exerciam, ou com o medo que eles sentiam durante o exercício da função. Rose se convenceu que o estresse experimentado por eles não era apenas biológico ou fisiológico, e "não se encontrava apenas dentro do indivíduo".[246] A doença dos controladores era um produto da experiência social.

Se aplicarmos tais ideias ao pós-guerra na Alemanha, podemos questionar como um mal-estar difuso e um sentimento coletivo de fracasso, além de questões persistentes relacionadas à culpa e o medo de ser traído, podem ter influenciado a maneira pela qual os indivíduos vivenciaram a fragilidade de seus corpos após o nazismo. As pessoas ficaram subitamente cegas e surdas por que não queriam ver e ouvir o que acontecia ao seu redor — por que não toleravam a derrota e suas consequências? Alguém perder subitamente a habilidade de caminhar não poderia ser uma forma de protesto inconsciente contra sua própria volição, ação e responsabilidade no cometimento de genocídio e crimes de guerra? É possível que as pessoas tenham perdido a fala por que havia tantas coisas que não podiam ser ditas em voz alta — sendo a perseguição e o extermínio aos judeus a principal delas, mas também as ansiedades que a desnazificação provocou e a vergonha de ter perdido a guerra? Nos últimos dias de Segunda Guerra, um oficial da inteligência nazista escreveu que a derrota lhe causava sofrimento *físico*. Na Alemanha, sob condições sociais que os pensadores contemporâneos descreveriam como uma "guerra civil" latente, a ideia do filósofo Maurice Merleau-Ponty de que a perda da fala pode significar uma "recusa à coexistência" surge como uma relevante possibilidade.[247]

Bruno Gröning e o fenômeno que explodiu ao seu redor em 1949 nos oferecem uma oportunidade de pensar a respeito dessas surpreendentes questões. Que muitas pessoas adoeceram após a guerra é algo evidente. No entanto, o que as teria levado, em grande número, a buscar a cura em um homem franzino e de calças amarrotadas, ainda mais se tratando esse homem de um antigo nazista? O que levou as pessoas a passarem noites ao relento e na chuva na esperança de encontrá-lo? Por que ele era chamado de "messias"? Muitos alemães viam em Gröning qualidades que claramente excediam aquelas de um médico normal. Não fica claro como, mas o *Wunderdoktor* conseguia chegar até as dores que os médicos normais simplesmente não conseguiam alcançar.

Após a entrevista coletiva em Hamburgo em que afirmou viver com Deus, Gröning subitamente deixou de ser visto em público. Após o tumulto que criou em Herford, esse sumiço apenas fez com que sua mística aumentasse e, mesmo ausente, permanecia nas manchetes: no começo de julho, sua imagem apareceu na capa de uma das mais famosas revistas da Alemanha Ocidental, a *Der Spiegel,* que o retratou com uma fisionomia que aparentava não pertencer a este mundo, sobreposto a um mar de mulheres transfiguradas. O artigo de capa era bastante elucidativo quanto ao que teria levado tantas pessoas à sua órbita, e o texto vinha transpassado por muitos detalhes sensacionalistas — era descrito como "o messias" que se sentava "com seus discípulos" ao anoitecer, em uma "atmosfera digna de Edgar Allan Poe".[248]

Logo viria à tona a informação de que Gröning estava recluso em uma casa alugada em Heidelberg, chamada Casa Rutenberg (local escolhido em parte devido à densa folhagem cercando o jardim, que ajudava a manter o público afastado), onde embarcou no que seria descrito como uma nova rodada de experimentos. A empreitada foi pensada por uma popular revista ilustrada chamada *Revue* — que seguia um formato não muito diferente do *Saturday Evening Post,* porém voltado às celebridades e *pinups*.[249] Dois intrépidos repórteres, Helmut Laux e Heinz Bongartz, foram incumbidos de reunir o saludador e alguns médicos dispostos a observar os tratamentos e "testá-los clinicamente".[250] Os resultados foram publicados semanalmente entre agostos e outubro de 1949. A série foi um sucesso estrondoso e cada edição vendeu entre 100 mil e 400 mil cópias.[251] A primeira matéria de capa dá uma pista do motivo. Ela trazia um retrato de página inteira de um pensativo Gröning acima da cativante manchete: REVOLUÇÃO NA MEDICINA?. As primeiras edições da

DER SPIEGEL 28/1949

série giraram em torno da ideia de que uma "intolerante" corporação médica se colocava entre as pessoas e o reestabelecimento de sua saúde. "Eu curo o incurável", ele declarou à *Revue*.[252]

A missão de Laux e Bongartz exigiu bastante empenho dos dois. Eles requisitaram a ajuda e expertise de um médico e psicólogo de Marburg, o professor G. H. Fischer. Em Heildelberg, os jornalistas esperavam que Gröning fizesse suas curas em candidatos selecionados por eles, sob observação de Fischer e outros médicos.[253] Dirigindo para o norte, de seus escritórios em Frankfurt até Herford, os jornalistas se depararam com pessoas que o curandeiro já havia ajudado e estavam dispostas a relatar suas experiências, bem como algumas pessoas que ainda não haviam se encontrado com Gröning. No primeiro grupo estava o diretor de um plano de saúde chamado Lanzenrath, que sofria com problemas renais, mas estava livre das dores desde que fora tratado pelo saludador dois meses antes; havia um homem chamado Klüglich, da cidade de Bielefeld, que, na guerra, levara um tiro que atravessou um de seus rins, e sentiu "um grande alívio em seu sofrimento" desde que teve contato com Gröning; e *Herr* Kargesmeyer, de 47 anos, moradora da cidade turística de Bad Oeynhausen, que sofria com intensas dores de cabeça que a levaram a um quadro de neuralgia trigeminal, mas essas terríveis dores diminuíram depois de seu encontro com o curandeiro. Entre os novos pacientes estava uma viúva de Bielefeld que era proprietária de uma oficina de bicicletas e sofria de reumatismo; *Frau* Joset, de Hemsbach, cidade próxima a Heidelberg, acometida por problemas gástricos e digestivos; e *Herr* Strobel, de Mannheim, que se feriu três vezes durante a guerra e convivia com a doença de Bechterew, uma inflamação na coluna vertebral.

Encontrar tais pessoas foi tarefa fácil, já o curandeiro, esse se mostrou bem mais esquivo. Após fracassarem numa tentativa inicial de localizá-lo, Laux e Bongartz pediram para o diretor de planos de saúde, Lazenrath, que entregasse uma mensagem a Gröning. Logo um telegrama de resposta chegou até eles e pouco depois o próprio *Wunderdoktor* se materializou em Frankfurt, num Volkswagem emprestado. A Casa Rutenberg, em Heidelberg, foi alugada, e o cenário estava montado.[254]

Embora Gröning residisse na mansão (onde, apesar da cerca-viva e dos esforços da *Revue*, multidões se juntaram, estacionando seus carros e se amontoando em frente aos portões), os experimentos tinham lugar na Clínica Ludolf-Krehl, na Universidade de Heidelberg, local que fora recomendado por Fischer.[255] A clínica era conhecida por ter se especializado em medicina psicossomática. Laux e Bongartz pareciam pressupor, desde o início, que as doenças que o curandeiro fora tão bem-sucedido em tratar eram, segundo descreviam, *seelische*.[256] Essa palavra alemã significa, literalmente, "da alma", contudo, dependendo do contexto, também pode significar espiritual, psicológica, emocional ou mental.[257] Laux e Bongartz também utilizavam frequentemente um termo obsoleto em referência a psicólogos e para descrevê-lo, *Seelenartz* — literalmente, "médico da alma". Sua medicina, como a série de reportagens do *Revue* sugeria repetidamente, era a medicina da alma. De acordo com Fischer, eram poucos os médicos que sabiam como curar uma doença da alma (*seelische*), e assim muitos pacientes "percorriam os consultórios médicos em busca de curar e os remédios receitados nunca surtiam efeito". Para Fischer, essa era a explicação para "a busca fanática por um milagre" e por uma consulta com Gröning.[258]

Ao menos inicialmente, Fischer esteve convencido de que Gröning poderia redimir a medicina, dar-lhe um novo sopro de vida, oferecer um novo entendimento das interações entre corpo e mente. De um modo bem característico daquele período, jamais falou explicitamente o motivo que fazia com que tal redenção fosse necessária. Jamais comentou, por exemplo, como, no Terceiro Reich, a medicina fora instrumentalizada e colocada a serviço de um programa estatal de eugenia, sem que nenhum aspecto da medicina tivesse conseguido se manter intocado pelo impulso de uma tecnocracia racial. Tampouco mencionou as odiosas categorias raciais de saúde e doenças inventadas pelo Estado, categorias essas que redefiniram e limitaram racialmente o valor da vida humana, produzindo uma marcante e excludente hierarquia social entre "aptos" e "incapazes". Aqueles considerados "aptos" no Terceiro Reich — ou seja, os que possuíssem uma identidade racial "ariana", que estivessem livres de doenças hereditárias e fossem capazes de trabalhar e produzir — recebiam diversos benefícios do Estado, incluindo o privilégio (na verdade, a obrigação, uma vez que o aborto era proibido) de se reproduzirem. Aos "incapazes", por outro lado, eram negados cuidados e assistência básica. Considerados biologicamente perigosos, essas pessoas eram excluídas por serem vistas como inadequadas, seja por sua raça (judeus, sinti e roma), deficiência ou uma série de doenças hereditárias (ou que assim se acreditava na época). Os médicos alemães criaram um sistema de seleção que levou a pelo menos 400 mil esterilizações forçadas e o assassinato médico de 260 mil indivíduos cujas vidas, na visão do Estado, "não valiam a pena ser vividas".[259] Nada disso foi mencionado por Fischer.

A história recente da Universidade de Heidelberg também não foi um tópico comentado pelo dr. Fischer ou pela série da *Revue*. Localizada nas margens verdejantes do rio Necar, a universidade é uma das mais antigas da Alemanha. Os estudantes e professores a converteram ao nazismo pouco depois de 1933. Professores judeus, pacifistas e socialistas foram expulsos. O restante dos estudantes e do corpo docente se adaptou aos novos ares, e suas posturas em relação ao novo regime variaram de entusiástica a complacente. As forças de ocupação norte-americanas, que conduziram a desnazificação de Heidelberg após a guerra, examinaram de perto o corpo docente. O procedimento, pensado para ser justo, embora rigoroso, ficou visivelmente incompleto. No caso dos professores de medicina, o desejo de reabrir rapidamente as portas da universidade significou que, embora "a maioria dos doutores" possuísse "afiliação formal com o nazismo", quase metade foi considerada apta a reassumir seus postos.[260]

O neurologista Viktor von Weizsäcker coordenava a clínica onde ocorreriam os experimentos de Gröning. Ele havia retornado para Heidelberg apenas em 1945, depois de atuar, desde 1941, como diretor da Clínica e Instituto de Pesquisas Neurológicas da Universidade de Breslávia (atual Worclaw, na Polônia). Von Weizsäcker era herdeiro de uma família de aristocratas (seu sobrinho, Richard von Weizsäcker, se tornaria mais tarde presidente da República Federal). O irmão de Viktor, Ernst, antigo secretário de Estado de Relações Exteriores e embaixador nazista na Santa Sé, havia sido recém-condenado pelo tribunal militar norte-americano de Nuremberg, em abril de 1949, por crimes de guerra e por seu papel na deportação de judeus franceses para Auschwitz.

Em Breslávia, Viktor von Weizsäcker esteve envolvido com o uso em pesquisas científicas do cérebro de crianças submetidas a eutanásia. Defendia a eutanásia e a experiência com cobaias humanas mesmo depois dos julgamentos de Nuremberg, professando sua opinião de que "a violência e o sacrifício humano" eram "uma parte necessária da trágica história da humanidade".[261] O médico apresentava tais convicções havia bastante tempo, pelo menos desde 1933, e acreditava no quão "construtiva" seria uma "política de extermínio planejada racionalmente e implementada em nível nacional".[262]

Contudo, Von Weizsäcker era ainda mais conhecido por ter sido uma figura central na história da medicina psicossomática. Esse campo da medicina, que tem suas origens no romantismo europeu de inícios do século XIX, foi institucionalizado nos países de língua alemã na década de 1920. Tal ramo da medicina tem seu foco em aflições, geralmente crônicas, que são físicas, mas influenciadas por interações patológicas entre o corpo e a mente. Adeptos do psicossomatismo costumavam ser críticos da medicina mais tradicional, e tais críticas estavam ligadas ao que viam como abordagens demasiadamente reducionistas dos demais médicos, que não tratavam do ser humano por inteiro, de corpo e alma.[263] Praticantes do psicossomatismo rejeitavam explicações estritamente naturais e científicas para as doenças e deficiências e buscavam, a partir da ciência, abordar o significado das enfermidades. Inseriam a biografia e o ambiente social dos pacientes no centro do tratamento e de sua filosofia. O professor e mentor de Von Weizsäcker, Ludolf von Krehl, acreditava que, para se chegar à cura, era preciso conhecer o paciente "em toda sua natureza". Von Krehl afirmava não ser adepto do "misticismo" e "tampouco alguma espécie de ocultista, mas não se pode negar os espíritos", dizia, "e o ser humano é uma totalidade entre corpo e espírito".[264]

Von Weizsäcker foi bastante influenciado por tais ideias e acreditava ser possível analisar com seriedade não apenas a aparência de uma doença ou a disfunção de um órgão, mas também seus aspectos simbólicos.

Ouvia as histórias que seus pacientes lhe contavam em busca de pistas que explicassem os seus tormentos. A partir dessas histórias de vida, escrevia "patosofias" — narrativas que analisavam vários aspectos da vida de seus pacientes em busca de significados ocultos para suas enfermidades. Em vez de perguntar aos pacientes "Qual é o seu problema?", o médico perguntava, quase como um psicoterapeuta, "Por que este sintoma? Por que agora?".[265]

Um dos principais argumentos apresentados na série da *Revue* apontava, ainda que tacitamente, para o passado: segundo a revista, a medicina havia falhado com os pacientes, tratando o corpo como uma máquina defeituosa e negligenciando a alma. Gröning operaria uma transformação psicossomática na medicina, com uma abordagem mais holística que levaria em conta o eu interior e as experiências de vida das pessoas. Estava restaurando, era o que argumentava a *Revue* repetidamente, a "confiança". Por que a confiança precisava ser restaurada — a história recente envolvendo esterilizações forçadas e "execuções por misericórdia" dos portadores de deficiências — foi uma questão novamente deixada de lado. Como acontece em relação a muitos outros aspectos do pós-guerra na Alemanha, o silêncio em si é uma evidência relevante, o elefante na sala. No entanto, como os experimentos de Gröning aconteceram na recém-desnazificada Universidade de Heidelberg e na clínica de um médico defensor da eutanásia, não surpreende que a revista tenha evitado qualquer menção aos crimes da medicina nazista.

Boa parte da atenção que o *Wunderdoktor* recebeu em Hertford era de natureza religiosa. O pastor Hermann Kunst, embora considerasse algumas ideias de Gröning problemáticas, o via como uma pessoa devota. O advogado do curandeiro Gröning negou as acusações de que ele violara a lei do curandeirismo sob alegação de que suas curas eram de natureza *espiritual*. Se a primeira alegação da série da *Revue* era que a medicina falhara ao negligenciar o tratamento da alma dos pacientes, a segunda afirmava que todos os procedimentos realizados pelo saludador poderiam ser explicados por métodos científicos — por meio de experimentação e da observação —, num ambiente propenso a aceitar a premissa de que uma alma ferida era capaz de adoecer o corpo.

No entanto, a série de reportagens fez pouco mais do que mostrar Gröning conversando com seus pacientes e perguntando como eles viam e percebiam suas aflições corporais. As respostas dos pacientes não eram consideradas pistas para diagnosticar uma enfermidade, mas sinais de um estado de espírito em constante movimento e sobre o qual ele, ou alguma outra força externa invisível, poderia exercer influência. *Frau* Joest, uma paciente de Von Weizsäcker, por exemplo, sofria com problemas digestivos, constipação, enxaqueca e um tumor benigno no útero. Na transcrição do tratamento que Gröning prescreveu e que a revista publicou, era pedido que a mulher não ficasse remoendo seu sofrimento. Em vez disso, lhe foi recomendado que "se concentrasse completa e integralmente" em seu corpo. "Você sente que algo está acontecendo com seu corpo?", perguntou o curandeiro a certa altura, "É como se uma onda estivesse passando por seu corpo?" Insistia que não queria ter influência acerca do que a paciente sentia e lhe pedia que "dissesse apenas a verdade [...] sempre a verdade". Como de costume, falava elipticamente e nunca articulava nada que se a assemelhasse a um método específico, contando piadas, brincando com os pacientes ao mesmo que tempo em que parecia intuir suas mudanças de condição física. "Vamos conseguir", disse a *Frau* Joest, porém "você não deve pensar tanto em seu sofrimento — isso me perturba —, desse jeito não consigo chegar ao seu sofrimento. Não precisa ser assim". Infelizmente não temos maiores detalhes quanto ao que *Frau* Joest de fato sentiu. A *Revue* registrou apenas algumas respostas básicas: uma sensação de calor em seus rins, dores na lombar.

Em um quadro lateral da matéria, Laux e Bongratz davam explicações adicionais aos leitores sobre *Frau* Joest, detalhes que lembravam muito as patosofias de Von Weizsäcker. Ela vinha sofrendo ininterruptamente por mais de uma década. Aos 22 anos, e contra a vontade de sua família, ela se casou com um viúvo de 55 anos, de cuja falecida esposa *Frau* Joest fora cuidadora até sua morte. A mulher sofria com problemas abdominais e ginecológicos decorrentes de uma enfermidade desconhecida. Por algum tempo, *Frau* Joest teve receio que ela tivesse sido "infectada" pela mesma doença. O novo casal teve um filho, e o viúvo tivera três filhas do casamento anterior. Ela queria ter mais filhos, ele não. Von Weizsäcker atribuiu "as agonizantes dores estomacais" de *Frau* Joest à culpa que ela sentia em relação à primeira esposa de seu marido, e o seu tumor, "ao desejo não concretizado de ter mais filhos".[266]

Não há nenhuma evidência de que algum desses elementos tivesse relação com a maneira pela qual Gröning tratou *Frau* Joester ou qualquer outra pessoa. Assim como ocorreu em Herford, em Heidelberg os observadores projetavam no curandeiro aquilo que acreditavam estar vendo — neste caso, o que viram foi uma espécie de psicoterapia. Independentemente do que tenha feito para os milhares que o procuravam em busca de ajuda, a *Revue* deixou explícito que o saludador parecia disposto a ouvir as pessoas. Ele inspirava confiança. Como o pastor Kunst percebera em Herford, Gröning ficava sentado por horas a fio ouvindo pessoas em sofrimento relatarem seus problemas. Falava com elas "em voz baixa", Laux e Bongartz escreveram, "e cheio de confiança".[267] A confiança depositada no curandeiro por aqueles que buscavam suas curas residia "em seu talento puro e natural, as vezes um pouco errático, mas com uma enorme habilidade de tratar os problemas da alma".[268] O termo que os jornalistas usaram, *seelenbehandlung*, também poderia ser traduzido como "tratamento psicológico", porém claramente lhe atribuíam o sucesso menos a sua técnica e mais a uma espécie de habilidade inata para lidar com corações e mentes.

As ideias religiosas que Gröning expressara com frequência em Herford receberam pouco destaque nas páginas da *Revue*. Deus praticamente não foi mencionado. Ao contrário, a série o apresentava como um sujeito laico, um terapeuta leigo com habilidades rústicas e misteriosas. Segundo a revista, ele era um clarividente, e Anneliese Hülsmann, mãe de Dieter, trabalhou algumas vezes ao seu lado como médium. A pedido do saludador, a mulher intuía a enfermidade dos pacientes e as descrevia a ele, que era capaz de curar mesmo à distância.[269] Os leitores também ficaram sabendo que Gröning tirava o papel laminado de seus maços de cigarro e o amassava em forma de pequenas bolas. Essas bolas serviam, de acordo com o curandeiro, como condutoras de sua energia terapêutica, a qual denominava *Heilstrom,* a corrente de cura.[270] Laux e Bongartz descreveram uma ocasião na qual o dr. Fischer, sem saber, sentou-se numa cadeira que Gröning costumava usar para tratar os pacientes. De repente, o rosto de Fischer se tornou "morbidamente pálido". Ele "lutava para conseguir respirar", contudo logo se recuperou. Foi como se "tivesse sido tocado por uma força misteriosa cuja origem não conseguia explicar".

Convencido de que parte da energia de Gröning ficara armazenada na cadeira, Fischer mandou chamar Anni Schwedler, então com 22 anos e recém-chegada de Darmstadt. Durante a guerra, Anni ficou presa com vinte outras pessoas dentro de um abrigo antiaéreo construído abaixo de uma cervejaria, enquanto o prédio ardia em chamas. Conseguiu escapar, porém alguns dias depois começou a perder seu senso de localização; ela começou a tropeçar e perdeu gradualmente sua capacidade de andar. Agora, sentada na misteriosa cadeira, ouvia Fischer lhe contar como Gröning já ajudara muitas pessoas paralíticas naquela mesma sala. Então lhe mostrou uma foto do curandeiro. Logo depois Fischer "ordenou subitamente [...] que ela se levantasse", Anni se ergueu da cadeira "de forma quase enérgica", contava o artigo, "e ficou tão atônita ao ver que estava de pé que demorou a conseguir dar um passo". Após algumas passadas hesitantes, Anni finalmente conseguiu "percorrer a distância de toda a sala, sair da casa e caminhar pelo jardim e ruas próximas".[271]

Os passos milagrosos dados por Anni Schwedler contavam, simultaneamente, duas histórias. Uma estava ligada a mística de Gröning, a outra, uma história de guerra, a uma garota que se tornou gradualmente paralítica após ter visto a morte de perto. "A Segunda Guerra Mundial, com suas muitas convulsões, deixou em seu rastro um mar de enfermidades", ressaltaram Laux e Bongartz, incluindo "um número imenso de doenças estomacais e reumáticas, assim como neuroses e paralisias".[272] Muitas dessas doenças, sugeriam os jornalistas, tinham sua raiz em "abalos conscientes e inconscientes da alma (*seelische*)".[273]

À medida em que o verão se transformava em outono, novas edições da *Revue* chegavam às bancas, incluindo a que trazia os resultados de um levantamento feito pelo dr. Fischer das cerca de 80 mil cartas que Gröning já havia recebido de pacientes em busca de cura, nas quais explicavam seus problemas e pediam ajuda. Ao analisar uma amostra de cerca de 2 mil cartas, Fischer descobriu que pouco mais da metade

(57%) foram enviadas por mulheres. Ele apontou que a maioria das remetentes tinham entre 20 e 60 anos, e vinham das classes média ou pobre. Fischer deduziu essas informações a partir do estilo da escrita, que, segundo ele, era muita vezes "desajeitado" e continha "expressões deselegantes", em geral usadas por aqueles "pouco acostumados com a escrita".[274] Caso Fischer estivesse correto, alguns dos autores dessas cartas possivelmente fizeram parte dos grupos mais atingidos pelas políticas eugenistas do nazismo. Uma maneira comum para se determinar quem deveria ser esterilizado no Terceiro Reich consistia na aplicação de "testes de inteligência", que privilegiavam um tipo de conhecimento presumivelmente encontrado em membros da classe média, com educação compatível a essa categoria. Isso colocava indivíduos oriundos da classe trabalhadora e os portadores de uma educação mais prática em perceptível desvantagem.[275] Em Herford, por exemplo, a grande maioria das pessoas esterilizadas vinham dos estratos mais pobres — operários das fábricas de cigarro da cidade, lavradores e jovens que viviam com auxílio do governo.[276] O mesmo acontecia em outras regiões.

Escritas ou não com estilo refinado, o fato é que as cartas envidas a Gröning relatavam mais do que meros detalhes de doenças e enfermidades. Os remetentes narravam a perda de suas propriedades e entes queridos; falavam de luto, culpa e frustrações; da família, conflitos, medo e vergonha — questões quase sempre ligadas, de uma forma ou de outra, com a guerra. "Meu filho de 6 anos está no hospital há seis semanas", escreveu uma mãe. "Seus rins pararam de funcionar. Seu estado é grave." A mãe estava convencida de que a doença de seu filho tinha "causas *seelische*": seu marido morrera na guerra, e ela e o menino foram obrigados a morar com seus pais, com os quais não nutria boas relações. Outra mãe escreveu relatando o quanto seu reumatismo piorara desde os bombardeios de 1944. "Está cada vez mais difícil caminhar, e tenho que ser carregada para todos os lugares e vivo dependendo dos outros."[277] A *Revue* deu bastante destaque a um homem chamado *Herr* Weiland, que fora dispensado das *Wehrmacht* em 1943 por ser considerado "inapto para o serviço militar", porque sua visão vinha diminuindo gradualmente. Após se encontrar com Gröning em Herford, sua visão retornou.[278]

De acordo com Fischer, cerca de 25% dos remetentes contavam que haviam sido diagnosticados como incuráveis por outros médicos. Vários deles sofriam de "doenças crônicas que tinham origem em causas *seelische*". Fischer definiu muitos dos que escreveram para Gröning como "espiritualmente desorientados". Eles "não viam saída", sentiam-se terrivelmente solitários, pensavam em suicídio e não "tinham ninguém com quem confidenciar". Um dos remetentes descreveu sua esposa como *herzkrank* — com coração partido — após a perda da filha. Outra mulher descreveu como sua filha fora estuprada oito vezes e estava doente desde então, não querendo mais comer.[279]

Para a maioria dos médicos em 1949, se não existisse uma "causa orgânica" para uma doença, essa doença não existia. Quando os pacientes se queixavam de dores para quais nenhuma manifestação física fosse encontrada os médicos buscavam outras explicações. Não diferente do que acontece em relação às dores crônicas hoje em dia, tais explicações podiam lançar dúvidas em relação a constituição moral do doente, sugerindo um problema familiar, ou ausência de integridade pessoal.[280] Talvez o paciente fosse um aproveitador em busca de uma aposentadoria por invalidez, ou não possuísse a coragem e a força de vontade necessárias para superar um período de adversidade. Quem sabe não fosse um sujeito muito frágil e sensível, ou já era enfermo desde antes da guerra.[281]

Fischer estava convencido de que as cartas endereças a Gröning apresentavam ampla demonstração de que as opiniões da medicina convencional relativas à pretensa limitação da medicina psicossomática precisavam ser revistas. As doenças descritas não eram imaginárias: eram manifestações físicas de enfermidades que tinham origem na alma. Histórias individuais de sofrimento revelavam aquilo um "destino coletivo", como Fischer chamava: "noites inteiras vendo bombas caindo do céu [...] fuga e fome, pais e filhos sendo mortos, agressões e estupros".

Para Fischer, Gröning mostrava que doenças psicossomáticas eram "a epidemia de nossa era". As cartas certamente documentavam histórias de sofrimento individual, mas também revelavam, segundo ele, "a história do sofrimento alemão". Pessoas cujos membros repentinamente se recusavam a mover, ou com dores estomacais, ou cujos rins dos filhos paravam de funcionar — isso não era necessariamente um produto de experiências individuais, o médico sugeriu, mas do destino coletivo da nação. Eram "reações a um fardo extraordinariamente pesado", que resultou "dos eventos transcorridos nos últimos anos".[282]

Vale a pena analisar melhor a linguagem empregada aqui por Fischer. Em primeiro lugar, quando escreveu acerca das doenças causadas por um "destino coletivo", não estava falando de traumas psicológicos. Embora atualmente o trauma tenha se tornado uma explicação bem aceita para os impactos prolongados de eventos terríveis na vida de um indivíduo, tal noção fazia pouco ou nenhum sentido quando Gröning entrou em cena, em 1949.[283] (Quando esse termo era utilizado, fazia referência a danos e choques físicos, e não aos efeitos de uma experiência emocionalmente perturbadora.) Em vez disso, Fischer falava de males que eram o resultado, em sua visão, de um destino *coletivo* — males específicos da experiência alemã "nos últimos anos", conforme suas palavras. Ele percebeu que uma série de "países estrangeiros [...] especificamente a Suécia, Suíça e os Estados Unidos", experimentaram "um aumento inexplicável de doenças [psicossomáticas]". No entanto, esses "abalos psicológicos (*seelische*)", dizia Fischer, eram "bem diferentes dos nossos".[284] Eles estava se referindo a doenças ligadas às experiências específicas dos alemães.

Quando Fischer falava a respeito "de eventos transcorridos nos últimos anos", não estava se referindo à era nazista, ou mesmo à Segunda Guerra — pelo menos não em sua totalidade. Na verdade estava aludindo aos seus fatídicos anos finais, nos quais a guerra bateu à porta dos alemães. Os leitores alemães certamente reconheciam isso quando liam referências aos bombardeios e, especialmente, aos estupros, nas páginas da *Revue*. Isso, eles bem sabiam, significava a derrota e a ocupação estrangeira — e a ocupação, é claro, foi o primeiro resultado da derrota, o fracasso coletivo do qual derivaram todas as outras humilhações. De acordo com Fischer, foi a derrota e a ocupação estrangeira que arruinaram a saúde de muitos alemães.

A manutenção do foco em torno de uma interpretação bastante restrita dos acontecimentos "na guerra", e a menção exclusiva a suas próprias perdas, sacrifícios e dificuldades, permitiu que a nação, como um todo, exonerasse a si mesma. Na emergência das narrativas do pós-guerra, os alemães-ocidentais passaram a se ver com as verdadeiras vítimas "de uma guerra que foi iniciada apenas por Hitler, mas que todos perderam".[285] Quando Hannah Arendt visitou a Alemanha Ocidental nessa época, em fins de 1949, ela ficou particularmente impressionada com um "disseminado vitimismo" entre os alemães. Durante sua visita, quando revelava aos seus compatriotas alemães que por ser judia precisou buscar o exílio para salvar sua vida, as respostas invariavelmente mencionavam os "pobres coitados dos alemães".[286] A criminalidade generalizada do Terceiro Reich, que precisou de milhões de pessoas para se materializar, além da omissão de outros muitos milhões, tudo isso passou a ser de responsabilidade única de alguns poucos "fanáticos", notadamente, Hitler e a ss, que supostamente seduziram a nação, levando-a para sua derradeira perdição. A memória coletiva de vitimização compõe apenas uma parte da intensa rejeição à desnazificação e do apoio ao movimento favorável a uma anistia ampla e irrestrita para os crimes do nazismo. Tudo isso nasceu do desejo de "encobrir o passado com esquecimento" ou, na pior das hipóteses, preservar apenas uma memória bastante restrita desse passado.

A ênfase nas perdas sofridas pelos alemães era, acima de tudo, uma maneira de se esquivarem de uma acusação coletiva de culpa. A historiadora Atina Grossmann escreveu que os judeus na Alemanha após a guerra — fossem eles judeus alemães que regressavam ao país, membros das heterogêneas forças de ocupação ou aqueles de passagem em direção às suas novas casas, em Israel, Estados Unidos, Canadá e tantos outros países — percebiam um "vergonha incipiente" entre os alemães "que levou a um profundo ressentimento". A natureza de tal vergonha não é exatamente aquela que seria esperada hoje, a partir do ponto de vista atual. Os judeus, escreveu Grossmann, "eram uma constante afronta" aos alemães, uma "lembrança de seus crimes e fracassos". Dito de outro modo, eram a nada bem-vinda lembrança da derrota.[287] É preciso ressaltar também que Fischer mencionava um *destino coletivo*: algo que *recaía* sobre todos. Uma linguagem cuidadosamente ofuscada: o termo "culpa coletiva" implicaria um certo grau de agência, já destino coletivo, nenhum.

Ao mesmo tempo, em meio a essa época de curiosas elisões e gritantes silêncios, é interessante notar o quanto os alemães estiveram interessados em *falar* com Bruno Gröning. "Todos ansiavam por uma conversa", escreveu o dr. Fischer na *Revue*.[288] A expressão desse desejo não era algo usual para a época e o lugar. Uma cultura de feroz estoicismo havia se desenvolvido no Terceiro Reich. Para os nazistas, existir já era, em si, uma competição de vida ou morte, na qual apenas algumas pessoas possuíam o direito moral de vencer. A honra exigia que o sofrimento fosse suportado em silêncio. Os nacional-socialistas primavam pela disciplina e frieza frente à dor, e valorizavam uma aceitação não emotiva da morte e das perdas como se fosse uma virtude: a "nobre resignação" (*stolzer Trauer*). Os líderes do partido chegavam ocasionalmente a criticar a população por demonstrar tristeza, algo que, para eles, era um sentimento particularmente maligno e "pouco heroico".[289] Médicos nazistas proeminentes argumentavam que pessoas doentes ou em sofrimento não deviam ser consoladas, mas sim aprender a tolerar a dor com serenidade.[290]

Durante a guerra, o remédio prescrito para experiências traumáticas era não falar a respeito delas e seguir trabalhando muito e sem reclamar[291] — ou seja, trabalho árduo e silêncio. Um estudo psicológico conduzido em 1944, com pessoas que relacionavam seus sintomas e doenças às experiências sob os bombardeios aéreos da guerra, alertava que conversar sobre sentimentos podia levar à depressão.[292] Em outras palavras, a cultura do silêncio não era apenas um imperativo social nascido dos tabus que envolviam o nazismo, mas uma recomendação médica amplamente aceita.

No entanto, as pessoas queriam que Gröning ouvisse suas angústias. Os autores das milhares de cartas endereçadas a ele não se mantiveram dentro do recomendável silêncio, ao contrário, optaram por revelar ao curandeiro seus sentimentos de culpa, tristeza, vergonha, dor e inadequação — sentimentos que costumavam ficar escondidos a sete chaves. Por mais que Fischer tenha buscado expor uma camada moralmente complexa e mal resolvida do sofrimento humano no pós-guerra, a série da *Revue* foi, na verdade, um desabafo. Independente do que Gröning fazia com sua misteriosa energia e bolinhas de papel laminado, para as milhares de pessoas que o procuravam em busca de ajuda, o importante é que ele se mostrava disposto a ouvi-las. Ele inspirava confiança.

E talvez o mais importante de tudo: ele não era um médico.

5

O MESSIAS EM MUNIQUE

O primeiro volume da série de matérias de Helmut Laux e Heinz Bongartz para a *Revue* — com suas histórias extraordinárias de curas inesperadas e cadeiras giradas por energias sobrenaturais — alcançou as bancas de jornais no começo de agosto de 1949. Gröning estava fora das manchetes havia algumas semanas. Agora, repentinamente, ele ressurgia: "Desde o meio-dia de anteontem", anunciava o *Süddeutsche Zeitung*, "o 'Médico Milagroso de Herford' se encontra em Munique."[293] Algumas semanas antes, um jornal de Hamburgo havia relatado que Gröning fora convidado a ir para a Baviera por um "grupo de cientistas de Munique", que teria oferecido uma casa de campo onde poderia exercer seus tratamentos com "recursos provenientes do Estado e da Igreja".[294] Independente da veracidade da história, o curandeiro estava agora na capital da Baviera como hóspede em uma residência privada e "com uma pequena equipe que incluía dois médicos". Teria vindo, disseram, para tentar recuperar a visão de uma mulher cega e já havia curado uma outra senhora que há anos sofria de uma paralisia total nas pernas. Pelo menos naquele momento, o curandeiro não queria que seu paradeiro fosse conhecido.[295] Mesmo assim, um jornal local passou a reproduzir os principais detalhes das histórias de cura publicadas na *Revue*, e as autoridades se reuniram, ante os fatos ocorridos em Herford, e se prepararam para a chegada de um grande número de pessoas interessadas nesses tratamentos.[296] Autoridades do Ministério do Interior alertaram o governador da Alta Baviera quanto ao fato do saludador não possuir autorização para tratar doentes e que a prática sem a devida autorização — devido à proibição de médicos não registrados — permanecia ilegal.[297]

A série da *Revue* destacava doenças específicas que pareciam afligir um número maior de pessoas na Alemanha do pós-guerra — doenças crônicas e formas de angústia e aflição que os médicos consideravam incuráveis. Em nenhum outro lugar essas notícias teriam tamanha repercussão como em Munique e Rosenheim durante o verão e o outono de 1949. A revista apresentou Bruno Gröning como um comovente antídoto para a esterilidade e o distanciamento da medicina moderna. Ele escutava as dificuldades humanas, era capaz de curar problemas que ninguém parecia ser capaz de resolver, curar feridas que mais ninguém era capaz de enxergar. As multidões que recepcionaram o curandeiro na Baviera fizeram com que as recepções de Herford parecessem pequenas. Um mundo invisível de dores e doenças, até então confinado à privacidade das casas e das famílias, se revelava. Até mesmo o curandeiro se mostrava surpreso. "Toda casa na Alemanha é um hospital!", disse ele aos jornalistas.[298]

As testemunhas das cenas promovidas pelo curandeiro na Baviera geralmente não as enxergavam com as lentes da ciência, como ocorreu em Heidelberg, mas da religião. Eram cenas bíblicas que anunciavam uma renovação espiritual em massa. E, como veremos, havia boas razões para interpretar dessa forma o que estava acontecendo. A comoção religiosa parecia transbordar nas cenas em volta de Gröning durante esse período. Isso era surpreendente por várias razões, não apenas porque os historiadores perceberam apenas um modesto e passageiro "retorno às igrejas" durante o pós-guerra alemão (tanto nas regiões católicas da Baviera como nas regiões de maioria protestante).[299] A sede espiritual que podia ser vista em Munique e Rosenheim — não durante as missas de domingo, mas no meio de um campo lamacento com milhares de pessoas sofridas — podia não ser comum, mas era inegável.

Em última instância, esse sentimento religioso assumiria novamente, assim como ocorreu em Herford, um caráter popular, ainda que rudimentar, de revolta "na busca" por democracia e "contra" a medicina nazista.

Conforme a história de Bruno Gröning e da República Federal continuaram a se desenrolar, e as multidões continuavam a aumentar, a natureza da história de Gröning se transformou. Quando chegou a Munique, em agosto de 1949, o *Wunderdoktor* havia desenvolvido um círculo de pessoas e ampliado o número de seguidores e colaboradores. Essa comitiva itinerante incluía, eventualmente, editores, fotógrafos, advogados e até mesmo um escultor que trabalhava em um busto de Gröning, assim como também Helmut e Anneliese Hülsmann, vindos de Herford, além do casal de documentaristas Rolf e Erika Engler.[300]

Havia também um homem chamado Egon Arthur Schmidt, que havia trabalhado no setor de rádio para o ministro de propaganda do Terceiro Reich e que passaria a administrar a carreira de Gröning.[301] Ele lidava com a imprensa, agendava as aparições e cuidava da correspondência. Schmidt também publicou, em 1949, um livro alusivo aos eventos em Herford intitulado *As Curas Milagrosas de Bruno Gröning*. No livro, defendia o argumento, então já mais difundido, de que uma medicina que falhava em tratar da alma era uma medicina incompleta. "A crença", escreveu ele, "é a filha preferida de um milagre".[302] E crença era algo que o antigo funcionário do Ministério de Propaganda conhecia muito bem. Notadamente, seu registro como membro no NSDAP incluía um raio-X que revelava um quadro severo de artrite no quadril, que dificultava seu caminhar.[303] Talvez esse problema de saúde tenha sido o motivo que o levou inicialmente a Herford, onde conheceu Gröning. Ou talvez, como muitos antigos nazistas, ele simplesmente tenha tido dificuldade (ao menos por um tempo) em conseguir um emprego.

O que havia iniciado na sala de estar de uma família de classe média em Herford havia se espalhado para várias regiões do país e alcançado milhares de pessoas em busca de uma cura — primeiro em Hamburgo e agora na Baviera. Com a ajuda de uma imprensa cada vez mais ávida por esse tipo de notícias, Gröning se transformou em um fenômeno nacional. E conforme sua equipe de assistentes mudava e sua fama aumentava, o personagem que ele encarnava em público também se transformava. Hoje, ao observarmos a atuação de Gröning após tantas décadas, não está claro o que precisamente ele curava naquele momento.

Quando Gröning chegou a Munique os sinais da derrota ainda estavam visíveis por toda parte. Um total de 66 bombardeios entre junho de 1940 e abril de 1945 havia destruído completamente algo em torno de 13 mil dos 60.098 edifícios da cidade. Outros 8 mil estavam bastante danificados. Nas áreas centrais da cidade, como a região da estação de trem, aproximadamente 74% das estruturas haviam sido demolidas.[304] Em pouco tempo, a maior parte dos destroços estavam amontoados juntos aos prédios destruídos e as ruas já estavam abertas. Mas quatro anos após a guerra, como mostra a foto na próxima página, a presença de cartazes pregados pelos norte-americanos nas paredes dos prédios que ocuparam ainda indicava com uma ironia macabra a permanência da morte.

Munique estava eletrificada pela chegada súbita de Gröning. As redações da imprensa se viram cercadas por pessoas em busca de qualquer informação relacionadas ao curandeiro — os telefones não paravam de tocar.[305]

Consultórios médicos ficaram lotados com pacientes interessados em saber como poderiam vê-lo.[306] Em uma ocasião a polícia foi chamada para atender uma ocorrência na residência de um casal de surdos de sobrenome Metzger, onde seiscentas a oitocentas pessoas haviam se juntado depois de ouvirem rumores de que Gröning poderia passar por lá.[307]

Essa reação ultrapassou em larga escala qualquer aglomeração até então vista em Herford. Munique era, sem dúvida, uma cidade muito maior. Mesmo com a redução de seus habitantes como um dos efeitos da guerra, ainda assim a cidade tinha uma população quinze vezes maior que a cidade de Herford. As cidades também eram diferentes em outros aspectos. Enquanto Herford era uma cidade de maioria protestante, Munique era majoritariamente católica. E embora os eleitores de Munique fossem nazistas em certa medida relutantes — mais que os habitantes de Herford —, a cidade era o berço do NSDAP, fato que o partido comemorou batizando-a de *Hauptstadt der Bewegung*, ou seja, "capital

STADTARCHIV MÜNCHEN

do movimento (nazista)". Foi em Munique que o austríaco Adolf Hitler se alistou nas forças armadas da Baviera para lutar na Primeira Guerra Mundial. Foi lá que ele morou depois da guerra e trabalhou para o serviço de inteligência na identificação de subversivos políticos. O golpe de estado, em 1923, que ele ajudou a promover na cidade — o *Putsch da Cervejaria* — o tornou nacionalmente conhecido.

Mas Munique nem sempre dançou ao ritmo do nazismo. Durante a revolução alemã de 1918-19, a cidade serviu como linha de frente para a insurreição socialista e como capital da breve República Soviética da Baviera. A "Atenas às margens do Isar", Munique era uma cidade receptiva e estava aberta a todos, e historicamente era conhecida por acolher uma comunidade variada de artistas, escritores, acadêmicos, sem esquecer dos esotéricos e fabulistas, além de vanguardistas de todos os tipos. Antes da Primeira Guerra Mundial isso incluía o Circulo Cósmico, grupo que combinava ideias espirituais, liberação sexual, paganismo e poesia, e, após a Grande Guerra, a Sociedade Thule, grupo ocultista de extrema direita — inspirado no nome da cidade nórdica perdida similar a Atlantis. (Muitos integrantes da Sociedade Thule se tornariam importantes membros do Partido Nazista.)[308] Nos anos da República de Weimar, a cidade de Munique emergiu como um centro de pesquisas sobre paranormalidade.[309] O escritor Victor Klemperer talvez tenha resumido muito bem ao afirmar, em seus relatos da revolução de 1918, que na cidade de Munique era difícil separar arte, política e performance.[310]

Por todas essas razões a narrativa bávara de Gröning teve início em Munique, embora as multidões que o seguiam fossem alcançar uma dimensão ainda maior na vizinha Rosenheim, num antigo haras transformado em hotel fazenda e cassino chamado Trotter (Traberhof). O local era um espaço improvável para cenas de despertar espiritual. Situado em uma generosa extensão de pastos aos pés das montanhas alpinas, aproximadamente 65 quilômetros a sudeste da capital bávara, com pistas de corrida de cavalo e vista para toda a região, o hotel fazenda Trotter era um local agradável para tomar um café, jogar tênis, dançar, dar uma caminhada ou tomar um drink. Segundo um jornalista, quando estava lotado de "elegantes damas e cavalheiros", o restaurante do hotel "cheirava a dinheiro".[311]

O prédio principal do hotel tinha dois andares e uma estrutura caiada e com pinturas de gosto duvidoso como ferraduras e carruagens de corrida, e possuía sacadas no segundo andar. Um estacionamento coberto de cascalho forrava a frente.

O proprietário do hotel, Leo Hawart, supostamente tinha um parente que sofria de paralisia, o qual esperava que Gröning pudesse curar. Essa seria a razão pela qual ele convidou o curandeiro para uma estadia no hotel.

No entanto como um "negociante com grandes instintos", é possível que tenha havido mais de uma motivação para o convite.[312] Uma semana após o primeiro anúncio na imprensa da chegada de Gröning a Munique, centenas de pessoas em busca de cura já estavam aglomeradas na propriedade de Hawart.

As autoridades perceberam a aglomeração. E quando um agente da polícia local, o detetive Käsberger, foi até lá num sábado a noite, se deparou com uma multidão de aproximadamente quinhentas pessoas no estacionamento do hotel Trotter. A sacada do prédio principal servia como um espaço elevado do qual era possível observar a multidão abaixo. Por volta das 8h15, Gröning surgiu repentinamente no local, como registrou Käsberger, e permaneceu por um minuto ou pouco mais sem dizer uma única palavra, voltando logo depois para o interior do hotel. Leo Hawart trouxe uma mensagem: Gröning voltaria, mas antes precisava de um tempo para se concentrar. Durante a espera, um terceiro homem apareceu com algumas orientações para as pessoas que aguardavam: elas deveriam abrir um pequeno espaço na multidão. Essa era uma exigência comum de Gröning, ao abrir espaço as pessoas não "cortariam" o fluxo de energia de cura e não impediriam que ela acontecesse. Por volta das 8h30 da manhã, Gröning reapareceu dizendo que não havia pedido a presença de ninguém, "pelo contrário". Para Käsberger pareceu que Gröning estava assustado como o tamanho da multidão. Gröning afirmou que as "pessoas deveriam esperar até que ele tivesse permissão". Ele "desejava ajudar a todos", rabiscou o detetive, "mas queria que as coisas acontecessem de forma ordeira e não de forma confusa". Gröning também teria dito que poderia "ajudar apenas aqueles que acreditassem nele e que possuíssem a fé inabalável no Senhor Deus, que o teria dado o poder da cura". Gröning afirmou que "estava apenas realizando sua obrigação, assim como qualquer outra pessoa realiza seu trabalho". "Todas as pessoas doentes que viessem vê-lo poderiam deixar seu dinheiro em casa, ele não precisava de dinheiro. As pessoas deveriam apenas trazer suas enfermidades e seu tempo, pois isso era tudo o que ele tomaria delas."[313]

O detetive Käsberger não era a única testemunha em Rosenheim naquele sábado, um editor e jornalista chamado Alfred Heueck também estava presente. Heueck estava numa viagem de bicicleta pelos Alpes quando ouviu que Gröning estava na região. Seu instinto de repórter se aguçou e ele decidiu tomar um atalho para ver o que estava acontecendo. Armado com um "forte senso de ceticismo", pedalou pela propriedade um pouco antes do meio-dia e se misturou à multidão. Por cinco horas ouviu as pessoas relatando suas doenças — tanto as "visíveis como as invisíveis".[314]

O relatório do detetive seguiu um tom de "sim senhor, não senhor", seco e relativamente desprovido de qualquer sentimento. Heueck, por outro lado, descreveu as cenas com entusiasmo, "uma revolta espiritual". O efeito que Gröning exercia nas pessoas era perceptível e extraordinário, escreveu ele: assim que apareceu, um "silêncio mortal" tomou conta da multidão. De acordo com Heueck, era como estar num filme que de repente paralisa. Rostos na multidão "marcados pelo medo e pelo sofrimento" estavam "magnetizados" por esse "imponente homenzinho", que vestia calças surradas e amassadas com uma camisa azul-escuro abotoada até o pescoço. Em certo momento, "Gröning parou por um longo tempo, imóvel e com seus olhos azuis penetrantes fixos em algum ponto distante, não na multidão a sua frente", narrou Heueck. "Seu rosto acético estava extremamente tenso." Quando Gröning começou a falar, ele o fez de forma silenciosa e aparentemente sem mover um único músculo. Suas mãos estavam estáticas. Ele não gesticulava. Para Heueck, Gröning aparentava ser um homem "ingênuo e sincero" e que "devia ser verdadeiramente devoto".[315]

Em determinado momento, ambas as testemunhas lembram que Gröning perguntou às pessoas quais delas sentiam dor. Segundo Heueck, "ao menos duzentas pessoas ergueram as mãos". Após alguns minutos foi repetida a mesma pergunta.[316] Ele pediu que as pessoas colocassem suas mãos na região que estivesse doendo e fechassem os olhos. Após dez segundos, lhes disse para abrirem os olhos e então perguntou o que estavam sentindo. As respostas variavam, contudo todos afirmaram sentir um pequeno formigamento.[317] Gröning então se recolheu a uma área da sacada onde havia sombra e fumou um cigarro. O curandeiro estava "visivelmente exausto", registrou Heueck.[318]

Uma semana depois, o detetive Käsberger voltou ao hotel, dessa vez acompanhado de um colega. Nessa ocasião, a multidão havia se multiplicado e somava milhares de pessoas. Eles "saudavam Gröning com muito júbilo".

Dirigindo-se à multidão, um dos colaboradores do curandeiro se recusou a glorificá-lo, mas, ao mesmo tempo, na opinião de Käsberger, "o defendeu habilmente, apresentando-o como um médico milagroso e um curandeiro dos pobres e doentes". Enquanto se misturava à multidão, Käsberger conversava com as pessoas. Uma mulher chamada *Frau* L., de setenta anos de idade, contou a ele e a seu colega que "estava paralisada de ambos os pés desde abril e não conseguia mais andar". Mas agora, como observava Käsberger, ela era capaz de andar de trinta a cinquenta metros "às vezes sozinha, às vezes com o apoio de alguém". Os pais de um menino de nove anos de idade, que até então "nunca havia conseguido mover livremente a cabeça" e estava "paralisado desde o nascimento", afirmaram que o menino subitamente "podia mover a cabeça". Embora o menino ainda não fosse capaz de se levantar e andar, seu pai podia dobrar e mexer as pernas do menino (o detetive considerou que o garoto "naturalmente não possuía força em suas pernas".) As pessoas contavam a Käsberger "que agora se sentiam diferentes". O detetive acreditava que "estávamos diante de doenças muito profundas".[319]

Bruno Gröning curava as pessoas. Há uma infinidade de declarações nos arquivos, na imprensa da época e em outras fontes. A questão, no entanto, é do que exatamente Gröning as curava? Se ele era um salvador, que tipo de redenção ele oferecia?

STADTARCIV ROSENHEIM
STADTARCHIV MÜNCHEN

Em 1951, como veremos mais detalhadamente a seguir, Gröning enfrentou a justiça devido a uma acusação de haver violado a norma que proibia o curandeirismo. Nessa ocasião, a justiça contratou o psiquiatra Alexander Mitscherlich — que já havia sido aluno de ninguém menos que Viktor von Weizsäcker — para emitir seu parecer relacionado à acusação. Embora de modo geral o psiquiatra fosse uma figura conservadora nos anos 1950, o antinazista não se importava em deixar sua consciência social falar no pós-guerra. O arrazoado condenatório que produziu em conjunto com seu colega Fred Mielke sobre o julgamento dos médicos em Nuremberg — traduzido para o inglês como *Doctors of Infamy* [Os Médicos da Infâmia] apresentou provas irrefutáveis dos crimes médicos cometidos durante o regime nazista. O livro foi odiado por seus colegas de profissão e quase lhe custou a carreira.[320]

A argumentação de Mitscherlich no julgamento, em 1951, seguiu a linha da psicanálise: descreveu o réu como a projeção e o produto dos desejos e necessidades das pessoas. Mitscherlich argumentou que Gröning foi *construído* pela multidão que o cercava. As pessoas o elevaram ao posto de emissário do divino.[321] Foi o entusiasmo delas, suas esperanças, sonhos e o poderoso desejo pela cura que criou um salvador.

Mitscherlich ofereceu uma análise da personalidade de Gröning. O *Wunderdoktor* não teria a capacidade para a autocrítica, afirmou o psiquiatra. Não possuía autocontrole, era desonesto e vivia em um mundo mágico. Seria além disso patológico "em alto grau", no sentido de uma "disrupção no desenvolvimento de sua personalidade". Sua missão de curar era meramente um "sintoma" dessa "natureza problemática".[322] O Gröning descrito por Mitscherlich era inconstante: facilmente induzido, instável e mal-humorado. O curandeiro não possuía uma essência fundamental e, embora não fosse um charlatão, também não realizava milagres.

Mitscherlich estava especialmente incomodado pela inabilidade dos seguidores de Gröning de pensar por si mesmos, de serem críticos, de serem honestos — embora tenha se recusado a especificar em relação a o que deveriam ser críticos ou honestos. O relacionamento entre o curandeiro e seus seguidores era uma perigosa via de mão dupla,

Mitscherlich insistiu: as massas precisavam daquele homem como um refúgio em um mundo no qual conseguiam encontrar socorro. O curandeiro, por sua vez, precisava dessas pessoas para fomentar seu desejo tresloucado por atenção.[323]

No entanto, por toda sua sinceridade, mesmo Mitscherlich — um crítico ferrenho do nazismo após a guerra — hesitou em fazer relação explícita entre o passado e o fenômeno de Gröning. Seu relatório judicial era abstrato e escrito de forma indireta. Esse tipo de distanciamento era comum entre os intelectuais no pós-guerra e pode ser percebido de várias formas. Em vez da referência direta aos eventos recentes e suas implicações para a história da Alemanha, por exemplo, os historiadores insistiam que a história alemã sempre esteve calcada no que percebiam como valores universais e atemporais — como "civilização", "cristianismo" ou "o ocidente".[324] Dessa forma, evitavam falar diretamente o que havia acontecido de errado para que a Alemanha tivesse produzido o Nacional-Socialismo.

A avaliação que Mitscherlich fez de Gröning segue esse padrão de elisão e deslocamento, porém, nesse caso, redigida com a linguagem da psicanálise. Por exemplo, o psiquiatra descreveu a personalidade do curandeiro como "psiquicamente instável e sempre em busca de segurança" (*haltsuchende*), um tipo de personalidade familiar àqueles que "conhecem a história [...] da fundação das seitas e dos partidos políticos". Ainda assim, o psiquiatra não foi capaz de nomear uma dessas seitas ou partidos políticos. Obviamente não foi necessário ser específico: todos que lessem seu relatório saberiam ao que ele se referia. Esse foi o caminho que adotou, afirmando que aqueles que fossem familiares com a história seriam capazes de notar "o senso patológico de missão que indivíduos desse tipo possuem" — numa aparente referência aos fundadores em questão — "e a igualmente patológica busca entre os outros" (seguidores dele) "por alguma espécie de refúgio". A combinação de líderes movidos por uma missão e de seguidores profundamente dependentes constituía para Mitscherlich um "fenômeno patológico" que, embora "potencialmente capaz de ressurgir a qualquer momento", era "especialmente perigoso" no presente.[325]

Embora o psiquiatra tenha se recusado a se incisivo nesse ponto, o ex-nazista e *Wunderdoktor* deu a Mitscherlich a oportunidade de se referir a Hitler sem, contudo, mencionar seu nome. Na avaliação do médico, Gröning e seus seguidores estavam separados do nazismo apenas por um fio. O doutor estava convencido de que a razão que os tornava tão perigosos era sua necessidade de estabilidade, de um "refúgio". Isso era o que faltava aos seguidores do curandeiro e era isso que Gröning oferecia, afirmava Mitscherlich — alguém em quem confiar, um lugar para chamar de lar. Em troca, eles ofereciam a sua atenção.

Alfred Dieck, o colecionador e analista de rumores apocalípticos mencionados anteriormente, acreditava que a ocupação aliada havia falhado porque não foi capaz de oferecer um substituto viável para Hitler — um substituto para a posição de *Führer*, alguém em quem os alemães pudessem depositar tamanha fé e amor. É interessante, também, que Mitscherlich e sua esposa e colega de profissão, a psiquiatra Margarete Nielsen Mitscherlich, escreveriam anos depois e com grande êxito um diagnóstico da sociedade da Alemanha Ocidental, *The Inability to Mourn* [*A incapacidade de viver o luto*]. No livro, o casal defende que os alemães haviam se identificado de forma positiva e profunda com Hitler, e que após a guerra e a derrota precisaram romper "todas as pontes afetivas" com o Führer e com o passado que representava, de modo a se manterem fisicamente intactos. Esse fato, afirmou Mitscherlich, comprometeu a capacidade dos alemães de confrontar os crimes do Terceiro Reich, experimentarem a vergonha ou a culpa e assumirem sua própria cumplicidade no que havia acontecido. Em vez disso, recorreram a uma rotina incessante de trabalho, reconstrução e intermináveis melhorias e consertos.[326]

Em 1949, a análise que Mitscherlich fez de Gröning e a ida ao tribunal que a gerou ainda não existiam, porém os elementos daquela análise já estavam aparentes naquele verão no hotel Trotter. A equipe do documentário sobre o curandeiro, produzido por Rolf e Erika Engler, já havia iniciado as filmagens.[327] Agora, quando o *Wunderdoktor* surgia diante das multidões, holofotes o iluminavam à noite. A cena, com certeza, lembrava outros tempos, quando outra figura arregalada e carismática subia ao palanque na escuridão e alimentava as massas com palavras que mais pareciam um maná. A Rosenheim de 1949 pouco lembrava a Nuremberg de 1934, no entanto a presença de Gröning naquela sacada — encarando as massas em sua própria espécie de uniforme — pode ter suscitado, ao menos para alguns, uma memória inegável: a imagem de Hitler se dirigindo às massas.

Aquela memória e elementos estéticos enchiam o ar com fervor e emoção, ao menos para aqueles propensos a serem cativados. Tal afirmação não quer dizer que devemos ignorar o significado religioso tão estreitamente associado à presença de Gröning e a sua habilidade para curar os doentes. Para algumas pessoas presentes naquele terreno em Rosenheim numa noite do verão alpino, vê-lo deve ter se assemelhado à visão de um fantasma amigo. Aquele encontro possuía um enorme poder, até mesmo curativo.

* * *

Os jornalistas descreveram muitas pessoas sendo curadas no evento realizado no hotel Trotter, especialmente doentes com paralisias ou com doenças nos ouvidos e olhos. Maria Würstel contou ao jornalista Heueck o quanto sofria desde 1938 com uma paralisia parcial da coluna. Qualquer pequeno movimento lhe causava dores terríveis. A recomendação para que consultasse Gröning veio de seu próprio médico. Heueck testemunhou a mulher correr como uma criança, "ora rindo, ora chorando de alegria". Outra mulher — que sofrera de poliomielite e usava cadeira de rodas desde os três anos de idade — se levantou e andou. Um homem que disse ter sofrido danos cerebrais na guerra regozijava-se, "o zumbido no meu ouvido se foi, minha cabeça está livre novamente!".[328] Entre a narração de uma e outra cena como as descritas acima havia ainda o registro de "ambulantes vendendo fotos de Gröning, salsichas, cigarros, bolo e bolinhas de papel laminado".[329] Siegfried Sommer, um jornalista de Munique (e mais tarde também romancista) conhecido pelos seus registros locais, viu "limusines, táxis, uma van da Cruz Vermelha e inúmeros veículos [...] alguns carros e cadeiras de roda" no estacionamento do hotel Trotter, que havia acabado de receber uma "camada de brita". Viu muletas encostadas nas castanheiras, crianças gritando e barris de cerveja sob as mesas para não esquentarem ao sol. Em algumas ocasiões, escreveu Sommer, as pessoas traziam fotos de parentes doentes — talvez aqueles doentes demais para viajar — e as apontavam em direção às janelas do hotel na esperança de receberem a energia de Gröning.[330]

Conforme as notícias desses encontros e das curas se espalhavam, as multidões aumentavam e preocupavam as forças policiais. "Esse povo não é capaz de entender por que ninguém deve atrapalhá-lo em sua prática", disse uma pessoa que temia o início de um tumulto caso alguém tentasse impedi-lo.[331]

Na verdade, a proibição para Gröning se abster de praticar curandeirismo, feita pelas autoridades de Herford, havia sido pouco discutida na imprensa local. O oposto, na verdade, era frequentemente comum, e os políticos e as autoridades locais defendiam publicamente a atuação do curandeiro. O comissário de polícia em Munique, o social-democrata Franz Xavier Pitzer, lhe agradeceu, diante da multidão, por tê-lo ajudado em uma enfermidade.[332] Um representante do parlamento, Hans Hagn, membro do partido conservador da Baviera, a União Social Cristã, exortou as multidões a "acreditarem em seu poder de cura e a confiarem nele". Até mesmo a mais alta autoridade do governo Bávaro, o presidente do ministério, Hans Ehard, expressou abertamente seu apoio a Gröning. O curandeiro não deveria ser alvo de tantas "dificuldades burocráticas" (*Paragraphenschwierigkeiten*), disse Ehard.[333]

Membros da imprensa eram tão apaixonados quanto os políticos. Um jornal local descreveu a confiança pública em Gröning — "um homem simples e sem educação formal [...] o filho de um pedreiro de Danzig" — como "infinita".[334] O correspondente Hans Bentzinger teria dito que o próprio ar em Rosenheim estava "cheio de uma expectativa especial" que "aumenta a cada hora que se sabe que *Herr* Gröning falará às multidões". Bentzinger descreveu uma tensão "insuportável", a atmosfera está tão carregada com a energia da expectativa que qualquer um pode ouvir ao mesmo tempo os batimentos do seu próprio coração e do coração de quem está ao seu lado".[335] A jornalista Viktoria Rehn foi arrebatada, e escreveu de como se "lembrava, instintivamente, dos grandes eventos do Novo Testamento e da obra de Rembrandt recriando o Sermão da Montanha". "Todos e tudo na Alemanha", escreveu ela, "está à espera de uma espécie de milagre."[336] Outro jornalista, Kurt Trampler, esteve em meio à multidão do hotel praticamente desde o início. No começo de setembro, ele publicou a narrativa de sua própria cura. Ele andava com o apoio de uma muleta desde que havia sido ferido durante um bombardeio. Em um encontro no qual entrevistou Gröning, Trampler contou que o curandeiro "se virou para ele e pediu que dissesse o que sentia". Trampler respondeu que era um jornalista e não um paciente. Gröning, então, respondeu que ele não precisaria mais das muletas. Após esse dia, Trampler não usou mais o par de muletas.[337]

Duas semanas depois da chegada de Gröning à Baviera, entre 12 mil e 18 mil pessoas se juntavam no hotel todos os dias.[338] A atmosfera do local adquiria cada vez mais um ar religioso. As pessoas começavam espontaneamente a cantar hinos sacros, como "Great God We Praise You" [Deus Grandioso Nós te Louvamos], e a rezar em voz alta.[339] Alguns tinham experiências extasiantes.[340] Os cinejornais captavam todo esse entusiasmo para a audiência de todo o país. Em uma cena, via-se mulheres ajoelhadas, enquanto os homens carregavam crianças em macas e outros imploravam aos céus.[341] Trampler descreveu algumas pessoas na multidão gritando "venha a nós o Vosso reino!".[342] Era uma cena de "tão grande comoção que quem a presenciasse jamais esqueceria", disse ele.[343] "Aqui e ali, via-se pessoas jogando fora suas muletas [...] ou uma mãe aos gritos: 'meu filho está curado!'."[344]

As correspondências para Gröning começaram a aumentar em Rosenheim, assim como em Herford. Elas não vinham apenas da parte ocidental e oriental da Alemanha, mas também da Áustria, da cidade de Haia e até mesmo de lugares distantes como Croton-on-Hudson, em Nova York.[345] A imprensa sugeriu que ele poderia deixar a Alemanha caso não lhe fosse dado a expressa permissão para exercer sua prática. O jornal *The New York Times* declarou que James A. Clark, diretor da divisão de questões políticas das Forças Armadas norte-americanas, que sofria de gastrite, havia se encontrado com o curandeiro. "Não posso dizer que me senti melhor imediatamente, mas no dia seguinte fui capaz de fazer uma refeição farta pela primeira vez em semanas e logo estarei bem novamente", contou Clark.[346] Agora Gröning precisava tomar alguns atalhos para escapar das multidões e dos jornalistas, "pular sobre as cercas de jardins e atravessar estábulos para conseguir chegar ao seu alojamento".[347]

Um espetáculo irracional e cada vez mais fervoroso estava em curso, promovido pelas manchetes de jornais e pelas esperanças delirantes da multidão de expectadores transportados por um arrebatamento espiritual e impulsionados pelo glamour dos holofotes e as narrativas gospel de deficientes levantando-se de suas camas e caminhando. Em Munique, multidões se formavam espontaneamente a partir de qualquer rumor da possível presença de Gröning. Pessoas desesperadas para vê-lo paravam o trânsito, forçavam os carros a seguir outras rotas e algumas vezes causavam desordens.[348]

Em um dia de setembro, por volta do meio-dia, trezentas pessoas se reuniram em um parque em Solln, ao sul de Munique, à espera do curandeiro. Havia se espalhado a notícia de que ele estava com dificuldade

STADTARCHIV MÜNCHEN

OMMUNALARCHIVE HERFORD/STATDARCHIVE HERFORD

para sair do hotel: "milhares de pessoas o atrasaram. Algumas até se deitaram na frente de seu carro", relatou a polícia, que ainda afirmou que "ele deveria curar a todos ou tocar o carro por cima deles". Alguns rumores se espalharam entre a multidão de Solln — "também não o deixaremos ir embora sem que antes nos cure". A polícia registrou que às oito horas da noite havia 2 mil pessoas reunidas em Solln, e outras estariam a caminho. Duas horas depois, alguém anunciou que "milhares de pessoas" mantinham Gröning no centro da cidade.[349] Em outro local, no mesmo dia, uma multidão aguardava a chegada de Gröning. Às quatro horas da tarde, uma van com um alto-falante circulava pelos arredores anunciando que Gröning não poderia comparecer. Embora muitas pessoas tenham deixado o local, outras permaneceram. A "maior parte do público", concluiu um policial que estava presente, "é visivelmente e obviamente a favor de que Gröning continue seu trabalho e não aceitam as restrições policiais sem ativa resistência".[350] No dia seguinte as mesmas cenas e sentimentos se repetiram. Uma multidão de oitocentas pessoas se reuniu após ouvirem que Gröning apareceria em Ganghoferstraße. Quando foram avisados de que o curandeiro na verdade estaria em Lindwurmstraße, se dirigiram ao novo endereço que, como descobriram mais tarde, simplesmente não existia.

Apesar de a polícia anunciar que certamente havia algum mal-entendido e que permanecer no local à espera de Gröning seria em vão, aproximadamente duzentas pessoas permaneceram — algumas até a uma e meia da manhã do dia seguinte.[351]

Conforme o ano de 1949 avançava, rumores difusos de um iminente apocalipse continuavam a se difundir pelo país. Para evitar o fim dos dias, o jornal *Presse*, de Hanôver, anunciou em setembro que uma mulher na região do Platinado recentemente oferecera seu filho em sacrifício.[352] No entanto Gröning inspirava previsões mais otimistas. Um editor em Munique republicou uma antiga profecia popular que parecia apontar para um sentido mais amplo de aparição do curandeiro: "Grandes pregadores surgirão e homens santos realizarão maravilhas. As pessoas terão sua fé renovada e haverá um longo período de paz".[353]

Ele representava o sinal que confirmava outros sinais: sinais de redenção, renovação da fé e a possibilidade de milagres. Um visitante beneditino vindo da Itália pregou à multidão do hotel Trotter. "Acredito que estamos vivendo o fim dos tempos", disse ele, e citou profecias que previam um período de grandes curas.[354] Uma manchete de jornal reproduziu outra de suas afirmações: "meu poder não é um poder humano".[355] Quando o quarto volume da série da *Revue* escrita por Laux e Bongartz foi publicado no início de setembro, duas narrativas contraditórias da origem de seu poder — divina ou natural — continuavam a ser produzidas. "Seria ele portador de um campo ou onda elétrica?" O próprio curandeiro, diziam os autores, "tinha a convicção de que poderia absorver e agir como 'transformador' das energias do sofrimento humano" e, em retorno, "enviar poderes de cura". Isso, sugeria a *Revue*, influenciava até mesmo o tamanho do bócio do curandeiro, que absorvia as "energias patológicas" de seus pacientes.[356]

Gröning era agora um presságio registrando o significado e a sina do universo e traçando o horizonte cósmico.[357] Seus poderes pareciam ser heroicos e mesmo ilimitados; podiam erradicar os maiores perigos daquela era. O jornal local *Alpenbote*, em Rosenheim, comparou o hotel Trotter com Lourdes e questionou: "Pode os poderes de Gröning garantir a paz mundial, parar os tanques e vencer as armas atômicas?".[358]

Nem todos estavam certos disso. Algumas das pessoas reunidas no hotel estavam lá apenas por curiosidade e "se referiam ao *Wunderdoktor* com certo sarcasmo". Elas eram silenciadas com um "olhar ameaçador".[359] Poucos tinham coragem de reagir ao feitiço com ceticismo.

Outras pessoas se viam atraídas por essas cenas surpreendentes — não apenas jornalistas, não apenas aqueles que imploravam a Gröning por uma cura, não apenas clérigos que esperavam que ele pudesse levar as pessoas de volta a Deus, mas também alguns agentes de saúde e autoridades. Muitos médicos (com certeza não todos) eram céticos; muitas figuras da política local permaneciam em dúvida. Por um lado, declarava a imprensa, as autoridades estavam inclinadas a tratar o trabalho do curandeiro como um ato de "caridade voluntária". Já que ele não possuía autorização para atuar profissionalmente — ou seja, não recebia dinheiro para tratar os doentes —, Gröning não precisaria de uma licença.[360] Ainda assim, nem todas as autoridades pensavam dessa forma e a pressão exercida pelas multidões em Rosenheim e nas ruas de Munique começaram a ganhar uma dimensão política maior — assim como havia acontecido em Herford.

Um representante do parlamento bávaro fez um requerimento de urgência a imediata abolição da lei sobre os curandeiros, de modo a "permitir o trabalho de Gröning".[361] Enquanto isso, entre membros da Assembleia Legislativa de Munique, um considerável azedume prevalecia nas discussões em torno do que deveria ser feito. Um membro da câmara chamado Bößl declarou que proibir o homem de trabalhar em prol das pessoas constituía o "auge da injustiça".[362] Quando um colega discordou, Bößl sugeriu que o colega deveria visitar Gröning pessoalmente: já que era de conhecimento público que o curandeiro era capaz de ajudar os doentes mentais.[363] O secretário do Ministério do Interior, Josef Schwalber, relatou ao Conselho de Ministros da Baviera que "deveria ser divulgado um alerta sobre os perigos para a saúde causados pelas circunstâncias em Rosenheim".[364] Para a imprensa, no dia seguinte, o Secretário declarou estar disposto a sentar-se pessoalmente com Gröning para fixar diretrizes de atuação, isso no caso de suas ações serem puramente caritativas, e ainda considerando que o curandeiro deveria impedir que pessoas de seu entorno tirassem "proveito da situação".[365] Hans Ehard, presidente do ministério bávaro, declarou à imprensa que o Estado "não deveria criar dificuldades para o trabalho de Gröning". Pessoas excepcionais "não deveriam ser prejudicadas pela burocracia das leis".[366]

Nas ruas, ambulantes vendiam bolinhas de papel laminado por preços exorbitantes. Empreendedores locais ofereciam "o endereço exato do *Wunderdoktor* Gröning" por cinquenta marcos alemães.[367] Dizia-se que o curandeiro era o único assunto no bonde de número 22, em certo dia de setembro, na cidade de Munique. Caso ele fosse forçado a deixar a Alemanha por algum "desentendimento burocrático", disse um homem, haveria uma "enxurrada de repúdio". O curandeiro era "o homem mais popular em toda a Baviera", disse um aposentado. Uma jovem o classificou como "um homem do povo, simples e humilde". Outros faziam graça a seu respeito. "Vou acreditar em Gröning caso seus poderes possam me libertar da minha falta crônica de dinheiro", brincou um passageiro. Porém alguns o viam como algo proibido, reminiscente de outros tempos quando seus concidadãos haviam sido atraídos por uma figura que prometia resolver todo o mal circundante. Como observou uma senhora, "bastava o flautista mágico tocar para as crianças virem correndo".[368]

O verão estava chegando ao fim e o clima começava a mudar. Dizia-se que o hotel Trotter agora mais lembrava um "acampamento militar".[369] A multidão havia aumentado tanto que a Cruz Vermelha precisou providenciar barracas para abrigar as pessoas.[370] As autoridades locais cobriram com palha os corredores do mercado em Rosenheim para abrigar mais doentes.[371] Alguns tinham doenças pulmonares e poliomielite.[372] O secretário de Saúde da cidade alertou para o perigo de uma pandemia. E as autoridades pediram à polícia militar norte-americana para garantir a segurança.[373]

Em uma reunião na Comissão Parlamentar de Legislação e Questões Sociais da Baviera, o social-democrata Josef Seifried exigiu uma ação imediata: "contra a vontade de Gröning", pois estava se criando uma "histeria nas massas". A situação não pode continuar do jeito que está". Seifried culpou o "enxame de gente" em torno do curandeiro pela difícil situação. Representante da União Social Cristã, Wolfgang Prechtl saiu em defesa de Gröning ao declarar que os tratamentos naturais eram negligenciados pela medicina moderna. Seifried respondeu gritando os "médicos são em sua maioria agentes do IG-Farben!".[374] Era praticamente uma acusação. A gigante da indústria química havia produzido o Zyklon-B usado nas câmaras de gás em Auschwitz. E seus diretores haviam sido julgados por crimes de guerra no ano anterior, em Nuremberg.

No entanto, ao final não seria a polícia, os parlamentares ou as autoridades municipais que desistiriam, e sim o próprio curandeiro. Por volta do dia 10 de setembro, Gröning anunciou que não tinha mais a intenção de fazer "aparições não autorizadas" no hotel Trotter. Anunciou ter um plano melhor em mente: criar centros de cura, próximos a Rosenheim, onde poderia atender regularmente os doentes sob a supervisão dos médicos. Da sacada do hotel, ele pediu que as pessoas fossem para as suas casas.[375]

No dia seguinte, Gröning se encontrou com autoridades em Miesbach, não muito longe de Rosenheim. Um certo doutor Beck, autoridade do distrito, havia recentemente visitado o hotel e se impressionado pelo fervor religioso das multidões. "Para mim foi impressionante ver milhares de pessoas aos gritos de 'Cura! Cura!' e cantando 'Holy God, We Praise Thy Name' [Santo Deus, Louvamos o Teu Nome]. As pessoas estão presas por um profundo sentimento religioso", declarou Beck à imprensa.[376]

Isso o levou a convidar Gröning para fundar uma clínica em Miesbach. Enquanto isso, Beck requisitou ao governo militar norte-americano camas de acampamento para os mais doentes que viessem em busca de cura.[377] Os jornais declararam que "Gröning precisava descansar".[378] Apesar da partida do curandeiro, milhares de pessoas permaneceram no hotel Trotter, esperando pelo seu retorno, enfrentando o vento e a chuva. Alguns permaneceram deitados no chão, doentes e enrolados apenas em cobertores.[379] O prefeito de Rosenheim declarou situação de emergência pública.[380]

As manchetes dos tabloides da época retratavam as questões mais acaloradas: EVENTOS MUNDIAIS DE 1950: O RETORNO DOS RUSSOS?, HITLER ASSASSINOU SUA SOBRINHA, AS CURAS MILAGROSAS DE GRÖNING SÃO REVELADAS. E a pergunta que havia se tornado frequente: O MUNDO VAI ACABAR?[381]

Ao final de setembro, um tabloide ilustrado chamado *Quick*, publicado em Munique, assim como a *Revue,* publicou um artigo intitulado "Gröning e a crise da medicina". Segundo o tabloide, a multidão de pessoas doentes que o curandeiro trouxe ao conhecimento público simbolizava um presente desolador. Eles haviam sido "quebrados espiritualmente, sofrido experiências terríveis e não viam uma saída, não encontravam uma mão que os socorresse". Esse assunto, é claro, produziu matérias semelhantes nas edições da

Revue, especialmente os comentários do dr. G.H. Fischer sobre a necessidade de uma medicina mais holística, uma que tratasse o corpo e a alma. As pessoas que procuravam Gröning com certeza sabiam que havia "médicos formados", afirmou o artigo do tabloide *Quick*, e "muitos já se consultaram com um deles" — sem sucesso. O tabloide relembrava o legado dos médicos que atuaram no período de guerra, popularmente chamados *kriegsverwendungsfähige maschinen:* especialistas que roboticamente descreviam qualquer pessoa diante deles, independentemente do seu estado de saúde física ou mental, como "habilitados para o *front*". A medicina era uma "ciência calcificada", que havia se tornado "artificial", prescrevendo cada vez "mais pílulas" e cirurgias. Para o tabloide *Quick*, a medicina havia reduzido "os doentes a meros números", e praticamente recusava-se a aceitar a "a possibilidade de problemas *seelische*".[382] O saludador, por sua vez, como o pastor Kunst e o dr. Fischer já haviam observado, conversava com as pessoas que o procuravam de forma "muito simples, cara a cara", conforme descreveu a jornalista Viktoria Rehn.[383] As pessoas confiavam nele e essa confiança fazia com que se sentissem melhores.

No entanto, apesar dos elogios, a documentação dos arquivos demonstra que a imagem pública do curandeiro começou a mudar por volta de fins de setembro de 1949. Muitas pessoas em Munique e Rosenheim haviam sido simpáticas a Gröning, fossem autoridades governamentais ou passageiros da linha 22 do bonde. Por um pequeno período de tempo, o saludador havia desenvolvido uma considerável — embora ambígua — reputação, seja como *Wunderdoktor* ou como psicoterapeuta natural, um piedoso homem de Deus ou simplesmente um produto dos tempos difíceis. Mas agora uma disputa poderosa havia se criado em torno dele e começava a se revelar. Revelações condenatórias vinham a público, em sua maioria pelas canetas daqueles que até então faziam parte do seu círculo mais íntimo. A mudança expunha a instabilidade e a dificuldade naquele momento, e o quão perigoso parece ter sido confiar em qualquer pessoa, ainda que se tratasse de um homem santo que falava em nome de Deus.

Como dito antes, Gröning havia reunido uma *entourage* espontâneo e cada vez maior na opinião de muitos, uma *entourage* moralmente questionável. O conde Michael Soltikow era um dos integrantes recém-chegados ao grupo. O conde também era jornalista. Por certo tempo, Soltikow alegou à imprensa ser um consultor do curandeiro para questões legais, além de ser seu representante legal.[384] Considerado em sujeito de difícil trato, Soltikow foi adotado já adulto por um casal de russos aristocratas exilados e sem filhos — o que explica seu título de nobreza. No início dos anos 1930, passou um tempo preso pelo crime de fraude. Embora tivesse escrito tratados antissemitas durante o período nazista, mais tarde afirmou que os tratados haviam sido escritos sob coação, e que havia sido envolvido em contraespionagem pelo serviço de inteligência alemão durante a Segunda Guerra Mundial.[385]

Poder-se-ia agora acrescentar também ao currículo de Soltikow a função de editor. Em setembro, lançou um panfleto bombástico sobre seu antigo cliente. Sob um cabeçalho vermelho e a manchete GRÖNING DESMASCARADO, Egon Schmidt — ex-administrador do saludador e incansável colaborador do Ministério de Propaganda do Reich — concedeu alguns detalhes sórdidos de seu antigo aliado. De acordo com Schmidt e Soltikow, Gröning era um vigarista, um trapaceador, um bêbado, um explorador de jovens mulheres, um Hitler: alguém que acreditava em sua própria propaganda e acreditava ser um Messias. Dieter Hülsmann, cuja recuperação espetacular teria dado origem ao culto não passava de um moleque mimado a quem Gröning não havia curado, e sim de uma pessoa de quem o curandeiro havia se aproveitado. E Gröning supostamente teria uma relação amorosa com a mãe de Dieter.[386]

Havia certa dose de verdade em muitas dessas alegações. Várias fontes atestam que Gröning teve uma relação sexual com a mãe de Dieter. E, como veremos mais adiante, ele tinha uma queda pela bebida, além de ser propenso à autoglorificação. Contudo outras afirmações — como aquelas referentes a Dieter, por exemplo, que era, na verdade, um menino doente — eram falsas, e o real objetivo de Soltikow era a desmoralização do seu ex-amigo. Na onda da publicação de seu panfleto, uma enxurrada de artigos veio à tona, alegando trapaças financeiras e a discórdia entre as pessoas mais próximas de Gröning, a ganância e a fraude generalizada, e destacando falas de autoridades locais furiosas. A *Der Spiegel* declarou que o proprietário do hotel

Trotter, Leo Hawart, havia chegado ao seu limite com a equipe do saludador: "Não posso mais aturar, assistir [...] a forma como ele traz novos e completos estranhos para seu círculo mais íntimo e os hospeda em meu hotel".[387] Gröning respondeu às acusações processando legalmente Soltikow e Schmidt.[388]

A narrativa que emerge agora parece ainda mais complicada. Gröning poderia ser o homem descrito por Soltikow e Schmidt e ainda assim ser capaz de possuir as energias divinas? Seria ele capaz de restaurar a confiança, alcançar as doenças negligenciadas pela medicina, curar os doentes? O que havia iniciado apenas como a história de um menino de nove anos de idade que não conseguia sair da cama, se tornou uma história sobre corrupção logo abaixo da superfície, corrupção tanto de um modo geral como específica.

Relatos de injustiças não foram suficientes para que as pessoas deixassem de procurar a ajuda de Gröning, ao menos não todos. E embora ele tivesse saído do hotel Trotter, a multidão que o esperava se dispersou apenas lentamente e de forma relutante. No final de setembro, o dr. Paul Tröger conheceu um homem que esteve lá por cinco dias. Esse sujeito ficou sem dinheiro e não sabia se deveria permanecer ou voltar para casa. Gröning não teria prometido ajuda?, questionou o homem.[389] No mesmo dia, os editores da *Revue*, que haviam defendido o curandeiro tão vigorosamente apenas algumas semanas antes, agora publicavam uma carta aberta na qual o criticavam por nutrir de forma irresponsável "esperanças que não podiam ser alcançadas".[390]

Em outubro, havia uma espécie de qualidade retrospectiva nas histórias que as pessoas contavam sobre Gröning. No breve período entre março e outubro de 1949, era como se um cometa tivesse sido avistado e logo desaparecido, deixando apenas pequenos vestígios (e muitas questões) para trás. Nada havia "provocado tanto a opinião pública nem atiçado a mente de tantas pessoas" como o saludador o fez, escreveu um jornalista. Nenhum dos eventos notáveis do ano anterior — a reeleição do presidente Harry Truman, a revelação de que os diários de Eva Braun, esposa de Hitler, eram falsos, o casamento de Rita Hayworth no mês de maio com o príncipe Aly Kahn, em Cannes —, nada havia atiçado o público tanto quanto a história de Gröning.[391] O documentário de Rolf e Erika Engler a respeito do curandeiro foi lançado em outubro, mas não antes que o Ministério da Saúde da Baviera, a Associação Médica do Estado da Baviera e a Associação dos Curandeiros apresentassem um telegrama coletivo ao Alto Comissariado norte-americano, ao Alto Comissário norte-americano da Baviera, ao Parlamento da Alemanha Ocidental e ao Conselho de Censura Cinematográfica, denunciando-o. O telegrama foi lido nas rádios. As autoridades ressaltavam que o filme era um perigo para a ordem e a saúde pública.[392] De acordo com o jornal *Oberbayerische Volksblatt* , Gröning, como parecia agora, não era mais que "uma aparição", um produto do caos do pós-guerra.[393]

Acontecimentos estranhos continuavam a acontecer no hotel Trotter. Um correspondente conseguiu uma pista de que a polícia estava questionando um grupo de Testemunhas de Jeová suspeito de planejar explodir o hotel e envenenar Gröning.[394] A polícia de Rosenheim anunciava — talvez algo improvável — que precisava de um intérprete, pois muitos japoneses procuravam pelo curandeiro. Embora "tivessem a sensação de que o momento [...] havia passado", afirmou um repórter local. "Os holofotes estavam se esvaindo e assim também as hordas de jornalistas."[395]

A opinião das autoridades se voltaram contra o *Wunderdoktor*. Em meados de novembro de 1949, cento e vinte pessoas encaminharam uma petição ao parlamento da Baviera solicitando a autorização para procurarem por centros de cura onde Gröning pudesse tratar os doentes. O ministro do Interior, Willi Ankermüller, respondeu a petição alegando que mesmo que o curandeiro tivesse oferecido ajudar algumas pessoas, as autoridades da Secretaria de Saúde não haviam confirmado nenhuma cura permanente. A maioria das pessoas que estiveram no hotel, disse o ministro, haviam saído de lá desapontadas. Além disso, observou Ankermüller, terem ficado ao relento provavelmente prejudicou a saúde dessas pessoas, e um governo responsável não poderia ignorar o fato de que "a melhora na saúde de alguns havia sido conquistada às custas de danos consideráveis à sociedade como um todo". E destacou ainda que, mesmo depois de Gröning deixar o hotel, outras pessoas que o defendiam haviam tratado os doentes com algum sucesso. "Isso confirma a suposição", argumentou, de que "toda a questão não passava de uma psicose coletiva, pela qual a imprensa sensacionalista era em grande medida responsável".[396]

Apesar disso, fora de Munique e Rosenheim, a lenda permanecia viva. Em novembro, uma mulher de Hohenfichte, uma vila nas montanhas Ore, na Saxônia — que na época era na República Democrática da Alemanha — escreveu para autoridades de Rosenheim contando que sua filha que sofria as consequências da pólio. Ela havia "ouvido histórias milagrosas da Baviera", escreveu essa mãe, "que o salvador do século xx estava fazendo os paralíticos andarem e os cegos voltarem a enxergar em Rosenhiem".[397] De Husum, uma cidade portuária no norte da República Federal, vieram essas linhas: "Ao *Herr* Gröning! Nós, doentes de Husum, imploramos do fundo dos nossos corações que você venha, esperamos todos os dias, com dor, que você nos liberte desse sofrimento. Muitos não podem andar e esperam com grande anseio. Por favor ajude os doentes. Nós confiamos em você!!! Venha logo! Esperamos todos os dias!".[398]

Pouco antes do Natal, um jornal de Nuremberg anunciou que o centro de cura de Gröning seria aberto na Alta Baviera no ano seguinte. Pacientes seriam tratados regularmente por agendamento de consultas e com vários "métodos de cura cientificamente orientados", com base em suas doenças específicas e em suas "predisposições espirituais", independentemente de suas condições financeiras.[399] Vários jornais publicaram a notícia. Todos voltavam ao tema: o curandeiro não deveria ser culpado pelos excessos daqueles que o rodeavam. "Após consultar os registros disponíveis", escreveu um jornalista na noite de Natal, "não há dúvida de que Gröning não tinha conhecimento das coisas que aconteciam ao seu redor, coisas das quais a opinião pública o acusava".[400] Ainda assim, o redentor de Herford e Rosenheim não retornaria ao hotel Trotter. "Onde milhares de carros estavam a dias estacionados, onde centenas oraram, cantaram, sofreram e esperaram, agora gansos e perus caminham sob o sol do inverno", registrou o *Abendzeitung*.[401]

"Você tem notícias do paradeiro de Gröning?", um médico de Ulm escreveu para um colega, o dr. Wüst — assistente de Viktor von Weizsäcker que estava envolvido nos experimentos conduzidos pelo saludador em Heidelberg. "O mito derreteu bem rápido, sobrou alguma coisa?" E dessa forma, o colega de Ulm desejou a Wüst um feliz Ano Novo.[402]

6

SE O MAL É A DOENÇA, O QUE SERIA A CURA?

Quando Renée Meckelburg e seu marido, Otto, foram em busca de Bruno Gröning na primavera de 1949, Renée sofria de um quadro severo de hipotiroidismo, constipação crônica e problemas de audição. Como outras milhares de pessoas, estava em busca da cura para suas enfermidades. Viajando em seu antigo Opel P4, o casal foi em busca do curandeiro, primeiro até Herford e, então, até Rosenheim.[403] No hotel fazenda Trotter os dois conheceram membros do círculo mais íntimo de do homem a quem buscavam, e apareceram em primeiro plano nas cenas do documentário sobre o Gröning.[404] No entanto não conseguiram conhecê-lo pessoalmente até que Ernst Heuner, assessor de imprensa de Gröning e antigo editor de um jornal regional com sede em Rosenheim, autorizasse o saludador a ir até a pitoresca cidade de Schwärzenbach, na Floresta Negra. Naquela ocasião, confessou Heuner mais tarde à polícia, Otto já possuía um plano sólido em mãos.[405] O plano consistia na inauguração do que Otto concebia como um verdadeiro império de hospitais e spas, em que Gröning poderia tratar os doentes sob supervisão médica.[406]

Um empreendimento dessa grandeza, é óbvio, exigia investimento. E Otto não possuía o capital necessário. O que possuía eram convites "extraoficiais" de hotéis na pequena ilha de Wangerooge, na Frísia Oriental, na costa do Mar do Norte, onde mantinha transações no mercado clandestino e possuía um apartamento.[407] Se Gröning gostasse do que Otto tinha a dizer, talvez o trio visitasse Wangerooge; o curandeiro trataria os doentes e assim levantaria algum dinheiro para investir nos centros de cura. E isso, como Otto gostava de dizer, colocaria as coisas no caminho certo.

Os Meckelburg e Gröning logo formaram uma parceria, cujas finanças acabariam se tornando um caso de polícia. Registros detalhados — em sua maioria testemunhos de pessoas que haviam sido membros do círculo do curandeiro — encontram-se atualmente nos arquivos públicos da Baviera, em Munique. O próprio depoimento de Renée Meckelburg para a polícia, datado de junho de 1950, soma 72 páginas em espaçamento simples, intitulado pela própria de "registro dos fatos", e que revela a personalidade afetada que possuía.

Apenas para dar um exemplo, Renée descreve o quão perturbada ficou com a cena que observou em Schwärzenbach, quando ela e o marido lá chegaram em outubro de 1949. O casal se viu em uma pousada em meio a centenas de outras pessoas à espera de Gröning e em busca de uma cura, enquanto alguns militares norte-americanos, acompanhados de suas namoradas, atraíam olhares e dançavam ao som de jazz. A proprietária da pousada, uma mulher volumosa, segundo os relatos de Renée, caminhou entre os pacientes, cigarro em uma das mãos e um grande crucifixo de diamante pendurado no peito. Após ouvir as histórias sobre os milagres, a depoente achou que o próprio *Wunderdoktor* explodiria como um Jesus raivoso, expulsando os mercadores do templo. "Você não conhece Bruno", alguém teria lhe dito, "ele se juntaria a nós" — em referência à música e à dança. "Ele ama mulheres bonitas e um agito — aqui uma mulher, lá outra mulher — e esquece as pessoas à espera de tratamento. Quem sabe onde ele está neste exato momento?" Essas notícias a deixaram desmoralizada e se vendo forçada a uma "humilhante e cruel" espera por Gröning.[408] E além disso, nazistas — e Otto e Renée eram certamente nazistas — odiavam jazz.

A história de Gröning começou a ganhar uma nova dimensão em Rosenheim. As enormes multidões esperando no escuro para ver seu salvador apontavam para uma direção não necessariamente óbvia já nas primeiras semanas em que o saludador surgiu em Herford. Os detalhes que o conde Soltikow revelou ao mundo igualmente sugerem que havia algo mais em torno do *Wunderdoktor* e sua equipe, algo que os olhos não eram capazes de perceber — que mostraria mais que apenas um homem do povo oferecendo tratamento para a alma. Porém a chegada ao grupo de Otto e Renée Meckelburg, um ex-soldado da ss e sua esposa, representava algo novo. Essas pessoas administravam os interesses de Gröning como quem administra um negócio, agendando audiências específicas com sua participação em diversos locais e recolhendo os lucros. Nessas reuniões mais íntimas, o curandeiro se tornou mais eloquente e desenvolveu um senso desproporcional quanto à sua missão. Muitos dos testemunhos utilizados para reconstruir os eventos neste capítulo foram produzidos pessoas com interesses na narrativa — manuscritos de livros que esperavam publicar, ideias que buscavam defender, cônjuges que queriam perdoar. Esses depoimentos nem sempre convergem para uma mesma direção, apesar disso, ainda assim nos permitem fazer uma narrativa detalhada e podem ser comparados a outros depoimentos, registros da imprensa e outros documentos. Analisadas em conjunto, essas fontes revelam que, paralelamente às necessidades espirituais e físicas que Gröning ajudava a trazer à tona, também afloraram formas de corrupção características da incipiente sociedade alemã ocidental. O historiador Frank Bajohr afirma que no Terceiro Reich a corrupção se tornou endêmica, uma "característica essencial do governo Nacional-Socialista. Paternalismo, nepotismo, camaradagem e proteção sistemática" se tornaram pilares "da economia política" do Nazismo.[409] Esquemas ilegais, troca de favores e sistemas de contratação perduraram no período pós-guerra, em maior ou menor grau. Por essas razões, entre tantas outras, é pouco aconselhável considerar o depoimento das pessoas envolvidas nesses eventos unicamente a partir de suas próprias palavras.

*   *   *

Otto Meckelburg nasceu perto de Danzig, cidade natal de Gröning. Não há evidência de que os dois tenham se conhecido antes de 1949, apesar de serem praticamente contemporâneos: Gröning nasceu em 1906 e Meckelburg nasceu apenas cinco anos mais tarde. Após Danzig se tornar uma cidade livre, em 1920, sob o comando da Liga das Nações, a família de Meckelburg decidiu deixar a cidade. Então migraram para Essen, no coração industrial da Alemanha Ocidental. Otto se juntou à Juventude Hitlerista em 1929, aos 18 anos de idade. Poucos meses depois do nazismo ascender ao poder, alistou-se na ss.

Otto realmente acreditava nos ideais do regime. Há imagens dele vestido de uniforme em seu dossiê, arquivado atualmente no Arquivo Federal, em Berlim. Provavelmente Otto tinha por volta de 25 anos de idade. Em algumas fotos podemos ver também sua noiva, ainda com o nome de solteira, Renée Brauns, pois parte do dossiê trata do relacionamento do casal. Potenciais cônjuges de membros da ss — principalmente aqueles tão importantes quanto seus parceiros — eram minuciosamente avaliados, suas árvores genealógicas eram reconstituídas até o século 18. No caso de Renée Brauns, a pesquisa se estende até a Suíça, região de origem de alguns de seus parentes. Passar por essa avaliação, no entanto, era um inconveniente menor quando comparado ao interrogatório ao qual algumas pessoas eram submetidas. Heinrich Himmler, um dos dirigentes do impressionante aparato estatal da polícia nazista, tinha poder para emitir (ou negar) permissões de casamento aos membros da ss. Antes que Otto pudesse se casar com Renée ou qualquer outra mulher, Himmler lhe ordenou que apresentasse uma explicação detalhada do porquê havia pessoas em sua árvore genealógica com sobrenomes como Recklenburger e Krackau. Esses nomes eram "utilizados por judeus", como destaca as anotações no dossiê de Meckelburg. A perigosa insinuação nesse caso era de que a árvore genealógica da família de Meckelburg poderia incluir membros não "arianos".

Nas fotos, tanto Otto quanto Renée — que chamavam um ao outro de "Bobby" e "Stupsy" — aparentam ser jovens, orgulhosos e alegres, embora o homem exibisse uma postura de grande seriedade e de autoridade arrogante em algumas fotos, com sua boina preta caída levemente para o lado. O dossiê da ss inclui um depoimento dado por Renée, no qual ela indica ter sido treinada como enfermeira. Em uma das fotos, a mulher segura um par de luvas e calça sapatos brancos.

Tanto Meckelburg quanto Brauns haviam sido protestantes, porém, no questionário genealógico preenchido para o pedido de aprovação do casamento, ambos se identificaram de forma genérica como *gottgläubig*, ou seja, crentes em Deus. Os nazistas inventaram essa designação. Se identificar como "crente em Deus" era uma estratégia para unir os alemães cristãos, evitando uma divisão entre protestantes e católicos, que assim, teoricamente, não se dividiriam pela confissão. O casal Meckelburg também declarou que se casaria apenas pelas autoridades civis, e não numa igreja. Ao menos um outro membro da família deles — um ligado a Otto, chamado Walter — era também membro da ss. Himmler deve ter ficado satisfeito com qualquer que tenha sido a explicação dada por Meckelburg em relação aos nomes que apareciam no passado de sua família, pois Otto e Renée por fim se casaram.

Ser um membro da ss em uma sociedade como a da Alemanha nazista possuía um forte significado. Na União Soviética, outra sociedade revolucionária, as pessoas que ascendiam à elite eram chamadas "novas pessoas". Eram as pessoas do futuro, livres de antigas normas e distintas da nobreza do antigo regime, que ligava sua hierarquia e privilégios ao nascimento ou patrimônio. Os membros da ss eram as novas pessoas da Alemanha nazista, contudo sua distinção estava menos baseada na categoria de classe (como na URSS) e mais focada na percepção de que essas pessoas possuíam sangue especialmente bom. Esse era o requisito para entrar na elite do novo mundo em construção.[410]

No início da guerra, Otto Meckelburg serviu como adjunto nas ss-Totenkopfverbände [Unidades da Caveira], que supervisionavam a administração dos campos de concentração. Nunca uma tarefa era considerada "demais" para Meckelburg, escreveu seu chefe em 1940; ele estava "sempre disposto e empolgado para o trabalho". O soldado da ss participou das primeiras campanhas alemãs na Polônia e no oeste, e mais tarde no front oriental e na Iugoslávia. Foi condecorado algumas vezes durante a guerra e avançou na hierarquia. Em setembro de 1942, assumiu o posto de comandante de companhia na famosa Divisão Príncipe Eugen, cujas operações de contrainsurgência envolveram inúmeros crimes de guerra, muitos contra civis. Independentemente de qual tenha sido a natureza precisa de seus feitos durante a guerra, sempre era repetidamente promovido e elogiado por seus superiores pela "capacidade de liderança". O oficial que insistiu em sua promoção para *Sturmbannführer,* em 1943, o descreveu como "aberto, direto e extremamente confiável" e com uma "atitude impecável" como membro da ss. Segundo descreveu um outro agente em 1944, ele possuía o "instinto de avaliar as possibilidades de qualquer situação".[411]

Otto era um novo homem, e este era um novo mundo. Não está inteiramente claro se ele completou sua carreira (na *Waffen-ss*) no posto de *Sturmbannführer,* como seu dossiê nos arquivos federais indicam, ou mesmo no posto mais alto de *Obersturmbannführer* como alega a imprensa e como o próprio declarou à polícia.[412] Caso seja verdade, o ex-soldado da ss teria o mesmo posto que seu compatriota mais notório, Rudolf Höss, comandante de Auschwitz, e de Adolf Eichmann, responsável pelas deportações de muitas das vítimas de Höss para Auschwitz.

Em maio de 1945, o mundo havia mudado novamente. Alguns dos antigos compatriotas de Otto Meckelburg, desesperados com a perda de seus ideais e de seu líder, ou porque temiam a represália e não estavam dispostos a saber o que o futuro lhes aguardava, cometeram suicídio. Sob a política de desnazificação implementada pelos Aliados, todo membro da ss foi classificado *prima facie* na categoria de ofensor grave, e a própria ss foi considerada uma organização criminosa. Algumas das antigas "novas pessoas" passaram um tempo em campos de detenção. Outras se tornaram clandestinas. Banidos (ao menos hipoteticamente ou por certo período de tempo) de certos tipos de trabalho ou categorias profissionais, de sindicatos e, em alguns casos, proibidos até mesmo de ter carteira de motorista, antigos membros da ss tinham que se virar, ao menos no curto prazo, para sobreviver.[413] Muitos encontraram seu caminho nos negócios.[414] Pode-se afirmar que eles possuíam instinto para avaliar as possibilidades de qualquer situação.

Mais tarde, conforme o interesse da polícia em Otto Meckelburg crescia, principalmente devido ao dinheiro gerado por sua parceria com Bruno Gröning, os agentes policiais interrogaram pessoas que o conheciam. As testemunhas ofereceram inúmeros relatos. Dois homens afirmaram que tanto Otto como Renée foram detidos após a guerra por serem especialistas no foguete V-2.[415] Um vendedor chamado Prawatke contou à polícia que havia conhecido o ex-soldado em 1948, e que ele disse estar envolvido no desenvolvimento de foguetes, além de dizer que Hitler o havia promovido "antecipadamente ao posto de coronel devido às suas competências".[416] Havia ainda histórias de que Otto teria acabado em um campo de detenção norte-americano ou talvez britânico, onde teria passado dois anos antes de escapar, em abril de 1947. Seja qual for a verdade o fato é que a partir de determinado tempo no pós-guerra, ele passou a insistir que as pessoas o chamassem de Land, e não mais de Meckelburg.[417] E foi morar com a família da esposa em Celle, pitoresca cidade natal de sua companheira, com suas casas em estilo enxaimel, no coração setentrional da Alemanha.[418] A princípio foi como clandestino. Na linguagem da época, se tornou um *U-Boot*, ou seja, um submarino, ou um *Braun Schweiger* (um "camisa marrom silencioso") . Viver naquela situação, escreveu um jornalista em 1949, exigia "sangue frio em situações graves". Alguém que precisava "ser precavido e ter habilidade para tomar frias decisões", assim como também "coragem, perseverança, iniciativa e certo talento essencial para apostar tudo numa única cartada".[419]

Ernst Heuner, assessor de imprensa de Gröning, que durante todo esse período provavelmente estava preparando um livro relacionado ao curandeiro com o título *Esse era Bruno Gröning,* disse mais tarde à polícia que o próprio Otto havia contado ter planos relacionados ao V-2, o qual, sendo ou não pouco provável, teria tentado vender para Adolf Galland, um ex-general da *Luftwaffe* e piloto de guerra que trabalhava para o governo de Juan Perón, na Argentina.[420] Enquanto isso, Otto sobrevivia do seu trabalho no mercado clandestino. Comercializava cacau, chá e café, produtos que afirmava terem sido colocados a sua disposição pelos "funcionários da Ponte Aérea de Berlim", oficiais norte-americanos do alto escalão com quem Otto dizia ter ótimas relações. Ele conseguia obter grandes quantidades de esterco para usar como fertilizante quando, assim como muitos outros suprimentos agrícolas (sementes, equipamentos e coisas do tipo), não estavam acessíveis a mais ninguém. O ex-oficial da ss conseguiu até mesmo passar pelo processo de desnazificação como um mero "viajante" de categoria IV.[421]

Por volta do período que Otto conheceu Bruno Gröning, o governo do chanceler federal Konrad Adenauer colocou como agenda uma anistia para os crimes praticados na era nazista. "Temos um período tão perplexo em nosso passado recente", declarou o chanceler Adenauer a seu gabinete ministerial, em setembro de 1949, "que uma tábula rasa é aconselhável". Apenas um perdão geral permitiria que o país seguisse em frente, acreditava o chanceler.[422] Provavelmente sentindo uma iminente mudança na atmosfera, abandonou seu nome falso, Otto Land, e voltou a ser Otto Meckelburg.

Nem todas as pessoas que foram para a clandestinidade voltaram da mesma forma que ele. Também vivendo próximo a Celle durante o mesmo período em que o casal ouviu falar do curandeiro — ou talvez na floresta próxima — havia um xará do ex-ss, um silvicultor e produtor de frango chamado Otto Heninger. Pelo menos esse era o nome com o qual se apresentava. Em seu passado, também havia sido uma outra pessoa (uma nova pessoa). Seu nome verdadeiro era Adolf Eichmann. Em alguns domingos Heninger costumava ir de bicicleta até Celle. Um grupo era conhecido por se encontrar discretamente em sua propriedade para beber cerveja e conversar sobre os bons tempos.[423] Quem sabe, talvez Otto Meckelburg era um deles?

Gröning teria curado Renée Meckelburg mesmo antes de conhecê-la, contava ela. Enquanto junto com seu marido esperava sentido desconforto por ser forçada a ouvir o jazz que tocava na pousada em Schwärzenbach, o telefone tocou. Renée começou a tremer e se sacudir, e não conseguia respirar. Sentiu-se aquecida e em seguida, fria. Começou a chorar.

Então, relatou, "algo estranho aconteceu". Heuner, assessor de imprensa do saludador, lhe entregou uma das bolinhas de papel laminado do curandeiro. Ela já havia recebido duas dessas bolinhas antes, no hotel fazenda Trotter, porém sem nenhum efeito. Dessa vez teria sido diferente: Renée "recebeu um sopro", contou, algo como um "choque elétrico". E deu um grito. No entanto quando o marido de fato colocou a bolinha de papel laminado em suas mãos, ela se acalmou. Gröning, que estava no telefone com Heuner, teria enviado uma "onda de cura" — lhe permitindo que recuperasse o equilíbrio. Renée considerou a experiência assustadora. Foi algo "inexplicável e incompreensível".[424]

Como resultado dessa experiência, o casal Meckelburg se interessou ainda mais em conhecer Gröning pessoalmente. O que finalmente aconteceu em um spa na Baviera, chamado Alpenpark, em Bad Wiessee. Em 1934, Bad Wiessee havia sido palco da Noite das Facas Longas, quando membros importantes da SA — a *Sturmabteilung*, grupo paramilitar do NSDAP — foram assassinados. O Alpenpark de 1949 não transparecia nada dessa história sinistra. Bonito e bem equipado, o spa possuía uma equipe de funcionários que a mulher lembrava como sendo "simpáticos e amistosos", além de bem treinados. Contudo ela teve um presságio relacionado ao lugar, algo "perturbador" no ambiente.[425] No salão onde serviam o café da manhã, centenas de pessoas estavam acampadas esperando pelo curandeiro.[426] Renée conheceu a proprietária, *Frau* B., uma senhora já com certa idade, roliça e "digna de piedade". Agradecida por tratar com sucesso o que *Frau B* chamava de "águas nas pernas", a proprietária do spa ofereceu o espaço para Gröning. Enquanto relatava histórias impressionantes envolvendo clarividência e outros talentos do saludador, Renée começou a considerar que aquele homem devia "ser um santo". Quando finalmente teve a oportunidade de conhecê-lo, achou que seus olhos eram "bons e puros" e naquele momento teve a certeza de que "voltaria a ser saudável". Quando os dois se cumprimentaram com um aperto de mãos, recuou novamente "como se tivesse levado um solavanco elétrico". No dia seguinte, se sentiu renascida. Sua cabeça estava leve, se sentia feliz e animada e podia ouvir perfeitamente. Seu problema digestivo havia sumido. Queria chorar de alegria e gratidão ao homem que "preencheu minha alma". Seu marido estava impressionado. "Se ele é capaz de fazer isso", disse Otto à Renée, "então é uma lástima que esse dom não esteja acessível a toda a humanidade".[427]

Renée havia buscado Gröning na esperança de uma cura. Otto queria uma nova vida, uma chance de voltar a ser o centro das atenções. Então, quando lhe ofereceram uma audiência com o curandeiro, em fins de outubro, o ex-ss esticou um mapa da ilha de Wangerooge sobre a mesa e tomou a iniciativa para que o saludador pudesse praticar sua cura naquele lugar.[428] Logo depois, o marida dela pediu demissão de um trabalho promissor em uma recém-inaugurada editora em Hanôver para trabalhar em tempo integral com Gröning.[429]

Um contrato foi redigido e assinado.[430] Otto seria o representante legal para as questões financeiras de Gröning e teria total controle da renda gerada pelos tratamentos do curandeiro.[431] O casal Meckelburg e Heuner formaram uma organização chamada Associação para Pesquisa e Promoção do Método de Cura Gröning. O grupo planejava publicar um boletim para informar os membros dos eventos importantes, além de solicitar empréstimos e doações. O dinheiro financiaria centros nos quais o curandeiro trabalharia com pacientes e laboratórios para o estudo de seu método. Otto já tinha em mente um local para os centros: uma pousada na Baviera chamada Pensão Landes, em Mittenwald, que havia funcionado como um abrigo para crianças durante a guerra e mais tarde passou a funcionar como um asilo.[432] A criação da Associação para Pesquisa amplificou a rivalidade entre os muitos seguidores do curandeiro. Anos antes, em Herford, um grupo chamado Círculo de Amigos e Patronos dos Serviços de Gröning havia se formado. O grupo não possuía registro oficial, contudo possuía uma conta bancária.[433] Egon Arthur Schmidt e o casal Hülsmann (em uma relação que não está clara) eram os responsáveis, entretanto os três haviam se desentendido.[434] Segundo Heuner, criar a Associação para Pesquisa e Promoção do Método de Cura Gröning colocava Otto Meckelburg "oficialmente na direção" do jogo de poder existente em torno de Gröning.[435] Embora a primeira reunião tenha acontecido de forma tranquila, algumas divergências logo surgiram entre o casal Meckelburg e o curandeiro. Renée ficou impressionada pela forma repentina como o ambiente em torno do saludador podia mudar. Ela descreveu uma sessão de cura onde a sala "cheirava a suor e gente doente", e parecia que todo o ar do ambiente "havia se esgotado". Então, Gröning apareceu. "Os doentes começaram a ficar agitados" pelo "magnetismo" do seu olhar. Porém, segundos depois, escreveu a depoente, "tudo havia mudado" de novo. Os doentes não estavam mais agitados. O curandeiro "permaneceu de pé no meio da sala" e todos ficaram imóveis e em silêncio. "Alguns doentes começaram a tremer", declarou a mulher. "Calmamente, com as mãos nos bolsos", o *Wunderdoktor* deixou seu olhar passar de um paciente para outro. "Era possível ouvir um alfinete caindo no chão", relembrou Renée. "Todos estavam sob seu feitiço e presos ao seu olhar". Então, de repente, "ele deu um rompante fazendo um gesto abrupto [...] e foi na direção de um dos doentes, como se fosse exatamente essa pessoa que o tivesse atraído". Momentos depois, Gröning mudou novamente e "começou a tagarelar, livre e facilmente".[436]

Tanto quanto a influência que Gröning exercia sobre as pessoas, sua relação com o dinheiro impressionava igualmente o casal. Até conhecer Otto, o curandeiro não recebia dinheiro pelos seus serviços de cura, ao menos não de forma direta.[437] Desde os primeiros dias em Herford, quando a família Hülsmann o convidou para morar com eles, Gröning sobrevivia basicamente de convites e presentes. Junto de sua equipe, foram hóspedes em todos os lugares nos quais estiveram.[438] Meses depois que o saludador saiu de Rosenheim, comunidades próximas continuavam tentando que Leo Hawart pagasse as despesas feitas por Gröning durante o tempo que havia sido seu hóspede no hotel fazenda.[439] Entretanto as questões financeiras eram ainda mais complicadas: de modo claro aquele homem — o que, para Otto e Renée, era inexplicável — se relacionava com o dinheiro de modo diferente da maioria das pessoas. Não é que apenas se recusasse a receber dinheiro pelos seus serviços, nem sequer aceitava tocar em qualquer dinheiro, a menos que fosse para entregá-lo a terceiros. Esse comportamento pode ter tido menos a ver com um traço ascético do que com, simplesmente, mágica. Os curandeiros populares na Alemanha eram conhecidos por recusar pagamentos em pecúnia, por receio de que isso comprometesse suas habilidades.[440]

No entanto se o dinheiro não era manuseado, era, sem dúvida, gasto: ele acumulou despesas em hotéis e bares, as quais esperava que terceiros pagassem. Como observado por Renée, "ele não sabe a diferença entre cinquenta centavos e mil marcos alemães". Há relatos de que Gröning certa vez pediu a Otto que comprasse um carro para a mulher com quem estava se relacionando, nas palavras da depoente: "como uma criança pede por uma capa ou uma arma [...] ou um trenzinho de presente no Natal". Quando teve seu dente tratado, o curandeiro teria ficado tão satisfeito com o resultado que quis pagar um valor adicional pelo serviço.[441] Em Herford, doentes que buscavam por seus serviços depositavam doações voluntárias em uma tigela sobre a mesa da residência do casal Hülsmann. Às vezes Gröning pegava punhados de dinheiro dessa tigela e entregava a seus pacientes mais necessitados.[442]

Otto esperava que esse comportamento mudasse.[443] As pessoas que buscavam por tratamento deveriam pagar pelos serviços ou ao menos fazer uma doação para a Associação de Pesquisa. As doações permitiriam que o trabalho da organização tivesse continuidade, por meio de investimentos e da abertura dos centros de cura. Contudo o desejo do casal Meckelburg de "trazer ordem" para os negócios do curandeiro possuía outras razões. Segundo alguns relatos, Gröning era intempestivo e frequentemente agia de forma incoerente. Gostava de beber e farrear. Certa noite, em uma pousada em Herford, houve uma festa com grande consumo de gim Steinhäger. Em certo momento, de acordo com o relato de Renée, ele deu a volta ao redor da mesa e pediu a Otto que "o chamasse de Bruno". Esse pedido teria chocado Otto, que o considerou desconfortavelmente informal. "Você me ajudará a realizar meu grande trabalho?", questionou o saludador. Ao que Otto Meckelburg respondeu: "Caso você se comporte de forma ordeira, sim. Do contrário, não, quebro seu pescoço, pois não sinto que valha a confiança que milhares de pessoas depositam em você". Pálido, Gröning respondeu: "Nenhum ser humano pode quebrar meu pescoço!". Completamente bêbado, desmaiou em seguida. Segundo Renée, o curandeiro teria acordado após uma hora e meia e, aparentando sobriedade, propôs que todos fossem à casa do casal Hülsmann com uma garrafa de Steinhäger.[444]

Ainda de acordo com a depoente, Gröning por vezes se comportava de forma temperamental ou "pueril".[445] Se metia em brigas e frequentemente se atrasava para os compromissos. Chegou a se embebedar com alguns policiais e os presenteou com garrafas de *schnapps*.[446] Entregava bolinhas de papel laminado às estrelas de cabaré que lhe cantavam hits como "My Rosa Comes from Bohemia".[447] Seus hábitos pessoais também eram motivos de preocupação. "Não preciso de muito, sou modesto, não como muito, apenas tomo meu café", costumava dizer. "A única coisa de que realmente preciso é meu cigarro." Segundo Renée, o curandeiro comia com frequência irregular: não ingeria nada por dois ou três dias, com exceção de um grande copo de ovos batidos ou creme. Tomava banho diariamente, no entanto possuía apenas uma muda de roupa que cuidadosamente lavava e colocava no aquecedor para secar durante a noite. A mulher tentou mudar alguns desses hábitos. Disse ter começado a barbeá-lo e a cuidar melhor do seu cabelo, além de ensiná-lo — como se faz com uma criança — "a se alimentar de forma apropriada", tudo isso enquanto o orientava com relação "ao mundo feminino".[448]

As mulheres pareciam ser uma questão sensível para Gröning, que teve uma série de relacionamentos. O casal, em depoimento, sugeriu à polícia que o saludador era mulherengo. E não foram os únicos a fazerem tal alegação. O assessor de imprensa, Ernst Heuner chegou a descrevê-lo como alguém "desprovido de conexões éticas".[449] Houve até mesmo uma acusação de estupro contra ele. A jovem que o acusou do crime trabalhava como enfermeira para o casal Hülsmann.[450] Tempos depois a jovem se casou com o ex-empresário de Gröning, Egon Schmidt. Havia quem acreditasse que tais alegações estariam por trás da decisão de Schmidt de contar tudo que sabia do curandeiro para o conde Soltikow — incluindo os detalhes da relação amorosa entre Gröning e Anneliese Hülsmann, mãe de Dieter.[451] Foram as declarações de Schmidt relativas ao *Wunderdoktor* que geraram as principais manchetes durante o ápice da fama do curandeiro em Munique.

Após um tempo, Schmidt reassumiu o cargo de empresário de Gröning, e ao que parece retirou qualquer queixa relacionada a forma como o curandeiro tratava sua esposa. No entanto o casal Meckelburg descreveu uma série de ocasiões nas quais acreditavam que "arranjar mulheres" para o curandeiro era importante para impedi-lo "de ir atrás" de qualquer mulher "feito um animal".[452] Otto Meckelburg afirmou certa vez que graças a sua "hábil intervenção" Gröning foi impedido de se comportar de "modo indecente" com as mulheres que o procuravam por tratamento.[453] Havia também aqueles no círculo mais próximo do saludador que negavam com veemência que ele agisse de forma inconveniente com quem quer que fosse.[454]

Independente de quem esteja dizendo a verdade, a retidão burguesa do casal Meckelburg pode ser percebida somente como grotesca se posta em contraste com seu recente passado nazista. Por mais que as diferenças entre o casal e saludador frequentemente se baseassem em questões de classe, Otto também as percebia — como um ex-soldado da ss o faria — como diferenças de raça. Em um depoimento à polícia em junho de 1950, ele descreveu o curandeiro como alguém que vinha "dos ciganos de Frankfurt". E denominava a maior parte da *entourage* de Gröning como "parasitas".[455] Otto considerava que se livrar daquelas pessoas era parte do seu trabalho.

Conforme o casal Meckelburg iniciou a tarefa de organizar a turnê de Gröning pela costa do Mar do Norte na República Federal, assumiram novas funções, tais como coletar taxas, cuidar da burocracia, negociar os contratos, além de figurarem como uma espécie de autoridade parental, ao mesmo tempo firme e complacente. O casal queria trazer certa respeitabilidade e tino empresarial para a vida e o trabalho do curandeiro. A opinião de Renée ia de um extremo ao outro quando tentava descrever sua relação com o temperamental Gröning. Em uma das páginas de seu depoimento datilografado, o descreve como alguém que gentilmente falava com os doentes, entregando bolinhas de papel laminado e fazendo carinho na cabeça das crianças. E, na página seguinte, declara que havia desistido dele. "Por que uma pessoa com tantos dons era afligida por tantas fraquezas humanas?", questionava a depoente de forma melancólica.[456] Para Renée, alguém que pretendia praticar curas espirituais deveria ser altruísta e moralmente impecável.

✱ ✱ ✱

Nesse sentido, Renée não era diferente de muitos outros. Desde o início, as pessoas utilizaram palavras fortes para definir Gröning. Era um anjo do Senhor e um agente do Diabo, um messias e um causador de calamidades, um emissário de Deus e um charlatão. O dualismo moral era um aspecto comum em curandeiros bem-sucedidos, porém mesmo aqueles que passavam boa parte do tempo com ele mudavam de opinião com frequência a seu respeito, o que sugere que Gröning era de fato imprevisível e possuía uma personalidade inconstante. "Ele não mentia, ao menos não diretamente, esse era seu jeito", contou Renée. "No entanto, era como se fosse um ator que vivendo em um personagem." Em outros momentos, o via como "uma criança" cuja alma sensível deveria ser protegida com cuidado.[457] Heuner, o assessor de imprensa, também descreveu esse conflito existente na alma de Gröning.[458]

Contudo e se independente dos sentimentos pessoais de Gröning, todos aqueles a sua volta estivessem enganados quanto ao que ele estava curando ou à forma como estava curando? Conforme aumentava sua fama, Gröning defendia a possibilidade de que apenas "pessoas boas" poderiam ser curadas. Em seu livro sobre os eventos em Herford, *As curas milagrosas de Bruno Gröning*, Egon Schmidt escreveu que o curandeiro publicamente se recusou a tratar pessoas que dizia serem malignas.[459] Tempos depois, no hotel fazenda, Viktoria Rehn lembrou que ele professava "verdades muito simples e antigas. 'Você precisa acreditar em Deus'". Declarou também ter ouvido da boca do curandeiro outras opiniões. "As coisas apenas vão bem para as pessoas do bem [...] apenas elas encontram seu caminho para a saúde e para o Todo Poderoso. Não consigo ajudar pessoas do mal."[460] Os diagnósticos de Gröning acerca das doenças em massa que teria encontrado em Herford e Rosenheim poderiam soar um tanto ecumênicos e "religiosos" de um modo geral. "Todas as pessoas são merecedoras da cura", afirmou certa vez, "não importa sua nação, raça ou religião. [...] Somos todos filhos de Deus e há apenas um Pai, e ele é Deus."[461] Porém chegou a afirmar que Deus lhe deu poderes para cuidar apenas daqueles que fossem bons e merecedores da cura, e Deus não permitiria que aqueles que não fossem bons obtivessem a graça.[462] Noventa por cento das pessoas, afirmou certa vez o curandeiro, eram "prisioneiros" da maldade.[463]

Em Rosenheim, uma mulher chamada *Frau* N. visitou Gröning na esperança de ser curada de sua infertilidade. Conforme descrito pelo pastor dessa senhora no Conselho Ecumênico da Igreja Luterana na Baviera, ela retornou para casa em um estado "espiritual e religioso de total perplexidade", atormentada pelas mais "ansiosas visões e tomada pela crença de que estivesse possuída pelo Demônio". *Frau* N. era uma mulher saudável, escreveu o pastor, "porém agora nos dá a impressão de alguém que deveria ser internada em uma clínica psiquiátrica".[464] Uma história bem diferente do que teria acontecido em Herford foi publicada pelo jornal *Mercury*, em Munique, em junho de 1945. Uma outra mulher teria procurado Gröning para ser curada do que descrevia como "enormes úlceras estomacais". "Estava ficando cada vez mais magra e não conseguia mais dormir por causa das dores", explicou aos jornalistas. "O Diabo está sorrindo em sua face", teria lhe dito Gröning. "Não posso ajudá-la, por favor, vá embora." Apesar da recusa do curandeiro, a mulher considerou que estar sob o extraordinário olhar do curandeiro de alguma forma a havia livrado, como se ter seu próprio "demônio" identificado a tivesse libertado, algo semelhante a uma visita ao confessionário. "Ele olhou para mim e as úlceras parecem ter caído como pedras ao chão. Desde então", afirmou ao jornalista, "não tenho mais sentido dores".[465]

A forma como as pessoas reagiam à medicina e ao julgamento de Gröning variava de modo considerável e poderia estar relacionada às percepções pessoais desses indivíduos, às suas biografias e experiências de vida tanto quanto qualquer outra razão. Por exemplo, houve uma ocasião em Bad Wiessee quando Renée Meckelburg ouviu que uma mulher ficou cega após saber que o filho teria morrido na guerra. Gröning disse à mulher que estava acompanhada do marido, para secar as lágrimas. E quando ela assim o fez percebeu que podia enxergar novamente. O curandeiro também afirmou que eram as agressões físicas do marido que havia causado a cegueira e não a morte do filho. O marido, branco como uma cera, foi obrigado a admitir o comportamento violento.[466] De alguma forma, a revelação do abuso sofrido pela mulher trouxe sua visão de volta.

Contudo o que Gröning queria dizer ao afirmar que algumas pessoas eram malignas e não mereciam a cura? Duas coisas são importantes destacar. Primeiro, aos ouvidos laicos "cura espiritual" pode soar como certa benevolência. Na tradição cristã, no entanto, isso pode ter implicações morais e teológicas mais complexas. Como explica um estudioso do tema, doenças e incapacidades têm sido relacionadas com "implicações espirituais, ou punições divinas, ou ainda manifestações de poderes malignos".[467] Intrínseca à lógica da redenção está a degradação: você não pode ser redimido se não tiver sido corrompido. A cura cristã está fundamentalmente relacionada com o pecado e o perdão desse pecado. Deus testa as boas pessoas pelo sofrimento e pune os fracos com a desgraça para que assim sejam expiados. Dizer que a cura não está ao alcance de alguém, em outras palavras, dizer que esse alguém não é capaz de ser curado poderia ter terríveis implicações espirituais e algumas pessoas interpretavam as alegações de Gröning alusivas ao Diabo precisamente nesse sentido. Dr. Karl Weiler, presidente da *Bayerische Landesärztekammer*, a Associação Médica da Baviera, contestou essa opinião, denunciando a alegação do curandeiro de ser um mensageiro do divino como "infame", uma vez que sugeria que aqueles que não pudessem ser curados haviam sido condenados por Deus.[468] Eles teriam sido marcados, o que significava dizer que eram malditos e não mereciam a salvação.

Ao mesmo tempo, nas multidões que o cercavam, se você *não fosse* maligno, isso poderia ser interpretado como um sinal de que você estivesse espiritualmente "protegido" — o que significava dizer que poderia não apenas ser curado, como também, redimido. No contexto do pós-guerra e início da derrota e do processo de desnazificação, quando muitos cidadãos começaram a sentir o peso da culpa e dos julgamentos, Gröning pode ter representado um tipo especial de salvador. Se apresentando como um enviado de Deus, ele era uma voz legítima para expressar consolo divino às pessoas ao lhes dizer que eram dignas de serem "curadas". Isso possuía uma conotação tanto física quanto espiritual, e é significativo que as aflições que o *Wunderdoktor* parecia curar com mais frequência eram precisamente aquelas descritas nos evangelhos, especialmente em João, quando Jesus de Nazaré manda que um homem se levante e ande. Ele fala ao homem: "Eis que já estás são, não peques mais para que não te suceda coisa pior". Ser curado não significava apenas recuperar a força física ou a mobilidade, mais que isso era ser purificado e liberado das amarras do pecado — com a admoestação de não cometer futuras transgressões.

No entanto Gröning queria expressar algo mais quando falava do mal. Pessoas malignas eram a expressão comumente utilizada para se referir às bruxas: aquelas que infectam as raízes de árvores, que estão em conluio com o Diabo, aqueles que conspiram nas sombras para prejudicar os outros e os derrubarem. Quando o *Wunderdoktor* mandava que pessoas malignas fossem retiradas de sua presença, não estava se referindo aos pecadores que poderiam ser perdoados e curados. Se referia às bruxas, à encarnação do mal. Ele fazia uma advertência: deve-se estar atento às "pessoas malignas" que se misturam no nosso meio, seja ela quem for".

Se o Diabo era a doença, o que então seria a cura?[469]

Em janeiro de 1950, Otto Meckelburg — que a essa altura já havia trocado seu velho Opel P4 por um Opel Olympia "mais veloz e seguro" — anunciou que um pequeno grupo de pessoas em busca de cura, talvez umas trintas pessoas, seriam convidadas para um encontro com Gröning em um hotel na Wangerooge.[470]

Porém todos os hotéis e pousadas na ilha ficaram lotados.[471] Havia tantas pessoas vindo no trem, relatou o pastor Wilfried Voigt, que muitos tiveram que desistir. "Apenas aqueles que sofriam de paralisia, os cegos e surdos foram autorizados a permanecer.[472] As fontes não informam por que essa decisão foi tomada, no entanto, como a eficácia de Gröning no tratamento desses casos era reconhecida, provavelmente Otto queria garantir histórias de sucesso para os jornais. Ele também se certificou que apenas as pessoas que tivessem pagado pela consulta seriam admitidas.[473]

Na noite de uma segunda-feira, por volta das 9h30, o pastor Voigt sentou-se em sua cadeira na sétima fileira do cinema do Hotel Hanken, que também funcionava como um salão. O local estava lotado de pessoas, moradoras da ilha e visitantes, muitas delas crianças.[474] O grande palco estava escuro e com as cortinas fechadas.[475] Quando Gröning finalmente abriu as cortinas e deu alguns passos à frente, eram quase 4h da manhã.[476] Segundo os relatos de Heuner, embora as pessoas estivessem esperando por horas, "o efeito foi grandioso". A experiência havia demonstrado, escreveu mais tarde, que criar uma atmosfera de "suspense e fé" preparava espiritualmente as pessoas "para o grande momento e garantia a sua completa atenção".[477]

"Bom dia, senhoras e senhores", Gröning saudou o público. "Vocês sentem dor?", perguntou. Algumas pessoas levantaram as mãos. "Então vocês *sentiam* dor", disse. Após uma pequena pausa, questionou: "Quem de vocês ainda sente dor?". Um número menor de pessoas levantou as mãos. "Não me digam nada sobre suas enfermidades!", insistiu o curandeiro, "nossa maior riqueza é nossa saúde. O dinheiro é sujo! Vocês estão prontos para me entregarem suas enfermidades?"

Se voltando mais uma vez para a noção do bem e do mal, Gröning se tornou mais expansivo. "Quero dizer a vocês por qual razão estou fazendo tudo isso. Os seres humanos nos últimos anos têm se tornado muito, muito maus", argumentou. "Eles têm perdido sua fé em nosso Senhor Deus. Quero devolver a fé divina à humanidade." Não ficou muito claro que pretendeu dizer com "os últimos anos", porém, por razões hoje conhecidas, podemos supor que se referia ao período subsequente à derrota na guerra. Foram nesses anos que as pessoas teriam "perdido sua verdadeira fé divina e se afastado do caminho correto", conforme dizia o saludador.

E continuou, em uma linha diferente, mais conciliatória:

> Eu poderia fazer muito mais do que faço hoje. Eu poderia lançar um feitiço nesse pequeno pedaço de terra, nessa ilha, de modo que qualquer um que nela pise seja curado. Não esqueçam, vocês são filhos de Deus. Deus é o grande médico, não Gröning. [...] Digo hoje a mesma coisa que

já disse antes: ame seus inimigos! Ame o próximo mais do que a você mesmo. [...] Discórdia e tensão, ódio e inveja devem ser enterrados de uma vez por todas.

A quais inimigos Gröning se referia? Isso não estava claro, contudo algumas pessoas em meio à multidão estavam evidentemente entusiasmadas com o que ouviram. "Isso não é maravilhoso?", perguntou ao pastor Voigt um certo dr. Siemens, cujos pais se encontravam no salão, com uma expressão extasiante.[478] Um jornalista viu algo diferente: "um fenômeno dos tempos completamente doentes".[479] Enquanto isso, Heuner, o assessor de imprensa, sentiu ter presenciado um quadro bíblico: "todas as pessoas no salão que eram aleijadas de repente puderam caminhar, todas as pessoas cegas captaram um brilho de luz, todas as crianças pararam de se queixar, ficaram calmas e dormiram, e tudo isso foi percebido pelos demais doentes como uma revelação. A atmosfera que se criou não é capaz de ser descrita".[480] O curandeiro caminhou até o pastor e lhe disse com os ombros levantados: "Sim, quando as pessoas não querem, não posso ajudá-las". Então terminou o encontro anunciando que "a apresentação acabou. Quem deixar suas enfermidades para trás será curado". Eram 5h40 da manhã.[481]

Gröning deixou Wangerooge e foi fazer outras aparições na região. Na cidade de Oldenburg, a aproximadamente 65 Km pela costa do Mar do Norte, compareceu ao Hotel Astoria em sucessivas noites de fevereiro.[482] Um grupo de mais de mil pessoas em busca de cura se reuniu para um dos eventos, apesar da chuva que caía. Às vezes alguns doentes se deitavam em macas do lado de fora. Alguns choravam, outros perdiam a consciência.[483]

Certa vez do lado de dentro, e apesar das cadeiras duras e do ar carregado, não se ouvia um único som, com exceção dos gemidos e reclamações das crianças mais doentes. Gröning chegou às 2h30 da manhã, vestindo seu uniforme: terno, camisa e gravata preta. Seu cabelo longo e ondulado havia sido penteado para trás, registrou um médico que observava a reunião.[484] Acompanhado "meio passo atrás" por uma jovem de vestido vermelho, o curandeiro cerrou os olhos e balançou para a frente e para trás sobre as pontas dos pés, enquanto mexia em um anel dourado. Os policiais que estavam próximos permaneceram de pé segurando seus chapéus. Uma lâmpada estourou, embora Gröning parecesse não ter percebido. Então caminhou até o palco na frente do salão e permaneceu em silêncio. Todos os olhares se voltaram para ele. "Meus queridos seguidores!", começou a falar. "Vejo essa imagem todos os dias, em todos os lugares é a mesma coisa, pessoas doentes procurando por socorro e tratamento." Depois de um momento, foi em direção à multidão e falou com os doentes. "Aqueles que estão livres de seu sofrimento, despertem!", exortou. Um homem colocou suas muletas de lado, desconfiado. Sua mulher começou a chorar. Uma menina ajoelhou e moveu os braços. "Por favor, não force. Faça apenas aquilo que você acredita ser capaz", advertiu. Um outro homem, hesitando, levantou-se de sua maca e começou a andar.

Quando a sessão chegou ao fim já eram 4h da manhã. Algumas pessoas haviam voltado a caminhar, porém, segundo um jornalista, outros apenas sentiram que doaram o pouco dinheiro que possuíam em troca de nada. Apesar do avançado da hora, algumas pessoas do lado de fora ainda pediam para entrar.[485]

Em uma única noite, não muito tempo depois. Meckelburg recebeu 34 mil marcos alemães em doações.[486] As quantias recebidas variavam de trezentos marcos alemães a um marco alemão, ou mesmo cinquenta centavos. (Dez marcos era aproximadamente o valor de uma camisa esportiva ou uma garrafa de conhaque.[487]) O montante de dinheiro em questão chamou a atenção das autoridades fiscais.[488] Com orientações recebidas do procurador local, o médico Julius Ahlhorn se misturou à multidão na sessão de 9 de fevereiro. Na sua opinião, Gröning fez "poses caricatas que desconfortavelmente o fizeram lembrar de Hitler" (é possível questionar se a adoração da multidão teria feito Ahlhorn igualmente desconfortável). De acordo com as observações do médico, "não há a menor dúvida de que o curandeiro seja um grande paranoico ou um [...] psicopata com reações paranoicas". Com exemplos práticos para embasar seu diagnóstico, alegou que o saludador afirmava não dormir e declarava ser capaz de transferir uma doença de uma pessoa para outra.

Em um dos momentos de exaltada grandiosidade, Gröning afirmou que se convocasse a população alemã, "haveria uma revolução jamais vista no mundo". Ahlhorn observou com desagrado os efeitos que esse tipo de declaração exercia sobre a multidão. Testemunhou uma jovem com uma flor nas mãos; com a qual "tocou na calça do curandeiro e acariciou a própria testa e o próprio peito".[489]

Como se essas cenas já não fossem suficientemente perturbadoras, Ahlhorn também ouviu Gröning dizer que avaliava rapidamente "quem era merecedor de cura e quem não era". Revendo comentários anteriores da condição espiritual de 90% da humanidade, afirmou: "Posso curar 90%, 10% são lixo — e isso não é minha culpa".[490] Havia feito um comentário semelhante em Herford, para aqueles em que sua medicina não havia funcionado: "Esses pertencem aos 10% da população que chamo de marcados. Eles não acreditam em nada e não podem ser ajudados".[491]

Ao fim de seu relatório, o dr. Ahlhorn produziu suas próprias conclusões. "De modo geral, tem-se a impressão de que toda a operação é um embuste simplório de um pequeno grupo criminoso que mantém um doente mental (Gröning) em seu poder." Sugeriu que o grupo fazia de Gröning "o que desejava e se servia do pânico dos nossos tempos para se apoderar do dinheiro de pessoas simples e humildes".[492]

A turnê de Gröning pelo noroeste da República Federal chegou ao fim em meados de fevereiro de 1950. Ele e sua comitiva seguiram para Pension Landes, a pousada em Mittenwald que deveria ser o local da primeira clínica de Gröning. A "gloriosa" vista da pousada para as montanhas da região não foi suficiente para persuadi-lo a permanecer no local, contou Renée Meckelburg; ele considerou o espaço sujo e o proprietário muito barulhento.[493] Ainda assim, algumas sessões de cura ocorreram no local, pelas quais Otto coletou consideráveis valores — em torno de cem a trezentos marcos por atendimento.[494] Enquanto isso, a dupla mantinha a atenção em suas funções e o acompanhava a todos os lugares, até porque ele poderia ser atraído por outro empresário em potencial.[495]

Ainda assim, Gröning escapou, conseguiu um ponche de abacaxi e foi encontrado no quarto de uma mulher. Uma briga começou, após a qual Renée alegou que o curandeiro implorou por perdão e prometeu nunca mais tomar uma única gota de álcool.[496] Para o grupo, mais complicadas que essas artimanhas eram os frequentes atrasos que afetavam seus planos. Em janeiro de 1950, jornais locais noticiaram que o centro de cura com 35 camas abriria suas portas em 1º de fevereiro. As autoridades locais negaram a notícia, avisando à imprensa que não haviam recebido nenhum pedido oficial com essa intenção.[497] Otto Meckelburg precisava de uma concessão do governo da Baviera para abrir um centro de cura, porém isso não estava próximo de acontecer.

Conforme as engrenagens burocráticas se moviam lentamente, Gröning continuou suas aventuras. Ele viajou para Bayreuth. Apesar de permanecer anônimo, a notícia se espalhou em torno do hotel onde estava hospedado, e o proprietário se viu diante de pessoas clamando pela água do banho do *Wunderdoktor*.[498] Gröning foi convidado a se apresentar na opereta de Emmerich Kálmán, *A Princesa Cigana*. O convite foi feito pela estrela do espetáculo, a quem ele havia curado com sucesso. No dia seguinte, o casal Meckelburg acordou e descobriu que, não apenas a estrela do espetáculo, todo o elenco foi convidado a se hospedar no hotel.[499]

Ainda assim, não eram os pulos de Gröning que estavam travando a abertura dos centros de cura. Era a própria reputação de Otto — não como um ex-oficial da ss (informação que aparentemente nunca veio à tona), porém seu comportamento trapaceiro. O conselheiro chefe para assuntos médicos do governo da Alta Baviera, dr. Fritz Aub, concordou em autorizar a abertura do centro com a condição de que Meckelburg abrisse mão da direção da organização responsável pelos serviços do curandeiro.[500] Uma reunião foi agendada. Otto chegou à cidade acompanhando de advogados e uma secretária, dessa vez dirigindo não um Opel, mas uma Mercedes nova.[501] O problema, conforme Aub relatou ao *Süddeutsche Zeitung*, seria a "mão de ferro" e as táticas de exploração com as quais as pessoas que buscavam pelas curas eram tratadas. "Tenho ouvido que *Herr* Meckelburg pressiona os pacientes que não estão dispostos a pagar". E continuou: "Ninguém tem boas referências desse homem. Parece que ele quer ter o manicômio de Gröning em seu poder". O estado da Baviera "não tem interesse em emitir uma licença para um empreendimento com fins lucrativos dirigido por Meckelburg".[502] Foi durante esse mesmo período que a polícia soube da atuação de Otto no mercado clandestino e os supostos planos com foguete V.[503] Várias testemunhas também alertaram a polícia sobre a tendência do casal em ameaçá-las quando queriam algo. A mãe de Dieter Hülsmann, Anneliese, agora afastada do grupo, relembrou a ameaça que lhe fizeram de "destruí-la" caso não fizesse o que Otto queria e não se afastasse do círculo íntimo de Gröning.[504] Prawatke, o vendedor que o havia conhecido tempos atrás, lembrou que tentou entrar em contato com o ex-oficial da ss para tratar de um acordo comercial envolvendo seu sogro, Renée lhe disse que aquilo não era assunto dele e que não deveria "se engraçar" com ela, já que "seu marido era muito bom boxeador". Prawatke alertou a polícia para o fato de que aquele homem deveria ser "tratado como um golpista".[505]

Até onde Gröning teria, ele próprio, ciência dos fatos, as autoridades da Baviera nunca deixaram claro ou expressaram de forma unânime. Dr. Aub disse à imprensa que não tinha "pessoalmente" nada contra a prática de curandeirismo, contanto que atuação ocorresse sob a supervisão de um médico profissional e que as várias denúncias legais contra Gröning — provavelmente se referindo à acusação de homicídio por negligência na Renânia do Norte-Vestfália nos tempos em que atuou em Herford — chegassem a um termo. O presidente da Associação Médica da Baviera, professor Karl Weiler, declarou que essa possibilidade estava fora de questão.[506] No entanto, como seria relatado mais tarde, vários políticos haviam apelado em sentido contrário, a pedido de muitos conhecidos seus que desejavam ser tratados pelo curandeiro.[507] Todos eram social-democratas da Baviera: Georg Hagen, prefeito de Kulmbach e vice-presidente do parlamento estadual; Josef Laumer, um representante do parlamento estadual; e Josef Seifried, um ministro de Estado.

Não obstante suas próprias dificuldades e apesar dos trâmites burocráticos e da lentidão, Otto permaneceu confiante: o centro de cura seria inaugurado. Ao levar esse caso para a decisão da opinião pública, explicou à imprensa "estamos trabalhando arduamente para a realização de algo grandioso. É inacreditável a quantidade de obstáculos que nos têm sido impostos".[508] Um desses obstáculos foi removido quando o grupo foi informado que a investigação de uma denúncia de estupro contra Gröning havia sido arquivada por falta de provas. A denúncia de homicídio por negligência teve igual destino; um indivíduo tratado pelo curandeiro realmente havia falecido, entretanto esse paciente já havia sido desenganado pelos médicos. Enquanto um caso permanecia em curso na Renânia do Norte-Vestfália, no qual fora acusado de violar a proibição ao curandeirismo, ao menos um jornal relatou que esse caso também seria arquivado caso a tentativa de abrir um centro de cura na Baviera fosse bem-sucedida. [509] Autoridades da Baviera — inclusive algumas do Ministério do Interior — se reuniram em maio de 1950 para discutir o assunto, contudo não chegarem a um acordo. Um jornal local repreendeu o presidente do ministério, Ehard, lembrando aos leitores que no ano anterior ele havia feito publicamente a seguinte afirmação: "Não podemos deixar que um fenômeno excepcional como Gröning sofra com os entraves da legislação".[510]

Como consequência das negociações inúteis e do crescimento de um sentimento de estranhamento, a parceria Meckelburg-Gröning desmoronou. Meckelburg foi destituído do cargo de representante legal do curandeiro. A investigação policial acerca de seus acordos financeiros levou a sua breve prisão.[511] Seu advogado admitiu que a Associação para Pesquisa e Promoção do Método de Cura Gröning havia recebido um valor considerável — por volta de 100 mil marcos alemães —, porém insistiu que uma grande soma havia sido utilizada para o pagamento de contas telefônicas, diárias de hotéis, impostos, funcionários administrativos, advogados, além do "consumo de café e cigarros pelo saludador, os quais eram extremamente caros".[512] Em julho, as tramitações preliminares iniciaram na Baviera para investigar tanto Otto quanto Gröning por fraude e violação das regras de reunião pública e da proibição da prática de curandeirismo.[513]

O casal Meckelburg se equivocou de Gröning de várias formas. As diferenças de classe se mostraram intransponíveis: o casal considerava o curandeiro muito grosseiro para o trato. A imagem de santo na verdade nunca se ajustou à reputação à la Rasputin que o saludador possuía, sempre bebendo e assediando as mulheres. Um messias nunca deveria "ansiar pelas massas", escreveu Renée certa vez.[514] Otto, um ex-ajudante da Divisão da Morte da ss, chegou a sugerir melancolicamente aos investigadores da polícia que, com sua ajuda, Gröning poderia se tornar "ética e moralmente limpo", e se comportar "como um cidadão centro-europeu normal e civilizado".[515]

O casal Meckelburg e Gröning seguiram caminhos separados, embora nos anos seguintes fossem passar considerável parte do tempo juntos nos tribunais, respondendo às acusações de fraude, especulação, violação dos regulamentos da prática de curandeirismo, entre outras acusações. Em todas as situações foram inocentados. As acusações eram arquivadas por falta de provas ou eram suspensas, mesmo quando os policiais e os promotores tentavam novas linhas de investigação.

Gröning e Meckelburg não foram os únicos suspeitos que seguiram escapando do alcance das leis. Por volta do tempo da breve prisão de Otto, seu irmão de sangue da ss, Adolf Eichmann, escapou da prisão norte-americana e partiu para a Argentina, onde viveu com relativo conforto por muitos anos. A imprensa, enquanto isso, começou a exaltar um novo *Wunderdoktor*, um cabeleireiro de Düsseldorf chamado Pietro Tranti. Ônibus vindos de regiões tão longínquas quanto Hamburgo e Áustria estavam agora sitiando a casa *dele*.[516]

7
A DOENÇA QUE VEM DO PECADO

Em 1950, a Alemanha Ocidental estava sendo reconstruída. Naquele ano, um visitante recém-chegado da Inglaterra percebeu uma série de mudanças positivas. A "escassez de comida, outrora tão aguda, foi superada; os hospitais estão funcionando, as indústrias produzindo, os trens de longa e também os de curta distância estão operando, assim como o transporte urbano nas grandes cidades". Ainda havia desemprego, mas tudo parecia melhor. "Eu vi muitas plantações no interior", embora muita delas "fossem provavelmente pouco lucrativas", devido ao diminuto tamanho das propriedades. No entanto, o britânico já conseguia ver os primeiros sinais de prosperidade, "pude observar muitíssimos frangos e gansos", e os cigarros, que antes serviam como moeda no mal fadado mercado clandestino, retornaram ao seu devido lugar nas prateleiras e bancas.[517]

Assim como as organizadas e limpas ruas de Munique, outras superfícies recebiam retoques. No entanto, as tensões em relação ao passado continuavam fervilhando e tinham o hábito de vir à tona em contextos de acentuada espiritualidade. Muitas pessoas seguiam em busca de consolo, suporte e aprovação espiritual. Elas desconfiavam das maquinações de forças maléficas, preocupavam-se com a presença de demônios e buscavam proteção contra o mal, especialmente os católicos, que tradicionalmente viam as guerras, assim como a fome e as epidemias, como uma punição por desobediência, pecado e falta e fé.[518] Passados cinco anos do fim da Segunda Guerra, muitos ainda temiam o julgamento divino, receosos com a possibilidade de Deus lhes trazer futuras guerras como meio de expiação.

Em outubro de 1949, logo depois de Bruno Gröning ter deixado abruptamente o hotel fazenda Trotter, um grupo de meninas que recolhiam a folhagem do outono para um projeto escolar e contavam histórias de fantasma se deparou com uma mulher vestida de branco com as mãos postadas em prece. Era a mãe de Deus, diziam as meninas. Contaram a história aos seus familiares e ao padre da localidade. Em poucos dias, Heroldsbach, a pequena vila franconiana onde a visão ocorreu, encheu-se de peregrinos. Contados nas dezenas de milhares, chegavam de ônibus, trem, bicicleta e a pé.[519] As aparições se seguiram por três anos e incluíram não apenas a Virgem Maria, mas também José, anjos, santos variados e encarnações de Jesus — foram ao todo cerca de 3 mil visões. Entre 1949 e 1952, estima-se que cerca de 1,5 milhão de pessoas foram até a vila testemunhar tais aparições. Na medida em que Heroldsbach, que fica a cerca de 40 km ao norte de Nuremberg, se tornava um fenômeno de massa, cerca de uma dúzia de aparições menores foram reportadas em outras regiões católicas da Alemanha Ocidental — Fehrbach e Rodalben, no Palatinado, a pequena localidade de Niederhabbach, na Renânia, além de cidades como Wurtzburgo e Munique. Embora nem todas essas aparições tenham levado milhares de peregrinos às estradas, em muitos casos isso ocorreu.[520]

Algumas pessoas foram até Heroldsbach em busca de cura para problemas de saúde relativamente comuns, como febres, reumatismos, eczemas e enxaquecas.[521] Outras estavam em busca de alívio para enfermidades menos concretas, conforme observou o folclorista Rudolf Kriß em sua visita a Heroldsbach, em outubro de 1952. Foi quando viu uma mulher elegantemente vestida recolhendo terra santificada de um dos locais das aparições e colocando-a em sua bolsa. Ela contou a Kriß que a terra serviria de proteção contra futuras guerras. Outras pessoas relataram que recolhiam

27. OKTOBER 1949

HANNOVER · 3. JAHRGANG · Nr. 44
ERSCHEINT JEDEN DONNERSTAG

DER SPIEGEL

DEIN VATER IST IM KRIEG
Thurner Marien-Gesichte (siehe „Wunder").

terra para se proteger contra doenças e "tentações demoníacas".[522] Para alguns, tais tentações eram, ao que parecia, um medo bastante real: um padre que visitou a localidade alertou quanto aos perigos de confundir uma aparição divina com uma "copia diabólica", e as meninas relataram que, em fevereiro de 1950, o próprio Diabo se fez presente em uma das aparições.[523] Os peregrinos buscavam se aproximar das meninas por acreditarem que teriam sido investidas pelos poderes da Virgem Maria, e lhes pediam colocassem suas mãos sobre eles.[524] Pessoas chegavam à vila em busca de alguma benção, traziam rosários, cascas e folhas de árvores, terra, cera e água, além de outras substâncias e objetos para serem abençoados por Maria.[525] Vinham maquiados com as chagas da crucificação, faziam doações à capela de Heroldsbach e carregavam pedaços de tecido com os quais, acreditava-se, seria possível levar consigo os poderes curativos do sangue de Jesus aos parentes que ficaram em casa.[526]

Alguns peregrinos buscavam o serviço de exorcistas. Kriß, que escreveu bastante a respeito dessas aparições, descreveu um homem chamado *Herr* Unsinn, que levava grupos de peregrinos até um crucifixo na floresta, um lugar onde Maria aparecera, e lá pedia que todos se ajoelhassem. Então, em um tom "enérgico e imponente", rezava em voz alta, clamando para que "todos os maus espíritos, maldições, demônios e tentações" fossem "repelidos em nome da Santíssima Trindade". Unsinn repetia essa oração três vezes, aumentando seu tom de voz e gesticulando com os punhos cerrados em direção ao chão a cada vez que repetia a palavra "repelidos", e então rogava para que todas as doenças fossem repelidas. Então rezava alguns pais-nossos e ave-marias e outras orações comumente utilizadas para curar feridas e estancar sangramentos. Unsinn também recitava uma oração que chamava de "Pai-Nosso hebraico", mais conhecida como como o Quadrado *Sator — Sator Arepo Tenet Opera Rotas* — uma frase em latim que compõe um palíndromo perfeito e é popularmente utilizada em magias e feitiços.[527]

Nem todos estavam dispostos a acreditar nessas aparições. O episódio gerou muitos atritos entre dois grupos católicos: os que acreditavam nas visões e os que não acreditavam. Os crédulos acusavam seus oponentes de falta de fé e blasfêmia; já seus antagonistas os acusavam de desobediência e de serem infiéis e sectários.[528] Esses últimos também jogavam detritos numa piscina em que os fiéis recolhiam o que acreditavam ser água abençoada e tornada curativa pela Virgem. Em março de 1950, aqueles que se opunham ao culto perseguiram as crianças que tiveram as visões aos gritos de "demônios, demônios!".[529] No mês seguinte, a própria Maria teria feito ameaças se eles continuassem se opondo à sua vontade — caso os incrédulos não deixassem as crianças em paz para se encontrarem com ela — "os russos viriam destruí-los! Muito sangue seria derramado!".[530] A Virgem Maria alertando sobre uma possível invasão russa: isso era não apenas uma alusão à Guerra Fria e à obsessão dos católicos que viveram nos anos 1950 com o ateísmo soviético, mas também uma ameaçadora lembrança dos frutos que os alemães colhiam desde 1945 em decorrência de mortes, derrota e ocupação estrangeira.

As tensões só fizeram aumentar quando o Santo Ofício de Roma decidiu entrar em cena. No aniversário das primeiras aparições, um representante do arcebispo de Bamberga apareceu em Heroldsbach — sob forte escolta policial — para anunciar que as visões não eram de origem sobrenatural e conclamar os fiéis a se afastarem de lá.[531] Como mesmo com o decreto as hordas de peregrinos continuavam a chegar, o Papa ordenou ao clero que parasse de dar a comunhão. O padre local deixou a cidade. Mais tarde, muitos dos envolvidos no episódio — o padre e vários dos adeptos das aparições, incluindo as próprias meninas que tiveram as visões — seriam excomungados. Um defensor das aparições de Heroldsbach, que passou anos no campo de concentração de Sachsenhausen por ter distribuído panfletos antinazistas, criticou duramente as táticas de repressão da Igreja Católica, comparando-as com as da Gestapo. Em 31 de outubro de 1952, a Virgem Maria foi vista pela última vez em Heroldsbach.[532]

Embora algumas das origens para essa divisão entre católicos fossem, sob certo aspecto, doutrinárias — afinal, um bom católico deve ser obediente à hierarquia da Igreja —, a situação forçou os fiéis a ter que escolher entre a obediência e sua crença nas aparições. No entanto tal discórdia também estava fundada na relação das pessoas com o "passado mais recente". Como demonstrou o historiador Michael O'Sullivan, um "número desproporcional dos homens que foram atraídos pelo misticismo católico" nos anos do pós-guerra "havia tido experiências em campos de concentração e/ou como prisioneiros de guerra, ou haviam sido expulsos do país". Tanto em Heroldsbach como em Fehrbach, líderes católicos foram indiciados por possuírem um histórico duvidoso ou de cumplicidade em relação ao Terceiro Reich.[533]

Ao longo de toda a década de 1950, conforme grupos espalhados de pessoas se juntavam a círculos de oração, buscavam exorcizar demônios, reuniam-se em grandes multidões para ouvir pregadores fervorosos e testemunhavam aparições da Virgem Maria, o costumeiro silêncio dos alemães, por vezes, deixava de ser observado. Acusações eram respondidas com recriminações e os temores de contaminação espiritual e punição espiritual transbordavam. As multidões que se dirigiam até Heroldsbach não tinham nada de excepcional e muitos outros ajuntamentos semelhantes ocorreram em diferentes locais, carregados com os mesmos temores — de julgamento divino ou demoníaco.

Boa parte das fontes disponíveis hoje aos interessados no estudo dessas questões apresentam uma série de limitações. Em geral são fragmentadas, difusas e episódicas. Não existe um arquivo dedicado ao armazenamento de documentos dos temores de um julgamento divino, nos mesmos moldes em que vemos arquivos de movimentos sociais, partidos políticos ou burocracia estatal. Contudo quando colocamos dentro de um mesmo quadro a diversidade de ocasiões em que os alemães ocidentais do pós-guerra vivenciaram, falaram a respeito, oraram e diagnosticaram doenças espirituais, emerge uma imagem que, de outro modo, teríamos dificuldade em visualizar: havia um corrente subterrânea de mal-estar, de um tipo que envolvia cenas de tormento espiritual muitas vezes ligadas, direta ou indiretamente, ao passado nazista — mesmo que o país como um todo se recusasse a confrontar tal passado e mesmo existindo uma memória coletiva que tacitamente concordava ser preferível evitar ao máximo falar sobre os aspectos mais sinistros desse passado.

*   *   *

Certa noite de fins de 1951, a polícia de Munique foi chamada até uma casa em Leonhard-Eck Straße, na margem leste do rio Isar, próximo ao famoso Jardim Inglês da cidade. Ao se aproximar, um investigador viu que todas as luzes da residência estavam acesas. Embora a iluminação permitisse apenas uma visão parcial, o oficial foi capaz de contar cerca de quinze pessoas rezando num tom de voz tão alto que era possível ouvi-las da rua. A porta da frente, então, abriu-se de repente e, por trás dela, o policial viu dois homens parados de pé. O mais velho, um pastor luterano chamado Henninger, explicou que sua igreja o pedira para que fosse até lá conduzir o círculo de oração que costumava se reunir na casa. Os dois homens eram conhecidos por seu envolvimento com *Teufelsaustreibungen* — expulsão do Diabo.

Os membros do grupo de oração não eram católicos, e sim protestantes, de modo que tal conotação é importante. Historicamente, os protestantes são conhecidos por evitar o termo exorcismo, um rito católico que, na opinião deles, aproxima-se muito da magia. O que este grupo de Munique chamava de expulsão do Diabo era somente alcançável com jejum e orações.[334] E, de fato, dentro de uma sala de estar decorada com elegância, o inspetor de polícia encontrou um grupo "tão profundamente compenetrado em suas orações que nem sequer notou" sua chegada. A maioria dos membros do grupo tinha mais de 50 anos, embora houvesse também alguns jovens. Todos estavam trajados de maneira "simples", o que sugeria serem indivíduos de posses modestas, ainda que vestidos com suas melhores roupas, e a polícia acreditou que todos era "fiéis realmente fervorosos". O policial não viu ali nada impróprio que merecesse ser colocado em seu relatório.[335]

A polícia ficou sabendo das expulsões do Diabo em Leonhard-Eck Straße após denúncias de uma antiga inquilina de Marianne D., dona da casa e viúva de um alto funcionário público.[336] *Frau* D. foi posteriormente interrogada, já que, pela lei da Baviera, era proibido "lucrar ou obter algum tipo de benefício por meio do uso ostensivo de magia ou exorcismo", infração com pena de multa e um ano de reclusão. Com relação às curas espirituais que transcorriam na casa, ela contou à polícia que eram realizadas em pessoas que frequentavam a residência há anos em busca da paz do Senhor. A princípio teria sido procurada por um membro da Igreja da Trindade Protestante para ajudar a criar círculos de oração nas residências de membros da igreja. Em encontros regulares "amigos e conhecidos oravam e liam a Bíblia juntos". *Frau* D. falou que seu grupo era um "círculo independente de servos de Cristo". Recentemente, o grupo havia recebido dois homens vindos de fora. Eles tinham a reputação de possuir "certa autoridade proveniente de Deus", declarou ela à polícia, "e conseguiam salvar as pessoas das garras do Diabo, curar doenças e guiar as pessoas de volta a Jesus". Esses homens eram os irmãos Möttlinger — membros de um círculo de oração de Vurtemberga ligado à Arca da Salvação (*Rettungsarche*), um centro religioso fundado em 1909 por um curandeiro que costumava ter visões chamado Friedrich Stanger. Estavam lá para ajudar certa *Frau* Jagemann, que não conseguia encontrar a paz do Senhor. A depoente relatou à polícia que a família dessa mulher sofria, há muitas gerações, sob jugo de Satã, de quem "queriam ardorosamente se ver livres". *Frau* D. explicou que os irmãos conseguiram quebrar o poder do Diabo e centenas de demônios fugiram do corpo da exorcizada em estridente gritaria.[537]

Durante todo o outono de 1951, a polícia de Munique seguiu recebendo queixas sobre Leonhard-Eck Straße. Os fiéis de uma igreja luterana local contactaram a polícia lhes pedindo que investigassem um "cigano" chamado Schöder — um caixeiro viajante que vendia tecidos e expulsava o Diabo, cujo o nome, descobriu-se mais tarde, era Fritz Köhler.[538] A polícia também tomou o depoimento de um Antonius Kirmayer, que durante certo tempo manteve alguma proximidade com Gröning.[539] Em outono de 1949, ele contou a um repórter local que passou o pentecostes no hotel fazenda Trotter e previu que uma onda de renovação da fé tomaria conta da Alemanha, com força o bastante para expulsar a escuridão e desarmar bombas atômicas.[540]

Tanto Kirmayer como Köhler estiveram em campos de concentração — Dachau, Mauthausen e Buchenwald, no caso de Köhler.[541] Mais tarde, ele diria à polícia que fora nos campos que se "encontrou com o caminho do Senhor". Segundo declarou, foi trabalhando para os norte-americanos durante a ocupação que pôde ver "o quão depravado estava o mundo" e que rogou a Deus para mudar. Não sabemos qual foi a experiência com os norte-americanos que o expôs a tamanha depravação, porém, junto com o que vivenciou nos campos de concentração, isso o inspirou a iniciar sua trajetória de curandeiro espiritual.[542] Kirmayer, por sua vez, explicou que também pertencera a um grupo de curandeiros espirituais. Esse grupo, segundo disse, havia recentemente curado um câncer no estômago que acometera a cunhada do diretor de um banco, e tratado a possessão demoníaca de uma outra mulher. Os demônios fizeram com que o rosto dela ficasse contorcido, e o grupo precisou rezar por horas para livrá-la da possessão. Expulsar demônios era um dever cristão descrito no Evangelho de Marcos, explicou Kirmayer à polícia; a bíblia conclamava todos os fiéis a expulsar espíritos malignos.[543] O tratamento dado a essa mulher foi tão bem-sucedido que a polícia retirou todas as acusações — já que a pretensa vítima contou à polícia que sentia "uma imensa harmonia espiritual e felicidade em sua alma" desde que os demônios foram expulsos de seu corpo.[544]

Males espirituais e suas curas também foram um tema recorrente entre evangelizadores famosos no pós-guerra. O grupo de curandeiros do qual Kirmayer fazia parte incluía o pioneiro da aviação Gottlob Espenlaub e Hermann Zaiss, um fabricante de lâminas de barbear de Solingen. Espenlaub fazia pregações e exorcizava demônios na tentativa de curar doenças desde o fim da guerra, no seu estado natal de Bade-Vurtemberga.[545] Zaiss, que trabalhou como representante comercial na Costa da Mina, na África Ocidental, havia se tornado um evangelista mesmo antes da Primeira Guerra Mundial, porém em seguida se afastou de Deus por vinte anos. O que o trouxe de volta foi ter visto sua casa ser bombardeada em 1944, o que tomou como um aviso divino para que voltasse ao caminho do bem.[546] Após a Segunda Guerra, Zaiss e Espenlaub viajaram pelo país em missão evangelizadora, realizando sessões de curas para imensas multidões e proclamando uma teologia bastante agressiva.[547] Um pastor de Wuppertal, chamado Bickerich, testemunhou uma dessas reuniões e contou ter ouvido uma pregação na qual diziam que, se uma pessoa não conseguia ser curada de sua doença, se seus demônios não pudessem ser expulsos de seu corpo, é porque sua fé não era forte o suficiente.[548]

Em 1956, Zaiss fez uma série de sermões no Palácio de Odin, um cinema em Wuppertal, sempre com lotação máxima. Esses sermões foram gravados e publicados após sua morte em um acidente, dois anos depois. Zaiss se guiava por alguns princípios: a cura espiritual, afirmava, não era um evento sobrenatural, e sim uma "rearmonização" da natureza. As doenças eram "antinaturais", e a cura, "divina e natural". As enfermidades decorriam da desobediência a Deus. "Em cada pecado há uma maldição", afirmava.

Zaiss é uma fonte histórica particularmente boa porque costumava falar de maneira bem menos abstrata dos pecados específicos do que seus contemporâneos. Todos os pecados, relatou, "mais cedo ou mais tarde receberiam uma punição". Ele conclamava aqueles que o ouviam a "prestar atenção nas palavras de Deus: Eu trarei desgraça a esta nação [...] Desgraça, pragas, pestilência, doenças de todos os tipos [...] recairão sobre toda a nação de acordo com as Sagradas Escrituras". Zaiss alertava que todos aqueles que negavam sua filiação ao partido nazista e diziam falsamente "nunca ter tido qualquer ligação com Adolf Hitler", estavam "acrescentando uma mentira aos seus pecados". Foi mais assertivo ainda: "Nós sabemos que os judeus que viviam entre nós eram detestados, ridicularizados, agredidos e roubados — é só lembramos da Noite dos Cristais — todos sabemos o que aconteceu." E Zaiss foi além: "Seis milhões de judeus foram mortos e *foi nosso povo que os matou*".

A punição à nação alemã, de acordo com Zaiss, refletia precisamente a magnitude do pecado cometido: "Seis milhões de alemães morreram na guerra. Olho por olho, dente por dente: exatamente 6 milhões! Exatamente o número de judeus mortos". Zaiss, é claro, pontuou que muitos alemães não morreram, "apenas 7% ou 8%" da população. No entanto, essas mortes não significavam que "os outros 92% ou 93%" poderiam "clamar inocência. [...] Infelizmente, pelas leis de Deus, algumas pessoas precisarão arcar com as consequências dos atos de toda a comunidade".[549]

A mensagem de Zaiss reverberou. Em fins da década de 1950, existiam cerca de trezentas "comunidades zaissianas" — igrejas carismáticas independentes, a maioria delas no norte e leste da Alemanha, mas também algumas fora do país.[550] Há pouquíssimos estudos sobre essas igrejas. No entanto, o que mais chama atenção a respeito delas não é sua quantidade, e sim as pregações apaixonadas, e tão inacreditavelmente diretas para a época, que Zaiss fazia aos seus compatriotas quanto à necessidade de arrependimento pelo papel que tiveram na morte de 6 milhões de judeus. A introdução à publicação dos sermões de Zaiss afirma que as multidões que se juntavam para ouvi-lo vinham "de todas as camadas da sociedade — de modestos operários a donos de fábricas, mães solteiras trabalhadoras e donas de casa, ricos e pobres, doentes e sãos". Suas pregações sobre a cura de doentes "evocavam particular interesse". Domingo após domingo, o auditório de Wuppertal "ficava lotado em sua máxima capacidade", havia público até nos corredores e degraus das escadas.[551] Quando da morte de Zaiss, seu funeral atraiu mais de 3 mil pessoas.[552]

De acordo com a visão de um pregador como Zaiss, na Alemanha pós-nazismo e pós-guerra, as enfermidades não eram apenas uma condição física. Seriam de igual forma um estado metafísico e um presságio espiritual: o sinal de uma maldição, de um desprestígio divino, de um pecado e da recusa de arrependimento por tal pecado. Do mesmo modo, as visitas da Virgem Maria poderiam representar uma esperança de salvação, de redenção, porém também provocavam o temor de futuras guerras e futuras punições por pecados que a maioria das pessoas não queria nem ao menos reconhecer.

Durante todo esse tempo, os atormentados seguiram procurando por Bruno Gröning em busca de remédios para alma, e ele continuava a receitá-los. Após ter rompido com o casal Meckelburg, o saludador seguiu realizando seus atendimentos em um consultório em Munique de propriedade do curandeiro Eugen Enderlin, e tratava de pacientes com todos os tipos de enfermidades, problemas circulatórios e do sistema nervoso, paralisias, artrite e mutismo ligados aos bombardeios aéreos ocorridos durante a guerra. Os jornais noticiavam que Enderlin, que usava um monóculo e era um fumante inveterado, teve que montar outro consultório apenas para lidar com o volume de correspondências que chegavam do mundo todo para seu novo sócio.[553] As filas, com pacientes querendo ver Gröning se formavam nas primeiras horas da manhã, começavam na escadaria do prédio de Enderlin e seguiam até o terceiro andar, a quantidade de pacientes era tão grande que impedia que as pessoas que moravam no prédio conseguissem entrar e sair de seus apartamentos.[554] O saludador realizava palestras com regularidade, tanto no consultório de Enderlin como em bares locais, falando do tema "o caminho divino e o Diabo".[555] Um inspetor de polícia que assistiu a uma dessas palestras na Wagnerbräu, uma cervejaria de Munique onde Hitler se reunia no passado com seus seguidores, mostrou-se confuso com o fato de Gröning considerar o Diabo como "uma espécie de força superior".[556]

As relações entre o mal e as doenças seguiam como um dos principais tópicos abordados pelo *Wunderdoktor* no outono de 1950, quando ele apareceu em companhia de um curandeiro chamado Josef Günzl e atendeu um grupo de pacientes em uma piscina pública próxima a Munique. Duas testemunhas, um sargento da polícia estadual chamado Meier e o dr. Bachmann, um representante do Departamento de Saúde do Estado da Baviera, elaboraram relatórios com base no que presenciaram naquela tarde, em fins de outubro. A maioria dos cinquenta ou sessenta convidados, os dois informaram, eram mulheres entre 20 e 65 anos, "vindas tanto da classe média como das camadas mais humildes", porém um bom número delas — entre dez ou quinze — foram descritas por Meier como "senhoras respeitáveis e bem-educadas". Muitas das participantes seguravam bolinhas de papel laminado do tamanho de ovos e liam panfletos falando de Gröning, que podiam ser comprados por alguns centavos, enquanto esperavam.

Segundo o relatório de Bachamann, Günzl foi quem primeiro se dirigiu à multidão. Era um "homem baixo e magro" e tratou sobre diversos assuntos: curas milagrosas, "as relações entre corpo e mente", os perigos de se comer carne em demasia, tudo em meio a um emaranhado de ideais cristãs, budistas, panteístas e antroposóficas. A maior parte de sua apresentação tratou do pecado: pecados cometidos por pessoas e pecados que Deus punia com doenças. Todos tinham um pedaço de Deus dentro de si, dizia Günzl aos ouvintes, um pedaço de Deus que falava diretamente às suas consciências. Deus era silenciado por todos os tipos de pecados e — assim como Hermann Zaiss também dizia em suas pregações — o pecado causava doenças. O pecado irritava o Deus que existia nas pessoas, contava Günzl, criando uma desarmonia espiritual e fazendo com que adoecessem. Para que fossem novamente saudáveis, alertava Günzl em suas falas, Deus exigia um sacrifício, uma forma de recompensa. Deus exigia expiação.

Ao que tudo indica, Gröning raramente fazia uso da palavra "pecado". Falava com mais frequência de mal: os danos que algumas pessoas causaram, além das más intenções e desejos que carregavam consigo. Sempre de pé, com as mãos no bolso e sem qualquer expressão no rosto, o saludador fazia pausas frequentes para causar impacto ou reorganizar seus pensamentos. (Meier e Bachmann não chegaram a uma conclusão quanto ao real motivo das pausas). Por uma hora, discursava em seu estilo balbuciante e vago sobre indivíduos serem como rádios, e fazia relatos de suas curas mais recentes. Então passava a falar de Deus e do Diabo, além de mencionar de que maneira as pessoas más impediam que as pessoas boas fossem saudáveis. Falava de ajudar pessoas boas. Como apenas os bons poderiam se beneficiar de seus tratamentos. Dizia que quando não conseguia tratar uma doença isso era o resultado da ação de pessoas más que bloqueavam a cura que tentava enviar.[557] "Protejam-se das pessoas más", aconselhava a multidão.[558] Na cervejaria Wagnerbräu, alguns dias antes, argumentou que Deus era como uma usina de energia elétrica e as pessoas como lâmpadas, cuja luz podia ser "interrompida" por aqueles "que nunca fazem o bem e de quem nada de bom podemos esperar, porque são maus". Essas pessoas, dizia Gröning, "as chamo de satânicas". São aquelas que "se tornaram escravas de Satã". Aconselhava os ouvintes a "permanecerem no caminho natural, divino e verdadeiro".[559]

Alguns meses antes, em Wangerooge, Gröning disse ao público que "nos últimos anos os seres humanos se tornaram muito, muito maus", e pediu aos enfermos que enterrassem de uma vez por todas o ódio e inveja.[560] Não pediu que as pessoas refletissem quanto à natureza desse ódio e inveja, nem explicou muito bem o que queria dizer com tal injunção. É provável que não precisasse fazê-lo: os participantes eram capazes de preencher as lacunas da maneira que bem entendessem. Para Gröning, no entanto, não havia contradição entre pedir para que as pessoas deixassem todo o ódio de lado e, ao mesmo tempo, aconselhá-las a evitar "pessoas más". Essas pessoas más eram portadoras dissimuladas de maldades — bruxas e feiticeiros — e jamais deveriam receber abrigo.

Aqueles, afinal de contas, eram tempos de mal-estar espiritual, de desconfiança e suspeitas exacerbadas. Numa atmosfera em que todos estavam conscientemente determinados a ignorar os fatos mais básicos, como julgar alguém por acreditar que o mal estava sempre à espreita e disfarçado em um evento banal? "A vontade de Deus é certa", Gröning insistia. "Deus quer ajudar as pessoas que reconhecem que o mal as rebaixa. Admitir isso é o melhor caminho para a cura." Porém alertava: "Não venham até mim dizer que nunca tiveram um *Schweinhund* dentro de vocês. [...] Existem pessoas [...] que ainda carregam uma fera dentro de si".[561] *Schweinhund* — que significa literalmente "porco-cachorro" — é um termo altamente ofensivo na língua alemã, que carrega mais ou menos o mesmo significado de "desgraçado" em português. O termo era usado com frequência por soldados alemães na Segunda Guerra, em referência à recusa pessoal que precisava ser superada no cumprimento de uma tarefa em geral desagradável, e Gröning, logicamente, foi um desses soldados.

O que essa teologia — a teologia de um soldado, de um homem comum — significava nos anos 1950? Tarefas desagradáveis precisaram ser cumpridas e todos as cumpriram. Ninguém ignorava o que foi feito. *Não venham me dizer que vocês nunca tiveram um Schweinhund dentro de vocês.* Ex-soldados que estiveram nos campos de prisioneiros de guerra descreviam os períodos que passaram na Polônia e na Rússia como uma "necessária redenção", uma forma de penitência que, esperavam, serviria para purificá-los de seus pecados. Outros ex-combatentes, certos de que seus traumas psicológicos no pós-guerra estavam ligados a transgressões cometidas durante o conflito, muitas vezes buscavam por ajuda psiquiátrica e ofereciam suas confissões aos médicos.[562]

Na década de 1970, a etnógrafa Jutta Dornheim entrevistou um grupo de veteranos da Segunda Guerra. E descobriu que todos levantaram espontaneamente discussões a respeito de punições e doenças relacionadas a suas experiências de guerra. Um desses veteranos, *Herr* Lang, sofria de câncer. A princípio insistiu com Dornheim que Deus não punia as pessoas com doenças. No entanto continuou a entrevista hesitante (os traços indicam longas pausas):

> Eu acho que, que, que eu nunca fiz mal a ninguém ao longo da minha vida, porque —— eu faria isso? Eu, eu, nunca roubei nada de ninguém, eu nunca fiz nada muito importante (*gross was angestellt*). —— Mas, mas, eu estava na guerra, entende? —— e —— exceto isto —— quer dizer —— mas isto tinha uma lógica própria. —— Quando você —— quando você é um soldado, entende? —— Quer dizer —— que nem sei. —— Eu passei quatro anos na Rússia. —— Entende? —— mas assim, —— isso é uma outra questão.

Dornheim tentou fazer com que ele fosse mais claro. *Herr* Lang estava querendo dizer que considerava a guerra como um caso à parte quando refletia se Deus punia as pessoas infligindo-lhes doenças? "Sim", foi sua resposta. "Eu tenho plena consciência que eu — não machuquei —quer dizer — não machuquei ninguém indefeso, ou sendo mais claro — Eu não fiz isso." Ninguém culpava diretamente *Herr* Lang por nada, mas, mesmo assim, ele buscou justificar ou racionalizar os possíveis efeitos nefastos de seus atos pretéritos sobre sua saúde, quaisquer que tenham sido tais atos.

Outro veterano, *Herr* Opp, também teve câncer na década de 1970 e igualmente associava a doença a sua experiência na guerra. "Servi na infantaria pesada, tinha uma metralhadora e a gente passou por muitas, mas muitas coisas, quer dizer — só com os russos. [...] Nunca fiz nada contra ninguém depois daquilo, só no campo de batalha, lá tive que fazer." Uma metralhadora de tambor, ou de cinta de munição, como a MG-34, usada pelo Exército alemão, era capaz de realizar entre oitocentos e 1,2 mil disparos por minuto e tinha um alcance efetivo de 2 km. Certamente *Herr* Opp viu as pessoas contra quem disparou em seus tempos de infantaria como meros pontos na paisagem. Talvez tenha sido isso que pretendeu dizer quando, ao retornar para casa, contou a sua esposa que "Eu não via — absolutamente nada".

Embora circunspectos em relação aos fatos ocorridos nos campos de batalha, tanto *Herr* Lang como *Herr* Opp associavam suas doenças aos atos que cometeram durante a guerra sem que fossem compelidos a falar a respeito desse assunto. De maneira espontânea e sem terem sido acusados de nada, ambos tentaram se justificar. Faziam uma ligação entre os mistérios do câncer com seus atos durante a guerra. Todavia, nem um dos dois parecia disposto a acreditar que seus pecados estavam sendo punidos, ou que Deus os estava punindo.[563]

No hotel fazenda Trotter, numa tarde abafada do verão de 1949, o repórter Siegfried Sommer, do *Süddeutsche Zeitung*, entrevistou um homem sentado dentro de um Mercedes Benz empoeirado à espera de Gröning. Ele estava parado ali há 36 horas. "Eu sou de Fulda e sou açougueiro", contou o homem para Sommer, como se quisesse deixar claro seu valor como um sujeito qualificado e trabalhador. Segundo disse o açougueiro, desde 1946 não conseguia mover suas mãos e ambas as pernas estavam paralisadas. "Nunca fiz mal a ninguém", declarou.[564] O açougueiro tentou explicar, sem de fato fazê-lo, que sua paralisia não era justa, que não merecia isso. Jamais fez mal a ninguém: não havia uma causa "superior" para sua aflição.

Não temos como saber quais pecados queriam se redimir aqueles que buscavam por uma cura, ou pela expulsão do Diabo, em Munique, Heroldsbach ou Wuppertal. Tampouco temos como saber realmente ao que Gröning se referia quando mencionava o *Schweinhund* que cada um tinha dentro de si, ou o que seu parceiro Günzl queria dizer quando falava que Deus punia os pecados distribuindo doenças e que, para se livrarem dessas enfermidades, as pessoas precisavam buscar redenção. Não temos acesso aos pensamentos daqueles que passaram horas sentados à espera do saludador, ou dos que temiam que, após a guerra, seus corpos tivessem passado a abrigar demônios. Zaiss, o evangelizador de Wuppertal, foi bastante claro a respeito de quais eram os pecados: a perseguição e execução em massa de 6 milhões de judeus e o horror que significava fazer de conta que ninguém sabia disso. O sentimento de mal-estar espiritual também poderia emergir da participação direta no conflito e nos crimes de guerra, como tão bem demonstram os testemunhos de *Herr* Opp e *Herr* Lang. No entanto, não devemos presumir que nossa noção de certo e errado coincida perfeitamente com a moral e as emoções das pessoas que viveram no passado. Os alemães do pós-guerra poderiam se sentir culpados, envergonhados, punidos e injustiçados por motivos diferentes: pela perda da guerra ou de membros da família; pelo fracasso, pela derrota e pelo julgamento que temiam vir na esteira do fracasso. Para alguns, talvez fosse apenas a culpa que sentiam quando se perguntavam: "Por que tantos morreram e eu ainda estou vivo?".

Culpa, pecado e punição foram assuntos que também borbulharam em lugares onde o Diabo jamais seria tema de discussão. Ao renovar o antigo debate sobre quem tinha o direito de curar na Alemanha, a ascensão de Bruno Gröning à fama trouxe à tona questionamentos sobre o futuro da proibição do curandeirismo. Em 1950, o dr. Richard Hammer, parlamentar e médico renomado (ele viria a receber a Medalha Paracelsus, a maior honraria da medicina alemã), instituiu o Comitê para Assuntos de Saúde Pública no parlamento alemão, do qual era presidente, para discutir tal proibição. O passado de Hammer, como o de muitos outros médicos, era bastante controverso. Fora membro da SA. Durante a guerra, serviu como médico nos campos de batalha. No entanto, nem tal especialização técnica, nem sua experiência prática o impediram de expressar grande simpatia pelos curandeiros, os quais acreditava possuírem uma habilidade inata e quase mística de cura, que "não podia ser ensinada nem transmitida".[565] Embora muitas entidades profissionais médicas tenham se mantido céticas, quando não abertamente hostis em relação ao curandeirismo, Hammer dizia ser impossível desconsiderar por completo um "fenômeno" como Gröning, alguém capaz de atrair "muitos milhares de seguidores", muitos dos quais teriam sido curados, "um pequeno número talvez até completamente curado".[566]

O comitê contou com a participação de outros dois renomados médicos: Viktor von Weizsäcker, diretor da clínica de Heidelberg onde o dr. G. H. Fischer conduzira experimentos com Bruno Gröning no mês anterior, e Gustav Schmalz, um psicoterapeuta que fora aluno de Carl Jung. Schmalz era outro com um passado comprometedor. Alistou-se na NSDAP em 1933 e mais tarde trabalhou no Instituto de Pesquisas Psicológicas e Psicoterapia, também conhecido como Instituto Göring. Seu diretor, Matthias Göring, primo de Hermann Göring, esteve no topo da hierarquia da NSDAP e foi um dos homens mais poderosos do Terceiro Reich. Anteriormente conhecido como Instituto de Psicanálise de Berlim, foi rebatizado como Instituto Göring quando os nazistas chegaram ao poder e todos os judeus e comunistas foram expulsos de seus quadros. Jung trabalhou por um tempo no instituto.[567]

O comitê reunido por Hammer fez uma série de questionamentos aos dois especialistas convidados. Hammer perguntou se "certas habilidades de cura" poderiam ser testadas. Este era um ponto importante, já que boa parte das discussões sobre o futuro da proibição ao curandeirismo costumavam girar em torno da criação de uma "licença secundária" (*kleine Approbation*) para os curandeiros, licença essa que exigiria um teste de suas habilidades e conhecimentos. "O princípio mais importante da arte da cura é a caridade cristã", Von Weizsäcker ponderou, algo que tornaria "difícil testar todos os curandeiros a partir dos mesmos padrões de avaliação utilizados com os médicos". A resposta de Schmaltz foi igualmente metafísica, embora menos religiosa. "A intuição", argumentou, "não pode ser testada." Uma pessoa com as habilidades e dons certos poderia ser capaz de curar mesmo usando os métodos errados. Von Weizsäcker concordou: "Alguns curandeiros são capazes de curar e devemos lhes permitir que o façam". Qualidades determinantes, observou, como "talento, caráter e afins [...] não podem ser avaliadas a partir de um teste padrão".

As discussões se tornaram cada vez mais filosóficas. "Onde está a origem do verdadeiro processo de cura?", perguntou Hammer. Schmaltz deu uma resposta elaborada. A mente, argumentou, teria um papel central no ato de curar. Um bom curandeiro era capaz de acessar "poderes misteriosos" nas profundezas do subconsciente, onde se encontravam os "distúrbios patogênicos". Resolver esses "distúrbios desconhecidos e expor seus efeitos patológicos", continuou Schmaltz, "faz parte do milagre da cura". Por fim, finalizou dizendo que "existem processos mentais que desencadeiam complicações físicas, e há uma estranha relação entre a culpa e as doenças".[568] Expressando-se de uma maneira muito comum para a época, falou em termos puramente abstratos e não mencionou quais seriam as origens dessa culpa.

Este mesmo argumento pode ser visto em *Doenças como uma consequência do pecado* (*Krankheit als Folge der Sünde*), um livro publicado naquele mesmo ano, 1950, pelo médico Wolf von Siebenthal.[569] Sua intenção ao escrever o livro era "reumanizar" a medicina. Assim como o dr. Fischer, em Heidelberg, Von Siebenthal também não especificava explicitamente o que teria levado a essa desumanização da medicina, porém seu livro trazia críticas às práticas médicas que eram similares às levantadas por Fischer. A medicina fracassou ao não adotar uma visão holística em relação ao sofrimento humano, disse, e reduzir os seres humanos doentes às suas enfermidades e órgãos disfuncionais era a fórmula para uma péssima medicina. Em um época na qual tantos pacientes pareciam sofrer de males que a medicina puramente física não dava conta de explicar — braços e pernas paralisados, perda da fala e da visão — tanto Fischer como Von Siebenthal imploravam aos seus colegas para que tivessem um olhar mais profundo em relação ao que afligia aquela sociedade.

Von Siebenthal acreditava que seus pacientes não queriam saber apenas *como* estavam doentes, mas por quê. Mesmo quando uma causa imediata pudesse ser identificada — uma infecção, ou falha de algum órgão, por exemplo — as pessoas ainda assim queriam saber (de uma maneira que lembra os Azande e o desabamento dos celeiros) qual era o motivo maior, ou mesmo definitivo, que causou a doença.

A ciência médica havia sido extremamente bem-sucedida precisamente por ignorar tais questões, escreveu o médico, no entanto a verdadeira cura exigia algo a mais. Ele encorajava os colegas de medicina a abandonarem a ideia de que as doenças surgiam de maneira aleatória, ou estavam ligadas "apenas a alguma coincidência de uma ou outra questão orgânica ou a leis mecanicistas". Era tarefa essencial da medicina ser menos instrumental e mais *existencial*, argumentava; a medicina deveria se voltar mais aos significados. Ele acreditava que as doenças serviam a um importante propósito religioso. As enfermidades alertavam as pessoas quanto à presença do pecado e ofereciam a possibilidade de redenção. Para recuperar a saúde após uma doença, o indivíduo precisava ser penitente, e a penitência, argumentava Von Siebenthal, curava.[570]

Pouco antes de cada um seguir seu caminho, no verão de 1950, o malfadado trio Gröning-casal Meckelburg viajou junto para Oberammergau, cidade mundialmente conhecida por sua encenação da Paixão de Cristo.[571] Localizada às margens de um rio cristalino e aos pés da magnífica montanha Kofel e seu pico praticamente vertical, Oberammergau lembrava uma vila bávara de conto de fadas. Desde a Guerra dos Trinta Anos, no século XVII, seus habitantes passaram a encenar regularmente o julgamento, calvário, execução e ressurreição de Jesus. Oberammergau começou a encenar a Paixão de Cristo como forma de agradecer a Deus por tê-los poupado da peste que devastou quase metade da população das vilas vizinhas, mas não atingiu os moradores Oberammergau. Seus descendentes continuaram a encenar a Paixão praticamente uma vez a cada década desde então.

Houve algumas interrupções. A encenação de 1940 foi cancelada devido à guerra. Quando Gröning e o casal Meckelburg visitaram a cidade, a Paixão não era encenada desde seu aniversário de trezentos anos, em 1934, quando Hitler foi um de seus espectadores (pela segunda vez). Desse modo, a encenação de 1950 foi uma espécie de ressurgimento e atraiu cerca de meio milhão de visitantes, incluindo o general norte-a-mericano (e futuro presidente) Dwight D. Eisenhower, o presidente federal da Alemanha, Theodor Heuss, e o chanceler Adenauer.[572]

Hans Ehard, o ministro-presidente da Baviera que fora tão receptivo e favorável à missão de cura de Bruno Gröning, escreveu um texto que figurou no guia oficial da Paixão de 1950. Tratava da sorte e infortúnio, julgamento e redenção, pecado e culpa, temas em tudo semelhantes aos que levaram à primeira encenação da Paixão um século antes. A Paixão de Oberammergau "buscava chamar atenção para o mal que existe em cada um de nós" e apontar os caminhos para a "superação desses males".[573]

Comentários atemporais e característicos naqueles tempos nebulosos. Serviam para disfarçar e suavizar as facetas violentas de fatos recentes, maldades concretas e a certeza de que mesmo a mais religiosa das vilas bávaras também teve sua parcela de culpa no cataclismo. Durante a guerra, a Messerschmidt, uma empresa que produzia aviões militares, se mudou para a cidade e fundou um instituto de pesquisa. As empresas de Oberammergau utilizaram trabalhadores escravos de campos de concentração vizinhos.[574]

Passados cinco anos da guerra, a transição entre passado e presente permanecia incompleta. A cidade reelegeu um prefeito nazista em 1948.[575] A própria encenação da Paixão, que fora sempre um espetáculo profundamente antissemita, assim se manteve — desde seu Ato I, no qual Jesus expulsa os comerciantes do templo (o episódio bíblico favorito de Renée Meckelburg), até o "assassinato" de Jesus pelas mãos dos "judeus". Até mesmo o ator que fez o papel de Jesus em 1950, Anton Preisinger, era um antigo nazista.[576]

Os comentários de Ehard não tentavam apenas suavizar fatos repugnantes ao evitar nomeá-los. Procuravam dar a impressão de que havia questões que a história não podia tocar — questões como religião, tradição, encenações devocionais e vilas de contos de fada. O ministro-presidente, assim como inúmeras pessoas, reagiu de modo similar a Gröning: era como se o curandeiro fosse apenas a última e mais evidente iteração de um fenômeno tradicional — os *Wunderdoktors* — e não um fenômeno específico da história do pós-guerra e pós-nazismo. Sugeria que a onda de emoções vista em Herford e Rosenheim pudesse ter ocorrido em qualquer outro lugar e época, e o que havia ocorrido não tivesse relação nenhuma com o passado recente e seu legado.

No entanto, embora o medo do Armagedom tenha emergido e reemergido ao longo dos séculos, percebê-lo em 1949 ou 1950 — após uma guerra que introduziu uma tecnologia de destruição sem precedente, com a qual a possibilidade de aniquilar cidades inteiras pelo ar com bombas atômicas se tornou uma realidade — possuía um sentido diferente daquele visto nas profecias de fim dos tempos de épocas pregressas. Da mesma forma, por mais que Gröning fosse parte da venerável tradição alemã de práticas de medicina popular e curas religiosas, em uma sociedade com uma história recente tão dramática de denúncias e julgamentos, há uma conotação singular no fato de ser um antigo nazista a proclamar que "pessoas más" eram incuráveis e deveriam ser banidas. A proximidade aparentemente imutável de Oberammergau ao divino não era algo descolado de seu tempo: não foi assim durante a Guerra dos Trinta Anos, nem em 1934 — quando a encenação se tornou uma peça teatral étnica por excelência — e também não ocorreu após 1945, quando seguiu a mesma toada, praticamente sem alterações.

Nos primeiros anos da República Federal da Alemanha, as obsessões em torno do mal, pecado, culpa, responsabilização, punição e redenção também não foram apenas fruto de "velhas crenças". Eram uma resposta moral e espiritual à catástrofe que o nazismo representou. Nos anos 1950, uma guerra extrema e sem paralelos, com seus esquadrões de extermínio e câmaras de gás, era "história" apenas em seu sentido mais básico. Mesmo à medida em que o "milagre econômico" — visto como o responsável por transformar a sociedade alemã — ganhava tração, as lojas se enchiam de produtos, os trens voltaram a circular e os gansos e galinhas se proliferavam, muitas pessoas continuaram a sentir um profundo mal-estar. Não devemos partir do princípio de que existe uma clara separação entre o país que se modernizava e os medos quase arcaicos de uma justiça divina e de enfermidades como uma forma de punição aos pecados cometidos. O passado não é substituído, ele se forma com a sobreposição de muitas camadas que, ao fim, produzem algo realmente novo, embora as camadas que deram origem ao novo sempre permaneçam, de uma forma ou de outra, como parte de sua estrutura.

Isso tudo se passou alguns anos antes de o jornalista israelense Amos Elon, que visitou o país em 1964, descrever a "ressurreição" das cidades da Alemanha Ocidental — "novas em folha, limpas, sóbrias, infinitamente monótonas", irradiavam o "frio brilho das luzes neon que quase cegava".[577] Algumas cidades foram reconstruídas do zero após a remoção dos entulhos, e pareciam mais modernas em comparação as que lá estavam antes das bombas começarem a cair. Outras, de modo não menos impressionante, foram reconstruídas à imagem e semelhança de suas antecessoras destruídas pelas bombas.[578] Já outras cidades se engajaram em um exercício inteiramente distinto. Em Essen, lar da siderúrgica Krupp, a magnífica sinagoga, erguida no centro da cidade em 1913 e danificada na Noite dos Cristais, tendo, contudo, conseguido se manter intacta durante a guerra, passou por uma reforma em 1961 que custou 2 milhões de marcos. Depois disso, passou a ser usada para expor o design dos novos produtos industriais — os fogões, máquinas de lavar louça e ferros de passar — que impulsionaram o milagre econômico e a modernização da Alemanha Ocidental.[579]

O historiador Jan Gross refletiu a respeito do modo encontrado por seus compatriotas poloneses para negarem qualquer participação no *pogrom* e no extermínio em massa dos judeus poloneses na Segunda Guerra. A pergunta que fez foi a seguinte: o que acontece a uma sociedade que conta "uma grande mentira" a si própria? "Tudo que se sucede a essa mentira será desprovido de autenticidade e marcado pelo medo de se descobrir a verdade", pensou. Afinal de contas, continua o autor, "Como se poderia confiar em alguém que havia matado, ou havia entregado a seus algozes, outros seres humanos?"[580]. Crimes de tal magnitude, sugeria, acabam inescapavelmente se entrelaçando ao próprio tecido social, a cada aspecto da vida.

8

EXISTEM BRUXAS ENTRE NÓS?

Dizem que os problemas na comunidade começaram quando Hans e sua esposa, Erna, donos da pousada, souberam que o marceneiro Waldemar Eberling poderia ajudá-los na doença de sua filha bebê. Ninguém sabia o que havia de errado com a menina. O casal a levou para o hospital, onde ela permaneceu nos meses seguintes. Porém os médicos não foram capazes de ajudá-la e ela não melhorava, de modo que os pais decidiram levá-la de volta para casa. Isso aconteceu em outubro de 1952, em uma vila no distrito de Dithmarschen, na Eslésvico-Holsácia, estado mais ao norte da Alemanha Ocidental. Eberling foi até a casa da família e tratou a menina com *Besprechen* — que se baseava em encantamentos, gestos e palavras. Afirmou que a criança poderia ficar imediatamente boa, e de fato foi o que aconteceu. Nos dias e semanas seguintes, Eberling voltou várias vezes para fazer o acompanhamento do tratamento. Recomendou adicionalmente que lhe dessem cápsulas de vitamina C. Os pais ficaram imensamente gratos e presentearam Eberling com um porco assado, um pote de salsichas, alguns cigarros e cerveja.[581]

Depois disso, ele jantou algumas vezes na casa da família. Em uma dessas noites, sentado na cozinha com Hans, o marceneiro revelou que aquela família estava presa a uma força maligna que os assombrava na forma de uma pessoa. Naquela mesma noite, disse, essa personagem maligna não conseguiria dormir e viria rondar a casa. Os dois foram para o quintal dar uma olhada. E realmente havia uma pessoa nos arredores da casa, que rapidamente fugiu, contou Hans tempos depois. Na manhã seguinte ele foi à casa dos Maassen — que moravam do outro lado da rua — para pegar leite. Segundo Hans, *Frau* Maassen ficou pálida ao vê-lo, começou a chorar e ficou nervosa. Eberling aconselhou o casal a nunca mais deixar *Frau* Maassen cruzar o caminho deles. Embora até então a relação fosse amigável, a família de Hans parou de falar com a vizinha. Hans começou a sentir que ela queria arruinar seus negócios.[582]

Em outra ocasião, Hans estava na casa de um conhecido e por coincidência o marceneiro também estava lá. O ex-prefeito da vila, um homem chamado Claus, andava de bicicleta. Eberling lhe disse que aquele era o antigo prefeito. Hans recebeu a informação como um se estivesse lhe sendo indicado que o ex-prefeito era "a tal força maligna".[583] Logo, o boato de que *Frau* Maassen e o ex-prefeito eram bruxos se espalhou.

Herr Maassen era um alfaiate e trabalhava ao lado do filho. Certo dia, próximo ao Natal de 1953, enquanto conversava com um dos clientes de seu pai, o filho de Maassen ficou sabendo que sua mãe havia sido acusada de bruxaria e que Eberling era o responsável pela acusação. O filho não queria estragar o Natal da mãe, então esperou virar o ano para lhe contar. Quando a mãe soube da acusação, ficou chateada a ponto de ficar paralisada. Um médico confirmou que a enfermidade física era consequência dos rumores.[584]

O filho de *Frau* Maassen foi até a polícia denunciar o que ocorria com sua mãe, e os policiais visitaram a família. A mulher Maassen estava tão abalada que não conseguiu dar seu depoimento. Primeiro, a família Maassen se recusou a fazer uma denúncia formal de difamação, pois teriam que pagar uma taxa para isso.[585] Claus, o ex-prefeito, no entanto, não teve tal dificuldade. Não estava abalado pelos boatos que agora circulavam nas redondezas — não apenas a seu respeito, ficaria sabendo depois, mas também a respeito de seu cunhado. As pessoas diziam que ambos eram bruxos e algumas os responsabilizavam por uma série de doenças na região. Claus circulou pela região e começou a fazer perguntas e a confrontar as pessoas que sabia estarem a par dos boatos. Então prestou um depoimento oficial e fez uma denúncia às autoridades policiais.[586] Depois, o filho de *Frau* Maassen fez o mesmo.[587]

A imprensa logo ficou sabendo das histórias. Um artigo em um jornal de Kiel, "Bruxas e superstições na era da bomba de hidrogênio", trouxe entrevistas com algumas das partes envolvidas: uma outra mulher acusada de bruxaria, o filho de *Frau* Maassen e o próprio Eberling. Questionado pelos jornalistas, o marceneiro explicou sua teoria de que as pessoas possuíam dois cérebros, sendo que o segundo funcionaria como uma espécie de antena. Quando esse segundo cérebro não funcionava como esperado, a pessoa passava a apresentar problemas mentais, físicos e morais. As pessoas também teriam três sistemas nervosos, quando um deles não estivesse bem, alguém precisava apertar o botão para acionar o segundo sistema (até então não usado) para compensar o defeito do primeiro. Era para solucionar esses problemas que atuava, afirmou Eberling aos jornalistas.[588]

A polícia ouviu dos moradores da região relatos de suas relações com o marceneiro e soube que algumas vezes o tratamento funcionava, outras vezes não. Com exceção de *Frau* Maassen, Claus e o cunhado de Claus, os policiais não encontraram mais ninguém que admitisse ter sido acusado de bruxaria.[589] Na verdade, Eberling tinha uma boa reputação como curandeiro e muitas pessoas buscavam por seus serviços.

O marceneiro nem sempre fazia referência a bruxaria e forças malignas. Muitas vezes não prescrevia nada muito forte, apenas leitelho, arenque salgado ou sementes de mostarda, além de orientar os pacientes a não fumar nem beber e a tomarem um chá de raiz de genciana. Algumas vezes recomendava que batessem nas próprias pernas com urtiga ou as esfregassem com álcool e ácido fórmico.[590] Curou pessoas com dores de cabeça e fez com que crianças doentes voltassem a se alimentar corretamente. Geralmente seus clientes eram orientados a queimar um pó malcheiroso, conhecido como excremento do Diabo (*Teufelsdreck*) e usá-lo para fumigar suas casas. Também conhecido como assa-fétida, esse pó, feito a partir de algumas ervas secas, poderia ser encontrado em qualquer farmácia.[591]

Outras vezes, no entanto, as intervenções de Eberling eram mais elaboradas. Em meados de dezembro de 1953, por exemplo, ele foi chamado à casa de *Frau* Pieper, mãe de duas crianças ainda pequenas. A menor, uma menina, chorava todas as noites. O filho mais velho fazia o mesmo quando tinha a idade da irmã. Os médicos haviam dado pastilhas para o menino, porém agora a mãe estava disposta a tentar uma abordagem diferente. No apartamento de Pieper, o marceneiro recorreu ao *Besprechen* e circulou pelo ambiente tocando a cabeça dos presentes. "O que ele murmurou eu não consegui ouvir", contou *Frau* Pieper à polícia. *Herr* Pieper foi mandado para o lado de fora da casa para colher folhas de urtigas. As folhas e um par de conchas abertas foram colocadas sobre a cabeça da filha do casal. Todos os buracos das fechaduras da casa foram tapados com algodão e agulhas de costura. Eberling escreveu mensagens em pedaços de papel — mensagens que se assemelhavam a trechos bíblicos — e as entregou às crianças para prendê-las em suas roupas. Em seguida prescreveu uma lista de remédios que a família deveria encomendar ao farmacêutico. Por fim, pediu que olhassem o colchão de pena das crianças: essas penas estariam dispostas em formatos de grinaldas e coroas?[592] Esse formato das penas poderia indicar uma fonte de doença.[593] Por fim deu um conselho ao casal Pieper: a pessoa que lhes pedisse algo emprestado seria aquela responsável pela doença das crianças. Eberling não cobrou nada pelos seus serviços, mas *Frau* Pieper lhe deu cinco marcos alemães e cinco cigarros.

Por fim, *Frau* Pieper e sua família estavam com sorte. As penas dos colchões aparentemente não estavam dispostas em nenhum formato que pudesse indicar que uma força maligna na vizinhança tivesse dissimuladamente atacado as crianças e causado qualquer enfermidade e elas. A família então destapou as fechaduras e não precisou recorrer à medicação prescrita.[594] De modo geral, os pacientes de Eberling consideravam seus procedimentos bons e corretos, no entanto, alguns desses procedimentos eram percebidos como superstições.[595] Ainda assim as pessoas se viam atraídas de alguma forma para o drama em torno do marceneiro: alguns doentes após se consultarem com ele logo paravam de cumprimentar os vizinhos ou passavam a evitá-los totalmente.[596]

Quando o marceneiro encontrava determinados formatos nas penas dos colchões de seus pacientes, como formatos de ninhos ou passarinhos, acreditava que isso poderia ser um sinal importante de que a pessoa possuía inimigos que nutriam sentimentos nocivos contra ela. Uma mulher, *Frau* Heesch, descobriu que as penas do colchão de sua família estavam dispostas no formato de três corações, um grande e dois pequenos, os quais ela descreveu como "parcialmente ainda melados de sangue". Lhe foi explicado que esses formatos representavam "o coração dela e os corações de seus filhos menores". O marceneiro disse a *Frau* Heesch para queimar esses corações e questionou se ela ou alguém da família possuía algum inimigo na vila. Ela respondeu que sim e contou a seguinte história: seu sogro havia sido prefeito e "também ocupou outros cargos" no Terceiro Reich, até o período que denominou de "colapso" — ou seja, o final da ditadura nazista. Depois desse período as pessoas o tratavam muito mal e ela acreditava que deveria "vê-los como inimigos". Indicou Claus, o homem que assumiu a prefeitura após seu sogro — o mesmo homem da bicicleta que Hans teria identificado como "a força maligna". Após a guerra, havia sido Claus, contou *Frau* Heesch à polícia, que teria tomado as decisões sobre "as transferências". Por "transferências" pretendia dizer ter sido ele o responsável pela redistribuição material de propriedades durante o período de desnazificação.

Após os tratamentos de Eberling, *Frau* Heesch e seus filhos estavam muito melhores e conseguiam dormir a noite. As pessoas perceberam o quanto aparentavam estar bem. "Com frequência sou questionada a respeito de quem seria responsável pela nossa doença, contou ela à polícia. Segundo acreditava, Claus era o responsável, e ele teria feito uma queixa na polícia contra o marceneiro pois estava "com a consciência pesada por querer nos destruir".[597]

Após ouvir tantos depoimentos — de Eberling, *Frau* Heesch, Hans e sua esposa, a família Maassen, o casal Pieper e outros inúmeros depoentes — a polícia produziu o relatório do caso. Na visão da polícia, a vila onde esses eventos ocorreram estava "suscetível a esse tipo de intriga". A obsessão por bruxas sempre guiou os sentimentos das pessoas naquele lugar, concluíram as autoridades policiais. Porém isso dificultou a investigação. As pessoas "visivelmente evitam" discutir esse assunto "como se estivessem tomadas por um certo medo." A polícia percebeu da mesma forma que um recente artigo da imprensa narrando a história acabou atraindo pessoas de fora da cidade à procura do marceneiro, na esperança de que ele pudesse ajudá-las. Se a chegada dessas pessoas produziria complicações adicionais era a dúvida de todos.[598]

De qualquer forma, a polícia acreditava ser evidente que Eberling agiu contra a lei — a lei que regulava a prática de curandeirismo. Ao longo de toda a investigação as autoridades questionaram as pessoas para saber se o marceneiro cobrava pelos serviços: caso tivesse tratado os doentes em troca de remuneração, como faziam os médicos profissionais, teria agido ilegalmente. Os policiais relataram, no entanto, que ele costumava cobrar uma quantia monetária apenas daqueles que tivessem condições financeiras de realizar o pagamento. Uma dessas pessoas, como se concluiu, era *Frau* Heesch, a mãe que encontrou os tufos de pena em formato de corações manchados de sangue. O inspetor de polícia apenas destacou em seu relatório que a família de *Frau* Heesch era "a família de agricultores financeiramente mais favorecida da vila".[599] Sob o governo nazista, a família Heesch havia exercido grande poder na região — não apenas poder econômico.

Os dossiês e relatórios policiais sobre a atuação de Eberling estão atualmente guardados nos arquivos estatais da Eslésvico-Holsácia, em uma cidade pequena e calma sobre a esguia enseada a oeste do Báltico, chamada Schlei. Os documentos são relativos ao caso e "ao passado mais recente". Eles não apontam nenhuma evidência de que a história influenciou a forma como a polícia ou outras autoridades trataram o caso. Na verdade, se a polícia considerou a história em algum momento, foi apenas na percepção de que a "superstição" sempre esteve presente no inconsciente da população local. No entanto sabemos que chamar a atenção para as conexões entre o passado e o presente não é o trabalho da polícia, mas sim de historiadores.

* * *

Pessoas acusando umas às outras de bruxaria — como Eberling havia tacitamente acusado *Frau* Maassen e Claus, o ex-prefeito — não era um fenômeno raro na história moderna alemã. Havia décadas as pessoas se preocupavam com acusações desse tipo. Em 1908, um criminologista chamado Albert Hellwig publicou um livro no qual identificava crenças de bruxaria como "superstição criminosa". Anticlerical, Hellwig considerava "os dogmas da igreja, especialmente da Igreja Católica", responsáveis por alimentar tais crenças.[600] Entretanto os próprios clérigos, inclusive protestantes, também se preocupavam com tais crenças entre seus paroquianos. No início dos anos 1930, a Igreja Luterana no estado de Hamburgo registrou em seu relatório anual que "Algumas pessoas — principalmente mulheres mais velhas — são chamadas de bruxas mesmo sendo frequentadoras assíduas da igreja. Quando as pessoas ou os animais adoecem, um caçador de bruxas é trazido do interior ou uma mulher sábia é chamada para recitar encantamentos!". Isso estava acontecendo, continuava o relatório, "em regiões a poucos quilômetros da cosmopolita Hamburgo".[601] Alguns anos após o início da ditadura nazista, em 1935, Eduard Juhl, um pastor protestante de Hamburgo, denunciou as práticas de "superstição e magia" como "uma epidemia entre o povo, uma peste, um veneno que não se dissipou na nova Alemanha" (que para ele era o Terceiro Reich). Para Juhl, esse "fluxo negro" de superstição e magia era um produto de "sedução demoníaca".[602]

Após a Segunda Guerra Mundial, especialmente nos anos 1950, houve um aumento significativo de denúncias de bruxaria, a ponto de dar início a um novo campo de pesquisa acadêmica para tratar dessas questões. Artigos e livros foram escritos — por um criminologista com doutorado e alguns clérigos, entre outros especialistas. Estudos foram apresentados em conferências, editoriais foram produzidos pela imprensa e as autoridades governamentais lançaram diretivas para os consultórios médicos e departamentos de polícia, com o objetivo de colher informações relacionadas ao assunto. Um apanhado de artigos de jornais populares da época conta histórias de bruxarias e do medo que as pessoas tinham dessas bruxarias. O editor de um livro popular de magia era frequentemente intimado pelas autoridades a interromper a distribuição do livro para não incitar o medo de bruxaria. E em dezenas de julgamentos, acusadores eram indiciados por calúnia, difamação e violência, incluindo agressões e, até mesmo, assassinatos. Tais acontecimentos foram noticiados não apenas nas Alemanhas Ocidental e Oriental, mas também em outros países.[603]

Um estudo publicado em 1959 mostrou que no período entre guerras teria ocorrido oito "julgamentos de bruxaria", e durante o Terceiro Reich, onze julgamentos desse tipo, já no período imediato do pós-guerra — ou mais precisamente entre os anos de 1947 e 1956 — teria ocorrido 77 julgamentos do tipo.[604] Ainda assim, esses números podem subestimar a extensão desse fenômeno por duas razões. Primeiro, agências oficiais e a imprensa local e nacional registraram números muito maiores. Em meados da década de 1950, o Serviço Alemão de Informações Médicas relatou que aproximadamente setenta julgamentos de bruxaria eram iniciados anualmente.[605] Um jornal destacou que em 1950 houve dezesseis julgamentos desse tipo apenas na pequena cidade de Lüneburg.[606] Outro jornal relatou "65 julgamentos de bruxaria moderna" no ano de 1952, "a maioria na Alemanha Ocidental".[607] E um terceiro jornal, o *Welt am Sonntag*, indicou que em "1952-53 mais de 130 julgamentos de bruxaria teriam ocorrido na Alemanha".[608] Talvez os diferentes critérios para identificar o que de fato consistia um "julgamento de bruxaria" expliquem a divergência dos números, de qualquer forma, dado o exagero da imprensa no pós-guerra em outros assuntos, devemos considerar essas estimativas com certa cautela. Também é importante destacar, no entanto, que a grande maioria das acusações de bruxaria nunca chegaram aos tribunais. Ser acusado de bruxaria trazia uma série de consequências. E só isso já era suficiente para transformar famílias inteiras em verdadeiras párias — como a sina que recaiu sobre a família Maassen e que teria deixado *Frau* Maassen doente. Os negócios podiam falir, pessoas perdiam o apoio da comunidade e não podiam mais contar com a ajuda dos amigos e vizinhos. Desse modo, as pessoas evitavam falar, por medo de se envolverem em problemas maiores.

Para agravar a relativa invisibilidade do problema para aqueles que tentavam combater o fenômeno, havia ainda o fato de que as pessoas temerosas de bruxarias nunca, na verdade, usavam o termo "bruxa". Eberling, por exemplo, falava em "força maligna". Muitas vezes as pessoas ficavam conhecidas como bruxas por expressões não verbais ou simplesmente por dedução. *Frau* Maassen, por exemplo, não fazia nada demais além de estar na rua na noite em que o marceneiro afirmou ter sentido "uma força maligna" em torno da casa de Hans.[609] E quando *Frau* Heesch indicou Claus como um inimigo da família, Eberling apenas acenou com a cabeça.[610] Os dois psiquiatras designados pelas autoridades para entrevistá-lo e avaliar sua capacidade mental e responsabilidade legal se viram diante de um impasse, já que o marceneiro atribuía às "pessoas malignas" tudo que "desde os tempos imemoriais" era identificado como bruxaria.[611] O que esses peritos não entendiam era que esses termos eram sinônimos, ambos indicavam pessoas com a intenção e a habilidade sobrenatural de desejar o mal. Bruno Gröning usava o mesmo vocabulário, falando em "pessoas malignas" que conspiravam para fazer mal aos vizinhos ou os impedir de ficar bem, ou pessoas cuja maldade as identificavam como "escravos de Satã".

Julgamentos de bruxaria aconteciam em localidades pequenas, como Leck, próximo da fronteira com a Dinamarca, e Türkheim, mais ao sul. Do mesmo modo havia julgamentos em cidades maiores (Bremerhaven, Gifhorn, Celle, Hildesheim) e em cidades grandes (Berlim, Hamburgo e Kiel). Em alguns lugares, como Vilshofen e Braunschweig, parece ter havido um único caso, enquanto em outros lugares — incluindo Lüneburg, Hamelin e Uelzen — assistiu-se a uma série de ocorrências. Os estados do norte como a Eslésvico-Holsácia e a Baixa Saxônia eram notadamente super-representados nas estatísticas.[612]

Estudiosos de bruxaria — contemporâneos e antigos — alegam que o fenômeno é praticamente universal. Um assassinato na Pensilvânia nos anos 1920, para citar apenas um exemplo, foi causado pelo fato de um homem acreditar que um vizinho havia feito um feitiço maligno contra si.[613] Em sua história mundial sobre a caça às bruxas, Wolfgang Behringer afirma que, em praticamente todas as sociedades, "bruxaria é sinônimo de forças malignas".[614] A crença de que as pessoas poderiam secretamente conspirar para o mal de seus vizinhos (ou para os familiares e animais desses vizinhos) pode ser encontrada na França, Itália, Inglaterra, Hungria e Polônia, aproximadamente durante o mesmo período dos casos de Eberling.[615]

Ainda assim, embora a crença tenha existido ou ainda exista em muitas partes do mundo, ela pode assumir formas distintas e geralmente surge como resposta a convulsões e mudanças sociais abruptas.. O que liga essas situações, dizem os estudiosos, é a relação com a intimidade e a desconfiança. Bruxaria "evoca o perigo de ataques causados pela traição de pessoas próximas", afirma o antropólogo Peter Geschiere, advertindo que "sementes de destruição estão presentes" nas relações humanas. O medo de bruxas — e as denúncias de bruxaria — está mais propenso a surgir em momentos de instabilidade, insegurança e mal-estar, momentos que se assemelham muito ao vivido após a Segunda Guerra Mundial na Alemanha. Há prevalência desses casos quando mudanças dramáticas fazem o familiar se tornar, de repente, estranho, e mesmo situações corriqueiras — doenças, azar, acidentes — acabam ganhando um significado maior. Uma morte ou acidente provocados por outras adversidades podem ser percebidos como não sendo meramente acidentais, e sim orquestrados por alguém ou pela conspiração de alguém. Certamente, mesmo em tempos de grandes calamidades, nem toda desgraça é percebida como resultado de bruxaria. Entretanto a desconfiança generalizada pode aumentar as chances.[616]

Nesse sentido o medo de bruxas pode ser percebido como uma linguagem cultural de conflitos interpessoais e comunitários, uma forma de ver o mundo e de interpretá-lo, uma busca pelas causas por trás das causas. Exatamente como os Azande questionavam o significado maior por trás do momento preciso em que um celeiro desabava, nos anos 1950 os alemães também se questionavam: Afinal, quem causou a doença do meu filho? Quem é o responsável pela morte dos meus porcos ou pelo fato das minhas vacas não darem leite? Acusações de bruxaria constituíam a linguagem e a lógica em situações nas quais o infortúnio não poderia ser explicado de outra maneira.

A série de denúncias de bruxaria no início da Alemanha Ocidental constitui uma história quase que esquecida. Apenas alguns especialistas se dedicaram ao tema. Em meados dos anos 1960, o folclorista Leopold Schmidt apresentou uma teoria para explicar o aumento das denúncias nesse período: a chegada de milhares de refugiados alemães, expulsos do leste europeu, criou tensões que resultaram em acusações de malfeitos sobrenaturais.[617] É verdade que houve um aumento dramático de refugiados na Eslésvico-Holsácia, estado que no pós-guerra recebeu a maior proporção de refugiados relativamente a sua população nativa A vida nas vilas passou por mudanças estruturais significativas.[618] Porém a maioria dos casos de bruxaria ocorreram em meados dos anos 1950, quase uma década depois da maior parte dos refugiados ter se assentado. E o caso de Eberling — talvez o único a respeito de quem dispomos de vasta documentação — envolve pessoas que se conheciam há anos. Isso sugere que nos anos 1950 o medo de bruxas teria uma menor relação com a presença de desconhecidos inseridos nas comunidades do que com as formas peculiares e ambíguas pelas quais a desconfiança e o ressentimento agiram na base da sociedade após 1945.[619]

Na década de 1950, um gênero de filmes conhecido como *Heimat*, ou "terra natal", retratava a paisagem rural da Alemanha Ocidental como um lugar de beleza intocável, valores imemoriais e pureza de sentimentos. Livros de imagens mostravam casas feitas de toras de madeira, flores silvestres nas encostas da Suábia e castelos medievais, evocando um mundo inalterado não apenas pelo fascismo, pela guerra e pelo genocídio, como pela vida moderna de um modo geral.[620] Porém a verdade é que, nos anos seguintes ao nazismo, a região rural da Alemanha Ocidental era tudo menos "intocada" ou isolada.

A região onde o drama de Eberling e seus pacientes se desenrolou é chamada Dithmarschen, e está localizada entre o Mar do Norte e o rio Elba. Por séculos, as terras em Dithmarschen têm sido recuperadas — ou, talvez seja mais apropriado dizer, arrancadas — do mar pela construção de diques. Alemães da região muitas vezes descrevem a beleza bruta desse relevo como *öde* — uma palavra que sugere algo como monótono, isolado e solitário. Ainda hoje, Dithmarschen permanece como uma das regiões mais campestres num país extremamente urbanizado, uma paisagem excepcional de charnecas e pântanos. Contudo a região não está isolada hoje, assim como não esteve nos anos 1950. Era completamente integrada à economia regional, nacional e global, e fez parte das turbulências políticas das décadas anteriores. Na década de 1920 e primeiros anos da década de 1930, a parte oeste das planícies de pântanos e charnecas abrigou o movimento militante armado e ferozmente antissemita conhecido como Movimento Camponês (*Landvolkbewegung*).[621] Tempos depois esse movimento seria cooptado pelos Nacionais-Socialistas, que garantiram a maioria nas eleições parlamentares na Eslésvico-Holsácia antes de em qualquer outro estado. Por fim, o estado possuía mais membros *per capita* do Partido Nazista que qualquer outro estado da Alemanha, um a cada dezoito habitantes.[622] Em algumas partes de Dithmarschen, mais de 90% dos proprietários haviam passado pelo partido.[623] O estado com o maior número de antigos membros do partido era também a região mais amedrontada pelas bruxarias no pós-guerra.

A biografia de Eberling, construída a partir de depoimentos dados por ele à polícia e aos psiquiatras, não diferia muito da vida de qualquer outro alemão do século XX, tendo transcorrido durante uns dos anos mais turbulentos da história alemã e sempre cruzando a cada curva com a política e a guerra. O futuro *Hexenbanner*, ou seja, caçador de bruxas, nasceu na Eslésvico-Holsácia em 1908, sendo praticamente contemporâneo de Bruno Gröning. Seus pais eram da Pomerânia e da Prússia Ocidental. Segundo o marceneiro, seus pais eram bastantes rígidos e não o permitiram "sair pela primeira vez" até que tivesse 19 anos e meio, e, ainda assim, somente foi autorizado a sair na companhia de suas irmãs mais velhas. Seu irmão mais velho foi funcionário dos correios em Colônia; uma de suas irmãs mais velhas, com inclinações artísticas, casou-se com um músico.[624] Eberling frequentou a escola até os 15 anos de idade, depois seguiu os passos de seu pai na carpintaria e por quatro anos foi aprendiz na produção de móveis.[625] Em 1928, ao alcançar a posição de artífice, foi para a região de Ruhr, para Dortmund, uma cidade vestfaliana que abrigava fábricas de aço e minas de carvão. Lá, trabalhou como carpinteiro nas minas e também em uma fábrica de móveis por um curto período de tempo. Em 1929 houve a quebra da bolsa, seguida pela Grande Depressão. Então ele retornou a Eslésvico-Holsácia. Alguns anos depois, em Sarre, participou da construção da Linha Siegfried, uma fortificação militar que se estendia da Suíça até a fronteira alemã. Nessa época, seu pai era supervisor na construção de quartéis na ilha de Sylt, no Mar do Norte, e assim pôde trazer o filho para trabalhar novamente no norte. De 1940 a 1945, Eberling trabalhou como construtor nas obras da *Luftwaffe*. Por um curto período, foi prisioneiro de guerra dos britânicos. Finalmente retornou para sua cidade natal e foi trabalhar na oficina de carpintaria de seu pai. Ele e sua esposa tiveram seis filhos.[626]

Desde o início, a carreira de Eberling como curandeiro possuía um caráter religioso. Pouco tempo antes de terminar o ensino médio começou a ter sonhos proféticos, o que deu uma nova direção para sua vida. Nesse assunto, sua família se dividia. Seu pai, a quem ele descrevia como um socialista, "lia livros científicos e que após a Primeira Guerra Mundial não acreditava na existência de um Deus". Seu ponto de vista laico o fazia desdenhar das práticas de cura exercidas pelo filho. A mãe de Eberling, ao contrário, era bem religiosa, e sempre compreendeu os esforços do filho "para curar os doentes".[627]

Durante a Segunda Guerra Mundial, o marceneiro continuou a ter visões e previu algumas mortes no conflito: "Vi soldados correndo sobre um campo, embarcações, tiros vindos do céu e mulheres se escondendo. Vi como as pessoas eram esmagadas e as casas queimadas". Eberling também previu que a Alemanha "perderia a guerra, e [...] em um dia 5 de maio a guerra chegaria ao fim". (Os Aliados aceitaram formalmente a rendição da Alemanha em 8 de maio de 1945.) Outras visões previram perdas próximas de casa. Em 1946, Eberling viu uma minhoca exposta depois da chuva. Ele sempre pegava as minhocas e as enterrava novamente para que não desidratassem sob o sol ou fossem comidas pelos pássaros, porém desta vez ficou inerte. Então, de repente, teve a visão de sua filha em um caixão. Aterrorizado e com a consciência pesada, correu até onde havia visto a minhoca para colocá-la novamente sob a terra. Ela havia sumido. Dois dias depois, o marceneiro foi chamado pois sua filha estava doente. Assim que entrou em casa, disse: "ela está com difteria". Era possível sentir o cheiro, comentou; já havia sentido esse cheiro antes. Dessa vez sua habilidade de cura e clarividência não foi capaz de ajudar a filha, que faleceu poucos dias depois.[628]

Eberling iniciou seu aprendizado relacionado ao curandeirismo em Dortmund, em fins dos anos 1920. Ele havia alugado um quarto na casa de uma senhora. Um grupo de trabalhadores vivia nessa casa, "quatro ou cinco pessoas em cada quarto". A mulher lhe ofereceu um livro de "conselhos para encantamentos de cura", para que assim "ele pudesse ajudar outras pessoas". É bem provável que se tratasse de um livro de mágica — um grimório —, um de muitos títulos à venda. O marceneiro rejeitou o conselho da mulher, pois pensou que seria a oferta de uma bruxa. Ele "apenas curava as pessoas com a ajuda de Deus", não de mágica, disse. No entanto Eberling contou ter aprendido dessa senhora, ao observá-la secretamente, que as pessoas ficam especialmente vulneráveis às maldades enquanto dormem ou quando estão doentes. Aprendeu ainda que as penas dos colchões das pessoas podiam se amontoar em formatos de pássaros ou corações. "Se as penas estivessem dispostas em formato de coroa, por exemplo, isso sugeria doenças do estômago." Geralmente, afirmou, ele ajudava pessoas com problemas do tipo *seelischee* — problemas em suas almas ou mentes.[629]

Por um tempo, Eberling parece ter curado pessoas sem levantar a ira das autoridades — teria sido assim até os primeiros anos da ditadura nazista. Tempos depois foi acusado e preso mais de uma vez como antinazista e como testemunha de Jeová.[630] Como pacifistas, as testemunhas de Jeová eram insultadas pelos nazistas e colocadas em campos de concentração. Em 1936, o marceneiro foi levado aos tribunais e declarado culpado de fraude (*Betrug*). Na linguagem extremista, característica da jurisprudência nazista, os tribunais pressionavam "todo membro da comunidade nacional" para que "trabalhasse junto no intuito de exterminar" o tipo de "superstição questionável" que ele representava. Acabou sendo sentenciado a treze meses de prisão e teve seus direitos civis cassados por três anos.[631]

Em 1936, o próprio relato de Eberling a respeito de seu processo judicial sugere que intrigas pessoais se misturavam ao poder político local na Alemanha nazista. Ele conhecia uma mulher que estava tendo uma relação amorosa com um membro da SA, explicou: "esse homem nos odeia". (Muitos nazistas locais, alegou o marceneiro, menosprezam sua família, cujos membros sempre foram sociais-democratas.) Não queria ter nenhuma relação com o nome da mulher, disse: ela está tendo relações amorosas com vários homens, inclusive com o próprio sogro. Apesar disso chegou a ajudá-la quando seu filho esteve doente. Isso o levou à prisão por fraude e "crime contra a moralidade". Embora essa última acusação tenha sido retirada, Eberling foi condenado e sentenciado à prisão por fraude. Seu advogado o orientou a dizer nos tribunais que bruxas não existiam, esperando que dessa forma o juiz fosse leniente. Tempos depois, considerou que as pessoas que conspiraram receberam o troco na mesma moeda. A mulher foi presa por "massacre negro" — abate ilegal de animais durante o período de racionamento de comida no pós-guerra — e seu marido faleceu. O guarda da prisão foi condenado a quinze anos por "atividades homossexuais".[632]

Após a guerra, o pai de Eberling, a quem descrevia sendo não apenas um socialista mas, assim como ele, também um antinazista, serviu como representante político local (*Kreisabgeordneter*) e prefeito, além de mediador judicial. Seu pai chegou a ocupar uma série de cargos honoríficos e esteve envolvido em processos locais de desnazificação. Enquanto isso, Eberling trabalhou na oficina de carpintaria do pai. Em 1947, fez o exame que poderia lhe conferir o status de carpinteiro especialista, sendo, contudo, reprovado em parte do teste. Os avaliadores, alegou, eram inimigos políticos de seu pai.[633]

A narrativa de Eberling não era uma narrativa simplista de bem e mal, ou de crimes nazistas e punições aplicadas no período pós-nazista. Também não constituía uma fábula popular de moralidade na qual aqueles que tivessem sofrido sob a ditadura receberiam a redenção no pós-guerra ou seriam vingados. Segundo seus próprios relatos, ele foi perseguido e preso sob o governo nazista, e como um antinazista teve seus direitos civis cassados por exercer sua modalidade de medicina espiritual.

O teste que poderia lhe ajudar a garantir um futuro financeiro mais seguro havia sido avaliado de forma desonesta para prejudicá-lo. Ainda assim, ele havia identificado Claus, o primeiro prefeito local no pós-guerra, para *Frau* Heesch, cuja família havia alcançado certo prestígio durante o governo nazista, como uma pessoa "mal-intencionada" contra ela.[634] Os relatórios de desnazificação sugerem que o cunhado de Claus era, na verdade, um poderoso nazista local, um *Blockleiter*: uma pessoa cujo trabalho era supervisionar a vizinhança e incentivar a conformidade ideológica. Não há registros dessa natureza envolvendo Claus.[635]

Igualmente não é correto vê-lo como um homem de intenções puramente piedosas nas mãos de um Estado autoritário e vítima dos estratagemas de uma pequena cidade. Durante as investigações, a polícia falou com um homem chamado Walter, a quem Eberling havia tratado.[636] O Estado havia esterilizado Walter à força, em 1939, por ser "pouco perspicaz".[637] Após recorrer ao *Besprechen* para tratá-lo, o marceneiro informou a Walter que sua fertilidade havia sido reestabelecida. Aproximadamente oito semanas depois, Käthe, esposa de Walter, parou de menstruar. O feitiço parecia ter funcionado. Porém tempos depois Käthe contou que fora o marceneiro que a engravidou. A mulher havia ido visitar seus pais quando o curandeiro também estava presente. Os dois seguiam para casa quando, de repente, Eberling a teria puxado e "mantido relações sexuais" com ela "encostada na parede do prédio de um banco local". O ato havia sido consensual, disse Käthe, que não fora ameaçada. Contudo ela questionava se a intenção de Eberling em lhe engravidar não seria para criar a impressão de havia curado a infertilidade de Walter.[638]

Nada nessa história de magia e medo, de segredos e maldades, em uma pequena cidade em Dithmarschen é coerente. Embora volumosas, as evidências não podem responder todas as questões que se queira levantar, e o que está disponível pode ser interpretado a partir de diferentes ângulos. Contudo é assim que a bruxaria funciona. Pela sua própria natureza, é uma prática ambígua e influenciada pelo contexto, como argumenta a psicanalista e etnógrafa Jeanne Favret Saada de forma elegante em seus estudos das crenças de bruxaria no norte da França. Quem seria aquele que comete o mal e quem seria aquele que luta contra o mal em uma dada conjuntura? Quem está curando e quem está causando as enfermidades? Em tempos com alto grau de medo e desconfiança, é possível identificar quem seria um aliado e quem seria um inimigo?[639] E é justamente essa ambiguidade que permite acusações contra bruxos e feiticeiros e transforma a "crença em bruxas" num medo em grande escala.

A história de Eberling também sugere as formas privadas e ambíguas com que o poder local interferia na vida das pessoas antes e depois de 1945. Em um estado como a Eslésvico-Holsácia, com tantos antigos membros do partido nazista, talvez não seja surpresa a pouca pressão popular ou oficial para a condenação de nazistas no pós-guerra. De acordo com um relato, nem uma única pessoa em todo o estado foi classificada nas categorias de "infrator" ou "infrator grave", e mais de 99% das pessoas processadas pelos tribunais de desnazificação foram "integralmente reabilitados ou condenados a pagar pequenas multas".

De modo geral, autoridades da Eslésvico-Holsácia se comportaram "de forma burocrática e mesquinha" em relação às vítimas do nazismo, enquanto ofereciam às antigas elites nazistas formas de reintegração social.[640]

Na intimidade das comunidades, aqueles que ascenderam ao poder em 1933 e o perderam em 1945 viviam lado a lado com os que perderam o poder em 1933 e o recuperaram no pós-guerra. Muitos moradores de vilarejos nos anos 1950 lembravam como a nova ordem nazista foi instituída e quando a ditadura teve início — a forma como as propriedades, o poder e a posição das pessoas foram arrancadas pelos novos mandatários e entregues a amigos e aliados. Após 1945, esses mesmos amigos e aliados muitas vezes perderam as vantagens que haviam adquirido de forma irregular. Foram os comitês de desnazificação, formados por membros "limpos" politicamente da comunidade — geralmente sociais-democratas como o pai de Eberling — que tomaram o poder.[641] A esses comitês recaiu a tarefa de entrevistar membros da comunidade, examinar documentos e registros e decretar veredictos sobre pessoas de suas relações. Os considerados "comprometidos" por seu passado não eram agraciados quando novos pedaços de terra eram distribuídos, ou tinham seus nomes colocados em uma lista abaixo daqueles considerados politicamente neutros.[642]

Na Eslésvico-Holsácia, antigos membros do partido nazista raramente foram expulsos de suas propriedades após 1945.[643] Porém houve alguns casos desse tipo, como parece ter ocorrido com a família de *Frau* Heesch. Ela contou que Claus havia sido responsável pelas "transferências". A convicção de que o ex-prefeito seria o bruxo responsável pela enfermidade de sua filha demonstra as consequências das animosidades e acusações não resolvidas nessas comunidades onde a crença na bruxaria servia para explicar as causas por trás das causas.

Em outra comunidade na Eslésvico-Holsácia, os sociais-democratas responsáveis pelo comitê local de desnazificação tentaram impor uma taxa a ex-membros do partido nazista que teriam conseguido evitar as punições.[644] A tentativa não vingou, entretanto o simples fato de ter sido apresentada é significativo. Em comunidades pequenas onde não havia lugar para "esconder-se", tentativas de punição, mesmo que fracassadas — sem falar nos julgamentos legais e em reversões de destino ainda mais poderosas — poderiam ser percebidas como uma afronta pessoal. Quão inconstante a sorte se apresentava a todos naqueles dias, fossem vencedores ou perdedores.

Um exemplo específico pode ser visto no romance de Hans Fallada, de 1947, *Der Alpdruck* [*O Pesadelo*]. A obra narra a história do dr. Doll, que vivia em uma pequena cidade na zona russa durante o período logo posterior à guerra. Nem todos simpatizavam com dr. Doll. Tratava-se de um *forasteiro* vindo de Berlim e não um nazista e, por isso, foi alvo de fofocas mentirosas. Por essas razões, oficiais do Exército Vermelho o nomearam prefeito. Ele não possuía conexões nem devia lealdade a ninguém na cidade, onde "ex" nazistas agora falsamente rastejam e prestavam continência às forças de ocupação. Sua tarefa — do mesmo modo que a atribuída ao pai de Eberling — consistia em "classificar esses nazistas, ou como viajantes indefesos, ou como ativistas culpados, para forçá-los a sair dos buracos nos quais haviam se escondido e expulsá-los dos confortáveis cargos que, muito espertamente e sem nenhuma vergonha, criaram para si mesmos [...] e privá-los das propriedades que adquiriram com o uso de fraudes, roubo ou chantagem, além de confiscar os estoques de comida que vinham acumulando, e abrigar os sem-teto em suas confortáveis residências".[645]

Embora ambígua, a história de Eberling sugere como o legado pernicioso dos nazistas — a vergonha pelas esterilizações, as reputações destruídas, as ambições frustradas e as recriminações — continuaram a se misturar às interações cotidianas e à vida privada. A imagem mais comum para evocar a Alemanha do pós-guerra era a dos escombros que se acumulavam nas cidades. Porém havia um tipo de escombro importunando igualmente as cidades menores e as áreas rurais: os resultantes das relações sociais. Esses destroços não podiam ser medidos em toneladas cúbicas, apesar de talvez serem ainda mais pesados, pois não havia modo de recolhê-los ou retirá-los do caminho. O passado não processado — não apenas o passado nazista porém também o período de desnazificação — deixou para trás um clima de ressentimento e insegurança em lugares onde a bruxaria era uma lógica disponível para as relações sociais, uma forma de decidir quem eram os aliados em um cenário inconstante de lealdades.[646] Nesse sentido, a história de Eberling pode representar as disputas do pós-guerra no microcosmo da Eslésvico-Holsácia, disfarçadas por uma batalha entre os infiéis e os virtuosos, entre "pessoas malignas" e pessoas inocentes. Dados os termos do debate, provavelmente era muito difícil não escolher um lado.[647]

Em comunidades como aquelas nas quais Eberling praticou curandeirismo, praticamente todos deviam saber de algo que uma outra pessoa não queria que soubessem, como o fato de terem recebido bens ou vantagens indevidas ou ainda de terem mantido propriedades sobre as quais não possuíam direito legal. Podemos apenas imaginar quanta desconfiança essas situações semearam. Algumas pessoas podem ter se alinhado voluntariamente aos *forasteiros* — os britânicos — para ajudar a derrubar outros membros da comunidade. Ninguém esqueceria facilmente essas atitudes. E, como uma linguagem de conflito social e suspeição, a bruxaria era parte de uma cultura mais ampla de acusações — como a denúncia de um vizinho às autoridades por qualquer tipo de transgressão, uma prática que, como ressaltado antes, sobreviveu ao Terceiro Reich.

Em outras palavras, é possível alegar que os problemas entre os moradores de Dithmarschen no início dos anos 1950 teriam iniciado quando Eberling ajudou o bebê de Hans e Erna. Ou poderíamos considerar que se iniciaram muito antes — em 1933.

* * *

Quando Eberling foi julgado, no final de 1954, o processo se tornou o principal assunto na imprensa. Jornalistas de dezenas de publicações compareceram.[648] O *Hexenbanner* foi acusado de violação da lei da prática de curandeirismo, difamação e dano físico por negligência.[649] Mesmo que não pudessem processá-lo por isso, os promotores estaduais destacaram que ele havia colocado "famílias que até então eram amigas" umas contra as outras. O marceneiro semeou desarmonia e causou a crise nervosa de *Frau* Maassen.[650] A tramitação do julgamento se deu no salão de eventos de uma pousada local. O espaço ajudou a acomodar os espectadores, embora tivesse exigido algumas improvisações necessárias. A mesa que serviu como bancada para o juiz tinha como pano de fundo uma cortina que estampava duendes e anjos tocando instrumentos musicais. Os espectadores trouxeram doces e sanduíches e lotaram o tribunal por oito horas, tendo assistido aos depoimentos de aproximadamente vinte testemunhas.[651]

Conforme os trabalhos começavam, cartas chegavam de cidades vizinhas, endereçadas ao tribunal, atestando a importância dessas questões para os membros de comunidades locais. Um homem escreveu: "É verdade que há influências malignas vindas do outro mundo e agindo sobre as pessoas deste mundo". A solução era a redenção e o perdão: as pessoas da vila precisavam "ver o lado bom, o justo, a verdade, a paz, e não o maligno [...] em seus vizinhos". Quem eram os culpados pela bruxaria na vila? "Os próprios moradores!"[652] Um outro homem escreveu longas cartas a mão nas quais sugeria, entre outras coisas, uma relação entre o acusado e o "conhecido Gröning".[653] Um terceiro homem — que dizia ter "qualidades anormais" desde o nascimento — quis relatar uma visão que teve de Eberling de pé no tribunal apontando para o céu, "em nome do Pai, do Filho e do Espírito Santo". "Sou inocente de todas as acusações", teria dito o réu nas visões do homem. E, ao final, todos no tribunal se levantaram e juntos entoaram um cântico intitulado "Agora Agradecemos Todos ao Nosso Deus".[654]

Embora o caso fosse percebido pela população local como de extrema importância, o julgamento no salão de eventos se encerrou abruptamente quando a defesa requereu, de modo inexplicável, adiamento.[655] Alguns anos antes, quando os problemas de Hans e sua família ainda nem existiam, Eberling consultou um médico após se ferir em um acidente de trabalho.[656] Esse acidente poderia ter lhe causado algum dano cerebral? O advogado do réu solicitou que o estado mental de seu cliente fosse avaliado para definir se, de acordo com a legislação alemã, ele poderia ser responsabilizado.[657]

Era um dia frio do inverno de 1955 quando um "calmo e resoluto " Eberling foi levado até a Clínica Psiquiátrica e Neurológica da Universidade de Kiel. Ao diretor da clínica, o professor dr. Gustav Störring, e ao médico dr. Völkel, ambos responsáveis por seu laudo médico, o réu passou a impressão de ser "simpático e confiante".[658] Durante um mês inteiro, de janeiro a fevereiro de 1955, ele permaneceu na clínica e foi submetido a uma série de exames realizados sob diferentes condições: algumas vezes apenas na companhia dos médicos Störring e Völkel; outras vezes na presença de um estenógrafo. Há indícios de que em pelo menos uma ocasião Eberling foi examinado em uma sala de conferência por um grupo maior que incluía médicos do Instituto de Medicina Forense de Kiel.[659]

Os médicos buscavam por informações não apenas da saúde física e neurológica de Eberling, mas também de sua capacidade mental e suas habilidades intelectuais. Lhe aplicaram um questionário para avaliar sua "base de conhecimento" — quantas frutas tropicais era capaz de nomear? Quem era Frederico, o Grande? Os médicos quiseram ainda testar sua capacidade de raciocínio abstrato. Por isso lhe foi entregue uma lista de objetos para que estabelecesse a relação entre tais objetos. "O que são rosas, tulipas e cravos?" "Ervilhas, feijões e lentilhas?" Também lhe entregaram uma lista de palavras para que as colocasse em uma sentença: "mãe, buquê, criança, colorido, colheu". Por fim o paciente foi apresentado e questionado a respeito das "figuras de Binet" — questões da Escala Binet-Simon para aferir seu grau de inteligência.[660]

Os médicos concluíram que Eberling possuía capacidade de aprendizagem — em matemática, geografia, ciências naturais e história — e matinha sua "educação e origens". Além disso possuía uma imaginação ativa. Quando solicitado a formar sentenças a partir de palavras dispostas em ordem aleatória, seu processo de raciocínio era "apurado", disseram os médicos, "por associação figurativa não conectada às palavras apresentadas". O réu tinha tendência a "confabular". Possuía uma memória bastante vívida, "uma capacidade acima da média para lembrar eventos em termos gráficos". Uma memória como a de Eberling, relembrou o dr. Störring, era geralmente encontrada em pessoas com talentos artísticos. Fisicamente falando, era um "tipo de constituição leptosomática", o que de acordo com a teoria de somatótipo da época significava dizer que estava inclinado a ser ansioso e introvertido. Do ponto de vista neurológico, os médicos não encontraram nenhum problema. Suas mãos, pés e axilas pareciam transpirar bastante. Suas mãos apresentavam um pouco de tremor quando esticava os braços, no entanto, os exames de encefalograma não apontaram nenhuma anormalidade.[661]

Considerando-se uma "visão geral" de Eberling e sua "perspectiva religiosa", os principais aspectos refletiam a ideia de um mundo com duas forças conflitantes: Deus e o Diabo. Sobre eles, o réu fez a seguinte afirmação: "Deus é mais poderoso". Algumas pessoas serviam a essas duas forças — "por exemplo, quando recorrem à *Besprechen*", uma prática que poderia ser usada para o bem ou para o mal. "Deus testa as pessoas, para ver se a maldade as carrega para baixo ou se elas permanecem inabaláveis".[662] Assim como Gröning, ele via Deus e o Diabo como seres personificados, em um duelo cósmico de personalidades.[663] O Diabo poderia entrar pelo buraco de uma fechadura, dizia Eberling. Assim como Gröning, ele afirmava ser capaz de *ver* quando as pessoas eram más. Essas eram pessoas agitadas e que não conseguiam descansar à noite, então se levantavam para fazer maldades. Famílias inteiras, vilarejos inteiros podiam ser malignos; pessoas más formavam uma espécie de exército do mal na Terra. Embora "pudéssemos ter um paraíso na terra caso fôssemos capazes de conviver uns com os outros", o réu não acreditava que isso fosse acontecer. "Caso Jesus voltasse à Terra, as pessoas o crucificariam novamente."[664]

Após um mês de consultas, testes, exercícios e histórias, Störring e Völkel redigiram seus relatórios. Afirmaram que o paciente tinha uma personalidade complicada. Era "educado" e interessado em dominar as conversas, apesar de ter, na opinião dos médicos, "uma sequência não muito clara de pensamentos". Segundo a conclusão dos médicos, ele possuía uma "surpreendente deficiência de suas faculdades críticas".[665]

Exatamente como nos inquéritos policiais contra Eberling no caso Maassen, os médicos não deram importância para o que ele disse a respeito de suas experiências sob o Nacional-Socialismo ou no período posterior. Baseados em suas ferramentas médicas e psiquiátricas, os médicos ofereceram algumas informações gerais baseadas no jargão médico. Ele poderia ser praticamente qualquer pessoa, vivendo em qualquer lugar e em qualquer período. Na avaliação dos médicos, o paciente possuía a necessidade de se sentir importante, com o objetivo de mascarar sentimentos de inferioridade; de buscar as causas de qualquer fracasso ou acidente no mundo exterior, e não dentro de si mesmo. As opiniões dos médicos com frequência tinham uma estreita relação com a percepção que eles próprios possuíam a respeito da superioridade de seus valores culturais. Focaram na alteridade de Eberling: o réu tinha tendência as superstições e era oriundo de um lugar "primitivo". Era um "anacronismo", alguém que teria de alguma forma permanecido imóvel, em "estágio mental e espiritual inferior ao da humanidade". Como uma criança, prosseguiram no laudo, o paciente "projetava no mundo exterior um sentimento misterioso e desconcertante, e a ansiedade ligada à doença, à morte e às catástrofes naturais".[666]

Esses diagnósticos certamente revelavam consideráveis preconceitos de classe. Contudo, ainda mais significativo que isso, não davam crédito — nem buscavam sentido — para as insinuações de Eberling de como ressentimentos políticos e sociais podiam fazer parte dos problemas locais nos quais havia se envolvido.[667] Os peritos jamais questionaram de que forma sua carreira podia ter sido sabotada por ação de antigos nazistas, inimigos dele e de seu pai por serem sociais-democratas. Nunca questionaram se esses inimigos estariam ligados à sua prisão em 1936 por exercer suas práticas de curandeirismo. Dadas as circunspecções sobre o Terceiro Reich nos anos 1950, a evasão dessa linha de questionamento não chega a surpreender, e a psiquiatria de modo geral alega ser uma ciência universal. Porém esse episódio também se enquadra em um padrão do pós-guerra mais amplo: disfarçar fatos reprováveis em favor de generalizações menos nocivas.

Um dos médicos que examinou o réu — o dr. Störring — havia recentemente publicado um livro no qual discutia o caso de um homem esquizofrênico, Paul D. Em meados dos anos 1930, Paul D. começou a ter ideias que lhe trouxeram problemas. Alegava estar sendo perseguido pela SA, contou, e por Hitler — a quem identificava como "o Diabo" e "o inimigo". Hitler, de acordo com Paul, o perseguia. "Morra, Hitler!", era o que teriam ouvido Paul D. gritar pela casa. Em 1936, ele foi esterilizado pelo Estado. Três anos mais tarde, foi diagnosticado com "demência paranoide" — ou seja, demência com características paranoicas.[668]

De acordo com Störring — e essa, na verdade, foi a razão pela qual discutiu o caso em seu livro — contando que a conversa de alguém com Paul D. ficasse restrita "puramente a pontos factuais e temas preestabelecidos, com instruções rigorosas para focar em um tópico", sua esquizofrenia "passava praticamente despercebida". Por exemplo, quando questionado quanto às estações do ano ou meios de transporte, ele era capaz de conversar normalmente. Quando solicitado a formar uma sentença a partir de um conjunto de palavras (gato, rato, porão) — da mesma forma que Störring e Völkel fizeram com Eberling — disse: Um gato foi ao porão seguindo um rato". Störring se interessou pelo caso de Paul D. pois ele o ajudou a avançar em sua teoria sobre a forma de pensar dos pacientes esquizofrênicos. O médico acreditava que o pensamento daquele paciente apresentava "defeitos" apenas quando era solicitado a emitir sua "opinião pessoal" quanto a determinado assunto. Questionamentos acerca de fatos simples que fizessem parte de sua esfera de conhecimento não lhe "incapacitavam" o raciocínio.[669]

Independentemente do valor científico que o argumento formulado por Störring pudesse ter para o estudo da esquizofrenia, o que nos surpreende atualmente é um homem ser diagnosticado como paranoico após ter sido esterilizado à força pelo Terceiro Reich. Mesmo que esse homem apresentasse, estritamente falando, delírios de uma suposta perseguição de Hitler, ele havia sido esterilizado por um poder imensamente desproporcional, e contra o qual não era capaz de resistir, um poder representado e incorporado na pessoa de Hitler. Em outras palavras, o contexto teve sua importância. Diagnósticos psiquiátricos são produzidos em um determinado tempo e lugar, e são influenciados pelas condições políticas e culturais em transformação, noções de si próprio, normas sociais e concepções acerca do que consideramos natural ou real. Comportamentos possuem significados sociais que se transformam constantemente. O próprio Störring reconhecia algo semelhante. "Estou convencido", escreveu, de que muitas "confusões ligadas a [...] questões existenciais" surgem quando as pessoas não prestam atenção às complexas diferenças nos valores "sociais, éticos, religiosos e estéticos."[670]

Mesmo que os médicos evitassem comentar aspectos mais historicamente determinados da biografia de Eberling, estavam convencidos da absoluta sinceridade do *Hexenbanner*. Assim como Gröning, ele afirmava que só era capaz de curar com a ajuda de Deus e que muitas vezes sentia seu dom de cura como um fardo. Ainda assim, o réu disse, "Deus sempre ajuda através de mim". Ele acreditava "fanaticamente no mundo de superstição que habitava", escreveram os médicos, um mundo no qual a maldade brotava com efeitos perceptíveis sobre a vida das pessoas. Do mesmo modo acreditava que extirpar a presença da maldade era compromisso solene daqueles capazes de percebê-la. Um professor do Instituto Forense de Medicina questionou o réu sobre sua opinião acerca de um homem que teria espancado um vizinho até a morte por acreditar que era um bruxo que agia sobre sua mãe. Eberling respondeu que tal punição não era justificável. "Ele defendeu suas convicções", mesmo quando o professor H. tentou desestabilizá-lo, e afirmou "enfaticamente que tal punição consistia em assassinato".[671]

Störring e Völkel estavam surpresos que "em nosso século e num país com o nosso nível cultural" uma pessoa aparentemente "sugira que a saúde e o bem-estar, a doença e a morte, acidentes e catástrofes ocorrem não de acordo com as leis naturais, mas sim por determinação demoníaca, forças não racionais cujos promotores são pessoas a serviço do Diabo". Ainda assim, na visão deles, "não havia nenhuma evidência de qualquer doença mental real no sentido de uma psicose", também não havia "nenhuma doença orgânica do sistema nervoso central". Os médicos não encontraram sinal de nenhum traumatismo craniano, doença mental ou qualquer outra mudança na personalidade de Eberling que tivesse sido causada pelo acidente sofrido anos antes.[672]

Desse modo, concluíram os médicos, o réu parecia ser uma criança, "indisciplinada e autista" em sua forma de pensar, e sofria de severa fraqueza de suas faculdades críticas. No entanto, de modo geral — talvez um pouco como Paul D. quando falava de "eventos puramente factuais" —, era praticamente normal. Ao menos normal para o contexto em que cresceu. Mais uma vez os médicos generalizaram, retratando o mundo do paciente como um lugar fora do tempo, onde a história e as mudanças não foram capazes de penetrar. No lugar de onde Eberling veio, "a superstição ainda tem profundas raízes na consciência das pessoas", declararam os médicos, e qualquer pessoa poderia facilmente receber "uma educação involuntária" em pensamento supersticioso por meio das "histórias de bruxas e fadas" que ouviam desde a infância. E, mais uma vez, especularam, talvez o réu estivesse apenas em um estado inconsciente de rebeldia contra a forma livre de pensamento de seu pai. De qualquer modo, não era um homem mentalmente doente, embora fosse, "psiquiatricamente falando", um psicopata: uma pessoa "cuja capacidade mental de imaginação ultrapassava os limites da normalidade".[673] Seu julgamento no tribunal poderia ser reiniciado.

Eberling voltou ao tribunal em maio de 1955, novamente num local pouco comum para um julgamento, uma taverna chamada Hospedaria do Jochen. Nos sábados à noite, os jovens lotavam o lugar para dançar o *boogie-woogie*. Dessa vez, o espaço improvisado para o julgamento também ficou lotado. Câmeras e equipamentos da Rádio Alemã do Noroeste foram instalados para registrar o julgamento.[674] Três mesas foram inteiramente reservadas para a imprensa, que estava atenta a todas as testemunhas relatando seus encontros com o réu.[675] Os jornalistas descreveram o caso de várias maneiras: desconcertante, curioso e sórdido. Eles costumavam chamar a atenção para os contrastes entre "a Idade Média" (supostamente representada pelo curandeiro e seus cúmplices) e a "era atômica". Desse modo, uma manchete típica evocava a imagem de Satã chegando ao tribunal num carro de boi, em contraste com os sedãs elegantes, modernos e "ofuscantemente cromados" que se alinhavam na rua da hospedaria.[676] Uma testemunha, à qual os jornais se referiam como vovó C., produziu uma garrafa de um pó vermelho fedorento — "verdadeiro pó de bruxa alemã", sem dúvida, o excremento do Diabo. Ela havia comprado o pó de um farmacêutico para tratar pessoas que estivessem "doentes, mas não doentes normais".[677]

Nem todo drama naqueles dois dias de julgamento foi expresso em palavras. A desconfiança parecia tomar conta da assembleia. Quando certa testemunha tentou ocupar um dos lugares destinados às testemunhas, os que já estavam lá ergueram as mãos "em gesto defensivo" e a barraram. Perplexa, a mulher buscou outro lugar para se sentar. Finalmente, alguém a ofereceu um assento para que se acomodasse.[678]

Os presentes ao julgamento ouviram detalhes das fofocas que corriam na vila, pequenas infrações e intrigas. Algumas dessas infrações podiam parecer pequenas, mas nem por isso eram inofensivas. *Frau* Maassen, como já vimos, sofreu de uma ansiedade paralisante como consequência de seu ostracismo. Ela não havia sido capaz de comparecer ao julgamento de Eberling antes, pois seu médico temia que a mulher voltasse a sofrer da mesma depressão grave que a tinha feito emagrecer cinco quilos desde que soube das acusações que lhe fizeram.[679]

Havia mais. O tribunal acreditou em um homem que acusou o *Hexenbanner* Eberling de "ameaçar quebrar todos os ossos de seu corpo" caso falasse com os investigadores da polícia. Talvez o réu tenha intencionalmente dado a entender que possuía algum tipo de credencial médica. E havia poucas razões para duvidar da história de Kätle relativa à relação sexual, pois "uma alegação semelhante" já havia sido feita no julgamento de 1936.[680]

Ainda assim, é difícil saber quem dizia a verdade ou de quem era a verdade que contavam. Muitas das pessoas que testemunharam certamente eram dissimuladas. Eberling repetia diversas vezes que nunca havia feito menção a bruxas, e provavelmente estava sendo sincero. No tribunal ninguém admitia acreditar em bruxas literais, porém muitos dos envolvidas falavam de "força maligna". Quando o réu disse a frase, todos sabiam que estava aludindo a bruxarias.

O advogado de Eberling, Kremendahl, se valeu dessa tendência de não mencionar bruxas em favor seu cliente. O réu apenas havia praticado "*hocus pocus*", argumentou — rituais vazios que não possuíam nenhuma relação com a cura, num sentido que pudesse violar a lei contra curandeirismo. Seu cliente, alegou o advogado, era simplesmente uma "cria da sua região", um lugar onde "a crença nas bruxas ainda habitava os lares". Tudo que ele havia feito era vender superstição às pessoas que, assim como o próprio acusado, já eram supersticiosas. Logo não havia enganado ninguém.[681]

O tribunal considerou não haver sustentação legal nessa linha de defesa. Eberling "buscou com sua prática", nas palavras do tribunal, aliviar os sofrimentos. E fez isso sem uma licença e, embora nem sempre fosse por razões monetárias, em troca de alguma forma de vantagem comercial (ainda que consistissem apenas cigarros ou potes de salsicha). Ele não solicitava pagamento, porém aceitava qualquer outra coisa que lhe oferecessem. A acusação de fraude também era possível de ser aplicada, garantia o tribunal. O serviço oferecido — proteger seus pacientes de forças malignas — era "objetivamente impossível". No que, de fato, o réu acreditava, não era relevante. Sim, mas e o fato — um ponto levantado pelo advogado do acusado — de que nenhum de seus pacientes tenha se sentido enganado? Não importava. "Uma lesão," declarou o tribunal, "é apenas o que pode ser mensurado por um escala padronizada de lesões."[682] A lógica talvez fosse circular, porém estava lá.

Segundo as autoridades, em algumas situações específicas a fraude não havia sido comprovada: aquelas nas quais os clientes do réu *não* acreditaram em seus métodos. Se não fosse possível demonstrar que ele "havia cometido falsidade", então não estaria caracterizada a fraude. Em outras palavras, o fato de os clientes de Eberling perceberem que seus métodos eram falaciosos provava que *não* teria ocorrido fraude nesses casos. Porém o acusado foi considerado culpado de fraude em outros casos, de violar a lei de curandeirismo e de prejudicar *Frau* Maassen. Ele pode não tê-la chamado de bruxa, avaliou o tribunal, entretanto numa região onde persistia uma "crença tradicional e longeva nas bruxas", ninguém precisava dizer "bruxa" ou "bruxo" para fazer tal acusação. Por ter mencionado "forças malignas" ou dito que o estábulo de determinada pessoa "precisava ser defumado", essas palavras foram recebidas como uma espécie de código para expressar algo perigoso, que não poderia ou não deveria ser dito em voz alta. Todos sabiam que o réu acreditava que uma bruxa estava em ação. E foram suas palavras que fizeram *Frau* Maassen adoecer, e por isso foi considerado culpado pelos danos físicos causados a ela. Pois havia "agitado toda a região e perturbado a vida social da vila". Eberling foi condenado a um ano de prisão.[683]

Mais uma vez, cartas preocupadas escritas por cidadãos começaram a chegar ao tribunal. Uma mulher escreveu que "não seria uma cristã caso permanecesse em silêncio e deixasse o réu marchar cegamente em direção ao inferno" por acusar outras pessoas de bruxaria. Na carta, lhe ordenava que "retomasse a Bíblia!".[684] Porém outras pessoas pareciam enxergar que uma série de questões mais laicas estavam em jogo ali. Um ex-vizinho de Eberling, de nome Ehrenberg, escreveu ao juiz para apoiar o amigo, que havia enfrentado muitos julgamentos e negligenciado seu próprio trabalho para ajudar os outros. Diferentemente de muitas pessoas, disse Ehrenberg, o réu jamais se dobrou ao "poder nazista" nem "alterou suas atitudes" diante da situação, nem mesmo usou "seu poder contra 'ex-nazistas' após a queda do regime."[685] Ehrenberg provavelmente colocou o termo "ex-nazistas" para causar impacto e garantir que quem quer que lesse sua carta soubesse — como todos, sem dúvida, sabiam — que muitos eram "ex" apenas em teoria. O réu havia sido derrubado pelos nazistas, escreveu seu defensor, contudo não empregou seu talento ou habilidade para se vingar.[686] E agora, depois de tudo pelo que passou, sugeriu Ehrenberg, o tribunal o perseguia. O poder nazista havia ascendido e sido derrotado, contudo pouca coisa havia mudado.

Por fim, o caso de Eberling foi para a última instância criminal na Alemanha Ocidental, o Bundesgerichtshof. Após a condenação de seu cliente, o advogado deu início a um recurso de apelação. O réu não poderia ter violado a lei que regulava as práticas de curandeirismo, argumentou Kremendahl, uma vez que seus métodos "se baseiam em padrões que não fazem parte de nenhuma ciência médica". A lei que rege os praticantes de cura, não tinham a intenção de ser aplicada a *Heilapostel*, ou aos "curandeiros puramente religiosos" que buscavam contrapor "forças do mal, ou seja lá o nome que queiram dar a tais fenômenos, por meio de rezas, *Besprechen* e outros procedimentos semelhantes". A condenação por fraude era também legalmente injustificável, considerando que requeria ao tribunal provar que a "promessa de cura" entre os que procuravam tratamento com o apelante era de alguma maneira diferente das expectativas normais que as pessoas possuíam quando buscavam pelo "tipo de tratamento mágico" que seu cliente oferecia. O Código Penal alemão definia que a fraude se perpetrava quando "a propriedade de alguém é danificada por prática de falsidade ou por meio da distorção ou supressão da verdade dos fatos, suscitando ou corroborando o erro". O tribunal da Eslésvico-Holsácia alegou que, pelo fato de Eberling já ter sido condenado por fraude em 1936, ele deveria saber que suas atividades eram consideradas fraudulentas. Ainda assim, o próprio tribunal citou os médicos que afirmaram que o apelante possuía uma fé "fanática" em seus métodos.[687]

O Bundesgerichtshof recebeu a apelação de Eberling no outono de 1955 e anulou sua condenação. Eles concordaram que havia erros processuais em seu julgamento. A fraude alegada não havia sido comprovada. Para isso, o condenado precisaria saber que "seus métodos eram inúteis", porém os promotores sugeriam que exatamente o contrário fosse verdade. A corte superior, no entanto, o considerou culpado de violar a lei sobre a prática de curandeirismo.[688] Seu processo voltou para o tribunal da Eslésvico-Holsácia em abril de 1956. O réu foi condenado por violar a lei do curandeirismo e por difamação, sendo sentenciado a quatro meses de prisão e multa de quatrocentos marcos alemães.[689] Apesar de "conhecer o mundo", declarou o tribunal, Eberling "havia permanecido preso" às "crenças medievais" da sua terra natal.[690] Esse veredicto e julgamento não foram capazes de prejudicar sua reputação local. Na verdade, com isso o acusado se transformou em "um pequeno

Gröning". Carros e ônibus, "em sua maioria com placas da Dinamarca", vinham procurá-lo em sua casa, transportando pessoas que buscavam pela expertise do *Hexenbanner*.[691]

O tribunal e os psiquiatras que entrevistaram Eberling haviam se intrigado com o fato de que ele não usava (ou declarava não usar) a palavra "bruxa".[692] Entretanto como réu e seu advogado bem sabiam, as pessoas eram cuidadosas na escolha das palavras. Sob o Nacional-Socialismo, uma simples palavra dita para a pessoa certa sugerindo que o vizinho de alguém ouvia um programa de rádio proibido, ou que contara uma piada inadequada no bar, poderia causar a prisão — ou coisa pior — desse vizinho. No tribunal, em 1956, Eberling disse ter negado no julgamento de 1936 que acreditasse em bruxaria, não por julgar que a justiça seria mais branda para ele, mas por temer que sua visão pouco ortodoxa fosse percebida como sinal de alguma doença mental. E isso poderia facilmente ter resultado, assim como aconteceu no caso de Paul D., em sua esterilização. O tribunal distrital que o condenou em 1956 concordou que essa possibilidade existia. A alegação de Eberling, concluiu o tribunal, "faz todo o sentido".[693]

9

A CRUZADA DE KRUSE

Ao serem confrontados com o crescente volume de denúncias de bruxaria na década de 1950, médicos, juízes e imprensa costumavam desmerecê-las e tratá-las como um exemplo do pensamento primitivo e da falta de ilustração que vigorava nas áreas rurais do país. Como afirmou arrogantemente a *Der Spiegel* em 1951, o isolamento dos camponeses — nas montanhas, brejos e campos da Alemanha — tornou-os suscetíveis à "endogamia" e a "trapaceiros".[694] O público concordava: o medo de bruxas representava uma "grande inferioridade cultural", conforme a opinião de um homem que enviou uma carta para as autoridades da Baixa Saxônia, em 1955.[695] Outros contemporâneos viam o medo de bruxas como pouco mais do que divertidas relíquias do folclore — atemporais e inofensivas, "tradições" confinadas, segundo se imaginava, a lugares que nem valiam muito a pena pensar a respeito.

Este livro sugere, ao contrário, que o aumento no número de denúncias de bruxaria não pode ser atribuído a uma superstição supostamente "atemporal". Na verdade, isso deve ser visto como decorrente de uma série de circunstâncias sociais do pós-1945: as fortes animosidades deixadas pela era nazista e que se perpetuaram pela década de

1950, especialmente em pequenas comunidades onde todos se conheciam. Em tais lugares, a bruxaria funcionava como uma linguagem do conflito social.

Todavia, esta é uma perspectiva histórica, adquirida após a passagem de muitas décadas e depois de muita pesquisa em arquivos e fontes secundárias. Ela não seria assim de todo evidente para as pessoas que viveram naquela época. No entanto, pelo menos um homem nascido na mesma região de Eberling via no aumento das acusações de bruxaria um problema social com raízes no passado. Na verdade, esse homem considerou as acusações de bruxaria como *a* questão social de sua geração. Seu nome era Johann Kruse na época um professor de escola aposentado. Em seu ponto de vista, o que havia de mais importante e mais assustador no abrupto aumento nas denúncias de bruxaria era o fato delas lembrarem "caças às bruxas" mais antigas — ou seja, o uso dos judeus como bode expiatório que culminou no Holocausto. Ao longo dos anos 1950 e 1960, Kruse se dedicou a um intenso ativismo em prol das pessoas acusadas de bruxaria, e o pano de fundo tácito de todo seu trabalho foi o Holocausto.

Dado o silêncio evasivo e desconfortável daquela era em torno do passado nazista e, principalmente, do genocídio levado a cabo, Kruse foi um ponto fora da curva. Ele foi um improvável, embora tenaz, protagonista. Possuía a capacidade de aparecer em quase todos os lugares onde denúncias de bruxaria surgiam. Estava dentro do tribunal no primeiro "julgamento de bruxaria" com visibilidade nacional, em abril de 1951.[696] Aconselhou Claus (o antigo prefeito que fora acusado por Eberling) a registrar uma queixa contra o *Hexenbanner*, a quem Kruse já conhecia desde a época em que o marceneiro teve os primeiros problemas com a justiça, na década de 1930.[697] Kruse expressou enfática e publicamente seu descontentamento após a anulação da condenação de Eberling pela última instância da justiça federal alemã. Considerou a decisão "desconectada da realidade" e exigiu que o curandeiro fosse "severamente" punido por seus delitos.[698] (Vale a pena mencionar a resposta dada por Eberling a Kruse pela imprensa: "para os que querem me expor e me caçar" seria mais proveitoso que gastassem suas energias contra "os que idealizam e constroem armas que matam populações inteiras". A "superstição verdadeiramente perigosa", disse, era a possibilidade das armas atômicas serem "consideradas algo normal e irreversível".)[699] Kruse conhecia os acusadores e o acusado e se fez disponível à imprensa para explicar tudo o que sabia a respeito de casos individuais e com relação ao fenômeno de denúncias de bruxaria de modo geral; oferecia livremente suas opiniões a todos que estivessem dispostos a ouvi-las. Ele se notabilizou de tal maneira como portador de um conhecimento especializado em questões de bruxaria que algumas pessoas interpretaram o seu zelo como evidência de que se tratava provavelmente de um feiticeiro do bem.[700]

Ao longo dos anos 1950, Kruse se tornou o especialista a ser procurado quando o assunto era a crença em bruxaria ou os julgamentos que por vezes ocorriam após as denúncias. Escreveu tantas correspondências a funcionários do governo que estes o conheciam pelo nome. Seus esforços, por fim, levaram a reuniões entre parlamentares e a polícia visando debater o popular medo de bruxas, tendo como base as provas fornecidas por Kruse. Seu nome estava nas manchetes e sua pesquisa era discutida nas rádios da Alemanha Ocidental e citada por ativistas "antissuperstição" tanto na Alemanha Ocidental como Oriental. Ele deu muitas palestras, era mencionado em jornais nos Estados Unidos, compartilhou dados com um professor de Amsterdã que conduzia uma pesquisa sobre psicologia de massas e foi citado por um folclorista dinamarquês em um congresso internacional de etnologia em Moscou.

Para o professor aposentado, embora a onda de medo de bruxas que se espalhou pela Alemanha Ocidental entre o início e meados da década de 1950 representasse uma escalada de irracionalidade, essa não era a principal ameaça. Muito mais perigosa era a forma como esse fenômeno inspirava a busca por inimigos — a maneira como isso transformava membros de uma comunidade em intrusos, no "outro", e como isso encorajava a comunidade a suspeitar desses "outros", que passavam a ser vistos como os responsáveis pelos mais diversos tipos de infortúnios. Por conta disso, acreditava Kruse, o medo de bruxarias apresentava evidentes similaridades com a condenação e perseguição aos judeus na

Alemanha nazista. No entanto, na década de 1950, os tabus que cercavam essa nem tão distante história eram tão poderosos que Kruse se referia a tais similaridades apenas de modo transversal ou por meio de terceiros.

Como resultado, e apesar de toda atenção que atraiu, o público e as autoridades relevantes permaneceram, em grande medida, pouco receptivos à ideia de que havia qualquer tipo de perigo social escondido por trás do medo de bruxas — eles podiam, e de fato o fizeram, embora de maneira um tanto vaga, relegar tal fenômeno a intrigas entre aldeões e "antigas" superstições. Algumas autoridades afirmavam que Kruse (e também a imprensa) estava exagerando o problema. Outros diziam considerar o problema como algo externo ou de tal modo alheio a sua compreensão que sequer chegava a fazer algum sentido. Há, é claro, uma ironia nisso tudo, uma vez que, bem pouco antes, alemães de todos os cantos do país — e não apenas os "culturalmente inferiores" e residentes em lugares remotos, mas também os habitantes de centros urbanos e cidades maiores, não viram problema algum em responsabilizar seus vizinhos judeus por todos os tipos de maldades imagináveis. Porém, mais uma vez, virar as costas para o problema e alegar ignorância pode muito bem ter sido uma atitude intencional.

Johann Kruse nasceu em 1889, numa era de imensas mudanças em Dithmarschen, região rural onde ele (e Eberling) nasceram. Uma revolução agrícola teve início na localidade com o uso de fertilizantes, maquinário e novas técnicas de criação animal.[701] Canais fluviais e ferrovias intensificaram ainda mais as ligações da região com o resto do mundo. Conforme atraía os trabalhadores que construíam os canais, pontes e ferrovias, Dithmarschen também se tornava mais urbanizada. Tais transformações exerceram grande influência em Kruse. Ainda bastante novo, tornou-se fascinado pela política das classes trabalhadoras e mais tarde se filiou ao Partido Social-Democrata. Ele desenvolveu uma inclinação política fortemente voltada à justiça social e, desde jovem, possuía um grande desejo de ajudar os oprimidos e incompreendidos. Chegou até a publicar um romance *agitprop* na década de 1920, *The Shame of Our Times* [A vergonha de nossos tempos], que retratava a exploração sofrida pelos trabalhadores que atuavam na construção de diques na costa alemã do Mar do Norte.

Embora tivesse mantido ligações com a igreja luterana local ao longo de boa parte da década de 1920, Kruse foi também bastante influenciado pelo livre-pensamento — especialmente a filosofia monística de Ernst Haeckel, o famoso biólogo que ajudou a difundir as ideias de Darwin na Alemanha. O monismo, que defende a unidade de todos os elementos do universo, foi praticamente um substituto para religião entre os livres-pensadores alemães no início do século xx. Após se formar no magistério e fazer algumas viagens, Kruse lutou no Primeira Guerra Mundial — uma experiência que o transformou em um pacifista pelo resto de sua vida. A revolução que pôs fim à Primeira Guerra, em 1918, fez dele um defensor ferrenho da então nova República de Weimar. Após a guerra e depois de uma série de desentendimentos com o pastor local, se deu conta de que estava mais interessado na agitação nacionalista do que na pregação da caridade cristã. Esses conflitos o levaram a abandonar a igreja em 1926. Então foi viver na Altona, uma cidade industrial próxima a Hamburgo e historicamente um dos lugares mais tolerantes e receptivos ao livre-pensamento em toda Alemanha.[702]

Embora tenha sido, ao longo de boa parte de sua vida, motivado pelos princípios do antimilitarismo, de um socialismo internacionalista moderado e do iluminismo científico, isso não impediu muitas pessoas de acusá-lo de apresentar uma tendência à paranoia. Não é difícil imaginar as prováveis fontes desse traço de sua personalidade se considerarmos os tempos em que Kruse viveu. Ele viu de perto o que o século xx teve de pior: guerras, derrotas, crises econômicas e o terror fascista. Assistiu aos trabalhadores e fazendeiros de sua região, de socialistas que eram, em 1929, transformarem-se em alguns dos primeiros e mais fervorosos nazistas. Testemunhou as sombras tomarem conta de Altona, conforme as cores vermelha, preta e dourada da Social-Democracia, que tremulavam nas janelas da cidade, eram substituídas pelo vermelho do comunismo e o preto do nazismo, com o clero abraçando entusiasticamente o fascismo. Viu seu irmão e seus sobrinhos serem presos pela Gestapo por terem se recusado a fazer vistas grossas a algumas manobras da seção local do partido nazista. Em uma ocasião, por exemplo, seu irmão se opôs ao líder do partido, que enriquecera com a apropriação indevida de terras comunais.[703]

Kruse descreveu o comportamento que acompanhou a tomada do poder pelos nazistas. "De repente, do dia para noite", escreveu, "no nosso quarteirão, assim como ao redor de toda a Alemanha, a arrogância, a prepotência e a estupidez se espalhavam por todas as direções. A perfídia e a maldade dominavam e qualquer um que se recusasse a segui-los se tornava alvo de infames intrigas e ameaças veladas". Com os nazistas no poder, Kruse passou a ser constantemente transferido de escolas por mostrar pouco entusiasmo pelo NSDAP e suas organizações, como a Juventude Hitlerista.[704] Durante o Terceiro Reich, a palavra "paranoia" poderia muito bem ser utilizada como sinônimo de bom senso.

É possível, no entanto, que as origens de seu mal-estar sejam ainda mais antigas. Certa vez, durante sua infância, sua mãe foi procurada pela esposa de um trabalhador, em pânico. Ao que parece, seus vizinhos a acusavam de ser uma bruxa.[705] Essa experiência o acompanhou por muito tempo. Especialmente depois de Primeira Guerra, quando um crescente antissemitismo começou a envenenar a vida social — em Eslésvico-Holsácia, que possuía uma minúscula população de origem judaica, este fenômeno foi ainda mais acentuado que em outras regiões.[706] Kruse passou a acreditar na conexão entre o antissemitismo e o medo que a população tinha de bruxas. Em 1923, quando os nazistas eram apenas um pequeno grupo de extrema-direita às margens da vida política alemã, ele escreveu que: "Se os animais de uma propriedade adoecem ou morrem, ou as crianças da família apresentam algum problema, ou um lavrador vai mal nos seus negócios, não demora muito para que busquem [...] causas externas para seus infortúnios, porque assim não terão que encarar a desconfortável realidade de sua própria inaptidão e negligência. Para evitar tal realidade, é muito mais fácil suspeitar que alguém, por inveja ou desejo de vingança, lançou mão de feitiçarias para trazer a má sorte". Nos anos 1920, Kruse viu, cada vez mais, que seus compatriotas "empurravam a culpa para os outros". Estava convicto de que isso estava relacionado ao que chamava de *Judenhetze*, ou "perseguição aos judeus".[707] Kruse identificou esse problema e o observou tomando forma muito antes que os primeiros boicotes aos judeus fossem sequer cogitados na Alemanha e quando a construção de campos de concentração, as perseguições e deportações organizadas pelo Estado eram algo ainda impensável. O que percebeu na década de 1920 foi a formação de um padrão consistente: quando alguma coisa dava errado era preciso procurar por um culpado. Quando os alemães se perguntavam *por que comigo?*, a resposta dada geralmente foi *por culpa deles*.

E muitas coisas deram errado na Alemanha nos anos que sucederam a Primeira Guerra: a morte de milhões de jovens; os traumas de uma guerra perdida e de um império em colapso; constante instabilidade política; uma hiperinflação que fez desaparecer economias de uma vida inteira, seguida, alguns anos depois, de um completo colapso econômico. Com muito mais nitidez que seus compatriotas, Kruse percebeu o sinistro desejo de buscar um culpado por esses infortúnios, em vez de tentar compreender suas verdadeiras causas. Aqueles que temiam a feitiçaria tinham medo de males ocultos, conspirações obscuras e alianças demoníacas. Os antissemitas faziam o mesmo, insistindo que os judeus estavam por trás de cada problema, cada trauma, cada perda. Eles acreditavam que os judeus exerciam uma influência que era incompatível com o número de israelitas existentes na sociedade alemã, e que estavam relacionados a uma conspiração internacional que se desenrolava de forma impiedosa e silenciosa com objetivo de dominar o mundo. Não só as denúncias de bruxaria e a "perseguição aos judeus" operavam de modo semelhante, ao lançar culpa sobre o "outro", — que, embora parecessem inofensivos, estava sorrateiramente em conluio com forças nefasta que queriam dominar o mundo — como estes dois fenômenos possuíam similaridades estruturais.

* * *

No entanto, após o Terceiro Reich, passado o terror do nazismo e da vilificação e perseguição dos judeus, que culminou no Holocausto, Kruse abandonou essa linha de argumentação. Ao longo dos anos 1950 e até fins da década de 1960, ele se correspondeu com autoridades da cultura, da justiça, do Interior e de assuntos sociais de diversos estados alemães, escreveu na imprensa e chegou a publicar livros analisando a crença em bruxas. Em nenhum desses documentos traçou um paralelo explícito entre as denúncias de bruxaria na Alemanha e a recente perseguição aos judeus. Em outras palavras, seguia o padrão que, de um modo geral, perpetuou-se por toda República Federal. Ele abdicou do uso de palavras perigosas. Abandonou todas as referências que ligassem abertamente o passado ao presente. No entanto, não era como se houvesse esquecido dos paralelos entre denúncias de bruxaria e *Judenhetze* que percebera anteriormente — até por que escreveria novamente sobre a tema. Em um manuscrito de 1967, Kruse afirmou que entre os "dois mais vergonhosos capítulos da história alemã" — o "período da queima das bruxas e o período do genocídio judeu sob o comando de Hitler" — havia um visível "parentesco direto de ódio e crueldade".[708] Esse manuscrito, no entanto, jamais foi publicado.

Todavia, mesmo com Kruse evitando tecer tais argumentos em público, ele buscou, de forma obcecada e persistente, alertar o público e as autoridades quanto ao problema social que se escondia por trás do medo de bruxas — a vilificação de conhecidos e vizinhos como agentes do mal. Perseguiu esse objetivo com ainda mais vigor do que fizera no passado. Suas extensas cartas são encontradas aos montes nos arquivos alemães, de Munique a Hamburgo. Quando não recebia uma resposta suficientemente satisfatória e de forma rápida, escrevia cartas adicionais em um tom reivindicatório que beirava a exasperação. Como o excesso de filigranas nunca foi muito o seu estilo muitas vezes, e mesmo que de forma sutil, acabava sempre retornando ao quadro mais geral. O título de seu livro publicado em 1951, *Are There Witches Among Us?* [Existem Bruxas Entre Nós?], é muito similar ao do filme *The Murderers Are Among Us* [Os Assassinos Estão Entre Nós], de 1946, que aborda de forma bastante direta os legados dos crimes de guerra alemães no pós-guerra.

Qual eram as motivações de Johann Kruse? Ao que tudo indica, a principal delas parece ter sido um desejo genuíno de ajudar pessoas que, como *Frau* Maassen, sofriam as terríveis consequências de serem rotuladas como bruxas, e esse foi um tema frequentemente abordado em sua troca de correspondências com as autoridades alemãs. Embora o caso Eberling tenha mostrado que também os homens (como o ex-prefeito Claus) algumas vezes fossem acusados de bruxaria, seus esforços se centravam em mostrar como o medo de bruxas vitimava principalmente as mulheres. Em sua concepção, os significados e a ameaça que representava o medo de bruxas, dava às mulheres um papel semelhante ao dos judeus. Ele também estava convencido de que lidava com um assunto sobre o qual as pessoas queriam ouvir a respeito, e isso também o inspirava. É difícil saber até que ponto a "paranoia" que, de modo justificável, desenvolvera ao longo das décadas era responsável por esse sentimento, ou se decorria de uma personalidade belicosa (algo que as pessoas que lidaram com Kruse costumavam ressaltar). A história por trás da publicação de *Are There Witches Among Us?* pode ajudar a ilustrar essa questão. Seis meses após seu lançamento, lhe informaram que a impressão inicial do livro, de cerca de 3 mil exemplares, estava encalhada e seria reciclada. Ele suspeitou que se tratava de uma fraude. Convenceu-se de que seu livro estava indo para reciclagem não por falta de aceitação dos leitores, mas porque era muito caro, ou foi mal distribuído, ou devido a qualquer outra razão plausível. Afinal de contas, o livro tinha um título chamativo, e Kruse se considerava um escritor experiente, com várias publicações em seu currículo. Deduziu, em vez disso, que algumas agências do Estado, a igreja e o mundo acadêmico não queriam que se falasse a respeito de bruxaria.[709]

No entanto, na década de 1950, as pessoas e, especialmente, a imprensa, *falavam* o tempo todo do medo de bruxas. Na verdade, a julgar pelo volume de matérias publicadas nos jornais encontrados pelos diversos arquivos alemães, à medida em que a década avançava, a imprensa passou a falar cada vez mais desse tema. Em parte, isso foi mérito do próprio Kruse. Logo após a publicação de seu livro, o ex-professor escolar fundou o Arquivo para Pesquisa do Fenômeno Moderno de Medo das Bruxas, que abrigava o material que juntou ao longo de três viagens ao redor da Eslésvico-Holsácia, de trem, a pé e de bicicleta.[710] O arquivo se mostrou útil quando os jornalistas entraram em contato com ele em busca de conhecimento especializado sobre denúncias de bruxarias, como foi o caso da *Der Spiegel* em relação a um "julgamento de bruxaria" de 1951, envolvendo um sujeito ao qual a imprensa chamou de Fazendeiro Bading. A *Der Spiegel* citou Kruse várias vezes ao falar do caso, mencionou nominalmente seu arquivo e até publicou uma fotografia dele. A exposição colocou o arquivo na pauta da imprensa alemã, e o tornou famoso. Transformou-se na maior autoridade da Alemanha Ocidental relacionada a aspectos da cultura popular até então desconhecidos da maioria das pessoas.

No entanto, e infelizmente, apesar de toda a atenção que recebeu da imprensa, os jornalistas foram quase sempre incapazes de captar a mensagem que Kruse gritava aos sete cantos — a crença em bruxarias causava um mal real às pessoas que eram acusadas — e foram ainda menos capazes de captar a mensagem paralela sobre os perigos da busca por bodes expiatórios. Pelo contrário, os repórteres mais uma vez optaram por focar nos estereótipos do subdesenvolvimento do mundo rural e nos relatos de detalhes sensacionalistas. (A matéria da *Der Spiegel* alusiva ao Fazendeiro Bading, por exemplo, foi intitulada "Até que haja sangue", em referência à recomendação dos "expulsadores de bruxas", que diziam que para retirar um feitiço lançado sobre uma criança era preciso bater nela até sangrar.)[711] Desnecessário dizer que o artigo não fez nenhuma conexão entre "superstição" e perseguição nazista.

Kruse descobriu que as autoridades eram igualmente resistentes ao seu conhecimento. Em maio de 1952, se lançou numa ferrenha campanha de envio de cartas, endereçadas primeiro ao ministro da Cultura da Baixa Saxônia, estado vizinho à Eslésvico-Holsácia, exigindo que se adotasse alguma atitude para combater a "praga espiritual" da "paranoia com bruxas".[712] Embora admitisse em suas cartas que a imprensa — alemã e estrangeira — cobria o tema, todavia lamentava que suas "cartas, artigos de jornal e palestras" permanecessem "ignoradas" por quem de fato eram seus alvos: "autoridades do governo e membros de instituições acadêmicas". Na esperança de chamar a atenção dessas pessoas, Kruse desfiava em suas cartas um rosário de casos, incluindo o exemplo de "um jovem de dezenove anos que matou seu avô a machadadas porque, desde pequeno, acreditava que o ancestral o enfeitiçara, fazendo com que adoecesse". Contou também o caso de uma mulher cujo filho e marido faleceram havia pouco tempo e, ainda em luto, foi acusada de bruxaria. Em meio à "agitação dessa paranoia com bruxas", alertava aos funcionários do estado, "pessoas são mortas [...] ou se matam em acessos de pânico e ansiedade".[713]

Em resposta às cartas de Kruse, o ministro da Cultura o agradeceu pelo material "sem dúvida valioso" que *Are There Witches Among Us?* fornecia para o "combate à superstição". Parecia, no entanto, que o "meritório trabalho" do ex-professor exagerava um pouco na dimensão do problema.[714] Por exemplo, em seu livro constava que os professores estavam ensinando tais crenças supersticiosas aos seus pupilos, mesmo que de forma não intencional, quando lecionavam folclore e contos de fadas. Essas histórias, opinava, faziam com que "as crianças, especialmente aquelas do ensino primário, aprendessem sobre demônios, bruxas e fantasmas". Até mesmo a "aparentemente inofensiva história de João e Maria", argumentava o professor aposentado, "causava danos enormes". Afinal de contas, esse conto de fadas "versava não apenas de bruxaria, mas também de canibalismo".[715] Os funcionários do Ministério da Cultura consideraram, de modo compreensível, que tal acusação teria ido "longe demais". De todo modo, apoiaram o ex-professor em sua "cruzada pelo conhecimento", permitindo que defendesse seu ponto de vista em programas educativos de rádio transmitidos às escolas, e o autorizavam realizar palestras em conferências voltadas aos professores locais. Havia um sugestão de que as associações que lidavam com patrimônio histórico talvez fossem uma audiência mais receptiva à mensagem de Kruse — aparentemente ainda convencidos de que a crença em bruxas era muito mais um artefato histórico do que um fenômeno contemporâneo em expansão.[716]

As autoridades da Baixa Saxônia se juntaram as críticas relacionadas à metodologia de Kruse. "Um dos grandes problemas" de *Are There Witches Among Us?* "é o uso de fontes anônimas", criticou um dos funcionários do ministério ao ex-professor.[717] No entanto, como o próprio autor explicou nas páginas introdutórias do livro, havia um bom motivo para tal anonimato. "Ao relatar alguns fatos aqui", escreveu, "muitas vezes não pude identificar as pessoas envolvidas por seus nomes verdadeiros, pois várias ainda estão vivas". O silêncio em relação ao nome de lugares específicos ocorreu pela mesma razão: evitar que alguém fosse "perseguido e excluído", sendo rotulado de "servo do Demônio".[718] "Por qual motivo eu divulgaria o nome de pessoas acusadas de bruxaria e que já sofriam exclusão em suas vilas e cidades?", questionou às autoridades da Baixa Saxônia.[719] No ano seguinte, o ex-professor descreveu a jornalistas suas experiências ao visitar e tentar levar conforto a alguns desses acusados. Muitos deles guardavam recortes de jornais como se fossem talismãs, contou, pois traziam impresso nas manchetes — e portanto imbuídos de um caráter oficial — a informação de que "bruxas não existem".[720]

Mesmo com as autoridades minimizando o problema, Kruse encontrou maneiras de seguir avançando em sua campanha. O ex-professor começou a atrair discípulos, entre eles Herbert Schäfer, um criminologista com doutorado pela Universidade de Bonn. As notas de rodapé no livro *Witch Power and Witch Hunt* [*O Poder das Bruxas e a Caça às Bruxas*], publicado por Schäfer em 1955, atestam para a influência do professor de escola aposentado. Ele conquistou aliados em uma série de organizações e parceiros, incluindo a Organização Mundial das Mães de Todas as Nações (WOMAN, na sigla em inglês), a Sociedade Alemã de Proteção aos Animais, o Grupo de Trabalho dos Cientistas de Bonn e o presidente da Câmara de Apotecários de Hamburgo.[721] Kruse se filiou à Sociedade Alemã de Combate às Superstições (DEGESA, na sigla em alemão), fundada em 1953. A Sociedade parece ter rotulado como "superstição" quase tudo o que seus membros — a maioria acadêmicos, muitos deles médicos — consideravam pouco alinhado com as normas médicas e científicas. A DEGESA se colocava contra inúmeras práticas, leitura de cartas, parapsicologia, yoga e acupuntura.[722] Esses fenômenos não tinham nenhuma relação com o medo de bruxas, entretanto Kruse considerou que manter uma ligação com tais organizações era uma questão estratégica em sua relação com as agências estatais, pois serviam como indicativo do aumento de sua reputação, além da integridade e importância do seu trabalho.

Ao fim, no entanto, o que acabou por dar tração à causa de Kruse junto às autoridades governamentais teve muito mais relação, ironicamente ou não, com Eberling do que com suas muitas afiliações institucionais e seu ferrenho ativismo. Em 1955, o julgamento do *Hexenbanner* virou notícia nacional e internacional. Jornais de países distantes da Alemanha cobriram o caso.[723] A emissora Rádio Alemã do Noroeste transmitiu uma série de quatro episódios chamada "Obsessão com bruxas em nosso tempo".[724] Alguns anos mais tarde, o curandeiro se tornou tema do noticiário *Neue Deutsche Wochenschau* .[725] O aumento no nível de publicidade fez com que as reclamações de Kruse por carta começassem a surtir mais efeito.

"Permita-me colocar essa educada questão", demandava uma de suas cartas ao ministro de Interior da Baixa Saxônia, em fins de 1955. Quais "medidas" o "ministro tomou", perguntava, "para garantir que as mulheres e as mães da Baixa Saxônia não sejam perseguidas, maltratadas ou mortas sob a acusação de serem bruxas?".[726] Do Ministério do Interior, a carta foi encaminhada ao Ministério da Cultura para que "investigasse" o caso.[727] De lá foi parar nas mãos da polícia estadual, cujos oficiais explicaram aos ministérios que não sabiam ao certo quais, ou mesmo se, atitudes legais poderiam ser tomadas. "Se às vezes atos reputados como bruxaria levam à instauração de um inquérito policial, são em geral tratados como casos de difamação ou agressão", escreveram os oficiais de polícia. (Isso era verdade: afinal, Eberling foi condenado apenas por violar a lei da prática de curandeirismo e por difamação, mas não por incitar os vizinhos de *Frau* Maassen contra ela.) De todo modo, a polícia concordou em investigar oito casos específicos citados por Kruse.[728]

A investigação foi concluída três meses depois. Não havia motivos para maiores preocupações, relatou a polícia estadual ao Ministério do Interior. O problema não representa um "risco sério". Os casos apontados como denúncias de bruxaria envolviam apenas curandeiros charlatões que tiravam dinheiro das pessoas e não possuíam "nenhuma relação com superstição no verdadeiro sentido da palavra". Aqui, novamente, não fica claro se a polícia ou as outras autoridades de fato compreendiam o que estavam investigando. Dos oito casos que Kruse levou até eles, seis claramente envolviam acusações de bruxaria, muitos tiveram episódios de violência e um resultou em assassinato.[729] Talvez os investigadores não tenham levado a sério o fato de esses casos serem o resultado de imputações de bruxaria, ou não foram capazes de imaginar que as pessoas envolvidas neles "realmente acreditavam" que estavam sendo perseguidas por serem bruxas (talvez tenha sido isso que quiseram dizer quando falaram em "superstição no verdadeiro sentido da palavra").

Assim, embora fosse verdade que as autoridades estiveram mais propensas a investigar esses casos após o julgamento de Eberling, elas seguiram sem conseguir compreender a questão central do problema do mesmo modo que Kruse o percebia: que o medo de bruxas levava ao ostracismo social e a perseguições. Mesmo quando confrontados com um exemplo concreto de perseguição, as autoridades poucas vezes eram capazes de captar seu significado social, e a potencial ameaça que aquilo representava. Um oficial da Baixa Saxônia, por exemplo, se referiu a um caso no qual os vizinhos acusavam uma mulher, tida por eles como "encrenqueira e briguenta", de ter enfeitiçado uma criança. A mulher tentou o suicídio e teve que ser colocada sob cuidados médicos. Ainda assim, os oficiais estavam confiantes de que o restante da população da cidade não se importava com as "brigas" entre a acusada e seus vizinhos. O problema entre eles era "basicamente uma questão pessoal". O investigador não considerou que se tratava de um problema social mais amplo e significativo.[730]

Quando as autoridades resolveram intervir, o fizeram com base em questões previstas em lei: fraude, ameaça à saúde pública, violação à lei da prática de curandeirismo. Para eles, "superstição" era um problema genérico que não tinha influência nessas ofensas. Algumas autoridades simplesmente não compreendiam a questão, ou, por ignorância a consideravam uma vertente exótica da cultura popular, e misturavam diferentes tipos de "superstição" que nada tinham a ver com o medo que as pessoas sentiam de malfeitos dissimulados. O ministro do Interior da Baixa Saxônia, por exemplo, acreditava que o problema era a adivinhação, uma prática que, segundo observou, já era regulada em vários distritos do estado.[731]

No entanto, mesmo que as autoridades continuassem confusas quanto ao real significado do medo de bruxas, elas reconheciam que o fenômeno parecia estar se espalhando. Em 1956, o ministro de Políticas Sociais da Baixa Saxônia, o dr. Heinz Rudolph, pediu que os diretores dos distritos administrativos locais ficassem alertas e reportassem qualquer caso relacionado a bruxaria. Rudolph queria saber se precisariam "tomar medidas para proteger a saúde da população".[732] Os resultados dessa iniciativa, de acordo com a troca de correspondência interministerial, foram "não inequívocos". Em "algumas partes" do estado havia "casos de paranoia com bruxas", porém os tabloides, "sempre à caça de manchetes sensacionalistas", tendiam ao "exagero". Apesar disso, entre si, as autoridades advertiam que era prudente não discutir publicamente tais assuntos, para não alimentar o medo de bruxas. Uma "grande discussão relacionada a esse tema (bruxaria) poderia cimentá-lo na consciência das pessoas", foi a previsão feita por um dos altos funcionários do Ministério de Políticas Sociais da Baixa Saxônia por carta. Um "efeito precisamente oposto" ao desejado seria "alcançado se soarmos um alarme".[733]

Quer a impressa tenha, ou não, exagerado na cobertura do tema, a Baixa Saxônia levou a questão suficientemente a sério, a ponto de pôr o "combate à paranoia com bruxas" na pauta de uma conferência de dois dias, realizada em 1956, que reuniu cerca de uma dúzia de inspetores de polícia, comissários e funcionários do alto escalão dos ministérios estaduais do Interior e de Políticas Sociais. Aqui, de novo, prevaleceu o consenso de que o problema da crença em bruxas era resultado de uma genérica "falta de esclarecimento" que parecia se espalhar entre a população, porém concluíram que a questão não carregava um significado social mais amplo. Além disso, exemplos individuais nos quais "a paranoia com bruxas teve um papel relevante" tiveram, em sua maioria, uma "importância apenas local" e não se tratava de uma ameaça "generalizada".[734]

Ao mesmo tempo, os conferencistas reconheceram que quando uma comunidade se voltava contra um vizinho, as crenças em bruxaria poderiam levar ao ostracismo e à violência. No relatório produzido durante a conferência, as autoridades estaduais saíram em busca de meios legais que pudessem remediar os muitos casos que surgiam ligados à paranoia com bruxas. Em relação àqueles que declaravam ser *Hexenbanners*, foi verificado pelos oficias que o estado poderia aplicar a lei que regulava a prática de curandeirismo para sanar o problema. Quanto a ajudar as pessoas denunciadas por bruxaria, também nesses casos havia um recurso legal: agressão e difamação implicavam penas criminais.[735]

Encontrar soluções legais para as *crenças* culturais que desencadeavam as acusações de bruxaria foi uma tarefa nebulosa. As autoridades recomendavam mais educação: quando lendas e contos de fada eram discutidos em sala de aula, "a conversa naturalmente se volta para as bruxas", e os professores deveriam tecer alguns rápidos comentários, mencionando que toda essa "paranoia com bruxas" era um "disparate". Os pastores e as organizações que lidavam com história e cultura local também poderiam apresentar uma visão crítica do tema.[736] Talvez influenciados pela notoriedade que a temática alcançou com o caso Eberling, as autoridades conclamaram "todas as agências e departamentos" a serem mais vigilantes e pediram ao Ministério da Justiça que encorajasse os promotores públicos a exigirem sentenças mais pesadas quando casos do tipo chegassem aos tribunais. Quando uma punição legal não pudesse ser imposta, apesar de alguma pessoa ter "sofrido abusos públicos", o Ministério de Interior precisava ser informado.[737]

Em 1956, parecia que a onda de opiniões das autoridades viraram a favor de Kruse: mesmo que suas conclusões tenham ficado aquém do que ele considerava satisfatório, os agentes do estado acharam por bem investigar suas denúncias. Naquele mesmo ano, outra frente de batalha levantada por seu ativismo começou a conquistar algumas vitórias. Por anos, Kruse levantou, sem sucesso, denúncias contra uma editora chamada Planet Publishers, sediada em Braunschweig, que lançou uma edição popular de um livro de magia chamado *Os sexto e sétimo livros de Moisés*.[738] O ex-professor estava convencido de que o livro desempenhava um papel importante na promoção das crenças em bruxaria e na violência cometida contra as pessoas rotuladas como bruxas, conforme explicou a um jornalista.[739] Em uma de suas cartas de denúncia, ele exigia que o governo da Baixa Saxônia tomasse medidas para proibir a venda de livros de magia, incluindo o livro de Moisés.[740] A princípio as autoridades não se comoveram com seus pedidos. Um promotor explicou para a imprensa, em 1955, que o livro — que apresentava ao público, entre outras coisas, várias receitas de medicina popular — era meramente um "produto literário sem valor médico algum". A editora deixara suficientemente claro, na visão das autoridades, que o livro não deveria servir de substituto para os cuidados médicos. (E, de fato, na página 101, a seção "Comentários dos Editores" deixava claro aos leitores que "no caso do surgimento de doenças é imprescindível que se busque o auxílio de um médico".) A promotoria estadual e a corte de apelações regional de Braunschweig concordaram com o promotor.[741] Na opinião das autoridades estaduais, ninguém levaria aquele livro muito a sério.

No entanto, após o caso de Eberling chegar à Tribunal Federal de Justiça, as percepções começaram a mudar. Não demorou muito para a Planet Publishers ser acusada de fraude e práticas comercias desonestas (a acusação dizia que o livro de Moisés fazia afirmações inverídicas); de incitar o público a cometer delitos criminais (incluindo violação de túmulos e maus-tratos a animais para uso em receitas de magia); e de violar a lei da República Federal de controle a doenças sexualmente transmissíveis, de 1953 (o livro descrevia tratamentos contra a sífilis). Para corroborar a acusação, Kruse forneceu aos tribunais páginas e páginas de documentos comprovando a existência de elementos que, em sua visão, causavam danos à sociedade — o principal deles, as informações contidas no livro que ensinavam como desmascarar bruxas.[742]

Folheando hoje as páginas da edição de 1950 de *Os Sexto e Sétimo Livros de Moisés*, não é difícil entender porque as autoridades o viram inicialmente apenas como uma novidade excêntrica e não como uma séria ameaça à saúde pública, ou de incitação à criminalidade. Porém as aparências podem enganar. Havia uma história secreta escondida nas páginas daquele pequeno volume — uma história que Johann Kruse provavelmente conhecia muito bem. Propagandas enganosas e profanação de cemitérios certamente estão entre os aspectos menos prejudiciais do livro, embora mereçam alguma atenção. É naquela edição de 1950 que começamos a perceber as conexões feitas pelo ex-professor — apesar de já não mencioná-las explicitamente — entre a história pós-1945 de acusações de bruxaria e a vilificação dos judeus em décadas anteriores.

Um livro de magia é como um manual de instruções. Contém informações sobre rituais, feitiços e encantamentos. Mostra ao leitor como são os procedimentos para invocar entidades sobrenaturais. Um livro desse tipo pode fornecer métodos e receitas para manutenção da saúde, do amor e da boa sorte; mostrar como obter poder; causar o mal, ou se proteger dele. A autoria de um livro de magia é geralmente creditada a uma figura poderosa, profundamente sábia e lendária — como o Rei Salomão, por exemplo — cujo conhecimento secreto (e sempre há um conhecimento secreto) é revelado no texto.[743]

Os Sexto e Sétimo Livros de Moisés foi o livro de magia mais popular entre os falantes do idioma alemão no século xx. Foi publicado pela primeira vez em Stuttgart em meados do século xix.[744] O livro era baseado na suposição que Deus dera mais informações do que as descritas nos cinco livros de Moisés presentes na Torá — Gênesis, Êxodos, Levíticos, Números e Deuteronômio. Como um apócrifo oitavo livro de Moisés teria supostamente sobrevivido em um papiro datado aproximadamente do século IV a.C., por anos as pessoas acreditaram que deveria existir também os livros sexto e sétimo.

Os Sexto e Sétimo Livros de Moisés não possuíam um texto "fixo". Foi publicado e republicado, editado e reordenado em várias coleções e edições ao longo do tempo.[745] Somente durante a República de Weimar, pelo menos cinco editoras diferentes produziram edições do livro.[746] Sob o regime nazista, a produção e distribuição de literatura exotérica foi por vezes proibida, embora de maneira irregular e desigual.[747] Em 1950, a Planet Publishers — cujo catálogo ao longo da década também incluía livros de piadas, obras voltadas às gestantes, livros de conselhos matrimoniais e séries clássicas da literatura pulp, como *Sun Koh: Der Erbe von Atlantis* [Sun Koh: Rei de Atlantis].[748] Pequeno, feito com papel de borda vermelha e capa dura preta, a edição da Planet se parecia muito com um estranho livro de cânticos, entretanto em vez de hinos e cânticos religiosos, trazia instruções de como selecionar e preparar uma varinha mágica, quais as melhores horas para se entrar em contato com os espíritos e como evocar Lúcifer, "o protetor das almas dos condenados". O livro explicava como uma pessoa deveria se preparar antes de iniciar rituais de magia: comer somente duas vezes ao dia e apenas ao meio-dia e à meia-noite, além de se abster de "relacionamentos com qualquer mulher". Apenas a adesão rigorosa a tais instruções garantiria a "vitória" em "perigosas batalhas".[749]

A edição de 1950 da Planet foi um pequeno best-seller. A impressão inicial de 9 mil cópias sugeria o grau de confiança dos editores no potencial comercial do livro, e essa impressão foi seguida por outras. O livro rendeu cerca de 100 mil marcos alemães entre 1950 e 1954 e continuou sendo vendido até a década de 1970.[750]

Os Sexto e Sétimo Livros de Moisés eram conhecidos por muitos na Alemanha, mesmo por aqueles que não o haviam comprado ou utilizado. Circulava o boato de que o assassino em série Fritz Angerstein, que matou sua mulher, parentes e empregados em 1924, o fez por influência do livro de Moisés.[751] Após a Segunda Guerra, o folclorista Adolf Spamer descreveu alguns encontros que teve durante seus estudos de magia e, especificamente, do livro de Moisés. Uma mulher que conheceu em suas pesquisas se convenceu que toda a má sorte que teve durante sua vida aconteceu porque, durante a juventude, nos anos 1920, certa vez, tendo dinheiro suficiente para comprar *Os Sexto e Sétimo Livros de Moisés* ou um espartilho, escolheu a segunda opção. Na Biblioteca Estatal da Prússia, em Berlim (atualmente Staatsbibliothek), Spamer tentou pegar alguma edição disponível do livro emprestada. Todos os pedidos de empréstimo receberam como resposta "livro não localizado". Cópias do livro de Moisés eram furtadas com frequência, repostas e furtadas novamente. Em uma ocasião, Spamer emprestou sua cópia do livro para seus estudantes, e o recebeu de volta com algumas páginas que continham talismãs e feitiços de cura faltando. Ao confrontá-los, eles negaram, dizendo não terem nenhum "interesse ou inclinação para magia".[752]

As pessoas talvez negassem seu interesse no livro de Moisés para não serem expostas ao ridículo, ou porque seus padres ou pastores lhes pediam para não lê-lo.[753] No entanto, muitos dos que negavam conhecer o livro o faziam pela mesma razão que os levava com regularidade a falar de bruxas apenas em código: ambos tinham a reputação de ser uma fonte de magia do mal. Herbert Schäfer, um estudioso da criminologia que seguiu os passos de Kruse, descobriu, em fins da década de 1950, que assim como ocorria em relação às bruxas, as pessoas tinham receio de falar sobre *Os Sexto e Sétimo Livros de Moisés*. Ninguém costumava admitir rapidamente que possuía uma cópia ou que já utilizara alguma vez o livro, contudo, não raro, costumavam acusar as pessoas de quem suspeitavam serem bruxas, de terem feito uso do livro de Moisés.[754] Em maio de 1953, o tabloide *Abendzeitung*, de Munique, relatou que Bruno Gröning estava processando seu irmão Karl, com quem há muito não mantinha contato, por ele ter enviado para editoras um manuscrito no qual afirmava que Gröning utilizou o livro de Moisés.[755] *Herr* C., cuja história introduz este livro, disse que, ao espiar *Frau* N. por uma fresta na janela, a viu lendo o *Os Sexto e Sétimo Livros de Moisés.* Para ele, isto era uma prova que ela "estava mancomunada com o Diabo".[756] Durante o processo judicial aberto contra Eberling, um homem enviou uma carta para o tribunal em Dithmarschen denunciando que o livro de Moisés estava relacionado com aquele caso. Qualquer um que tivesse "lido aquele livro", escreveu o homem, "já havia caído nas garras de Lúcifer".[757]

Em várias ocasiões, o próprio Eberling deu testemunhos contraditórios a respeito de onde vinham as inspirações para seus tratamentos.[758] Ele se recordou que, quando trabalhava como carpinteiro nas minas de Dortmund, uma senhora com quem morava lhe ofereceu um livro que, segundo ela, poderia torná-lo poderoso. O curandeiro rejeitou a oferta pois "o Diabo estava ali". Ainda fez questão de frisar que o livro oferecido pela senhora não era *Os Sexto e Sétimo Livros de Moisés.*[759] Apesar disso, quando saiu a sentença, no julgamento de 1936, os autos registraram que, ao ser recebido na residência de família que se tratava com ele, o réu portava "alguns livros, uns religiosos e outros com conteúdos cabalísticos". Muitos diziam que Eberling copiava informações desses livros em pedaços de papel.[760] Não ficou claro se de fato ele tenha se utilizado o livro de Moisés, contudo, como sabemos, as pessoas não costumavam admitir que o fizessem.

A informação presente nos autos alusiva a livros "com conteúdos cabalísticos" merece algumas considerações adicionais. Era comum que edições anteriores de *Os Sexto e Sétimo Livros de Moisés* utilizassem caracteres e palavras hebraicas, além de nomes, símbolos e nomenclaturas judaicas (ou pseudojudaicas) em referência a Deus. Em outras palavras, tais edições associavam os judeus, a cultura, religião e símbolos judaicos, o idioma hebraico e nomes hebraicos "secretos" de divindades diretamente com magia — e mesmo com magia do mal.

A ideia de que os judeus possuíam poderes mágicos pode ser vista em uma série de artefatos da cultura alemã, antes e depois da era nazista. O *Dicionário Alemão de Superstição* — um imenso compêndio de dez volumes que reúne diversas "crenças populares" — é um bom exemplo nesse sentido. Publicado entre 1927 e 1942, o dicionário trazia estudos de alguns dos mais renomados folcloristas do período. Um dos verbetes mais extensos é o que fala de "Judeus/Judaísmo". Entre muitos outros pontos, o verbete dizia que "os judeus sempre foram tidos com feiticeiros", que eram leitores de "livros sobre magia, como *Os Sexto e Sétimo Livros de Moisés*". A descrição que aparece no volume publicado em 1932 — antes, portanto, da chegada dos nazistas ao poder — segue nesta mesma toada, registrando a antiga e duradoura noção de que "objetos de origem judaica possuem poderes mágicos". Em face da longa história por trás destas ideias, o verbete seguia explicando ser "compreensível que as pessoas sigam, ainda hoje, atribuindo poderes mágicos aos judeus".[761]

Após o Holocausto, tais ideias se tornaram tabu. Todavia, não é difícil encontrar diversas pistas do porquê muitos alemães continuavam a associar os judeus a forças ocultas — por vezes do bem, porém quase sempre do mal. Como vimos anteriormente, o exorcista que atuou no local onde a Virgem Maria apareceu em Heroldsbach se referia ao palíndromo em latim "*Sator Arepo Tenet Opera Rotas*" como sendo o "Pai-Nosso hebraico".[762] Nas redondezas da primeira aparição, os comerciantes vendiam panfletos impressos localmente. Um deles apontavam para a existência do chamado "triângulo da trindade", uma ligação mística entre Heroldsbach e outros dois locais de peregrinação que formariam um portal por onde os poderes do Diabo poderiam ser acessados. No entanto, Satã, com a ajuda dos franceses e dos judeus, impedia que isso acontecesse.[763] E é claro, o nome de Moisés estava presente no próprio título do livro.

A edição de 1950 do livro de Moisés perpetuou essa tradição que associava judaísmo a magia, ao menos na forma que poderíamos chamar de repressora. Algumas edições publicadas anteriormente na Alemanha, por exemplo, atribuíram o sétimo livro a uma tradução feita pelo "Rabino Chaleb", no entanto tal atribuição não foi mencionada na edição de

Das sechste und siebente Buch Moses

das ist Moses magische Geisterkunst, das
Geheimnis aller Geheimnisse.

Wortgetreu nach einer alten Handschrift

Mit alten Holzschnitten

1950 da Planet.[764] Os diversos caracteres hebraicos e pseudo-hebraicos vistos nas edições anteriores do livro de Moisés também foram abandonados.[765] Todavia, as orações que aparecem na edição de 1950 continuavam sendo dedicadas "Somente a vós, o grande, grande Adonai, Eloim, Ariel e Jeová". De modo surpreende, o único símbolo pictográfico hebraico mantido no livro, a Estrela de Davi, aparece com grande proeminência em sua capa. O símbolo mais indelevelmente associado aos judeus perdurava.

É claro que um hexagrama — uma estrela de seis pontas — tem significados para além da Estrela de Davi. Pode ser visto na Alemanha em muitos outros contextos: nas antigas portas da Universidade Técnica de Munique; como um *Bierstern*, ou "estrela dos cervejeiros", simbolizando os seis ingredientes usados na fabricação de cerveja; e mesmo como decoração natalina a partir da década de 1980 na Berlim Ocidental.[766] Estudiosos de magia cristã na Antiguidade e na Idade Média têm argumentado que expressões judaicas vistas em textos de feitiçarias se tornaram muito conhecidas e foram praticamente incorporadas aos idiomas nativos de seus usuários, de modo que deixaram de ser reconhecidas como sendo de origem judaica.[767] Tal familiaridade também pode ser vista nos livros modernos de magia. Na edição da Planet de *Os Sexto e Sétimo Livros de Moisés* há um capítulo chamado "O Círculo Cabalístico", por exemplo. No século XX, a Cabala já fazia parte do repertório esotérico de origem não-judaica e estava presente nos textos europeus de magia havia séculos. As referências à Cabala na edição da Planet do livro de Moisés estão muito mais ligadas a uma sabedoria arcana e mística do que ao judaísmo.

Nos dias atuais os estudiosos da magia — historiadores, antropólogos e pesquisadores das religiões — têm demonstrado que os escritos ritualísticos (uma categoria que inclui os livros de magia) são muitas vezes acrescidos de elementos vindos de tradições religiosas que os autores desses escritos consideram "exóticas". Tais elementos conferem certa autoridade para práticas mágicas por amplificarem aquilo que o antropólogo britânico Bronislaw Malinowski chamou, em seu famoso estudo sobre os habitantes das Ilhas Trobriand, de "coeficiente de estranheza".[768]

O antropólogo observou que o vocabulário usado pelo povo das ilhas na prática de magia não era um vocabulário qualquer. "Acreditava-se que um feitiço era um texto primitivo, que teria surgido ao mesmo tempo que as plantas e os animais, os ventos e as marés, as doenças [...] a coragem [...] e a fragilidade." Por que então, as palavras mágicas deveria ser iguais "às palavras usadas no cotidiano?".[769]

Em resumo: tanto a força como a eficácia das palavras mágicas dependiam do quão antigas, épicas e lendárias fossem — além do quão diferentes soassem em comparação àquelas que seus usuários percebiam como corriqueiras. Esta talvez seja uma, dentre outras tantas razões, que levaram os símbolos judaicos a serem percebidos como talismãs pelo cristianismo e pelas tradições exotéricas.[770] No entanto, mesmo levando tudo isso em consideração, é difícil imaginar que no pós-guerra, em face dos notórios e perversos abusos do nazismo, a estrela de seis pontas não viesse carregada de uma potente e singular simbologia.

Nenhum elemento dessa perturbadora história veio à tona quando o caso contra a publicação de *Os Sexto e Sétimo Livros de Moisés* pela Planet Publishers chegou aos tribunais de Braunschweig.[771] Ao longo dos três últimos dias de novembro de 1956, vários especialistas se apresentaram perante o tribunal para prestarem seus depoimentos. A principal testemunha especializada arrolada pela acusação era o professor de patologia forense, Otto Prokop. Ele, que assim como Kruse, foi membro da DEGESA, considerava os livros de magia como um mapa que traçava o caminho para a desordem e a criminalidade. No tribunal, Prokop falou sobre um caso de 1954 no qual três homens cometeram vários crimes na Vestfália enquanto faziam cerimônias para invocar o Diabo utilizando fórmulas do livro de Moisés.[772]

O opositor de Prokop no tribunal também era um renomado estudioso, mas não da medicina e sim do folclore. Originalmente da Silésia, Will-Erich Peuckert fugiu de sua terra natal no fim da guerra e, desde 1946, lecionava na Universidade de Göttingen. Suas principais áreas de pesquisa eram magia e bruxaria e sua percepção a respeito do livro de Moisés trazia um olhar bem diferente dos de Prokop e Kruse. Peuckert o via como uma espécie de *Hausväterliteratur* — um gênero de livros que datavam do século XVI e continham informações relacionadas à agricultura, conselhos de economia doméstica, criação de animais, receitas culinárias e tratamentos médicos.[773] Nesse sentido, o livro de Moisés representava essencialmente um dos primeiros estágios históricos do desenvolvimento das ciências na Alemanha. O folclorista não deixava de ter razão: a edição da Planet trazia curas para queimaduras, técnicas para estancar sangramentos, aliviar picadas de animais peçonhentos e para melhorar a visão.

Talvez não seja de todo surpreendente que as histórias mais inquietantes do livro de Moisés e o tema "magia judaica" não tenham vindo à tona no tribunal. No entanto, pelo menos uma conexão direta nesse sentido pode ser feita. O verbete "Judeus/Judaísmo" no *Dicionário Alemão de Superstição*, que atribuía poderes mágicos aos judeus, foi escrito por ninguém menos que Will-Erich Peuckert, o especialista que testemunhou a pedido da defesa da Planet Publishers.[774]

Não por acaso, as explanações de Peuckert a respeito das associações feitas entre judeus e magia estavam entre as mais comedidas do longo verbete, que também dizia que: "Os judeus são um inimigo de Deus"; "Deus odeia os judeus e os inimigos dos judeus foram reunidos durante a Idade Média para exterminá-los".[775] Com as citações de vasta bibliografia e longas e densas notas de rodapé, Peuckert, por um lado, apresentava essas informações como "folclore" ligado a uma variada gama de "superstições".[776] Contudo, foi ele quem escreveu boa parte do verbete no presente do indicativo. De modo geral, seu verbete "Judeus/Judaísmo", assim como outros que compunham o *Dicionário Alemão de Superstição*, careciam de uma "supranarrativa" acadêmica. As informações existentes no dicionário são muitas vezes apresentadas como se fossem atemporais, sem nenhuma voz autoral. Essa falta de exatidão temporal e mistura promíscua de percepção histórica com contemporaneidade faz com que seja difícil percebermos quando Peuckert se refere ao passado histórico e antigas lendas e quando fala das crenças que seus compatriotas possuíam em 1932.[777] A historicidade que oferece — quando diz que Deus ordenou que seus fiéis "exterminassem" seus inimigos "judeus" durante a "Idade Média" — pode ser julgada como extremamente dissonante em face dos eventos subsequentes.

Apesar desse suspeito e verborrágico verbete, Peuckert nunca teve muita afinidade com o Nacional-Socialismo, e os nazistas tampouco gostavam dele. O classificaram como um indivíduo politicamente pouco confiável e cassaram sua autorização para lecionar em universidades (sua *venia legendi*). Chegaram a queimar seu livro *O Folclore do Proletariado*, que, bem diferente da romantização do mundo rural que era costumeira nos estudos do tema, tratava do mundo urbano e das tradições narrativas da classe trabalhadora.[778] Em resumo, o verbete "Judeus/Judaísmo" de Peuckert, embora extremamente problemático, não era o produto de um estudioso alinhado com as doutrinas nazistas, muito pelo contrário. Em sua atuação acadêmica, o folclorista Peuckert tinha uma inclinação para análises historiográficas muito mais acentuada que a maioria de seus pares, e sabia muito bem distinguir entre relíquias do passado e a cultura alemã contemporânea.[779]

No entanto, enquanto disciplina, os estudos do folclore em terras de língua alemã eram um empreendimento de marcado viés nacionalista. Desde o século XIX, seu interesse esteve na coleta de fábulas, lendas, músicas e objetos da cultura material. No início do século XX, os folcloristas realizaram grandes enquetes junto à população com o intuito de compreender a distribuição espacial de determinados costumes, práticas e crenças. Tal empreitada se caracterizou, em geral, por uma tentativa não histórica de ver em práticas populares e tradições orais contemporâneas algum vestígio duradouro e essencial de antigas crenças, costumes e tradições germânicas. Tudo isso acabou por fazer dos estudos do folclore uma disciplina particularmente propícia ao empreendimento nazista após 1933, embora as pesquisas de muitos folclorista já estivessem bastante alinhadas com políticas identitárias ultranacionalistas bem antes da ascensão dos nazistas ao poder.

O argumento que importa aqui é que o antissemitismo nazista emergiu e se alimentou de uma tradição cultural alemã que via os judeus como inimigos de Deus e era repleta de conspirações místicas relacionadas à "magia judaica". Tais ideias já estavam em circulação havia muito tempo e, para muitas pessoas, foram parte de uma profunda e pouco contestada estrutura de pensamento acerca de suas visões e noções de mundo. Por mais tabu que fossem tais associações depois de 1945, elas, de muitas formas, perduraram após o fim do Terceiro Reich.

Kruse sempre fora um opositor do folclore e dos contos de fada em suas muitas cartas enviadas às autoridades, assim como em seu livro. Embora suas reclamações tenham sido consideradas exageradas, ele manteve inabalada sua convicção de esses elementos transmitiam ideias perniciosas às crianças. O *Dicionário Alemão de Superstição,* com seu tendencioso verbete "Judeus/Judaísmo", pode ser visto na bibliografia de *Are There Witches Among Us?* Se havia uma pessoa que sabia que *Os Sexto e Sétimo Livros de Moisés* era considerado um livro de magia do mal e que os judeus eram acusados de usá-lo, essa pessoa era Kruse. No entanto, o professor de escola aposentado, ao que tudo indica, nunca levantou essa questão em sua campanha contra o livro de Moisés. Fazê-lo significaria traçar conexões diretas entre a perseguição alemã aos judeus no passado recente e o medo de bruxas que vigorava naqueles dias — elementos que traziam à tona todos os perigos associados a poderosos tabus sociais.

Ao mesmo tempo, Kruse conhecia as mensagens ocultas, as histórias que se escondiam por entre as linhas de uma obra de literatura pulp aparentemente inofensiva como o livro de Moisés. É provável que isso o tenha motivado, pois o permitia ao menos lutar uma batalha, já que não tinha condições de travar a guerra que verdadeiramente importava. Para Kruse, *Os Sexto e Sétimo Livros de Moisés* não indicavam somente uma falta generalizada de ilustração de um público crédulo, assim como a crença em bruxas também não eram apenas "tolas superstições". A principal questão não era que as pessoas quisessem um cura mágica para sífilis. Kruse sabia que a vilificação de crenças podia tomar muitas formas, se mantendo escondida e disfarçada em contextos aparentemente inofensivos. Possuía conhecimento desse fato desde muito tempo, ainda que não pudesse mais dizê-lo em voz alta e nem nas mesmas palavras de outrora.

*   *   *

O tribunal em Braunschweig ficou ao lado de Kruse e Prokop e condenou a Planet Publishers. Seus editores, Heinrich Schnell e Ferdinand Masuch, foram multados em mil e 9 mil marcos, respectivamente, por fraude e práticas comerciais desonestas, além de outras acusações. As cópias restantes do best-seller foram confiscadas.[780] Cerca de cem jornais alemães noticiaram a condenação.[781] Semanas depois, um jornal local de Grafschaft anunciou triunfantemente que o dr. Heinz Rudolph, ministro de Políticas Sociais da Baixa Saxônia, disse ter "declarado guerra" à "superstição e à paranoia com bruxas".[782] Tudo parecia seguir na direção desejada por Kruse.

Entretanto, apenas alguns meses depois, as autoridades da Baixa Saxônia suspenderam as investigações. O motivo? O ministério reconhecia a existência de uma série de casos terríveis em que pessoas acusadas de serem bruxas sofreram maus-tratos físicos e psicológicos e, "não raro foram levadas ao suicídio". O número de casos também se mostrou uma questão "preocupante".[783] Contudo, fazer quaisquer alegações adicionais provou-se ser uma tarefa bastante complicada. Como informou um jornal, cada vez que as autoridades encontravam o que parecia ser um exemplo "concreto" de "superstição" envolvendo bruxas, elas se deparavam com um "frio muro de silêncio".[784]

O mesmo acabou se mostrando verdade em relação ao estado natal de Kruse, a Eslésvico-Holsácia. Em fins de 1957, o ministro presidente Kai-Uwe von Hassel pediu ao seu ministro de Interior que "tomasse providências contra os assim chamados 'expulsadores de demônios' e 'expulsadores de bruxas'". Lá as investigações também se depararam com a resistência das pessoas ao escrutínio. "Dificilmente muito mais de 1% de tais incidentes chegam aos ouvidos das agências estatais relevantes", estimou um dos funcionários do ministério. Havia uma "preponderância de supersticiosos" que tinham medo "de realizar qualquer denúncia" que tivesse relação com bruxaria e "declinavam de fazer um boletim de ocorrência". De todo modo, as autoridades estaduais promulgaram um decreto para auxiliar a polícia "a combater o disparate dos caçadores de bruxas e da bruxaria", e mediadores das próprias comunidades foram escolhidos para examinar os arquivos em busca de disputas locais que tivessem relação com o medo de bruxas.[785]

Por um lado, o ativismo de Kruse exerceu um impacto real. *Os Sexto e Sétimo Livros de Moisés* foi retirado das prateleiras. Ministros estaduais, policiais e autoridades sanitárias foram convencidos de que o medo de bruxas poderia ter reais, e mesmo mortais, consequências. No entanto, as investigações deixaram evidente apenas o preço que algumas pessoas pagaram pelas perseguições. Quando não por apenas um sentido de autopreservação, os residentes locais se recusavam a responder as impertinentes perguntas dos curiosos forasteiros sobre assuntos internos que diziam respeito apenas à comunidade.

Ao fim, nem mesmo a sentença no caso do livro de Moisés se sustentou. Em setembro de 1957, os editores Masuch e Schnell apelaram e foram absolvidos.[786] Embora a promotoria planejasse ir em busca de uma nova condenação, isso teria que ser feito sem a sua principal testemunha especializada, Otto Prokop. No começo daquele ano, o médico assumiu a prestigiada cadeira de diretor de medicina forense no renomado Hospital Charité, na Berlim Oriental, onde teve uma carreira excepcional, treinou gerações de médicos e publicou dezenas de livros e artigos cobrindo variados temas e com grande aclamação.[787] Já em plena Guerra Fria e após assumir seu novo posto na Alemanha Oriental, Prokop percebeu que os convites para palestras na Alemanha Ocidental cessaram subitamente. Para piorar, durante o julgamento da apelação, o advogado de defesa da Planet impugnou o testemunho do patologista alegando parcialidade. Por conta de seus contatos na Alemanha Oriental comunista, não lhe era possível ser objetivo, argumentou o advogado. Disse mais, insinuando que o dr. Prokop talvez tivesse alguma simpatia em relação ao fascismo, já que a DEGESA — a organização contra a superstição da qual o médico e Kruse eram membros — surgiu de um instituto de pesquisa que existia na era nazista.[788]

Kruse, que teve papel essencial para que o livro de Moisés chegasse aos tribunais, também viu a oposição o difamar publicamente — em seu caso, isso se deu pelas mãos do professor de folclore Will-Erich Peuckert. Em seu testemunho perante o tribunal de apelação, o folclorista exigiu explicações de como um "mero professor escolar", que "sequer sabia latim", teria aprendido os conhecimentos necessários à compreensão da importância histórica de textos como *Os Sexto e Sétimo Livros de Moisés*. Peuckert insinuou que a obsessão de Kruse com o tema era um tanto estranha: o professor aposentado, opinou, apresentava um "espírito monomaníaco".[789]

Alguns anos mais tarde, Peuckert avançou em sua investida contra Kruse, e o fez de maneira ainda mais pública e perniciosa. Em um artigo que publicou acerca das controvérsias em torno do livro de Moisés, o folclorista indicou — aparentemente como uma forma de explicar a natureza obsessiva de Kruse — que a mãe do professor aposentado fora acusada de bruxaria no passado.[790] Como Peuckert e seu nêmesis sabiam muito bem, tais insinuações tinham o poder de manchar a reputação de Kruse de uma maneira muito específica, uma vez que a bruxaria era vista como hereditária e herdada pelas novas gerações das famílias. O folclorista havia de fato insinuado que o ex-professor podia ser um bruxo. Esse boato se espalhou logo após a publicação de seu artigo. Em novembro de 1960, um escritor que ocupava um cargo importante no Ministério da Cultura da Baixa Saxônia confidenciou em um memorando que "as atividades de *Herr* Kruse são motivadas pela desagradável experiência vivida por seu círculo familiar. Sua mãe já fora acusada de bruxaria".[791]

Kruse sempre argumentou que foram as intrigas no seio do Estado, da igreja e de círculos acadêmicos que impediram que sua mensagem alcançasse o grande público. Ele estava convicto que indivíduos ocupando posições de poder não queriam ouvi-lo falar acerca do medo de bruxas. Sem dúvida que o tom exacerbado e obstinado que empregava não ajudou a melhorar sua imagem junto a muitas figuras públicas, e é inegável que os obstáculos que encontrou apresentaram uma dimensão política e se deram dentro um contexto marcado por uma desconfiança generalizada. O ex-professor alegava, por exemplo, que foi "afastado" do Círculo de Bevensen — um grupo voltado à divulgação de literatura local, baixo-alemã e *Plattdeutsch* — porque deixara o diretor do grupo "desconfortável".[792] O ministro presidente da Baixa Saxônia, Hinrich Kopf, que era "patrono" do grupo, delegou ao diretor do Círculo poderes para excluir "indivíduos inoportunos", alegou.[793]

Kopf estava foragido do governo polonês, que o condenou por crimes de guerra cometidos na década de 1940. Embora fosse um social-democrata, assim como Kruse, Kopf colaborou com o regime nazista. Durante a ocupação da Polônia, foi encarregado da expropriação dos bens de poloneses e judeus. Isso não impediu que, após a guerra, que tivesse uma carreira política de destaque. Por fim, Kopf enviou uma carta para Kruse lhe assegurando que não era patrono do círculo literário e não tinha dado a ninguém a autoridade para "afastar nenhuma pessoa cuja presença se julgasse inoportuna".[794]

Os arquivos não deixam transparecer muito mais a respeito desse incidente ou a natureza do conflito, se é que de fato havia um conflito entre Kruse e Kopf. No entanto, não é difícil imaginar que antigas desavenças políticas podiam afetar a relação entre dois antigos sociais-democratas, um acusado de crimes de guerra e outro em campanha aberta para trazer à tona aspectos desconfortáveis do passado. Tréguas e anistias oficiais foram declaradas, contudo antigas suspeitas e animosidades permaneciam. Kruse acreditava ter sido afastado por falar de bruxas e por fazer as pessoas se sentirem "desconfortáveis". É provável que estivesse estava certo.

10

ALVORECER DE UMA NOVA ERA

Em fins de julho de 1957, Bruno Gröning entrou no tribunal de Munique para aquele que seria o drama final de sua vida pública. Havia se passado quase oito anos desde que fora lançado ao estrelato em meio aos rumores apocalípticos que afloraram na primavera de 1949. Naquela época, a imprensa costuma chamá-lo de *Wunderdoktor* e membros do alto escalão do estado da Baviera elogiavam publicamente suas aparentemente infinitas habilidades de cura. Gröning era, para muitos, o novo messias, um emissário de Deus, o curandeiro que vinha tratar as feridas que muitos médicos não conseguiam sequer enxergar, quanto mais curar. Todavia, nos anos seguintes a sua sociedade com Otto e Renée Meckelburg, os problemas com a justiça se avolumaram. A polícia o perseguiu por anos sob alegações de descumprir a legislação que trata do curandeirismo. Como resultado, no começo da década de 1950, ele havia praticamente se retirado da cena pública. As grandes multidões se dispersaram. Embora continuasse a se reunir com pequenos grupos de discípulos fervorosos e doentes em busca de cura e, de vez em quando, ainda emplacasse manchetes nos tabloides. Em 1957 o saudador havia se tornado uma figura bastante diferente — o mago e mensageiro divino deu lugar ao guru *New Age*. Seguia, como sempre fizera, falando a respeito de sua crença em Deus e de como ela garantia uma vida saudável e afastava o mal. Porém seu discurso agora incorporava referências ao domínio da indústria farmacêutica na medicina e seus reflexos na degradação ambiental e da saúde.

Não era apenas Gröning que havia mudado ao longo daqueles anos. Na verdade, na década de 1950, quem estivesse disposto a vasculhar o céu em busca de sinais logo descobriria — bem ao contrário do que ocorreu na época em que ele surgiu, no final dos anos 1940 — que os sinais disponíveis indicavam que apenas coisas boas estavam por vir.

Àquela altura, já estava assegurada uma firme incorporação da República Federal às estruturas militares e econômicas do mundo ocidental. A divisão da Alemanha entre Ocidental e Oriental, embora muito lamentada, tornava-se, assim como a própria Guerra Fria, um fato perfeitamente aceitável da vida. Os últimos prisioneiros de guerra alemães — alguns dos quais estiveram detidos na União Soviética por uma década ou mais — já haviam retornado para casa e estavam reintegrados à sociedade, colocando um definitivo ponto final em uma guerra que, para inúmeros alemães, se estendeu para muito além de 1945. Em 1954, quando a Alemanha Ocidental venceu a Copa do Mundo, os alemães comemoraram muito a conquista, "sentiam que eram alguém de novo". A sorte voltou a sorrir na economia, senão para todos, pelo menos para bem mais pessoas do que no passado, e as páginas brilhantes das revistas ofereciam aos leitores imagens de geladeiras cheias e muitas cenas de uma vida de pleno consumo. Ao longo da Guerra Fria no ocidente, este foi um período de dramáticas mudanças culturais: de Marlon Brando em *O selvagem* e Bardot em *E Deus criou a mulher.* Essa foi uma era que viu surgir Elvis Presley, Chuck Berry e, na Alemanha Ocidental, os *Halbstarken* — jovens rebeldes com jaquetas de couro e calças jeans que causavam tumultos nos shows de *rock and roll*.[795] Substituir um mundo ultrapassado, destruído e sobrecarregado de memórias por um mundo novo em folha e de complacentes esquecimentos se tornou um projeto de redenção. A partir daquele ponto, escreveu um historiador, restariam "apenas alguns passos" para "o renascimento do orgulho na competência e superioridade alemãs".[796] Diante de presságios tão alvissareiros, talvez as pessoas necessitassem de menos consolo místico e temessem menos uma retaliação cósmica. Não é por acaso que associamos os anos pós--nazismo muito mais aos milagres econômicos do que aos religiosos.

Tal contexto de esquecimento certamente influenciou a percepção do público acerca dos detalhes em torno do julgamento de Gröning no Palácio da Justiça de Munique, naquele verão de 1957. Por mais sórdidos que fossem os detalhes, devem ter sido vistos como pertencentes a um passado distante, praticamente a uma outra era. O julgamento se desenrolou em torno de um perturbador relacionamento ocorrido nos primeiros meses em que Gröning foi alçado à fama. No outono de 1949, o curandeiro conheceu Ruth K., uma jovem de dezessete anos que sofria de tuberculose, e seu pai. Ambos se tornaram devotos fervorosos do saludador. Logo após se encontrar com Gröning, Ruth — com a anuência de seu pai — abriu mão do tratamento médico convencional. Mesmo enfraquecida e definhando para a morte, jamais perdeu a fé de que ele conseguiria curá-la e "faria a doença desaparecer". Quando faleceu, no fim de 1950, Ruth pesava apenas trinta quilos.

Seis anos e meio depois, os promotores acusaram Gröning de violar a lei do curandeirismo e de cometer homicídio culposo, por negligência. A data do julgamento se aproximava, a imprensa se mostrava pouco nostálgica dos tempos frenéticos em Rosenheim, quando dezenas de milhares se reuniam em frente ao hotel Trotter em busca de medicina para a alma. Os jornais e tabloides que noticiavam os preparativos para o julgamento mostravam cenas contrastantes. Em alguns deles, as imagens datavam de 1949 e retratavam mães com lenços e surrados casacos de verão deitadas nos gramados ou levantando seus filhos doentes para serem curados. Em outros, vemos um bronzeado Gröning do ano de 1957, muitas vezes retratado ao lado de sua nova e elegante esposa, a francesa Josette.[797] É bem verdade que as manchetes não mudaram muito com o passar dos anos: ainda variavam — às vezes dentro no mesmo jornal — entre "A trajetória de Gröning, o *Wunderdoktor*" e "Gröning, a carreira de um charlatão".[798] No entanto, essas imagens antagônicas entre o sofrimento do pós-guerra e a posterior era de prosperidade contam uma história acerca da grande distância que uma Alemanha Ocidental em rápida transformação queria colocar entre seu passado recente de caos, sofrimento e desordem e seu muito mais próspero, embora ainda conservador, presente. Um presente que exigia que as cenas caóticas de outrora ficassem trancadas a sete chaves. Os contemporâneos que testemunharam o julgamento tinham uma boa desculpa para imaginar que talvez Herford e Rosenheim tivessem sido apenas um pesadelo, um episódio embaraçoso que ocorrera na vida de outras pessoas, não na deles.

A polícia tomou conhecimento das circunstâncias que cercaram a morte de Ruth K. em 1951, por ninguém menos que Otto Meckelburg.[799] Depois do período em que agenciou as turnês de Gröning no Mar do Norte, entre 1949-50, Meckelburg teve alguns encontros desagradáveis com a justiça. Foi investigado por evasão de divisas, fraude, entre outras acusações. A polícia desenterrou seu passado de negócios no mercado clandestino. Em 1951, Gröning e Meckelburg foram levados aos tribunais por violar a lei do curandeirismo. O ex-agente da ss achou prudente guardar as correspondências trocadas com uma série de figuras públicas de renome que, ao longo dos anos, o procuraram em busca de ajuda, ofereceram apoio ou defenderam Gröning. Ele manteve um imenso arquivo com dezenas de milhares de cartas não respondidas que foram enviadas por pessoas enfermas para o curandeiro, e as deixava organizadas por tipo de doença. Entre esses documentos, estava um maço de cartas enviadas pelo pai de Ruth K. Ao que tudo indica, não foi por mera generosidade que Meckelburg entregou tais documentos à polícia, e é bem mais provável que o tenha feito devido ao que a *Der Spiegel* chamou de "ruptura radical" da antiga sociedade.[800]

As cartas do pai de Ruth arquivadas por Meckelburg contam uma história terrível, pois narram o lento, porém inexorável, declínio físico de uma adolescente ao longo de vários meses, e a agonia de quem acompanhou esse processo. Ruth e seu pai se tornaram seguidores fervorosos de Gröning e tinham uma certeza inabalável de que ele podia curar qualquer doença, até mesmo a tuberculose. Unidos pela devoção, os dois tomaram uma decisão que possuía uma lógica própria: seguir o curandeiro independe do que viesse a acontecer. Na visão deles, uma vez tomada, tal decisão precisava ser seguida à risca até o fim. Ruth e seu pai acreditavam que romper com o saludador seria como romper um compromisso de *fé*, um desrespeito não apenas à enorme fé que depositaram no curandeiro, mas também à própria ideia de salvação, o que colocaria em risco suas vidas. Ao mesmo tempo, as cartas revelavam o crescente reconhecimento por parte de *Herr* K., enquanto sua filha convalescia na cama, de que talvez tivesse cometido um terrível erro ao concordar — à revelia de toda sua família — que a filha abrisse mão de seu tratamento médico.

No entanto, é difícil culpá-los quando levamos em consideração o que significava um diagnóstico de tuberculose naquela época. Ruth nasceu em 1932. Entre 1944 e 1947, recebeu tratamento em uma clínica na montanha Taunus, nas cercanias de Frankfurt. Após esse período, recebeu alta e ficou sob os cuidados da dra. Helene Volk, uma médica experiente que atuava na pequena cidade de Säckingen, próxima à fronteira com a Suíça, onde a família K. residia.[801] Naquela época, os antibióticos ainda não eram muito utilizados contra a tuberculose, e Volk empregava uma forma de tratamento que era conhecida como terapia de colapso.[802] Após uma anestesia local, uma longa agulha era inserida no tórax do paciente, entre os ossos da costela, e levava a um colapso parcial do pulmão. Esse procedimento buscava dar um descanso para que o pulmão tivesse tempo de se regenerar ao mesmo tempo em que privava a bactéria da tuberculose de oxigênio. Durante algum tempo, Ruth passou por esse tratamento a cada oito dias[803], e depois em intervalos de duas ou três semanas, uma rotina que se repetiu por um ano e meio. No inverno de 1948, ela começou a tossir sangue. A dra. Volk conseguiu um leito para sua jovem paciente na clínica Wehrawald, na Floresta Negra, conhecida com uma das mais avançadas em toda Alemanha.[804] Entre os tratamentos oferecidos pela clínica estava a estreptomicina, o primeiro medicamento que se mostrou efetivo contra a tuberculose e que, conforme disse a dra. Volk mais tarde, poderia ter tido um efeito positivo no tratamento de Ruth.[805]

Porém Ruth não queria ir para a clínica: sua mãe testemunhou mais tarde que a filha estava "em pânico" com a possibilidade de passar por uma cirurgia.[806] O que a jovem desejava era ser atendida por Bruno Gröning na primavera de 1949. O curandeiro estava em Bad Wiessee, distante cerca de 450 quilômetros de Säckingen. Sua fama e as habilidades praticamente divinas que lhe eram imputadas estavam no auge. O pai de Ruth concordou em levá-la ao encontro do *Wunderdoktor*. Renée Meckelburg, que mais tarde testemunharia perante os tribunais a respeito daquele encontro em Bad Wiessee, relatou que os dois "conversaram ao longo de todo o dia". Ruth contou a Renée que se sentia "substancialmente melhor" após o encontro com Gröning. A testemunha, por sua vez, disse para a enferma que ela própria fora curada pelo saludador.[807]

Alguns meses mais tarde, Otto Meckelburg escreveu para *Herr* K. — em um papel timbrado da recém-criada Associação para Pesquisa e Promoção do Método de Cura Gröning — dando-lhe algumas "alegres notícias". Ruth fora aceita como paciente na clínica que Gröning estava prestes a inaugurar e onde seria tratada gratuitamente.[808] A carta de Meckelburg foi escrita num momento — no começo de fevereiro de 1950 — no qual se convenceu de que a clínica de Gröning estava a ponto de abrir. Gröning havia feito diversas aparições públicas em Oldenburg, e sua comitiva se preparava para ir na direção sul, de volta a Mittenwald.

Não demorou para que a dra. Volk buscasse notícias de sua antiga paciente e pedisse ao pai de Ruth que trouxesse sua filha para ser examinada. A médica contou que a resposta de *Herr* K. chegou por uma carta na qual ele se mostrava "obcecado por uma fé inabalável de que Gröning poderia fazer com que sua filha ficasse boa". "Por favor, por favor não veja minha atitude como ingratidão", escreveu K. à doutora, porém sua filha não seria levada para ser examinada por ela. O pai queria "evitar qualquer interferência nos métodos de cura de Gröning ou torná-los ilusórios". Entretanto ele não estava de todo seguro: a opção de interromper o tratamento médico, revelou a Volk, foi uma decisão "terrível" de ser tomada e suas consequências eram "imprevisíveis". Porém *Herr* K. e Ruth estavam determinados a mantê-la. Mais tarde, em cartas enviadas para os policiais que investigavam o caso, em fins de 1954, Volk explicou que não quis "abalar a fé de um pai". Em sua opinião, no momento em que a família se recusou a continuar o tratamento na clínica da Floresta Negra, "o destino da jovem foi selado".[809]

A doença de Ruth se agravou nos meses seguintes. Em casa com os pais, em Säckingen, ela teve febre todos os dias, tosse forte, suava muito e perdeu o apetite. Seu pai começou a escrever para Otto Meckelburg com frequência, despejando, carta após carta, toda sua ansiedade com a piora no quadro de Ruth. Apesar do agravamento das condições de saúde da jovem, a jovem "recusava" a ideia de se tratar com qualquer pessoa além de Gröning, disse K. "O único desejo de Ruth", confidenciou a Meckelburg, "é se encontrar com *Herr* Gröning o mais breve possível". K. sabia que aquele era "o último desejo de Ruth". "Caro *Herr* Meckelburg", rogou,

> Eu lhe imploro do fundo de minha alma, diga o quanto antes ao *Herr* Gröning do desejo de Ruth, venham de carro, nós pagamos as despesas [...] Por favor, não tarde nem mais um dia, nem mais uma hora [...] Por favor, entenda meu sofrimento e o quão grande é nossa responsabilidade.

O tom empregado por K. era de súplica, contudo trazia um pequeno grau de acusação. Afinal, o "nossa" a quem era imputada a vasta responsabilidade englobava não apenas K., como também Meckelburg e Gröning. Na conclusão da carta, K. escreveu que a tosse de sua filha era tão "intensa" que às vezes tinha receio de ela fosse "vomitar toda o jantar".[810]

No mês seguinte, abril, as esperanças da jovem renasceram depois que leu "no jornal que *Herr* Gröning estava em Constance", não muito distante de sua casa. Ela "ria e fazia brincadeiras" e ficou de ótimo humor com a notícia. K. continuou implorando Meckelburg por uma visita de Gröning, e reforçava que o curandeiro prometera ir até lá. "Por favor, diga a *Herr* Gröning que Ruth ainda acredita neste 'encontro' que ele tão enfática e decisivamente lhe prometeu em sua última sessão de tratamento. Por favor, lhe diga que Ruth continua se recusando a deixar qualquer médico atendê-la. 'Meu médico é o *Herr* Gröning' é o que sempre responde." Mas esse encontro teria que ocorrer logo, escreveu K. Ruth não resistiria por muito mais tempo. "Todos os nossos parentes e amigos estão exigindo que chamemos um médico, mas [...] ela se recusa." *Herr* K. confessou sentir, em sua alma, um sentimento de "enorme responsabilidade". "Pense sobre o que seremos obrigados a responder", escreveu soturnamente. No entanto, ele estava certo de que, caso Meckelburg "pudesse ver como a fé de Ruth era inabalável", certamente "não deixaria de fazer o possível e o impossível para concedê-la esse último desejo".[811]

Por volta do meio-dia, Otto Meckelburg levou Gröning até Säckingen para a visita, eles estavam acompanhados de Renée Meckelburg. A visita deixou *Herr* K. esfuziante. "Estamos muito felizes que vocês vieram e por toda a ajuda que nos deram", escreveu mais tarde para o saludador. "Desde que vocês foram embora, nossas incessantes preces de agradecimento têm chegado aos céus [...] Caro *Herr* Gröning, eu junto minhas mão em oração incansavelmente. Foi com imensa felicidade que escrevi para o ministro presidente da Baviera: 'Povo alemão, reconheçam o maior de todos os benfeitores e lhe concedam uma licença'. Não sei se fiz bem, mas foi o que meu coração mandou."[812] K. também escreveu para Meckelburg alguns dias depois. A condição de Ruth havia melhorado. Estava convencido, apesar de todas as evidências em contrário, que sua filha ficaria totalmente curada, e chegou mesmo a começar a pensar na carreira que a jovem poderia seguir.[813]

Os arquivos históricos não guardam muitos registros da voz de Ruth, porém existem algumas páginas alusivas à sua doença em um diário que contém descrições detalhadas de suas condições físicas.[814] Essas entradas no diário foram escritas para Gröning. "Terça-feira, 30 de maio de 1950. Uma corrente de ar frio se fez notar hoje pela manhã. [...] A atividade de meus pulmões não está muito intensa. Hoje eu senti um pouco mais os rins. [...] Minha circulação também está muito acelerada. Meu coração bateu muito forte quándo subi as escadas." No dia seguinte: "Quarta-feira, 31 de maio de 1950. Sinto como se minha cabeça estivesse muito abafada. Não consigo sentir direito os meus pulmões hoje. Assim como ontem, sinto que algo está agindo dentro de mim. Minha circulação está muito acelerada. [...] Por volta do meio-dia minha temperatura chegou a 38° C, mas logo regrediu para 37° C". Na quinta-feira, registrou que "não sinto nada diferente. A corrente de ar frio que chega sempre pela hora do almoço estava lá. Minha circulação e meus batimentos cardíacos estão fortes e acelerados". Alguns dias depois, Ruth informou, bastante feliz com sinais de melhora em sua condição de saúde, que "finalmente [...] minha menstruação, que há muito não aparecia, voltou depois de um intervalo de oito semanas", e terminou, como de costume, com: "Saudações calorosas, Ruth". No sábado, 3 de junho, "depois de uma corrente de ar frio", sentiu uma "corrente de ar muito quente", o que era "bem estranho" e fez seus olhos arderem. Então, sentiu um calor peculiar em seus brônquios e vias respiratórias.[815] Pouco depois seu pai escreveu para Otto informando que Ruth estava "mais saudável" graças, em sua opinião, a uma melhora na qualidade do ar.[816]

Houve um grande hiato na troca de correspondências entre junho e outubro. Àquela altura, Gröning e Meckelburg estavam rompidos e a saúde de Ruth havia piorado. "Oh, caro *Herr* Gröning", escreveu K.,

> por favor não fique zangado comigo quando escrevo, são apenas algumas linhas para lhe contar sobre Ruth. Machuca-me profundamente ver minha menina sofrendo, ela encara tudo pacientemente e se entregou por inteiro ao Nosso Senhor Deus e confia em você até a morte. Agora a pobre criança se esvaiu e está com 34 quilos; ela não pode ir ao cinema nem a nenhum outro lugar, nenhum. Liberte minha criança dessa terrível tosse seca, que começa às 22 horas e continua sem cessar até duas ou três da madrugada. Sua urina também tem uma cor horrível. Eu temo pelo pior. Tenha misericórdia dessa grande, pura e boa alma. Se a sua agenda assim o permitir, por favor escreva algumas linhas. Ela anseia por algum sinal de amparo de sua parte.[817]

Uma semana depois e sem receber notícias de Gröning, K. tentou desesperadamente entrar em contato com ele recorrendo a um de seus colegas em Munique, o curandeiro Eugen Enderlin. "A situação de minha filha está muito ruim", escreveu K. "O *Herr* Gröning sabe muito bem disso, sabe que ela não está bem. Eu não preciso dizer a ele por quais sofrimentos a pobre criança está passando neste momento." K. prosseguiu: "Minha filha depositou fervorosamente sua fé no Nosso Pai Celestial [...] e confia no *Herr* Gröning até a morte. Não deixa que nenhum médico se aproxime. O *Herr* Gröning não pode abandonar esta pobre menina". O pai da jovem, então, finalizou: "*Herr* Enderlin, por favor, tenha a bondade, caso não possa entregar esta carta, de fazer a gentileza de mandar notícias nossas?".[818] Enderlin testemunharia mais tarde no tribunal que, àquela altura, as cartas de K. chegavam "dia sim, dia não".[819]

Em 1º de novembro Ruth teve diarreia e não se alimentou. Não conseguia mais caminhar. "E nem assim a coragem dela diminui", contou seu pai para o saludador. "Ainda hoje repetiu para mim as palavras que você lhe disse [...] 'Senhorita Ruth, você pode confiar totalmente em mim, Gröning vai lhe ajudar'." Ruth continuava, falou seu pai:

> Ou você acreditou que ele me deixaria na mão? Não, não, eu confio plenamente na palavra dele. Em maio ele me disse: "Eu vim para lhe ensinar o que está por vir, porque na segunda fase você sofrerá ainda mais do que antes". Ela olhou para você com um ar tão vitorioso, *Herr* Gröning, tão cheio de fé em Nosso Pai Celestial.

"Essas são as conversas que nós temos todas as noites quando nos sentamos com nossas bolinhas de papel laminado", escreveu K. para o curandeiro. Ruth precisava apenas de um sinal, pediu, "algo que lhe dê forças". Ou talvez fosse o pai da jovem quem precisava disso. Escreveu que lhe era perguntado a todo instante: "quem é o médico de vocês, qual a opinião dele?". Para evitar julgamentos, em frente a algumas pessoas a família mantinha silêncio sobre a verdade — que Ruth não tinha um médico. E se Gröning pudesse fazer a gentileza de escrever algumas linhas? "Estamos constantemente aturdidos pelo sofrimento de nossa filha e tememos pelo pior. [...] Por favor, por favor, escreva-nos algumas palavras que nos ajudem a entender."[820]

No começo de dezembro, Ruth já quase não conseguia se mover. "O *Herr* Gröning não pode vir, mas também é incapaz de nos escrever uma única palavra", escreveu K. para Enderlin.

> Eu sei como é a vida ao redor de *Herr* Gröning, sei de seu temperamento mercurial, sei que tem constantes distrações. Por saber disso, eu suplico mais uma vez a você, mantenha nossa filha em seus pensamentos, lembre-se dela. E se não for muito incômodo, avise-me assim que a licença para prática de curas for concedida. Vimos que o *Herr* Gröning anda tendo problemas por causa disso. Além disso, há muitas pessoas más querendo dificultar a vida dele.[821]

Ruth tinha dores terríveis no peito. "Eu rogo todos os dias para que Deus dê forças ao *Herr* Gröning para que ele possa curar minha filha", escreveu K. "O *Herr* Gröning não pode simplesmente abandonar nossa filha agora. [...] Acabou de fazer um ano da data que ela deveria ter ido para a clínica... na Floresta Negra. Lá havia os melhores médicos de toda Suíça. [...] Nossa filha nos implorou que a levássemos ao *Herr* Gröning."

Eles assim o fizeram, disse K., e Gröning deu sua palavra. O pai da moça não cansava de repetir que o saludador "assumiu a fatídica responsabilidade" de não colocar Ruth na clínica. "Você é capaz de imaginar o fardo que carrego", explicou a Enderlin.

> Nós vamos enlouquecer se ele negar ajuda a nossa filha. [...] Seria horrível, abominável e totalmente impensável se esta criança entrar em desespero porque não recebe uma palavra dele. Querido *Herr* Enderlin, faça de tudo e salve nossa querida menina deste fim tão terrível. Por favor, envie nossas calorosas lembranças ao *Herr* Gröning. Que ele por favor nos diga se essa fase logo passará ou se durará mais algum tempo.[822]

Ruth faleceu menos de duas semanas depois, em dezembro de 1950, e K. enviou uma última carta.

Meu muito estimado *Herr* Gröning, o fim foi tenebroso e encará-lo foi terrível. Comentários são supérfluos. Você tem muita culpa, mas ao mesmo tempo não tem. Mas preciso lembrá-lo de Bad Wiessee quando, na minha presença, você deu sua palavra a minha filha que ela ficaria curada, e eu também devo lembrá-lo de que você garantiu, em 14 de maio, que os pulmões dela ficariam bons. Em sua inabalável fé, a criança clamava por sua ajuda até suas últimas horas. Você terá que pedir perdão a Deus. Com profunda tristeza e carregando um imenso fardo por esses erros, K.[823]

Gröning não era um representante de Deus na terra capaz de curar a tuberculose usando energias misteriosas e o indomável poder da fé. K. descobriu da pior forma possível que o curandeiro era apenas um homem, e um homem genioso e inconstante. O poder da fé de Ruth, que pareceu tão extraordinário aos olhos do seu pai — sua extrema devoção, a verdadeira expressão de uma alma pura, sua fé que nada era capaz de abalar — tornou-se um fardo inescapável e insuportavelmente pesado que K. teria que carregar. Ele próprio veio a falecer uma semana depois. A causa da morte foi um problema hepático, embora a imprensa as vezes afirmasse — talvez melodramaticamente, mas dado o conteúdo de suas cartas, com alguma plausibilidade — que a causa de sua morte foi um coração partido.[824]

Por mais perturbadoras que as cartas de *Herr* K. pareçam, as autoridades que as receberam de Otto Meckelburg, em junho de 1951 — quando Meckelburg e Gröning foram julgados por violar a lei do curandeirismo —, não viram nelas indícios suficientes que justificassem mais do que a coleta de depoimentos iniciais de Gröning e depois de seu colega Eugen Enderlin.[825] Àquela altura, as autoridades estavam menos interessadas nas circunstâncias da morte de Ruth e mais em como outras atividades do curandeiro — seus encontros com pessoas enfermas, que ele chamava de "palestras de fé" — violavam a lei que regulamentava o curandeirismo. A verdade é que, no começo de 1950, muitas autoridades ainda não tinham posição formada acerca do assunto. Em 1951, um homem tentou registrar queixa contra o saludador por fraude, e o promotor de justiça de Munique disse que o curandeiro "exercia uma irrefutável influência sobre pessoas doentes", o que, "em inúmeros casos", resultou em "curas surpreendentes".[826]

Em 1952, por falta de evidência, Gröning foi absolvido pela segunda vez da acusação de violar a lei do curandeirismo. O tribunal deixou registrado que a ambiguidade da lei dificultava criar uma definição precisa relacionada ao que de fato consistia o "ato de curar", ainda mais dada a "anormalidade das terapias utilizadas pelo réu".[827] A lei, que buscava reservar aos médicos o direito de diagnosticar e tratar doenças e enfermidades, era de difícil aplicação em relação à atuação do curandeiro, que se utilizava de uma filosofia própria, além de técnicas de dietas e exercícios, e englobava elementos que fugiam completamente ao escopo da lei.

Médicos do departamento estadual de saúde que assistiram às palestras de fé de Gröning no fim de 1952 disseram ao *Wunderdoktor* que tais seções estavam muito próximas de cruzar a linha de legalidade, já que as pessoas "obviamente não as frequentavam por seu conteúdo", mas sim em busca de uma cura. No entanto, os médicos também estavam convencidos de que Gröning "parecia procurar com honestidade uma maneira de exercer suas atividades legalmente" e ficaram seguros de que ele estava, inclusive, pensando em solicitar uma licença de curandeiro.[828] A polícia era mais cética. As autoridades policiais questionavam, por exemplo, por que o curandeiro jamais deixava de perguntar aos espectadores de suas palestras como estavam se sentindo. "Só este fato já demonstra que ele está tratando da saúde das pessoas, ou tentando tratar. Ele age como se fosse capaz de desencadear algum tipo de processo dentro das pessoas", reportou o departamento de polícia da Baviera.[829] Em Hamelin, no norte da Alemanha, cidade que serve de cenário para o conto do flautista mágico (o que não deixa de ser irônico, já que a imprensa costumava comparar o efeito que Gröning causava nas pessoas com a habilidade do músico encantador de ratos), um funcionário do departamento de saúde informou às autoridades que o saludador estava tratando pessoas doentes — uma deles era a esposa de um alto funcionário municipal.[830] A população não ficava menos dividida do que o judiciário, a polícia ou as autoridades de saúde. "Movido por interesse científico", um homem chamado Michelson foi vê-lo em um hotel de Munique, onde ele atendia os enfermos, para "desmascará-lo e mostrar que era um embusteiro [...] e desacreditar seu abracadabra de mentira". Aqueles que se juntavam para ouvir o curandeiro protestaram contra Michelson: Gröning não era um charlatão, diziam. Pelo contrário, "possuía poderes divinos que faziam com que ele fosse quase como Jesus".[831]

As palestras de fé eram uma resposta de Gröning para a contínua, ainda que um tanto ambivalente, oposição das autoridades. Depois dos julgamentos de 1951 e 1952, o saludador adotou uma rotina mais discreta, que consistia em reuniões regulares com audiências de trinta a cinquenta pessoas.[832] Uma mulher chamada Magdalena, que trabalhava como empregada doméstica, participou de uma dessas reuniões. "Eu me lembro apenas que ele dizia que queria curar pessoas doentes", declarou mais tarde aos investigadores, "porém os doentes precisavam acreditar nele. Entre outras coisas, mencionou que era preciso crer em Nosso Senhor Deus e [...] rezar."[833] Realizar palestras era parte de sua estratégia para evitar conflitos com a justiça e, ainda assim, ser capaz de "chegar até os doentes", como geralmente o curandeiro costumava dizer. Depois do julgamento de 1952, seu advogado, que se chamava Reuss, lhe disse sem rodeios: "Eles agora querem a sua cabeça", referindo-se aos promotores da Baviera, "e você deve, como tenho repetido insistentemente, fazer apenas palestras e não 'sessões de cura'; você também não pode usar o termo 'cura' como tem feito. Porque se for pelo violando a lei do curandeirismo, pode ter certeza de que receberá uma pena grande, uma da qual não serei capaz de salvá-lo. Então: apenas palestras! Nada de curas!".[834] Reuss finalizou a carta agradecendo a cafeteira que seu cliente, Gröning, havia lhe mandado de presente.

Em 1953, um tabloide conseguiu capturar de forma sucinta a condição de Gröning, travava-se de uma "ilegalidade legal".[835] Embora nunca tenha parado de ultrapassar os limites da lei, tampouco buscou operar de novas maneiras. O curandeiro conheceu novos colaboradores e, com eles, vieram novos contatos e influência. Um grupo de aristocratas, incluindo membros da família Von Zeppelin, fundaram uma entidade chamada Laboratório Bruno Gröning S.A., voltada para a produção de "remédios biológicos", e buscaram (sem sucesso, diga-se) o apoio de Theodor Heuss, o presidente da Alemanha Ocidental.[836] Os discípulos de Gröning publicavam panfletos a seu respeito que continham conceitos e técnicas que o próprio curandeiro jamais havia utilizado. O primeiro livro acerca do saludador, escrito no agitado período em que havia vivido em Herford, teve como foco as cenas bíblicas que o *Wunderdoktor* aparentemente protagonizou. No entanto, *A Corrente de Cura de Bruno Gröning*, publicado em 1953, pregava suas habilidades como sendo tanto espirituais *como* fatos "científico-metafísicos".[837]

Algumas desses mudanças na prática e na retórica podem provavelmente ser atribuídas a Egon Arthur Schmidt. O antigo empresário e crítico do curandeiro voltou ao círculo de Gröning como "consultor de imprensa", em meados da década de 1950, e lançou uma ofensiva midiática para divulgar as novas atividades do *Wunderdoktor*. Os jornais noticiavam planos para que os métodos de "cura com emprego de poder espiritual" empregados pelo curandeiro fossem divulgados "para todas as camadas da população". Foi fundada uma organização chamada Liga Gröning, que visava a abertura de clínicas, hospitais e centros de pesquisa "para o estudo sistematizado dos poderes de cura de Bruno Gröning".[838] O saludador começou a se referir a si próprio como um *Privatgelehrter*, termo que pode ser traduzido como "estudioso independente", "especialista" ou talvez "indivíduo ilustrado".[839] Passou a descrever as pessoas que buscavam cura como "ouvintes", a quem ele dava bolinhas de papel laminado "assim como as igrejas davam imagens de santos e amuletos aos seus fiéis", para que "pudessem sempre se lembrar da minha mensagem".[840]

Palestras de fé, autoajuda espiritual, críticas ao domínio da indústria farmacêutica acerca da medicina moderna, "ilegalidade legal": esses podem ter sido os contornos de um Gröning mais "dentro do sistema". A certa altura, o curandeiro parecia estar se tornando praticamente uma instituição: menos messiânico e mais próximo do que poderíamos chamar de sábio da medicina alternativa. No entanto, no verão de 1954, por razões que os arquivos não deixam evidentes, as autoridades mudaram o rumo das investigações, até então centradas em possíveis violações da lei de curandeirismo, e passaram a se concentrar no caso de homicídio doloso, por negligência, de Ruth K..[841] Inspetores de polícia de Stuttgart o interrogaram por dois dias em 1955 e lhe perguntaram: "Se alguém com um caso grave de tuberculose o procurar, ainda há chances dessa pessoa melhorar?". Em seu estilo enigmático e sintaticamente confuso, o curandeiro respondeu que "daria conselhos à pessoa, e caso não estivesse dando muita atenção ao seu corpo, lhe pediria para fazer isso e compensar o tempo perdido, mas agora da forma apropriada, sempre atenta ao se corpo, e que pare de pensar a respeito da doença". Citou Paracelsus, um médico da renascença e espécie de guru dos curandeiros de diversas vertentes: "Toda a doença é curável, mas nem todo ser humano é". E seguiu dizendo "Eu não sou contra a morte. Foi assim que orientei o pai". Gröning parece querer dizer aqui que, em certo sentido, buscou preparar K. para morte da filha.[842]

Quando a polícia o interrogou novamente no ano seguinte, ele estava armado de novos argumentos. O curandeiro mencionou o best-seller de Norman Vincent Peale, *O Poder do Pensamento Positivo*, sobre o qual leu a respeito e no qual encontrou novo suporte para suas próprias ideias acerca da ligação entre crença e saúde. Citou aos investigadores trechos de um livro chamado *Luzifers Griff nach der Lebendigen* [O domínio de Lúcifer sobre os vivos], do dr. Erwin Gamber, segundo o qual o emprego exclusivo de racionalidade era fonte de muitos males: bombas atômicas, experimentos genéticos, aditivos químicos alimentares, uma dependência exagerada em remédios e a transformação de "grandes porções do planeta", muito em breve, em áreas "impossíveis de serem habitadas". Gröning contou à polícia querer que as pessoas percebam que se tornaram "cegas para o poder divino". Que precisavam "reaprender" a usar o poder espiritual "para recuperar e manter a ordem divina". Em seguida enalteceu a medicina popular por saber, muito antes da invenção da penicilina, que colocar mofo de pão em uma ferida poderia trazer benefícios.[843]

O que ele deixou de lado em seus comentários foram os elementos de magia e as batalhas entre o bem e o mal que sempre foram — e continuavam a ser — parte de seu repertório. Mais tarde, uma mulher que assistiu a uma de suas palestras de fé contou à polícia que bem e mal haviam sido tópicos da fala de Gröning. Relatou ainda ter se lembrado de um homem que estava presente e caminhava com o auxílio de duas muletas, e que Gröning lançou um feitiço sobre as muletas.[844] Muitos dos que procuravam pelas curas do saludador — pessoas com enfermidades tão distintas como enxaquecas, tumores cerebrais e uma costela quebrada que não melhorava — contavam que eram as conduzidas à cura por meio de suas palestras, ou por aproximá-las novamente de Deus.[845] Na realidade, não importava o que Gröning dizia a respeito de seus tratamentos, para muitos de seus seguidores, era sua própria figura que seguia sendo vista como a verdadeira medicina. Suas palavras sempre foram secundárias a sua presença. É verdade que muitos os que iam ao seu encontro em busca de uma cura relatavam que os ensinamentos do *Wunderdoktor* os fizeram melhorar, contudo outros eram mais ambíguos: diziam ter melhorado depois de receber uma visita de Gröning, ou tomar um café com ele. Quer o curandeiro ou seus discípulos o apresentassem como um xamã *New Age* ou um humilde sacerdote, o fato é que as pessoas continuavam se aglomerando a sua volta em busca de um toque ou de uma bolinha de papel laminado entregue diretamente de suas mãos.

Nos anos da Guerra Fria houve um renascimento nos estudos científicos acerca da parapsicologia, clarividência, percepção extrassensorial, telepatia, telecinesia, entre outros fenômenos. Por volta de meados da década de 1950, tais áreas de pesquisa foram rapidamente institucionalizadas na Alemanha Ocidental, assim como em outras partes da Europa e nos Estados Unidos. O professor de psicologia de Freiburg, Hans Bender, já famoso no Terceiro Reich, emergiu como um dos maiores especialistas no tema em toda a Europa Ocidental.[846] A dra. Inge Strauch, colega de Bender, demonstrou especial interesse científico pelas curas espirituais e conduziu experimentos com um antigo discípulo e compatriota de Gröning, Kurt Trampler — que viria, ele próprio, a se tornar um famoso curandeiro —, no centro de pesquisas de parapsicologia, o Instituto de Pesquisa nas Áreas de Fronteira da Psicologia e Saúde Mental (IGPP, na sigla em alemão).

Strauch atribuiu o sucesso de Templer como curandeiro ao "intenso universo afetivo" em que transcorriam seus tratamentos — que desencadeava um "processo recíproco" no qual os pacientes tinham forte inclinação a acreditar "nos poderes 'numinosos' do curandeiro".[847] Arthur Jores, um médico de Hamburgo, chegou à conclusão semelhante a respeito dos curandeiros milagrosos. Em um artigo de 1955 intitulado "Magia e Feitiçaria na Medicina Moderna", publicado no boletim semanal da Sociedade Alemã de Medicina Interna, Jores descreveu a intangível relação entre médico e paciente como "um relacionamento... mágico", que ajudava "a produzir efeitos curativos". Era esse efeito, argumentava, que permitia que os Gröning e os Templer — os "grandes curandeiros de nosso tempo" — pudessem "vagar pelo país... atraindo multidões de seguidores vindos de todas as camadas da população", apesar de não possuírem "treinamento em anatomia ou psicologia". Os que procuravam por seus tratamentos simplesmente "sabiam" que os curandeiros possuíam "'poderes' que médicos formados não possuíam".[848]

Tais explicações podiam até soar como novidade, porém não eram. Tanto as ideias de Jores como as de Strauch eram uma releitura das ideias de outro famoso médico alemão. Erwin Liek, que nas décadas de 1920 e 1930 foi um defensor do holismo.[849] Liek rejeitava a visão puramente mecanicista que reduzia o corpo humano a seus processos biológicos. Décadas antes de desses dois médicos, ele escreveu acerca da similaridade que existia no passado entre médicos e padres e seus respectivos poderes de cura, e como havia médicos capazes de curas surpreendentes apenas por força de suas personalidades.[850] O que *de fato* havia mudado desde a época de Liek estava relacionado à sua visão religiosa não apologética da natureza, da vida e da saúde. Os pesquisadores da parapsicologia na década de 1950 lustravam as habilidades de Trampler e Gröning com o verniz da linguagem da psicologia e da ciência, e não em uma linguagem da alma.

É nesse sentido que se encaixa a atuação mais secular de Gröning por volta de fins da década de 1950 e sua consequente popularização em um país onde um grande número de pessoas começava a deixar a religiosidade para trás. Além disso, o curandeiro já não era mais a extraordinária novidade que fora em 1949. Ele passou a compartilhar o nicho das curas espirituais com nomes famosos, tanto em nível nacional como internacional: na Alemanha Ocidental, Trampler e Pietro Tranti; na França, Yves Albre e Lucien Rivet; na Grã Bretanha, Harry Edwards; na Holanda, Greet Hofmans.[851] Quando a imprensa descreveu o caso de Ruth K. como "um dos mais estranhos de nosso tempo", isso talvez não revelasse apenas o quão rápido se esvaiu a memória de Herford e Rosenheim, como o quanto esse tipo de devoção que Ruth e seu pai dedicaram ao saludador passou a parecer algo inusitado e mesmo perigoso.[852] Fé naquela intensidade parecia fora de lugar dentro uma sociedade em transição, que estava mais inclinada a ter suas crenças validadas, seus milagres explicados e seus homens santos escrutinados.

Em 1957, a fama de Gröning poderia não causar mais o frenesi e o alvoroço que gerou em 1949, mesmo assim, uma imensa multidão compareceu ao Palácio de Justiça de Munique horas antes do início de seu julgamento, naquele mês de julho. O acusado passou sorrindo e distribuindo bolinhas de papel laminado para "a horda de espectadores que se amontoavam", multidões surgiram para tocá-lo e "praticamente arrancaram elas [as bolinhas] de suas mãos".[853] A revista *Revue,* que tanto contribuiu para sua notoriedade, informou aos seus leitores que a popularidade do curandeiro permanecia intocada: ele seguia recebendo cerca de trezentas cartas por dia.[854] O tabloide *Bild* descreveu a cena de um veterano de guerra cego que ficou ao redor do curandeiro clamando por cura durante um dos intervalos do julgamento, e "mulheres eufóricas se pisoteando na tentativa de beijar sua mão". O cabelo do réu — "uma juba leonina afeminada", de acordo com o *Bild* — chamava bastante atenção.[855] Seu penteado lhe dava a aparência de um "apóstolo

kohlrabi", observou um jornalista, evocando um termo utilizado para descrever gerações anteriores de figuras religiosas populares na Alemanha. Alguns deles, como o pregador itinerante gusaf nagel (que preferia grafar seu nome em letras minúsculas) e o pintor, pacifista e defensor do vegetarianismo e do amor livre Karl Wilhelm Diefenbach, usavam cabelos longos ao estilo dos profetas bíblicos.[856]

Casos criminais na Alemanha são geralmente conduzidos por um colegiado de juízes; alguns são magistrados de carreira e outros são juízes leigos indicados politicamente. Os juízes profissionais são os que chamam as testemunhas para depor. O primeiro a ser chamado naquele dia foi o próprio réu, que deu um depoimento rebatendo as acusações feitas contra ele. O curandeiro começou detalhando sua biografia — sua família, educação e empregos, antes e depois da guerra — então, sua fala passou a girar em torno de seus tratamentos e de como eles funcionavam, e a questionar se de fato tentou *curar* doenças ou simplesmente buscou disseminar princípios espirituais e filosóficos sobre saúde.

*   *   *

Ante o impiedoso holofote do tribunal, o Gröning guru parecia ansioso para mandar o Gröning feiticeiro de volta às sombras de 1949. Não havia nada especialmente saudável em torno de *sua* figura, ressaltava o réu. Ele não tocava as pessoas e não lhes dizia que poderia curá-las. Era verdade que distribuía bolinhas de papel laminado, mas apenas como lembranças, *souvenirs*. Às vezes dava as bolinhas porque julgava ser o que o público esperava dele, e "as pessoas ficavam tristes quando não as recebiam". Quando lhe perguntavam acerca de cura, respondia que "não curo ninguém, porém eu posso 'levá-lo' até a cura" — em clara referência à *Heilstrom*, a corrente de cura. Contudo, o depoente contou que corrigia a postura dos participantes de suas palestras (para melhorar o fluxo de energia) e que costumava perguntar aos que receberam bolinhas de papel laminado o que sentiam. "Eu digo aos meus ouvintes que o ser humano pode curar a si mesmo", declarou, no entanto cada "pessoa precisa prestar atenção ao seu *próprio* corpo e não ao meu". Era verdade, confirmou o réu, que às vezes falava de doenças, entretanto o fazia porque queria que as pessoas pensassem no "motivo de seus corpos estarem doentes". Ele admitiu saber que as pessoas o viam como "um transmissor de poderes sobrenaturais".[857]

Gröning recordou seu encontro com Ruth e seu pai. "K. me falou que sua filha foi desacreditada pelos médicos e ele não concebia entregá-la novamente aos doutores para servir de cobaia". Ruth lhe disse que "nem sequer pensava em voltar aos cuidados de algum médico". O réu alegou não saber o que havia de errado com ela. Após ouvi-lo palestrar a um grupo de pessoas em Bad Wiessee, recordou, "ela disse que se sentia muito bem" e que "acreditava estar curada". Ao descobrir que a jovem seria internada na manhã seguinte em um "sanatório ou clínica", o acusado disse ter lhe perguntado "então o que você faz aqui?".[858] O curandeiro, porém, não queria abalar a fé da moça na possibilidade de que poderia se sentir bem novamente, então a encorajou a buscar tratamento médico e aconselhou seu pai a levá-la para fazer um exame de raio-X.[859] Ele afirmou jamais ter visto as cartas que *Herr*

K. escreveu, embora tenha se recordado que Otto Meckelburg o contou mais tarde que pai e filha "escreviam incessantemente", implorando por uma visita. Quando a visita foi finalmente agendada, ele e Otto foram até a casa da família K. em Säckingen, e o réu disse que foi Otto Meckelburg, e não ele, quem falou ao senhor K. que "Agora Gröning está aqui para tirar o que resta de doença em Ruth!".[860]

Uma série de outras testemunhas prestaram depoimento. Enderlin, o curandeiro de Munique com quem o acusado trabalhou, disse ter recebido cartas em tom desesperado de *Herr* K. praticamente todos os dias. Contou ter pedido ao réu que fosse até Säckingen ver Ruth. Naquele que deve ter sido um momento dramático do julgamento, o promotor pediu que algumas das cartas escritas por K. fossem lidas em voz alta. Ao contrário da afirmação de Gröning de que não recebeu nenhuma daquelas cartas, o depoente afirmou "ter entregado algumas [...] pessoalmente nas mãos do acusado".[861]

Mesmo o depoimento da mais amigável das testemunhas opôs a imagem de Gröning como um guru espiritual a de Gröning, o *Wunderdoktor*. Uma mulher cuja asma o réu havia ajudado a amenizar explicou que, em sua opinião, as bolinhas de papel laminado distribuídas em suas palestras de fé eram *angesprochen* — ou seja, dotadas de poderes mágicos. Ela declarou que as pessoas procuravam o curandeiro "porque sabiam que ele emanava poderes curativos". Outra testemunha relatou que o acusado lhe disse que o "processo de cura" era uma "questão de fé" e que era preciso que a pessoa acreditasse para ser saudável. Outras testemunhas recordaram sentir "um formigamento nas mãos e nos pés" depois de falar com o curandeiro.[862]

No dia seguinte, quando, usando um óculos de sol azul, a mãe de Ruth, então com 65 anos de idade, subiu na tribuna para dar seu depoimento, ela descreveu um grande racha na família entre seu marido e Ruth — devotados ao réu — e os demais familiares, que culpavam abertamente *Herr* K. por Ruth recusar tratamento médico. *Frau* K. contradisse o depoimento do acusado acerca de quem teria dito que o curandeiro iria "tirar o que resta de doença" de Ruth. O próprio curandeiro que proferiu tais palavras, afirmou. Disse ainda ao tribunal que o réu, segundo seu marido, proibiu que Ruth fizesse um exame de raio-X, embora tenha admitido que ela própria nunca ouviu o curandeiro dizer que sua filha estava proibida de se consultar com um médico.[863]

Otto Meckelburg foi a décima sétima testemunha. Os autos o descrevem como um homem de negócios e, de fato, ele parece ter permanecido no ramo do agenciamento de *Wunderdoktors* depois de romper com Gröning. Em 1954, a *Der Spiegel* noticiou que ele cuidava da carreira de Pietro Tranti, que ficou famoso no início da década de 1950 e foi o primeiro curandeiro milagroso de renome nacional e internacional a surgir na esteira do fenômeno Bruno Gröning. A matéria da *Der Spiegel* dizia que, em 1952, Meckelburg afirmava estar em tratativas com o embaixador argentino em Bonn e com outras autoridades para organizar um visita de Tranti à moribunda Evita Perón.[864] Sentado na cadeira reservada aos depoentes, o ex-soldado da ss parecia ter pouco a dizer, especialmente se considerado o papel central que desempenhou no caso em julgamento. O depoente afirmou que *Herr* K. lhe contou que o réu "prometeu que curaria sua filha". Ele e o curandeiro conversaram acerca do caso e das cartas muitas vezes, declarou a testemunha. Renée Meckelburg também testemunhou e afirmou ter conversado com o acusado a respeito de Ruth. Após o primeiro encontro das duas em Bad Wiessee, Ruth contou a Renée que Gröning lhe disse: "você está saudável, vá fazer um raio-X". O depoimento de Renée parecia sugerir que o exame visava confirmar que Ruth estava curada.[865]

Após o depoimento de todas as testemunhas, o promotor público, Helmut Fey, pediu que réu fosse sentenciado a um ano de prisão pelos crimes de homicídio por negligência e por violação da lei do curandeirismo. Fey também pediu que a justiça confiscasse as bolinhas e folhas de papel laminado de Gröning.[866]

Elas foram confiscadas,[867] e o réu foi considerado culpado de violar a lei que regulava a prática do curandeirismo, e sentenciado a pagar um multa de 2 mil marcos e a cumprir três meses de prisão. No entanto, foi absolvido da acusação mais grave de homicídio culposo por negligência. Em sua decisão, a justiça considerou que quando o réu conheceu Ruth, em 1949, as autoridades da Baviera ainda não o haviam proibido de tratar seus pacientes. O tribunal foi compreensivo com o sofrimento do pai de Ruth:

sua filha foi "desacreditada pelos médicos", e ele não queria que a jovem fosse tratada como uma "cobaia". Ninguém refutou tal relato no tribunal, "afinal", *Herr* K. "deve ter tido suas razões para recorrer ao acusado".[868]

O passado voltava sorrateiramente à vista com essa decisão, como um fantasma que todos faziam de conta não enxergar. Ninguém mencionou especificamente o papel que a tuberculose exerceu nas ações de Ruth. Essa era considerada uma doença terrível na época, independente de qualquer circunstância. Contudo não era vista como um sinal de pecado dentro dos parâmetros morais que regiam a medicina popular e, não obstante, tratava-se de uma enfermidade fortemente estigmatizada durante o Terceiro Reich. Indivíduos com doenças infecciosas como a tuberculose eram proibidos de se casar sob a lei de prevenção a doenças hereditárias, de 1933. Um paciente com tuberculose tinha sua alimentação e cuidados bastante reduzidos (e totalmente suspensos se fosse judeu). O Estado tinha planos de internar todos os tuberculosos involuntariamente em clínicas, mas isso se mostrou impraticável.[869] As pessoas evitavam ao máximo os exames de detecção da doença.[870] Não é difícil imaginar por quanto tempo perduraram essas desconfortáveis memórias e seus efeitos.

A jovem Ruth viu garotas como ela morrerem durante os tratamentos, e ela própria enfrentou meses de penosas terapias. Os juízes concluíram que, quer *Herr* K. tenha ou não perdido as esperanças nos cuidados médicos oferecidos a Ruth, "sua filha obviamente recebeu tratamento". Também não ficou provado que o réu tenha de fato recomendado que a família K. interrompesse o tratamento de Ruth. O pai da jovem se recusou a levar a filha para se consultar com um médico apesar de toda insistência do restante da família, de modo que carregava uma parcela de responsabilidade. Por fim, não ficou claro para a justiça por que "justo ele" — Gröning — deveria ter feito algo diferente, considerando "seu baixo grau de formação". Ao que parece, a justiça sugeriu que o acusado não estava devidamente preparado para resistir ao fenômeno que arrastou ele próprio, seus discípulos e os doentes em busca de cura. Quando o curandeiro conheceu Ruth, apontou a justiça, "o acusado era enaltecido publicamente como um *Wunderdoktor*".[871]

* * *

Antes do início do julgamento de Gröning e durante o processo de entrevista das muitas testemunhas do caso, o tribunal solicitou a opinião de especialistas, médicos da Clínica Psiquiátrica e de Distúrbios Nervosos da Universidade de Freiburg, que foram questionados acerca do grau de responsabilidade legal do curandeiro. O dr. Richard Jung, professor de neuropsicologia e psiquiatria clínica, convidou o saludador para uma estadia de quatorze dias na clínica, em fevereiro de 1957.[872] O relatório de Jung indica que suas conversas com Gröning se concentraram na temática da fé e da confiança. O curandeiro contou a Jung que saiba dos perigos da "fé cega" quando o assunto eram as doenças graves. No entanto, as pessoas que o procuravam — e foi exatamente isso que ocorreu no caso de Ruth K. — geralmente haviam perdido a fé nos médicos. O curandeiro contou que quando começou a atuar sua abordagem era mais voltada para as doenças, contudo, naquela altura, estava mais preocupado em levar ordem para as almas. Sempre seguia seus humores e confiava em sua intuição. Gröning dizia ser capaz de sentir quando a sua secretária, que trabalhava no andar abaixo do dele, estava aborrecida. Seu sucesso, relatou, vinha de sua habilidade de identificar a "desarmonia interna" das pessoas.[873]

"As pessoas sempre o atraíram, realmente o atraíam", explicou o relatório de Jung. Se seguisse seus humores, Gröning "realmente seria capaz de alguma realização". O psiquiatra relatou um episódio em Rosenheim que o curandeiro recordou. "Ao discursar para as massas, se sentiu tão à vontade e tão leve que pulou da varanda nos braços da multidão". À medida em que se sentia mais leve, a multidão passava a compartilhar da mesma sensação. As pessoas "perderam suas aflições". Era um sentimento de "coletividade e alegria", lembrou o saludador — um sentimento que jamais teria a mesma intensidade "em uma conversa individual ou em um pequeno grupo". Para Jung, o que fazia Gröning ser atraído pelas pessoas era esse sentimento de "se tornar 'leve' e 'entusiasmado' junto com elas".[874]

O psiquiatra Alexander Mitscherlich, que foi incumbido pelo tribunal de avaliar o réu durante o julgamento de 1951, relatou que a inteligência do curandeiro deixava a desejar, assim como seu caráter moral. Jung, no entanto, definiu o intelecto de Gröning como "facilmente acima da média". Ele concordou com seu colega que o acusado "era carente por reconhecimento e queria se sentir como parte de uma coletividade". Ao mesmo tempo em que tal característica o tornava altamente sugestionável, avaliou Jung, também era a responsável pelo efeito que ele causava nas pessoas.[875]

É provável que nunca saibamos ao certo o que ocorreu naquele verão de 1949 entre Bruno Gröning e seus espectadores. Talvez nunca sejamos capazes de explicar com precisão como funcionava a medicina da alma, ou as curas em Herford, ou a *Heilstrom*, ou as bolas de papel laminado. No entanto, naquela época, o curandeiro pelo menos era uma pessoa diferente, e talvez os seguidores fervorosos que o ouviam também o fossem. Onde Mitscherlich e outros viam pessoas "ignorantes" e facilmente manipuláveis por projetos de ditadores, tomadas por suas emoções e cegas por sua falta de ilustração, o saludador era a lembrança de uma unidade espiritual, de totalidade, um sentimento de "entusiasmo": um estado no qual deixavam para trás suas aflições, quer fossem elas da mente, do corpo ou da alma. Sob o nazismo, os alemães sempre prezaram muito por um "elevado sentimento de pertencimento comunitário". Passados apenas oito anos, a memória dos grandes ajuntamentos de pessoas nos gramados de Rosenheim, cantando hinos religiosos à espera da revelação final e de salvação parecia algo estranho e repugnante.

Talvez jamais saibamos o que realmente aconteceu com Ruth K. sob os cuidados da dra. Volk, ou antes disso, na clínica Taunus. Não temos como dizer ao certo por que era tão urgente para ela se encontrar com Gröning, nem o que teria ocorrido caso ele não tivesse entrado em sua vida.

A absolvição de Gröning do crime de homicídio culposo por negligência em agosto de 1957 foi anulada em segunda instância alguns meses depois. "Para este tribunal parece fora de questão", dizem os autos, que o curandeiro sabia "que Ruth sofria de tuberculose". O tribunal de apelações também se convenceu, com base nas provas fornecidas pelas cartas de *Herr* K., de que Gröning "prometeu que faria a jovem melhorar". Assumir os cuidados da moça "prometendo curá-la" fez dele responsável por sua morte, porque isso fez com que pai e filha desistissem de procurar tratamento médico e cancelassem a internação da jovem na clínica na Floresta Negra. O réu "sabia a respeito da fé inabalável e zelo cego dos dois", o que tornava previsível o destino de Ruth. Em janeiro de 1958, o curandeiro foi sentenciado a oito meses de prisão e recebeu uma multa de 5 mil marcos. Durante a leitura da sentença, o tribunal de apelações apontou como atenuantes a responsabilidade do pai de Ruth e também sugeriu que a dra. Volk possuía meios legais, que não foram usados, de compelir Ruth ao tratamento. Apesar disso, Gröning foi condenado pelo que o tribunal chamou de "indiferença" ao destino da jovem.[876]

Conforme o público começou a condenar o resultado dos tribunais, conhecidos fantasmas voltaram à cena. August Unger, antigo prefeito nazista de Plaidt, que se autoproclamava "Adolf II" e liderava o partido de extrema-direita "Partido dos Alemães de Bem", redigiu seu descontentamento e o endereçou ao "grande tribunal justiceiro regional". "É com pesar que li hoje que Gröning foi submetido a mais um julgamento. Considero ser esse um tratamento ultrajante para os tempos civilizados em que vivemos". Sem nenhuma intenção de ser irônico, comparava os julgamentos do curandeiro "aos tempos em que se queimavam bruxas". Um cartão-postal enviado ao tribunal apontou como "deplorável" o tratamento dado ao saludador. Uma mulher endereçou uma carta às "mais altas autoridades do Reich alemão" em que denunciava a "alta corte de Munique" por ter "inadvertidamente *rejeitado* Deus em nome de todo o povo alemão". Gröning a havia salvado de um câncer, escreveu, que comparava a decisão do tribunal à "crucificação de Nosso Senhor Jesus Cristo há 2 mil anos... O *Herr* Bruno Gröning é um bom filho de Deus". Um homem chamado Zimmermann escreveu para dizer como teria sido "maravilhoso" ter tido a oportunidade de "passar algumas semanas" próximo ao réu. "Isso certamente teria aliviado meu sofrimento e me daria uma nova vontade de viver". Enquanto isso, uma mulher de Hamburgo repreendeu o tribunal dizendo que "uma pessoa doente tem o DIREITO de acreditar em sua própria cura". Gröning mostrou um senso de responsabilidade muito maior do que qualquer médico, insistiu a mulher: ele se recusou "tirar de Ruth sua fé, explicando friamente a verdade acerca de sua doença". O curandeiro, pelo menos, deu à jovem o direito de ter fé.[877]

Em março de 1958, um promotor público de Munique deu entrada em um pedido para que Bruno Gröning recebesse uma sentença mais severa. Era difícil de se imaginar que o curandeiro levasse uma vida dentro dos preceitos da lei, escreveu o promotor: era quase certo que ele continuava realizando seus trabalhos de cura "disfarçadamente".[878] No entanto, antes que uma nova rodada de julgamento tivesse início, o caso foi abruptamente interrompido e de maneira muito mais silenciosa do que quando começou, no verão de 1949. Uma curta ordem judicial, escrita em linguagem direta e burocrática, datada de 21 de fevereiro de 1959, informava as partes envolvidas que "o caso foi concluído em decorrência da morte do acusado".[879] Bruno Gröning se foi, faleceu de câncer no estômago aos 52 anos de idade. A morte do curandeiro não significou apenas o seu próprio fim, mas o fim de uma era. Era também uma metáfora. Uma das mais proeminentes manifestações do período pós-guerra — de angústias com derrota, de inquietações sociais e doenças espirituais — deixou de existir.

Havia se passado quase exatos dez anos da estreia nacional do curandeiro em Herford. O obituário de Gröning na *Der Spiegel* observou que Dieter Hülsmann, o garoto cujos milagrosos primeiros passos após um longo inverno entrevado numa cama levaram milhares de peregrinos a uma cidade da Vestfália, morrera alguns anos antes, aos 16 anos de idade. Estava enterrado em Herford, dizia o jornal, em um túmulo malcuidado.[880] Para o leitor alemão, o significado dessa informação ficava imediatamente evidente: em um país que levava muito a sério a manutenção de seus cemitérios, a negligência à última morada terrena de Hülsmann era sinônimo de abandono. O mundo, ao seu modo, seguira em frente.

CONCLUSÃO

O medo da maldade não deixou de existir com Bruno Gröning, ao menos não totalmente. Uma série de recortes de jornal encontrados em um arquivo eclesiástico de Berlim atesta que as acusações de bruxaria continuaram ocorrendo, ainda que esporadicamente, até meados da década de 1960. Em 1962, por exemplo, na cidade bávara de Mailach, um jovem de 25 anos que trabalhava como mecânico de carros admitiu ter queimado a casa de uma senhora sexagenária por acreditar que ela fosse uma bruxa. Moradores da região se recusaram a limpar o local por medo de entrarem em contato com os pertences da mulher.[881]

No entanto, aos olhos dos observadores, na década de 1960, essa onda de acusações de bruxaria parecia bastante distintas. Em fevereiro de 1961, os editores de *Os Sexto e Sétimo Livros de Moisés* retornavam novamente aos tribunais, dessa vez, no entanto, foram condenados apenas por publicidade enganosa. Naquele mesmo ano, o ministro do Interior da Eslésvico-Holsácia produziu um relatório da investigação estatal acerca do medo de bruxas. O número de "casos de bruxas" que poderiam ser "estabelecidos" eram tão pequenos, escreveu, que "intervenções com medidas repressivas" parecem "desnecessárias". Outros estados da República já haviam abandonado a questão. A opinião do ministro era de que "a superstição não pode ser eliminada com normas de proibição", mas com o "esclarecimento do público". Por exemplo, farmacêuticos haviam concordado em vender soluções utilizadas em receitas de magia, como a que era chamada de "excremento do diabo", usando apenas "nomes comuns em alemão", provavelmente para dissociar o produto de qualquer referência mística.[882]

Um memorando de 1961 encontrado nos arquivos e que anunciava a conclusão da investigação de bruxaria na Eslésvico-Holsácia soa como um epílogo para uma década marcada por cuidadosas omissões e histórias censuradas. "A questão por inteiro a partir de agora deve ser considerada encerrada."[883] As pessoas acreditavam que as acusações não apenas haviam ficado para trás como, mais especificamente, pertenciam a um passado que dizia respeito ao pós-guerra. "Não há mais histórias de bruxas nos jornais", escreveu o folclorista Leopold Schmidt em 1965, e nenhuma menção à "guerra da Igreja Católica contra os peregrinos desesperados de Heroldsbach".[884] "A obsessão pelas bruxas teria chegado ao fim?", questionou o *Frankfurter Rundschau* no mesmo ano. Heinz Rudolph, ministro da Baixa Saxônia que havia declarado guerra à superstição apenas alguns anos antes, disse aos jornalistas que "efetivamente não temos notícia de um único caso nos últimos cinco anos". "Não sabemos o que aconteceu", disse Rudolph.[885]

Alguns postularam que talvez a mudança fosse resultado do advento da televisão. Outros, fazendo alusão à famosa frase de Hamlet a Horácio, creditavam a mudança à corrida espacial, talvez o homem no espaço tenha feito desaparecer "de uma vez por todas a peculiar noção de que há mais coisas entre o céu e a terra do que supõe nossa vã filosofia".[886] O que parece mais provável do que a ideia de que novas tecnologias poderiam simplesmente banir de uma hora para a outra o medo de demônios, é que a verdadeira razão do medo de bruxas nos anos 1950 — recriminações constantes, desconfiança social e insegurança espiritual — havia diminuído e se dissipado. Com o fim do medo das vinganças, cessaram também os medos de bruxas e de outras conspirações sombrias.

Já no caso de Gröning, continuava Rudolph, tanto vivo como morto o curandeiro continuou sendo assunto para os tabloides. Em 1959, um jornal sensacionalista chamado *7 Days* espalhou a acusação de que ele não foi vítima de um câncer, e sim que a esposa arquitetou sua morte quando o submeteu a uma cirurgia desnecessária para a retirada de seu bócio. Outra teoria afirmava que a morte seria por consequência do frequente pedido que feito aos seus pacientes "para que lhe transferissem suas doenças". Ao se acumularem em seu corpo, essas enfermidades teriam causado sua morte.[887] As cinzas do saludador foram enterradas em Dillenburg, ao lado das de seu filho mais jovem, Günter. Esse local permaneceu uma rota de peregrinação e ficava repleto de coroas de flores. Um funcionário do cemitério contou ao tabloide *Bild,* em 1960, que praticamente nenhum dia se passava sem que alguém perguntasse a respeito do curandeiro. Um comerciante da região temia que as cinzas de Gröning rebaixassem a "principal atração turística" da cidade — Dillenburg foi onde nasceu Guilherme, Príncipe de Orange.[888] Entretanto, em meados dos anos 1960, o fenômeno do curandeiro aparentava estar ligado a um passado distante. Uma coletânea no tabloide *Neue Illustrierte* o elegeu como "o alemão mais conhecido do período pós-guerra", "mais famoso que Adenauer e Erhard".[889]

A guerra deixou um rastro de morte e prejuízo material de proporções inimagináveis. No entanto as questões morais que o conflito gerou foram tão vastas e assustadoras que ainda hoje, muito tempo depois dos escombros terem sido recolhidos, a argamassa ter preenchido os buracos deixados pelas bombas e pelos estilhaços nas fachadas dos prédios e os últimos soldados terem morrido pelo avançado da idade, essas questões — relacionadas aos extremos mais profundos do comportamento humano, e ao fato dos assassinatos em massa terem sido apoiados e postos em prática — estão apenas parcialmente respondidas.

Não se pode negar o passado. A história sempre encontra caminhos para se fazer visível, não importando o quanto se esteja determinado a rejeitá-la, ou a atenção dedicada a repudiá-la. Nos Estados Unidos, por exemplo, as referências culturais e históricas acerca dos cemitérios indígenas assombrados persistem desde o século XVIII. Essas histórias escondem, como ressaltou um escritor, "uma certa ansiedade a respeito da terra na qual norte-americanos — especificamente os brancos e de classe média — vivem. Na base da ideia de propriedade privada... está a ideia de que, de fato, não somos proprietários das terras".[890]

Contos de assombração expressam o não dito, o terror sublimado no centro da vida do norte-americano branco: os fantasmas voltarão para se vingar e exigirão o que é deles. Tais assombrações também permanecem no centro da vida social alemã após o Holocausto e o nazismo.

A assombração da sociedade do pós-guerra se apresentou de duas formas. Uma, vertical: indivíduos que se sentiram atormentados, culpados ou procuravam por um salvador que surgiu no momento de mais urgente necessidade. Decididamente, Bruno Gröning alcançou seu maior sucesso ao tratar doenças crônicas, várias enfermidades que os médicos insistiam em dizer que não existiam, além de misteriosas aflições que as pessoas acreditavam não ter mais uma solução. Quais eram essas enfermidades que tão rapidamente eram curadas diante de interações com o curandeiro, ou nas multidões que se juntavam aos seus pés, no escuro ou sob a luz dos holofotes? Talvez o mais importante seja nos questionarmos a respeito dos sintomas dessas enfermidades. Após a guerra, parte dos médicos ofereceram algumas sugestões. Estabeleceram uma conexão entre culpa e enfermidade. As doenças seriam o resultado do pecado, e a cura exigia a expiação da culpa. Para estar "doente", teria dito Gröning, era preciso que a pessoa estivesse tomada pelo mal. Porém qual era a origem do mal? De alguma forma, ele sugeria que se afastar de Deus era o que gerava o mal e as doenças. Contudo, a fala do *Wunderdoktor* acerca do mal sugere a percepção de que tudo havia dado errado, que foram cometidas muitas atitudes terríveis que com frequência não receberam punição. Como dizia o saludador: todos carregavam um *Schweinhund* dentro de si.

A outra forma de assombração era horizontal: o medo de bruxas que espalhou desconforto sobre muitas comunidades nos anos 1950 era um fenômeno entre vizinhos. Muitos fatores fizeram parte daqueles episódios. A região rural de Eslésvico-Holsácia, estado que parece ter sido o palco do maior número de julgamentos de bruxaria, foi "destruída" pelas mudanças do pós-guerra: milhões de refugiados da antiga Alemanha Oriental e de outras comunidades alemãs da Europa Oriental se estabeleceram na região, o que causou enormes tensões. Ao mesmo tempo, há sinais claros de que muitos problemas podem ter surgido por mágoas não resolvidas, medo da exposição e hostilidades reprimidas relacionadas ao período nazista e de desnazificação. Na parte do país habitada pela maior porcentagem de antigos membros do partido nazista, o processo de desnazificação nas pequenas comunidades fez surgir uma série de ansiedades. Ninguém sabia quem poderia ter dito o que para quem. Acusar um vizinho de ser bruxo ou bruxa trouxe à tona muito ódio e ansiedade, no entanto também escondeu, disfarçou e suprimiu estes mesmos sentimentos.

O livro se concentrou no passado e nos primeiros e extremamente difíceis anos da República Federal que se seguiram à derrota da Alemanha na Segunda Guerra Mundial. Contudo a história do medo de bruxas no período pós-guerra e as curas milagrosas também suscitam questões mais amplas, muitas delas não são menos relevantes hoje do que eram na década de 1950. Uma delas é a forma como o conhecimento, a autoridade, a confiança e a moral se entrelaçavam na sociedade. É importante um maior entendimento das condições sociais que deram credibilidade a tais ideias, ou, ao contrário, que colocaram em risco a crença no conhecimento. Se a sociedade compartilha um conjunto de ideias relacionadas à forma como o mundo funciona, o que acontece quando as condições que sustentam esse consenso deixam de existir? A sociedade é capaz de sobreviver a esse fenômeno ou sofrerá rupturas que a farão desmoronar?

A sociedade da Alemanha Ocidental, como sabemos, não desmoronou. Os alemães ocidentais construíram uma democracia e uma economia bem-sucedidas. Dentro dos parâmetros da Guerra Fria, a paz prevaleceu. Porém é precisamente essa história de sucesso que requer uma reflexão mais detalhada. O que significa uma nação ser capaz de se transformar tão rapidamente, da sociedade que deu origem a Auschwitz à que construiu um mundo de riquezas iluminadas por luzes neon? O que permanece não dito, o que foi tirado de vista, a ponto daquela comunidade alcançar e manter de forma obstinada um senso de realidade e "normalidade", após um genocídio e seu colapso moral? E que tipo de normalidade era essa? Respostas históricas "realistas" para questões tão enormemente significativas estão sujeitas a limitações, para dizer o mínimo. Detalhes acerca do estabelecimento de partidos políticos, estatísticas de desemprego e acordos comerciais, políticas públicas voltadas às famílias, esses são tópicos que podem tanto revelar quanto esconder a realidade. Eles podem criar uma aura de ordem e coerência totalmente fora de sincronia com o modo como a maioria das pessoas de fato viveu ou percebeu suas vidas.[891]

Algumas vezes precisamos apenas ouvir o que os fantasmas têm a nos dizer, pois em uma sociedade assombrada, como ressalta a socióloga Avery F. Gordon, "o fantasma sempre carrega a mensagem", contudo "não na forma de um ensaio acadêmico, de um estudo clínico, de uma reportagem polêmica ou de um estéril relatório oficial".[892] Existem questões que, por sua própria natureza, demandam sensibilidade a outras realidades.

AGRADECIMENTOS

É um privilégio ter a oportunidade de agradecer a todas as pessoas e instituições sem as quais eu não seria capaz de realizar a pesquisa e a escrita de *Uma terra assombrada por demônios*.

A Universidade do Tennessee, em Knoxville, me propiciou o tempo e parte do financiamento necessário para a finalização do livro. Atualmente as pesquisas das Ciências Humanas e da Educação nas universidades públicas estão cada vez mais ameaçadas nos Estados Unidos, no entanto a Universidade do Tennessee, em Knoxville, continua trabalhando para o bem comum, oferecendo aos pesquisadores os recursos necessários para conduzir suas pesquisas relacionadas às experiências humanas. O trabalho que as nossas universidades estaduais vêm realizando, geralmente sob grande pressão — ideológica e financeira — jamais deve ser ignorado ou menosprezado.

Meu departamento de História é um espaço extremamente estimulante para lecionar e refletir. Chad Black, Ernie Freeberg, Luke Harlow, Vejas Liulevicius, Tore Olsson, Victor Petrov, Denise Philips e Shellen Wu, assim como historiadores membros do seminário de pesquisa em Ciências Médicas, financiado pelo Centro de Ciências Humanas da Universidade do Tennessee, em Knoxville, Kristen Block, Nikki Eggers e Sara Ritchey — e meus agora antigos colegas da mesma universidade, Jay Rubenstein and Tom Burman, foram especialmente atenciosos.

Em vários arquivos e bibliotecas fui auxiliado por profissionais competentes, que facilitaram meu trabalho e o tornaram melhor. Gostaria de agradecer especialmente a Christoph Laue, do Kommunalarchiv Herford; Elisabeth Angermair e Anton Löffelmeier, Stadtarchiv München; dr. Robert Bierscheider, Staatsarchiv München; Sven Schön, do Landesarchiv Schleswig-Holstein; e Eberhard Bauer e Uwe Schellinger, do Institut für Grenzgebiete der Psychologie und Psychohygiene, em Freiburg. Ruth Pabst, do Evangelisches Zentralarchiv, em Berlim, que me ajudou não apenas em um, mas em dois projetos de livro. Os funcionários da Biblioteca Hodges, na Universidade do Tennessee, em Knoxville, podem ter desistido de me ver devolver os livros dentro do prazo, ao menos um livro que fosse. Eu os agradeço pelo seu trabalho árduo e pelos muitos anos de paciência. Agradeço *Herr* Hanken, de Wangerooge, por compartilhar sua coleção pessoal relativa a Bruno Gröning.

Compartilhar meu trabalho em diferentes estágios da pesquisa me ajudou a entender o tipo de livro que eu estava tentando escrever. Agradeço às instituições que me proporcionaram essa chance: o Instituto para Estudos Avançados da Cultura, da Universidade da Virginia; o Centro Shelby Cullom Davis, na Universidade de Princeton; o Instituto Max Planck, em Berlim; a Conferência Brian Bertoti de estudos de pós-graduação, no Centro Tecnológico da Virginia; o Seminário Dorothy Lambert Whisnant sobre História das Mulheres, na Universidade Clemson; St. Anthony's College, Universidade de Oxford; a Associação de Estudos Germânicos, da Academia Americana em Berlim; o Centro para Estudos Americanos, da Universidade de Heidelberg; o

XXIII Recital Bath House, na Sociedade Internacional Memorial, em Moscou; o Colóquio sobre Europa Moderna, na Universidade de Yale; o Centro Selma Stern para Estudos Judaicos, na Universidade Humboldt, em Berlim; o Centro Max Kade para Estudos Europeu, na Universidade de Vanderbilt; o Colóquio de História Europeia na Universidade de Indiana; o Departamento de Estudos da Religião do Williams College. Meus agradecimentos mais sinceros a Dan Rodgers, Yair Mintzker, Joachim Häberlen, Michael Meng, Paul Betts, Steve Smith, Irina Prokhorova, Adam Tooze, Stefanie Schüler-Springorum, Stefanie Fischer, Joy Calico, Michelle Moyd, Mark Roseman, Jason Ā. Josephson-Storm e Grant Shoffstall.

Fui beneficiada significativamente pelas bolsas de pesquisa recebidas do Conselho Americano de Sociedades Eruditas e da Academia Americana em Berlim (AAB). Esse livro não seria o mesmo se eu não tivesse tido a oportunidade, ainda no seu início, de trabalhar ao lado dos extraordinários colegas na AAB. Conversar diariamente não apenas com pesquisadores brilhantes, mas também com artistas e escritores, me ensinou mais que qualquer simpósio acadêmico. Agradeço aos funcionários maravilhosos da AAB e a todos os colegas da turma de 2014 — Beatriz Colomina, Dan Eisenberg, Myles Jackson, Anthony McCall, Mark Meadow, Dan Rosenberg, Adam Ross, Hillel Schwartz, Louise Walker e Marjorie Woods — e seus companheiros, suas companheiras e adoráveis familiares. Meu amigo, editor e romancista, Adam Rose, me deu a honra de publicar na *Sewanee Review* parte da pesquisa que se transformaria neste livro.

Três historiadores que eu tenho a sorte de chamar de amigos leram e comentaram o manuscrito completo: Ellen Boucher, Alon Confino e Eric Kurlander. Não tenho como agradecer suficientemente pelo seu tempo, camaradagem, insight e carinho.

Muitos amigos responderam com questionamentos, me ajudando com o quebra-cabeça da pesquisa, deram conselhos para a publicação e ofereceram apoio moral e muitas horas de conversas, sérias ou não, ao longo dos anos. David Bernardy, Paul Betts, Dorothee Brantz, Alon Confino, Winson Chu, Jen Evans, Michael Geyer, Svenja Goltermann,

Yuliya Komska, Molly Loberg, Michael Meng, Erik Midelfort, Michelle Moyd, Till van Rahden, Mark Roseman, Catherine e Garriy Shteynberg, Nick Stargardt e Joni Tevis. Obrigada, meus amigos!

Lecionar é uma das melhores maneiras de organizar as ideias da pesquisa, e os alunos de minha disciplina de Medicina no Terceiro Reich me proporcionaram o espaço para experimentar. Sou imensamente grata a Jasmine, Jamie, Alex, Jordan, Michael, Sydni, Spencer, Caitlin, Kaitlyn, Madeline, Elizabeth, Tory, Heather, Kristi, Jeremy, Meg e Maggie.

Minha editora, Deborah Grosvenor, merece mais que um agradecimento. Merece uma medalha. Trabalhou ao meu lado por anos na proposta do livro e me apresentou à extraordinária Sara Bershtel. Poder trabalhar com uma editora com a reputação, rigor e competência de Sara tem sido uma honra. Agradeço a Sara e a sua equipe no Metropolitan, especialmente ao admirável Grigory Tovbis.

Uma pessoa permite que a minha vida e tudo que a cerca seja mais interessante e conspiratória, no bom sentido, todos os dias. Matthew Gillis, para mim, é o centro cósmico de tudo.

ÍNDICE REMISSIVO

Abendzeitung 235, 321, 322, 323, 339, 342, 343
aborto 25, 97
Adenauer, Konrad 24, 143, 182, 278
aditivos químicos alimentares 263
adoção de tchecos 20
África 78, 170
agricultura 81, 143, 162, 219, 241
A incapacidade de viver o luto (Mitscherlich e Mitscherlich) 121
Albre, Yves 266
Alemanha Ocidental (República Federal da Alemanha) 16, 46, 110, 135, 149, 233, 280
  anistia na 47, 143
  assombrações na 280
  autoimagem nacional da 25
  corrupção na 138
  criação a partir da Trizonia 23
  falta de empatia na 25
  fundação da 23, 46, 72
  política externa da 46
  recuperação econômica da 24, 49, 162, 183, 249, 280
  reforma monetária na 49
  silêncio sobre crimes nazistas na 26, 44, 99, 217
Alemanha Oriental (República Democrática da Alemanha) 124, 135, 245, 280
Aliados 18, 27, 34, 42, 43, 50, 52, 67, 85, 141, 197
alienação 19, 43, 45, 91

Alpenpark, spa 144
Alta Baviera 109, 135, 158
Altona 220
Aly Kahn, príncipe 134
amuletos 80, 262
Angerstein, Fritz 235
anistia 106, 143
Anistia 47
anjos 54, 163
Ankermüller, Willi 135
antigos nazistas 25, 42, 52, 68, 110, 141, 179, 183, 189, 196, 203, 207, 213, 274, 280
aparições divinas 163
A Princesa Cigana (opereta) 158
Arca da Salvação 169
áreas rurais 196, 216
Arendt, Hannah 26, 29, 106
Are There Witches Among Us? (Kruse) 227, 243
Argentina 142, 161
Ariosofia 29
armas atômicas 17, 48, 57, 127, 169, 183, 218, 263
Arquivo do Estado da Baviera 137
Arquivo Federal da Alemanha (Berlim) 139, 141
Arquivo para Pesquisa do Fenômeno Moderno de Medo das Bruxas 225
As curas milagrosas de Bruno Gröning (Schmidt) 150
As Curas Milagrosas de Bruno Gröning (Schmidt) 110
Associação dos Curandeiros da Alemanha 74
Associação dos Curandeiros da Baviera 134
Associação Médica da Baviera

152, 159
Associação Médica do Estado da Baviera 134
Associação para Pesquisa e Promoção do Método de Cura Gröning 145, 160, 253
assombração 28, 30, 281
Astoria, Hotel 155
astrologia 29
Atlas do Folclore Alemão 83
Aub, Fritz 158
Auschwitz 22, 98, 130, 141, 281
Austrália 87
Áustria 124
aviões 17, 48, 182
Azande, povo 79, 181, 194

Bade-Vurtemberga 170
Bad Oeynhausen 95
Bad Wiessee 144, 151, 253, 259, 268, 270
Baixa Saxônia 35, 83, 193, 216, 232, 244, 246, 247, 277
Baixa Silésia 35
Bajohr, Frank 138
Bamberga, arcebispo de 166
batismos em massa 50
Baviera 15, 47, 54, 83, 111, 113, 137, 144, 145, 151, 152, 160, 168, 173, 182, 248, 255, 261, 270
Bayreuth 158
Behringer, Wolfgang 193
Bélgica 87
Bender, Hans 264
Bentzinger, Hans 123
Bergfeld, Jens 90
Berlim 74, 83, 139, 193, 202,

235, 239, 245, 276
ponte aérea de 52, 142
Berry, Chuck 249
Besprechen 83, 185, 188, 200, 206, 214
Bessel, Richard 36
Biblioteca Estatal da Prússia 235
Bielefeld 75, 95
Bierstern (estrela dos cervejeiros) 239
Bild (jornal) 266, 278
Bismarck, Otto von 73
Bizonia 18
bode expiatório 217, 226
Bogner, Fred 23
bolinhas de papel laminado 63, 101, 107, 122, 129, 144, 148, 149, 173, 257, 262, 264, 266, 268, 269, 270, 273
Böll, Heinrich 23
bombardeios 17, 23, 34, 36, 37, 39, 71, 85, 103, 105, 107, 111, 173
Bongartz 108, 127
Bongartz, Heinz 96, 102
Braucher (curandeiro) 13
Braun, Eva 134
Braunschweig 193, 232, 240, 244
Braun Schweiger (um \ 142
Bremerhaven 193
Breslávia 98
Brigadas Judaicas 22
bruxaria 16, 28, 217 \ 77, 153, 175, 193, 200
  acusações de 15, 276, 280
  antissemitismo e 222, 233, 237
  como idioma cultural 80, 194
  curandeiros e 82
  Gröning e a 78, 153, 175
  história da 15, 32, 78, 217
  julgamentos de 15, 192, 280
  Kruse sobre os danos causados por acusações de 226, 246
  papel explanatório da 80
  perseguições e 222
  violência e 226, 276
Bruxaria, oráculos e magia entre os Azande (Evans-Pritchard) 78
Buchenwald 169
budismo 174
Bundesgerichtshof (Tribunal Federal de Justiça, Alemanha Ocidental) 214, 217, 232
Bundestag (Parlamento Federal da Alemanha Ocidental) 46, 134
Comitê para Assuntos de Saúde Pública do 178
Burroughs, Edgar Rice 50

Cabala 236, 239
calvinismo 31
Câmara de Apotecários de Hamburgo 228
câmaras de gás 22, 130, 183
campos de concentração 17, 21, 43, 182, 198, 222
  descoberta e documentação pelos Aliados dos 41
  e misticismo católico 166, 167
  sobreviventes dos 38, 170
  Unidades da Caveira e 140
campos de detenção para ex-nazistas 40, 141
campos de prisioneiros de guerra 19, 45, 50, 60, 67, 74, 167, 176, 197, 249
Canadá 106
câncer 70, 81, 177, 274
Casa Rutenberg 93, 96
católicos 28, 49, 75, 109, 111, 140, 163, 168, 191, 277
  nazistas e os 166
  visões em Heroldsbach e os 167
cegueira de guerra (Kriegsblindheit) 91
cegueira e problemas de visão 66, 91, 103, 108, 122, 135, 151, 153, 155, 266
Celle 143, 193
cemitérios indígenas 279
centros de cura 130, 135, 137, 145, 147, 158, 160
cervejaria Wagnerbräu 173, 174
Christ und Welt (jornal) 47
Churchill, Winston 39
cinejornal 58, 124
Círculo Cósmico 113
Círculo de Amigos e Patronos dos Serviços de Gröning 145
Círculo de Bevensen 247
Círculo de Oração de Vurtemberga 169
círculos de oração 15, 28, 167, 169

clandestinidade 142, 143
clarividentes 48, 54, 86, 101, 144, 197, 264
Clark, James A. 124
clero 47, 54, 166, 191, 220
Clínica Ludolf-Krehl 96
Código Penal alemão 214
Colônia 74
Comissão de Controle para a Alemanha 71
Comissão Parlamentar de Legislação e Questões Sociais da Baviera 129
Comissário norte-americano da Baviera 134
comunidades zaissianas 172
comunistas 179
Conferência de Ialta 39
Conferência de Potsdam (1945) 19, 67
confiança 21, 29, 99, 132, 194, 200, 203, 211, 272, 280
conflitos comunitários 194
conflitos interpessoais 16, 194
Conselho de Censura Cinematográfica 134
Conselho de Ministros da Baviera 128
Constance 254
consumismo 23, 24, 29, 162, 249
contos de fada 243
Copa do Mundo (1954) 249
Corrente de Cura de Bruno Gröning (panfleto) 262
corrupção e fraude 20, 29, 42, 89, 132, 133, 138, 160
cortisol 91
crenças sobrenaturais 29, 80, 86, 268
crianças 14, 20, 36, 53, 66, 71, 75, 154, 155, 166, 187, 227, 243
  abuso de 16
  adoecimento de; e bruxaria 188
  deficiência e eutanásia de 75, 98
  desencantamento de 226
  e retorno dos pais e 45
  morte de 197
criminalidade 55, 106, 233, 240
cristianismo 62, 120, 140, 170
  cura espiritual e 152
  Viduquindo e 62
Croton-on-Hudson 124
crucifixo 137, 165
Cruz Vermelha 122
culpa coletiva 29, 42, 44, 48,

290

92, 106, 107, 152, 178
culpa e responsabilidade 29,
    40, 41, 44, 45, 54,
    92, 106, 107, 121,
    178, 180, 182, 183,
    222, 279
cumplicidade 26, 41, 121, 167
    grau de 40
curandeiros
    dinheiro e os 146
    dualismo moral e os 84
    história na Alemanha dos
        73, 83

Dachau 169
Dahrendorf, Ralf 43
danos espirituais e cura 16, 29,
    33, 48, 82, 102, 103,
    131, 152, 163, 167,
    171, 178
Danzig 68, 83, 123, 139
Darwin, Charles 220
deficiência 70, 91
    eutanásia e 75, 99
demônios 16, 80, 82, 163, 165,
    178, 227
    exorcismo de 167, 171, 244
denúncias 21, 44, 64, 183, 203,
    216, 217, 218, 222,
    223, 225, 229
Departamento de Saúde do
    Estado da Baviera
    173
Der Hausfreund (revista) 87
derrota 19, 23, 24, 26, 29, 37,
    44, 53, 54, 85, 92,
    105, 106, 111, 121,
    152, 154, 166, 178,
    213, 275, 280
Der Ruf (jornal) 48
Der Spiegel (revista) 93, 133,
    216, 225, 226, 251,
    270, 275
Der Stürmer (revista) 74
desnazificação 42, 46, 92, 97,
    106, 141, 143, 152,
    189, 199, 200, 202,
    203, 280
Deus
    Gröning e 89, 115, 175
    invocado por curandeiros
        82
deuses pré-cristãos 62
diabetes 71, 88
Diabo 178, 209, 210, 234
    Deus contra o 206
    expulsões do 169, 178
    Gröning sobre o 152, 153,
        173, 175

Hitler e o 208
judeus e o 237
possessões pelo 151, 170
relação de dualismo dos
    curandeiros com o
    82, 150
visões do 165
Dicionário Alemão de Supers-
    tição 236, 243
Dieck, Alfred 54, 55, 58, 120
Diefenbach, Karl Wilhelm 267
Die Welt (jornal) 89
difteria 38, 197
Dillenburg 278
dinheiro e moeda 18, 38, 49
discos voadores 57
Divisão Príncipe Eugen (Waf-
    fen-SS) 141
doença de Bechterew 95
doenças
    causas para; imediatas vs.
        definitivas 37, 82,
        181, 194
    causas sociais das 92
    medicina psicossomática e
        99, 104
    propósito religioso das 181
    quem causa e quem cura
        200
doenças cardíacas 81, 91
doenças hereditárias 97
doenças mentais 71, 88, 128
doenças pulmonares 129
doenças venéreas 70
Dornheim, Jutta 176
Dortmund 87, 198, 236
Dresden 83
    bombardeio em 36
dualismo 82, 83, 150

Eberling, Waldemar 190, 191,
    215, 217, 218
    casos judiciais de 195, 199,
        205, 210, 224, 229,
        232, 236
E Deus criou a mulher (filme)
    249
Edwards, Harry 266
Egon, Arthur Schmidt 110,
    133, 145, 148, 150,
    262
Ehard, Hans 123, 128, 160,
    183
Eichmann, Adolf (\ 141, 161
Eisenhower, Dwight D. 182
Elba, rio 195
Elon, Amos 184
Enderlin, Eugen 173, 257, 258
Engler, Erika 110, 121, 134

Engler, Rolf 110, 121, 134
enxaquecas 100, 163, 264
escassez de combustível 38
escassez de comida 36, 38, 39,
    70, 162, 199
escassez de moradias 39, 71
Eslésvico-Holsácia 15, 89,
    185, 190, 193, 195,
    196, 201, 202, 203,
    214, 221, 225, 226,
    244, 277
Espenlaub, Gottlob 170
esquadrões da morte 17, 183
esquecimento 46
Essen 139, 184
Estados Unidos 105, 106
    Alto Comissariado dos 134
    campo de detenção nos 142
    cemitérios indígenas nos
        279
    circuitos financeiros dos 53
    cultos com abuso de crian-
        ças nos 16
    cultura popular dos 51
    exílio nos 25, 91
    Federal Aviation Adminis-
        tration 92
    Segunda Guerra e os 36
    soviéticos e os 51
Estatuto da Ocupação (setem-
    bro, 1949) 46
esterilizações 20, 97, 99, 103,
    200, 202, 208, 215
estoicismo 107
Estrela de Davi 239
estupro 17, 45, 70, 91, 105,
    148, 160
eugenia 74, 96, 103
Europa Oriental, etnias alemãs
    expulsas da 19, 39,
    45, 280
eutanásia 75, 99
Evangelho de João 153
Evangelho de Marcos 170
Evangelhos 152, 170
evangelizadores 28, 170
Evans-Pritchard, E. E. 80
exaustão psíquica 48
excremento do Diabo (assa-fé-
    tida) 187, 211, 277
exegese dos sinais 54
Exército Vermelho 36, 38,
    67, 202
exilados alemães 44, 91
exorcismo 28, 82, 165, 169,
    237
experimentos genéticos 263
expiação 47, 152, 163, 174,
    279
expressionismo alemão 24
expulsador de bruxas 82, 226

291

Fallada, Hans 202
falta de autenticidade 184
família Gröning 66
   mundaça de nome 68
fantasma 80, 281
febres 80, 163
Fehrbach 163, 167
feitiços malignos 83, 193
fertilizante 143, 219
Fey, Helmut 270
filme noir 24
filmes documentais 41
filmes sobre atrocidades de guerra 43
Fischer, G. H. 95, 97, 107, 131, 180
Flautista Mágico 260
Flensburgo 89
floresta da Boêmia 35
Floresta Negra 136, 254, 258, 274
foguetes V-2 142, 159
folclore 35, 49, 80, 216, 227, 240, 243
Folclore 83
Folclore do Proletariado, O (Peuckert) 242
fome 17, 51, 66, 71, 104, 163
Força Aérea Real 34
Foreign Affairs (revista) 51
formas em tufos de pena 190
França 87, 193, 200, 266
   campo de prisioneiros de guerra na 74
   deportação dos judeus da 98
   invasão nazista à 52
Frankfurt 95, 96, 149, 252
   campo de prisioneiros de guerra em 67
Frankfurter Rundschau (jornal) 277
Freie Presse (jornal de Herford) 76, 88
Friesoythe 35
Frísia Oriental 137
front de batalha oriental 36, 140

Galland, Adolf 142
Gamber, Erwin 263
genocídio 17, 25, 26, 41, 92, 184, 195, 217, 223, 278, 281
Geschiere, Peter 194
Gestapo 21, 166, 221

Gifhorn 193
Glarus, Suíça 78
Goebbels, Joseph 35
Gomorra, Operação 34
Gordon, Avery F. 281
Göring, Hermann 179
Göring, Matthias 179
Göttingen 50
Gräfer, Wilhelm 32
Grafschaft 244
Grande Depressão 196, 222
Gray, J. Glenn 39
greve dos controladores de tráfego aéreo (EUA, 1981) 91
Gronau 84
Gröning, August 68
Gröning, Bruno Bernhard 28, 78, 89, 96, 163, 172, 196, 204, 206, 249
   acusações contra 158
   acusações de Soltikow contra 133
   análise da caligrafia de 84
   antigos nazistas e 68, 110
   Associação para Pesquisa e Promoção do Método de Cura 147
   avaliação psicológica de 273
   bebedeiras e farras de 137, 148, 161
   bócio e 63, 127, 278
   cartas de pessoas doentes para 104, 105, 107, 252, 266
   casal Meckelburg e 140, 149, 161, 182, 251, 253, 259, 268, 270
   caso com Anneliese Hülsmann 132, 133
   centros de cura e 130, 135, 137, 145, 147, 158
   círculo íntimo de 110, 133, 149, 159, 169
   contexto de 64, 69
   cura espiritual ou da alma e 77, 96, 99, 131, 279
   denúncia de estupro contra 160
   dinheiro e 129, 147, 157
   documentário sobre 58, 121, 134, 136
   dualismo moral e 68, 85, 127, 138, 151
   Eberling e 215
   em Munique e na Baviera 109, 174
   em Wangerooge e Frísia Oriental 157, 175
   Enderlin e 173
   entrevistas de Knust com 38
   experimentos em Heidelberg 102, 179

   experimentos na Casa Rutenberg e 96
   Frankfurt e 96
   Herford e os primórdios da fama 75, 89
   imprensa e 63, 77, 86, 89, 93, 110, 127, 128, 135, 138, 161, 248, 250, 260, 266
   julgamento de homicídio por negligência de, e Ruth K. 275
   julgamento de homicídio por negligência de; e Ruth K. 160, 259, 263
   morte de 275, 278
   mulherengo 137, 149, 158, 161
   nazismo e 67, 120, 156
   Oberammergau e 182
   o mal e 28, 59, 68, 78, 84, 154, 175, 183, 193, 206, 263, 279
   palestras de fé de 262
   personalidade de 120
   poderes de cura de 66, 76, 90, 102, 105, 269
   processo judicial contra o irmão Karl aberto por 235
   processo judicial contra Soltikow e Schmidt aberto por 133
   proibição ao curandeirismo e 72, 75, 84, 86, 89, 99, 123, 129, 160, 161, 179, 260
   religião e 75, 76, 99, 109
   repercussão da morte de 278
   Schwärzenbach e 137
   secularização de 266
   Segunda Guerra e 175
Gröning desmascarado (Soltikow) 132
Gröning, Georg 64, 68
Gröning, Gertrud 67
Gröning, Günter 278
Gröning, Josette 250
Gröning, Karl 82, 235
Gross, Jan 184
Grossmann, Atina 106
Grupo de Trabalho dos Cientistas de Bonn 228
guerra
   crimes de 26, 40, 44, 51, 92, 98, 130, 176, 178, 223, 247
   ferimentos de 91, 95
   medo de futura 163, 172
   paralisia e 92, 102
   pensões de 71

Guerra dos Mundos (transmissão no rádio) 53, 56
Guerra dos Trinta Anos 181, 183
Guerra Fria 23, 24, 29, 52, 166, 245, 249, 264, 280
Günzl, Josef 174, 178

Haeckel, Ernst 220
Hagen, Georg 159
Hagn, Hans 123
Haia 124
Halbstarken (juventude rebelde) 249
Hamburgo 38, 83, 89, 93, 108, 110, 161, 191, 193, 220, 223, 265, 274
  bombardeios em 22, 34
Hamelin 193, 260
Hamlet (Shakespeare) 277
Hammer, Richard 180
Hanken, Hotel (Wangerooge) 154
Hanôver 50, 145
Hardt, Léon 47
Harrington, Anne 91
Hassel, Kai-Uwe von 244
Hausväterliteratur 240
Hawart, Leo 114, 133, 146
Hayworth, Rita 134
Heidelberg 93, 95, 96, 97, 101, 179, 180
Heilstrom (corrente de cura) 101, 268, 273
Heimat (terra natal) filme 195
Hellwig, Albert 191
Hemsbach 95
herboristas 73, 80
Herford 73, 89, 90, 93, 101, 103, 111, 123, 124, 128, 136, 138, 147, 151, 157, 159, 183, 251, 262, 266, 273, 275
Heroldsbach 167, 178, 237, 277
Hesse 80, 83
Hess, Rudolf 73
Heueck, Alfred 116, 122
Heuner, Ernst 136, 142, 145, 148, 150, 154, 155
Heuss, Theodor 182, 262
hidroterapeutas 73
Hildesheim 193
Himmler, Heinrich 73, 140
hipnose 73
hipotiroidismo 136
Hiroshima 18
Hitler, Adolf 36, 40, 45, 46, 50, 69, 73, 106, 121, 130, 134, 142, 171, 208, 223
Gröning e 84, 121, 132, 156
Munique e 113, 173
Oberammergau e 182
Hofmans, Greet 266
Hohenfichte 135
Holanda 87, 266
Holocausto 15, 29, 44, 217, 223, 237, 279
homeopatas 73
homicídio por negligência 159, 250, 263, 270, 274
Hospital Charité (Berlim Oriental) 245
Höss, Rudolf 141
Hülsmann, Anneliese 60, 61, 65, 101, 110
  caso com Gröning 148
  Meckelburg e 159
Hülsmann, casa dos 62, 63, 72, 76, 88, 147
Hülsmann, Dieter 61, 65, 66, 75, 87, 101, 133, 148, 159, 275
Hülsmann, Helmut 61, 63, 65, 110, 148
Hungria 193
Husum 135

identidade ariana 97
IG-Farben 130
Igreja da Trindade (Munique) 169
Igreja Luterana 151, 169, 191, 220
igrejas carismáticas 172
Ilhas Trobriand 239
Império Franco 62
Império Germânico 22, 35, 73, 274
imprensa 15, 18, 21, 52, 63, 86, 87, 93, 124, 127, 130, 133, 155, 158, 173, 192, 204, 218, 225, 228, 244, 250
incêndios florestais 48
indústria 18, 40, 51, 162
indústria farmacêutica 249, 262
Inglaterra 87
  campos de detenção na 141
  Primeira Guerra Mundial e a 66
Instituto de Medicina Forense (Kiel) 205
Instituto de Pesquisa nas Áreas de Fronteira da Psicologia e Saúde Mental 265
Instituto (Göring) de Pesquisas Psicológicas e Psicoterapia 179
iridologistas 73
Irlmaier, Alois 47, 54
Isar, rio 168
Israel 106
Itália 127, 193
Iugoslávia 140

japoneses em busca de cura 134
Jaspers, Karl 44
Jesus 76, 84, 153, 165, 182
João e Maria 227
Jonas, Hans 22
Jores, Arthur 265
José 163
judeus 85
  assassinato em massa de 33, 92, 172, 178, 184, 223
  como bode expiatório e alvo de caça às bruxas 217, 223, 243
  culpados pela Segunda Guerra 53
  deportação de 20, 33, 98, 222
  deportações de 141
  expropriação de bens dos 20, 46, 247
  expurgo de profissionais 97, 179
  magia e os 222, 224, 241
  Meckelburg e os 139
  medicina nazista e os 97
  Oberammergau e os 182
  perseguição aos 34, 218, 223
  ressentimento dos alemães em relação aos 106
  sobreviventes 42
  vandalismo em cemitérios e sinagogas 32
Juhl, Eduard 191
julgamento divino 54, 81, 163, 167
Julgamentos de Nuremberg 40, 43, 98, 130
  réus médicos nos 118
Jungbauer, Gustav 80, 83
Jung, Carl 179
Jung, Richard 273
Jussuf, Ibrahim 75
Juventude Hitlerista 139, 221

Kálmán, Emmerich 158
Kassel 55, 81
Kiel 187, 193, 205
Kirmayer, Antonius 170
Klemperer, Victor 113
Koblenz 87
Kolberg 66
Kopf, Hinrich 247
Körle 80
Köslin 67
Krankheit als Folge der Sünde (Doenças como uma consequência do pecado, Von Siebenthal) 180
Krehl, Ludolf von 98
Kriß, Rudolf 165
Kristallnacht (Noite dos Cristais) 32, 33, 46, 171, 184
Kruse, Johann 230, 233, 235, 240, 247
Kühne, Thomas 44
Kulmbach 159
Kunst, Hermann 77, 99, 101, 131

Laboratório Bruno Gröning S.A. 262
Lancet (revista) 71
Laumer, Josef 159
Laux, Helmut 96, 102, 108, 127
Leck 193
lei da República Federal de controle a doenças sexualmente transmissíveis (Alemanha Ocidental, 1953) 233
lei de prevenção a doenças hereditárias (Alemanha nazista, 1933) 271
Lei Fundamental (Constituição da Alemanha Ocidental, 1949) 46
leitura de mãos 29, 48
Lemgo 33
Leonhard-Eck Straße, expulsão do demônio em 169
Liek, Erwin 265
Liga das Nações 67
Liga Gröning 262
Liga Militante Contra o Niilismo 55, 84
Liga Nacional-Socialista das Meninas Alemãs 32

Linha Siegfried 197
Livro das Revelações (Apocalipse) 54
Livro de Gênesis 34, 234
Livro de Levíticos 234
livros de magia 234, 239
Lourdes 127
Lübbe, Hermann 26
Lüdenscheid 74
Luftwaffe 142, 197
Lüneburg 192
Luzifers Griff nach der Lebendigen (O domínio de Lúcifer sobre os vivos, Gamber) 263

magia 16, 29, 82, 86, 165
  judeus e a 222, 240
Magno, Carlos 62
Mailach 276
maldade (mal, maligno) 15, 29, 48, 80, 153, 163, 263, 276, 279
  bruxas e a 78, 153, 175, 193, 200
  da ocupação aliada 46
  Eberling e a 206
  Gröning e a 28, 59, 68, 78, 84, 154, 175, 183, 193, 206, 263, 279
  orações para exorcizar a 165
  Paixão de Oberammergau e a 184
  passado nazista e a 203
  relação de dualismo dos curandeiros com a 150
maldição 47, 53
Malinowski, Bronislaw 239
Mannheim 95
Mann, Thomas 44, 91
Mar do Norte 137, 149, 155, 195, 197, 220, 251
Masuch, Ferdinand 244, 245
Mauthausen 169
Meckelburg, Otto (\"Otto Land\") 149, 153, 161, 172, 181, 248, 251
  Ruth K. e 254, 259, 270
Meckelburg, Renée Brauns 150, 158, 159, 161, 172, 182, 248, 253, 270
Meckelburg, Walter 140
medicina 29, 109
  curandeiros da \ 99, 109, 110, 130
  desumanização da 131, 181

perda de confiança na 131
tortura e assassinato e a 17, 97
medicina antroposófica 73, 174
medicina da alma (seelische) 96, 105, 131, 198, 273
medicina holística 99, 131, 180, 265
medicina natural 74, 129
Medicina Popular Alemã (Jungbauer) 79
medicina psicossomática 96, 99, 104
médicos 20, 60, 70, 75, 82, 104, 107, 128, 131, 176, 216, 228
  crimes do nazismo e 29, 40, 97, 118, 130
  curandeiros e 73, 80, 210, 248, 260, 265, 279
Médicos da Infâmia (Mitscherlich e Mielke) 118
Meister, Fritz 70, 72, 74, 87, 90
mercado clandestino 21, 137, 142, 159, 162, 251
Mercury (jornal de Munique) 87, 151
Merleau-Ponty, Maurice 92
Messerschmidt, empresa 182
Mielke, Fred 118
Miesbach 85, 130
milagres 72, 87, 127, 137, 180
Ministério da Saúde da Baviera 134
Ministério do Interior da Baviera 128, 160
Mitscherlich, Alexander 21, 121, 273
Mitscherlich, Margarete Nielsen 121
Mittenwald 145, 157, 253
Moisés 237
Mönchengladbach 22
monismo 220
mortalidade infantil 71
morte de entes queridos 20, 48, 103
Möttlinger, irmãos 169
Movimento Camponês 196
mudez (perda da fala) 91, 92, 180
mulheres 31, 36, 45, 70, 103, 149, 191, 224, 229
múmias do pântano 50
Munique 47, 52, 74, 83, 87, 115, 123, 127, 129, 131, 135, 137, 148, 151, 163, 169, 173, 178, 223, 235, 248, 250, 256, 260, 261, 266, 269, 274, 275
  aparições da Virgem Maria

em 163
Assembleia Legislativa de 128
clínica da Universidade de Munique 60
expulsões do Diabo em 169
história de 113
julgamento de Gröning em 251, 270, 275

nagel, gusaf 267
nazismo (Terceiro Reich) 15, 16, 22, 26, 91, 110, 111, 234, 245
\ 86
anistia e o 47, 106, 143
áreas rurais e o 195
caça às bruxas no 191
casal Meckelburg e o 137, 140, 149
casamento e o 139
católicos e o 140, 167, 221
confusão espiritual e o 166
corrupção e o 138, 221
Danzig e o 67
Eberling e o 199, 215
estoicismo e o 107
eugenia e o 74, 97, 103
expurgos pelo 69, 97
fim da Segunda Guerra e derrota do 37, 39
folclore e o 242
Gröning e o 59, 68, 84, 92
jazz e o 137
judeus e magia e o 222, 226, 237, 242
legado do 92, 203, 217, 223, 280
maldade, punição, redenção e o 171, 183
medicina e o 99, 110, 118, 179
misticismo do 24
Mitscherlich e o 120
mudanças no poder local e o 202
Munique e o 113
profecias de vitória no 35
proibição ao curandeirismo e o 74
propaganda no 20, 43, 110, 132
repúdio no pós-guerra e silêncio sobre o 27, 44, 53, 99, 121, 219
senso de comunidade e o 273
Soltikow e o 132
tuberculose e o 271

Viduquindo como herói popular do 62
Necar, rio 97
Neisse, rio 19
New York Times, The (jornal) 124
Niederhabbach 163
Noite das Facas Longas 144
Norbert, Frei 47
Nossack, Hans Erich 22, 38
Nós Somos os Nativos da Trizonia (hino) 18
Nuremberg 121, 135, 163

ocupação britânica 18, 39, 71, 75, 89, 197
ocupação das forças aliadas 19, 24, 27, 45, 46, 52, 85, 106, 120, 166, 202
ocupação norte-americana 18, 39, 97, 98, 124, 130, 170
Oder, rio 19, 67
Oldenburg 155, 253
Oliva (subúrbio de Danzig) 66
O Pesadelo (Fallada) 202
órfãos poloneses 20
Organização Mundial das Mães de Todas as Nações (woman, na sigla em inglês) 228
O'Sullivan, Michael 167

pacifismo 97, 198
Paixão de Cristo de Oberammergau 183
Palestina 22
panteísmo 174
panzerjäger 66
Panzerwaffe 60
Papa 54, 166
Paracelsus 263
paralisia 70, 90, 102, 108, 114, 122, 153, 173
parapsicologia 29, 228, 265
Parlamento do Estado da Baviera 128, 135, 159
Partido da Social-Democrata 202
Partido dos Alemães de Bem 274
Partido Social-Democrata 69, 123, 129, 159, 199, 207, 219, 247
patosofias 99
Peale, Norman Vincent 263

pecado 29, 53, 76, 81, 153, 163, 172, 174, 176, 178, 181, 182, 183, 184, 271, 279
penicilina 263
pensamento apocalíptico (Armagedom, fim dos tempos) 28, 36, 56, 58, 66, 127, 183
Pensão Landes 145
Pensilvânia 193
percepção extrassensorial 264
perda familiar 55, 107, 178
Perón, Eva 270
Perón, Juan 142
perseguição 226
perseguição antissemita 196
acusações de bruxaria e 219
desnazificação e 46
judeus como inimigos de Deus e 242
Paixão de Oberammergau 183
silêncio sobre a 26, 44
Soltikow e 132
pessoas desaparecidas 19, 45, 47, 55
Peuckert, Will-Erich 19, 240, 242, 246
Pitzer, Franz Xavier 123
Plaidt 274
Planet Publishers (editora) 233, 234, 241, 244, 245
Poder das bruxas e a caça às bruxas (Schäfer) 228
Poder do Pensamento Positivo, O (Peale) 263
poliomielite 122, 129, 135
Polônia 97, 193, 247
campos de prisioneiros de guerra na 176
Danzig e a 67, 68
invasão nazista à 68, 140
regiões alemãs cedidas à 22
Polo Sul, rumores sobre o 51
Pomerânia 196
Prechtl, Wolfgang 129
Preisinger, Anton 182
Presley, Elvis 249
Presse (jornal de Hanôver) 127
previsões de enchentes e inundações 48, 51
Primeira Guerra 36, 53, 66, 67, 91, 113, 170, 197, 220, 221, 222
problemas auditivos 45, 66, 91, 92, 136, 153
problemas circulatórios 71, 81, 173
problemas estomacais 70, 81, 101, 102, 104, 151,

170, 198
profecia da \ 35
proibição ao curandeirismo
    89, 99, 109, 118,
    128, 160, 180, 190,
    229, 231
  Eberling e a 215, 229
  Gröning e a 74, 99
  julgamento de Gröning por
    violar a 251, 260
  Meckelburg e a 251
  nazistas e a 74
Prokop, Otto 240, 245
prostituição 85
protestantes 15, 47, 49, 111,
    140, 168, 169, 191
Prússia Ocidental 196
psicose coletiva 53, 129, 135
punição 48, 54, 81, 85, 163,
    167, 171, 178, 183,
    184, 232, 279
punições divinas 33, 47, 152,
    163, 178, 184
Putsch da Cervejaria 113

questões morais 21, 27, 41, 82,
    104, 278, 280
Quick (tabloide) 131
Quito 53

racionalismo 19, 263
racionamentos 40, 45, 70, 199
Rádio Alemã do Noroeste 56,
    210, 228
radionovelas 51, 56
redenção espiritual 15, 27,
    29, 55, 59, 66, 96,
    118, 127, 152, 172,
    176, 178, 181, 182,
    183, 199
refugiados 38, 44, 60, 71, 195,
    280
Rehn, Viktoria 123, 131, 150
Reichstag 73
religião 109, 124, 182
Rembrandt 123
Renânia 22, 89, 163
Renânia do Norte-Vestfália 31,
    89, 160
República de Weimar 113,
    220, 234
República Soviética da Baviera
    113
reumatismo 72, 74, 95, 103,
    163
revolução alemã (1918-19)

113, 220
Revue (revista) 96, 97, 101,
    103, 105, 109, 127,
    131, 133, 266
Rivet, Lucien 266
Rodalben 163
Roosevelt, Franklin D. 39
Rosenheim 109, 113, 115, 122,
    123, 124, 129, 130,
    131, 134, 135, 136,
    146, 151, 183, 250,
    251, 266, 272, 273
Rose, Robert 92
Rudolph, Heinz 230, 244, 278
Ruhr (região) 196
rumores 54

Saada, Jeanne Favret 200
Sachsenhausen 166
Säckingen 255, 269
Salomão, rei 233
Santa Sé
  embaixador nazista na 98
Santo Ofício (Roma) 166
santos 80, 163, 262
Sarre 197
SA (Sturmabteilung) 144, 179,
    198, 208
Saxônia 135
Schäfer, Herbert 228, 235
Schmalz, Gustav 179
Schmidt, Leopold 194, 277
Schnell, Heinrich 244, 245
Schwalber, Josef 128
Schwärzenbach 136, 143
Schweinhund 176, 178, 279
SD (Sicherheitsdienst) 19, 37
Sebald W.G. 22
Segunda Guerra 15, 17, 21,
    23, 29, 33, 53, 60, 73,
    90, 92, 102, 105, 163,
    170, 175, 177, 184,
    191, 197, 235, 280
  Gröning e a 67, 183
  Meckelburg e a 141
  rendição da Alemanha
    na 197
Seifried, Josef 130, 159
Selvagem, O (filme) 249
Serviço Alemão de Informa-
    ções Médicas 192
Sexto e sétimo livros de Moi-
    sés, Os 241, 246, 276
Shapin, Steve 21
Siderúrgica Krupp 184
Siebenthal, Wolf von 181
sífilis 38, 233, 243
silêncio 27, 99, 107, 167, 217,
    244

Silésia 19, 240
sinagogas 32, 35, 184
socialistas 97, 199, 220
  e a revolução de 1918-19
    113
Sociedade Alemã de Combate
    às Superstições
    (degesa) 228, 240
Sociedade Alemã de Medicina
    Interna 265
Sociedade Alemã de Proteção
    aos Animais 228
Sociedade Missionária Euro-
    peia 84
Sociedade Thule 113
Soltikow, conde Michael 133,
    138, 148
Sommer, Siegfried 122, 177
Spamer, Adolf 235
SS (Schutztaffel) 19, 138, 140,
    141, 143, 149, 158,
    159
Staack, Gerhard 82, 83
Stalin, Joseph 39
Stanger, Friedrich 169
Stargardt, Nicholas 34
Stern (revista) 87
Störring, Gustav 210
Strauch, Inge 265
Streicher, Julius 74
Stuttgart 74, 234, 263
Süddeutsche Zeitung (jornal)
    52, 108, 158, 177
Sudetos (região) 35
Suécia 105
Suíça 105, 139
suicídio 25, 50, 141, 230, 244
Sun Koh\
  Der Erbe von Atlantis (Sun
    Koh\
  Rei de Atlantis) 234
Sylt (ilha) 197

teodiceia 38, 79
Teosofia 29
terapia de colapso 252
terapia de radiação 73
termos hebraicos 236
Testemunhas de Jeová 134,
    198
testes de avaliação de inteli-
    gência 103
Teutoburgo (floresta) 31, 61
Torá 234
trabalho escravo 38, 182
traição 20, 45, 91, 194
Trampler, Kurt 124, 265, 266
Tranti, Pietro 161, 266, 270
tratado de Versalhes 67

296

Trizonia 18, 23
Trotter (hotel) 114, 121, 130, 135, 136, 144, 163, 169, 177, 250
Truman, Harry 134
tuberculose 38, 70, 81, 250, 252, 259, 263, 271, 273
tumores no útero 100
Türkheim 193

Uelzen 193
Ulm
Uma Princesa de Marte (Burroughs) 50
Unger, August 274
União Social Cristã 123, 129
União Soviética 36, 52, 140
   prisioneiros de guerra na 176, 249
   Segunda Guerra Mundial e a 177
   testes atômicos na 57
Unidades da Caveira 140
Universidade Carolina (Praga) 80
Universidade de Bonn 228
Universidade de Freiburg 272
Universidade de Göttingen 240
Universidade de Heidelberg 96, 97, 99, 179
Universidade de Kiel 205
Universidade Técnica de Munique 239

vale do rio Fulda 80
Vale do rio Fulda 177
vergonha 29, 44, 80, 92, 103, 106, 107, 121, 178, 202
Vergonha de nossos tempos, A (Kruse) 220
Vestfália 62, 69, 240, 275
veteranos 45, 71, 91, 177
Viduquindo 62
Vilshofen 193
Virgem Maria, aparições da 28, 166, 172, 237
vitimização 34, 43, 106
Voigt, pastor Wilfred 155
Volk, Helene 252, 254
Vurtemberga 83, 169

Waffen-SS 141
Wangerooge (ilha) 137, 145, 155, 175, 285
Weber, Marianne 31
Weber, Max 31
Wehrawald, sanatório 252
Wehrmacht 36, 60, 67, 103
Weiler, Karl 152, 159
Weinreb, Alice 40
Weizsäcker, Ernst von 98
Weizsäcker, Richard von 97
Weizsäcker, Viktor von 101, 118, 180
Welles, Orson 56
Welt am Sonntag (jornal) 192
Werries 85
Weser, rio 31, 61
Wilhelm II, imperador 62
Wilke, Gerhard 80
Wunderdoktor de Herford, O (Bergfeld) 90
Wuppertal 171, 172, 178
Wurtzburgo 163

Zaiss, Hermann 172, 174
Zeppelin, família 262
zona de ocupação soviética 18, 36, 71, 202
zona francesa 18, 39
Zyklon-B 130

297

NOTAS ASSOMBRADAS

Introdução

1. A história de Frau N. é uma entre os muitos casos analisados em Inge Schöck, Hexenglaube in der Gegenwart: Empirische Untersuchungen in Südwest deutschland (Tübingen: Tübinger Vereinigung für Volkskunde, 1978), 177-90.
2. Herbert Schäfer, Der Okkulttäter: Hexenbanner — Magischer Heiler — Erdentstrahler (Hamburg: Vlg. f. kriminalistische Fachliteratur, 1959), 36.
3. Carlo Caduff, The Pandemic Perhaps: Dramatic Events in a Public Culture of Danger (Berkeley: University of California Press, 2015), 7-8.
4. Ulrich Beck, "The Anthropological Shock: Chernobyl and the Contours of the Risk Society", Berkeley Journal of Sociology 32 (1987): 153-65.
5. Jeffrey K. Olick, In the House of the Hangman: The Agonies of German Defeat (Chicago: University of Chicago Press, 2005), 58-64.
6. "A produção em massa de corpos" é uma frase de Hannah Arendt. Ver "The Concentration Camps", Partisan Review 15 (1948): 745.
7. Robert Jay Lifton, "On Death and Death Symbolism: The Hiroshima Disaster", The American Scholar 34:2 (Spring 1965): 259.
8. Karl Jaspers, "Is Science Evil? Answering the Attack on Modern Knowledge and Technology", Commentary, March 1, 1950.
9. Richard Bessel, Germany 1945: From War to Peace (Nova York: Harper-Collins, 2009), 178.
10. Clemens Escher, "Deutschland, Deutschland, Du mein Alles!" Die Deutschen auf der Suche nach einer neuen Hymne, 1949-1952 (Leiden: Schöningh, 2017), 27-28; Peter Limbach, "Trizonesien-Lied sorgte 1949 für Aufregung", Kölner Stadt Anzeiger, 5 de novembro de 2004. Disponível em: https://www.ksta.de/trizonesien-lied-sorgte-1949-fuer-aufregung-14563906, 3 de abril de 2018.
11. Olick, In the House of the Hangman, 65-94.
12. R. M. Douglas, Orderly and Humane: The Expulsion of the Germans After the Second World War (New Haven: Yale University Press, 2012), 1.
13. Will-Erich Peuckert, Hochwies: Sagen, Schwänke, und Märchen (Göttingen: Schwartz, 1959), vii.
14. Thomas A. Kohut, A German Generation: An Experiential History of the Twentieth Century (New Haven: Yale University Press, 2012), 182.
15. "Bericht aus Akten der Geschäftsführenden Reichsregierung Dönitz von Ende März 1945", em Heinz Boberach, org., Meldungen aus dem Reich, 1938-1945, Band 17 (Herrsching: Manfred Pawlak, 1984), 6738.
16. Michael Geyer, "There Is a Land Where Everything Is Pure: Its Name Is Death: Some Observations on Catastrophic Nationalism," IN: Greg Eghigian e Matthew Paul Berg, orgs., Sacrifice and National Belonging in Twentieth-Century Germany (College Station, TX: Texas A&M University Press, 2002), 125; ve também Sven Keller, Volksgemeinschaft am Ende: Gesellschaft und Gewalt, 1944-45 (Munich: Oldenbourg Vlg., 2013); Michael Patrick McConnell, "Home to the Reich: The Nazi Occupation of Europe's Influence on Life Inside

Germany, 1941-1945" (Tese de doutorado, University of Tennessee, Knoxville, 2015).

17. Thomas Brodie, "German Society at War, 1939-45", Contemporary European History 27:3 (2018): 505.

18. H. Kretz, "Folgen der Sterilisation: Zur Frage der Entschädigung Zwangssterilisierter nach dem Bundesentschädigungsgesetz", Medizinische Klinik: Die Wochenschrift f. Klinik u. Praxis, 62. Jhg., II. Halbjahr 1967, 1301.

19. Franziska Becker, Gewalt und Gedächtnis: Erinnerungen an die nationalsozialistische Verfolgung einer jüdischen Landgemeinde (Göttingen: Schmerse, 1994); Frank Bajohr, "Arisierung" em Hamburg: Die Verdrängung der jüdischen Unternehmer, 1933-1945 (Hamburg: Christians, 1997), 331-38.

20. Neil Gregor, "A Schicksalsgemeinschaft? Allied Bombing, Civilian Morale, and Social Dissolution in Nuremberg, 1942-45", The Historical Journal 43:4 (2000); e Haunted City: Nuremberg and the Nazi Past (New Haven: Yale University Press, 2008).

21. Robert Gellately, Backing Hitler: Consent and Coercion in Nazi Germany (Oxford, UK: Oxford University Press, 2001).

22. Alexander Mitscherlich e Fred Mielke, Doctors of Infamy: The Story of the Nazi Medical Crimes (Nova York: Henry Schuman, 1949), 151.

23. Leo P. Crespi, "The Influence of Military Government Sponsorship in German Opinion Polling", International Journal of Opinion and Attitude Research 4:2 (Verão 1950): 175.

24. Steven Shapin, A Social History of Truth: Civility and Science in Seventeenth-Century England (Chicago: University of Chicago Press, 1994), 8-41; Mary Douglas, Rules and Meanings (Harmondsworth: Penguin, 1973).

25. Peter Geschiere, Witchcraft, Intimacy, and Trust: Africa in Comparison (Chicago: University of Chicago Press, 2013), 32-33.

26. Alice Weinreb, Modern Hungers: Food and Power in Twentieth-Century Germany (Nova York: Oxford University Press, 2017), 99.

27. Ver, por exemplo, Staatsarchiv München [Arquivo Estatal de Munique] (doravante: StAM), Staatsanwaltschaften [Ministério Público] 3178/1, no documento redigido pelos Auslands Strafregister [Registro criminais de estrangeiros] de Berlim em um requerimento de "unbeschränkt [sic] Auskunft über [informações ilimitadas sobre] Bruno Gröning", a parte que descrevia Danzig como pertencente ao território de "Ostpreussen" foi riscada e por cima foi escrito "Polônia".

28. Hannah Arendt, "The Aftermath of Nazi Rule: Report from Germany", Commentary 10 (Outubro 1950): 344.

29. W. G. Sebald, On the Natural History of Destruction, trad. Anthea Bell (Nova York: Modern Library, 2004), 10.

30. Hans Jonas, Memoirs, org. Christian Wiese, trad. Krishna Winston (Waltham, MA: Brandeis University Press, 2008), 135.

31. Hans Erich Nossack, The End: Hamburg 1943, trad. Joel Agee (Chicago: University of Chicago Press, 2004), 22.

32. Heinrich Böll, Und sagte kein einziges Wort (Munich: DTV, 2004).

33. Como ressaltaram Frank Biess e Astrid Eckert em "Introduction: Why Do We Need New Narratives for the History of the Federal Republic?", Central European History 52:1 (2019): 4. Estudos sobre a Alemanha Ocidental que seguem esta linha incluem: Axel Schildt, Ankunft im Westen: Ein Essay zur Erfolgsgeschichte der Bundesrepublik (Frankfurt: Fischer, 1999); Hans-Ulrich Wehler, Deutsche Gesellschaftsgeschichte, vol. 5: Bundesrepublik und DDR 1949-1990 (Munich: C. H. Beck, 2008); Edgar Wolfrum, Die geglückte Demokratie: Geschichte der

Bundesrepublik von ihren Anfängen bis zur Gegenwart (Stuttgart: Kletta-Cotta Vlg., 2006).

34. Konrad H. Jarausch, Broken Lives: How Ordinary Germans Experienced the 20th Century (Princeton: Princeton University Press, 2015), 264.

35. Philipp Felsch e Frank Witzel, BRD Noir (Berlim: Matthew & Seitz, 2016).

36. Durante a Guerra Fria, a história da Alemanha Ocidental foi moldada por alguns poucos paradigmas que se interrelacionavam — modernização, democratização e norte-americanização — e cujos fundamentos se encontram nas disciplinas da economia e da ciência política. Mais recentemente, a história cultural incorporou uma série de outras questões como memória, emoções, gênero, sexualidade, raça, guerra, família, entre outras, que têm contribuído para o surgimento de uma imagem multidimensional da vida e da sociedade no pós-guerra. São estudos que, como este que ora se apresenta, lidam principalmente com os primeiros anos do pós-guerra, e incluem, entre outros: Anna Parkinson, An Emotional State: The Politics of Emotion in Postwar West German Culture (Ann Arbor: University of Michigan Press, 2015); Werner Sollors, The Temptation of Despair: Tales of the 1940s (Cambridge: Harvard University Press, 2014); Jennifer Evans, Life Among the Ruins: Cityscape and Sexuality in Cold War Berlin (Basingstoke: Palgrave, 2011); Svenja Goltermann, Die Gesellschaft der Überlebenden: Deutsche Kriegsheimkehrer und ihre Gewalterfahrungen im Zweiten Weltkrieg (Stuttgart: Deutsche Verlagsanstalt, 2009); Frank Biess, Homecomings: Returning POWs and the Legacies of Defeat in Postwar Germany (Princeton: Princeton University Press, 2006); Heidi Fehrenbach, Race

After Hitler: Black Occupation Children in Postwar Germany and America (Princeton: Princeton University Press, 2005); Jörg Echternkamp, Nach dem Krieg: Alltagsnot, Neuorientierung und die Last der Vergangenheit, 1945-1949 (Zurich: Pendo Verlag, 2003); e Hanna Schissler, The Miracle Years: A Cultural History of West Germany, 1949-1968 (Princeton: Princeton University Press, 2001).

37. Alan Frank Keele, The Apocalyptic Vision: A Thematic Exploration of Postwar German Literature (Potomac, MD: Studia Humanitas, 1983), ix-x, 30-33.

38. Arendt, "Aftermath", 342.

39. Hermann Lübbe, Vom Parteigenossen zum Bundesbürger: Über beschwiegene und historisierte Vergangenheiten (Munich: Fink Vlg., 2007), 20-22.

40. Axel Schildt, "Der Umgang mit der NS-Vergangenheit in der Öffentlichkeit der Nachkriegszeit", em Wilfried Loth e Bernd-A. Rusinek, orgs., Verwandlungspolitik: NS-Eliten in der westdeutschen Nachkriegsgesellschaft (Frankfurt: Campus Vlg., 1998), 22.

41. Philipp Gassert, "Zwischen 'Beschweigen' und 'Bewältigen': Die Auseinandersetzung mit dem Nationalsozialismus in der Ära Adenauer",

em Michael Hochgeschwender, org., Epoche im Widerspruch: Ideelle und kulturelle Umbrüche der Adenauerzeit (Bonn: Bouvier, 2011), 186; Benjamin Möckel, Erfahrungsbruch und Generationsbehauptung: Die 'Kriegsjugendgeneration' in den beiden deutschen Nachkriegsgesellschaften (Göttingen: Wallstein, 2014), 226-34.

42. Till van Rahden, "Fatherhood, Rechristianization, and the Quest for Democracy in Postwar West Germany", em Dirk Schumann, org., Raising Cittizens in the 'Century of the Child': The United States and German Central Europe in Comparative Perspective (Nova York: Berghahn Books, 2010).

43. Eric Kurlander, Hitler's Monsters: A Supernatural History of the Third Reich (New Haven: Yale University Press, 2017); Jason Ä. Josephson-Storm, The Myth of Disenchantment: Magic, Modernity, and the Birth of the Human Sciences (Chicago: University of Chicago Press, 2017); Anna Lux e Sylvia Paletschek, orgs., Okkultismus im Gehäuse: Institutionalisierungen der Parapsychologie im 20. Jahrhundert im internationalen Vergleich (Berlim: De Gruyter, 2016); Monica Black e Eric Kurlander, orgs., Revisiting the 'Nazi Occult': Histories, Realities, Legacies (Rochester, NY: Camden House, 2015); Heather Wolffram,

The Stepchildren of Science: Psychical Research and Parapsychology in Germany, c. 1870-1939 (Amsterdam: Rodopi, 2009); Corinna Treitel, A Science for the Soul: Occultism and the Genesis of the German Modern (Baltimore: Johns Hopkins University Press, 2004); Ulrich Linse, Geisterseher und Wunderwirker: Heilsuche im Industriezeitalter (Frankfurt a.M.: Fischer, 1996).

44. A predominância da igreja, da teologia e de um modelo de "milieu" socio-histórico na história da religião na Alemanha deixou esse campo de investigação carente de análises preocupadas com a subjetividade e experiência religiosas, suas práticas simbólicas e sistemas de significados. Uma boa introdução a essas questões pode ser encontrada em Claudius Kienzle, Mentalitätsprägung im gesellschaftlichen Wandel: Evangelische Pfarrer in einer württembergischen Wachstumsregion der frühen Bundesrepublik (Stuttgart: Kohlhammer, 2012), 11-19. Um dos objetivos deste livro é contribuir para essa nova história da cultura religiosa na Alemanha, em linhas similares às presentes em Robert A. Orsi, Between Heaven and Earth: The Religious Worlds People Make and the Scholars Who Study Them (Princeton: Princeton University Press, 2005).

1. Lendo os sinais

45. Wolfgang Behringer, Witches and Witch-Hunts: A Global History (Cambridge: Polity Press, 2004), 123; Jürgen Scheffler, "Lemgo, das Hexennest: Folkloristik, NS-Vermarktung und lokale Geschichtsdarstellung," Jahrbuch f. Volkskunde, Neue Folge 12 (1989): 114.

46. Ursula Bender-Wittmann, "Hexenprozesse in Lemgo, 1628-1637: Eine sozialgeschichtliche Analyse", em Der Weserraum zwischen 1500 und 1650: Gesellschaft, Wirtschaft

und Kultur in der Frühen Neuzeit (Marburg: Jonas Vlg., 1992), 239.

47. Apud, Scheffler, "Lemgo, das Hexennest", 115.

48. Scheffler, "Lemgo, das Hexennest," 123-25.

49. Scheffler, "Lemgo, das Hexennest," 125, 128.

50. Otto Dov Kulka e Eberhard Jäckel, orgs., Die Juden in den geheimen NS-Stimmungsberichten, 1933-1945 (Düsseldorf: Droste Vlg., 2004), 321-22.

51. Moritz Rülf, "Die Geschichte der Juden in Lippe", 17, e Jürgen Scheffler,

"Zwischen ständischer Ausschließung und bürgerlicher Integration: Juden in Lemgo im 19. Jahrhundert", 31, 40: ambos os textos se encontram em Vlg. f. Regionalgeschichte, org., Juden in Lemgo und Lippe: Kleinstadtleben zwischen Emanzipation und Deportation, Forum Lemgo, Heft 3 (Bielefeld: Vlg. f. Regionalgeschichte, 1988).

52. Hanne Pohlmann, Judenverfolgung und NS-Alltag in Lemgo: Fallstudien zur Stadtgeschichte (Bielefeld: Vlg. f. Regionalgeschichte, 2011), 34; Kulka e Jäckel,

Die Juden in den geheimen NS-Stimmungsberichten, 503, SD-Außenstelle Detmold, July 31, 1942.

53. Kulka and Jäckel, Die Juden in den geheimen NS-Stimmungsberichten, 503, SD-Außenstelle Detmold, 31 de Julho de 1942. Apud, Nicholas Stargardt, The German War: A Nation Under Arms, 1939-1945 (Nova York: Basic Books, 2015), 249-50.

54. Stargardt, The German War, 6.

55. Stargardt, The German War, 385.

56. Stargardt, The German War, 3-6, 375-81; Frank Bajohr e Dieter Pohl, Der Holocaust als offenes Geheimnis: Die Deutschen, die NS-Führung und die Alliierten (Munich: C. H. Beck, 2006), 65-76; Alon Confino, A World Without Jews: The Nazi Imagination from Persecution to Genocide (New Haven: Yale University Press, 2014), 221-22; Dietmar Süss, Death from the Skies: How the British and Germans Survived Bombing in World War II, trad. Lesley Sharpe e Jeremy Noakes (Oxford, UK: Oxford University Press, 2014), 250-63. Süss argumenta que, entre os religiosos alemães, os bombardeios receberam outra leitura, incluindo a ideia de que a violência poderia ser "purificadora". para uma discussão mais laica a respeito da "ansiedade sobre a vingança" ver Frank Biess, Republik der Angst: Eine andere Geschichte der Bundesrepublik (Reinbek bei Hamburg: Rowohlt, 2019), capítulo 1.

57. Bruno Grabinski, "Kriegsprophezeiungen", Neues Tageblatt, 15 de outubro de 1946, 3. Localização do periódico: Hauptstaatsarchiv Hannover (doravante: HH), ZGS 2.1. As profecias que Goebbels enviou pelo correio parecem ter sido as mesmas escritas por Anton Johansson, um pescador e clarividente sueco cujas premonições foram publicadas na Alemanha em 1953, no tratado antissemita e anticomunista Merkwürdige Gesichte: Die Zukunft der Völker (Stockholm: Sverigefondens Förlag, 1953).

58. Alfred Dieck, "Der Weltuntergang am 17. Março de 1949, em Südhannover", Neues Archiv für Niedersachsen, Bd. 4 (1950): 704-20; aqui, 705.

59. Fred Ritzel, "'Was ist aus uns geworden?—Ein Häufchen Sand am Meer': Emotions of Post-war Germany as Extracted from Examples of Popular Music", Popular Music 17:3 (1998): 293-309; aqui, 294.

60. Arquivo do Institut für Volkskunde der Deutschen des östlichen Europa (anteriormente, Johannes-Künzig-Institut für ostdeutsche Volkskunde), Sammlung Karasek, Neue Sagenbildung (doravante: JKI/SK/NS) 04/01-2.

61. JKI/SK/NS, 04/03-109.

62. JKI/SK/NS, 04/01-49.

63. JKI/SK/NS, 04/01-01.

64. Elisabeth Reinke, "Die Zerstörung der Stadt Friesoythe und das 'Zweite Gesicht'", Oldenburgische Volkszeitung, 08 de julho de 1950. Localização do periódico: HH, VVP 17, Nr. 3502.

65. Bessel, Germany 1945, 12.

66. Rüdiger Overmans, Deutsche militärische Verluste im Zweiten Weltkrieg (Munich: Oldenbourg, 1999), 319.

67. Bessel, Germany 1945, 11.

68. Richard Bessel, Nazism and War (Nova York: Modern Library, 2006), 179, citando Dietrich Eichholtz, Geschichte der deutschen Kriegswirtschaft 1939-1945, Band III: 1943-1945 (Berlim: Akademie-Vlg., 1996), 632-34.

69. Süss, Death from the Skies, 105, 451.

70. Todos os trechos entre aspas no parágrafo se encontram em "Bericht aus Akten der Geschäftsführenden Reichsregierung Dönitz von Ende März 1945", em Heinz Boberach, org., Meldungen aus dem Reich, 1938-1945, Band 17 (Herrsching: Manfred Pawlak, 1984), 6735, 6737.

71. Boberach, Meldungen, "Bericht", 6738, 6735.

72. Nossack, The End, 1-2.

73. A expressão "sociedade de desenraizados" foi usada em Bessel, Germany, 1945.

74. Keith Lowe, Savage Continent: Europe in the Aftermath of World War II (Nova York: St. Martin's Press, 2012), capítulo 9.

75. J. Glenn Gray, The Warriors: Reflections of Men in Battle (Nova York: Harper & Row, 1959), 220.

76. Foreign Relations of the United States: Diplomatic Papers: The Conferences at Malta and Yalta 1945 (Washington: US Government Printing Office, 1955), 970-71.

77. John H. Herz, "The Fiasco of Denazification in Germany", Political Science Quarterly 63:4 (Dez. 1948): 570.

78. Alice Weinreb, Modern Hungers: Food and Power in Twentieth-Century Germany (Nova York: Oxford University Press, 2017), 96.

79. "Morally unclean": Steven M. Schroeder, To Forget It All and Begin Anew: Reconciliation in Occupied Germany (Toronto: University of Toronto Press, 2013), 17.

80. Norbert Frei, Adenauer's Germany and the Nazi Past: The Politics of Amnesty and Integration, trad. Joel Golb (Nova York: Columbia University Press, 2002), xiii.

81. Parkinson, An Emotional State, 2.

82. Norbert Frei, Adenauer's Germany and the Nazi Past: The Politics of Amnesty and Integration, trad. Joel Golb (Nova York: Columbia University Press, 2002), xiii.

83. Jessica Reinisch, The Perils of Peace: The Public Health Crisis in Occupied Germany (Oxford, UK: Oxford University Press, 2013), 163.

84. Olick, Hangman, 124-25.

85. Herz, "Fiasco", 572.

86. Alexandra F. Levy, "Promoting Democracy and Denazification: American Policymaking and German Public Opinion", Diplomacy & Statecraft 26:4 (2015): 614-35.

87. Perry Biddiscombe, The Denazification of Germany: A History, 1945-1950 (Stroud: Tempus, 2007), 191.

88. Atina Grossmann, Jews, Germans, and Allies: Close Encounters in Occupied Germany (Princeton: Princeton University Press, 2007), 37-39.

89. Werner Bergmann, "Die Reaktion auf den Holocaust in Westdeutschland von 1945 bis 1989", Geschichte in Wissenschaft und Unterricht 43 (1992): 331-32; Donald Bloxham, Genocide on Trial: War Crimes Trials and the Formation of Holocaust History and Memory (Oxford, UK: Oxford University Press, 2001), 138-39.

90. Weckel, Beschämende Bilder, 283-84.

91. Olick, Hangman, 180-86. Ver também Aleida Assmann e Ute Frevert, Geschichtsvergessenheit: Vom Umgang mit deutschen Vergangenheiten nach 1945 (Stuttgart: Deutsche Verlagsanstalt, 1999).

92. Ralf Dahrendorf, Society and Democracy in Germany (Garden City, NY: Doubleday, 1967), 288-89. Ver também A. Dirk Moses, German Intellectuals and the Nazi Past (Nova York: Cambridge University Press, 2007), especialmente páginas 19-27; e Olick, Hangman, 198, e de foma mais ampla, todo o capítulo 9.

93. Helmut Dubiel, Niemand ist frei von der Geschichte: Die nationalsozialistische Herrschaft in den Debatten des Deutschen Bundestages (Munich: Carl Hanser, 1999), 71; Olick, Hangman, 183.

94. Stephen Brockmann, German Literary Culture at the Zero Hour (Rochester, NY: Camden House, 2004), 29; ver também, Norbert Frei, "Von deutscher Erfindungskraft oder: Die Kollektivschuldthese in der Nachkriegszeit", Rechtshistorisches Journal 16 (1997): 621-34.

95. Moses, German Intellectuals, 19-27.

96. Jan-Werner Müller, Another Country: German Intellectuals, Unification, and National Identity (New Haven: Yale University Press, 2000), 31. Ver também, Olick, Hangman, capítulo 12.

97. Thomas Kühne, Belonging and Genocide: Hitler's Community, 1918-1945 (New Haven: Yale University Press, 2010), 161.

98. Bessel, Germany 1945, 167.

99. Andreas Kossert, Kalte Heimat: Die Geschichte der Deutschen Vertriebenen nach 1945 (Munich: Siedler Vlg., 2008), 71-86; Rainer Schulze, "Growing Discontent: Relations Between Native and Refugee Populations in a Rural District in Western Germany After the Second World War", em Robert G. Moeller, org., West Germany Under Construction: Politics, Society, and Culture in the Adenauer Era (Ann Arbor: University of Michigan Press, 1997).

100. Andreas Kossert, citado em Neil MacGregor, Germany: Memories of a Nation (Nova York: Vintage, 2004), 483.

101. Dois milhões é o número estimado de mulheres alemãs estupradas por soldados aliados que vemos citado com mais frequência. No entanto, Miriam Gebhardt, em Crimes Unspoken: The Rape of German Women at the End of the Second World War, trad. Nick Somers (Cambridge: Polity Press, 2017), menciona terem sido 860 mil estupros. Essa estimativa mais conservadora (embora não menos chocante) é baseada nas estatísticas da Alemanha Ocidental sobre "os filhos da ocupação", crianças cujos pais eram soldados aliados. O estudo de Gebhardt também se estende para além do período da conquista.

102. Elizabeth D. Heineman, What Difference Does a Husband Make? Women and Marital Status in Nazi and Postwar Germany (Berkeley: University of California Press, 1999), 108-36.

103. Goltermann, Die Gesellschaft der Überlebenden, 56.

104. Frei, Adenauer's Germany, 6-8.

105. Frei, Adenauer's Germany, 6.

106. Frei, Adenauer's Germany, 13-14, 23-24.

107. Frei, Adenauer's Germany, 305-6, 310-12, citação na página 14.

108. "Die kleine Amnestie", Christ und Welt, Nr. 2, Jhg. III, January 12, 1950, 2. Citado em Frei, Adenauer's Germany, 19-20.

109. Norbert Sahrhage, Diktatur und Demokratie in einer protestantischen Region: Stadt und Landkreis Herford 1929 bis 1953 (Bielefeld: Vlg. f. Regionalgeschichte, 2005), 456-58.

110. StAM Pol. Dir. 11298, Abschrift vom Abschrift, Urteil… wegen Hellseherei… gegen Irlmaier, Alois, 19 de maio de 1947; C. Adlmaier, Blick in die Zukunft (Traunstein/Obb.: Chiemgau Druck, 1950), 35; "Er sah, was ersagte", Der Spiegel 39, 25 de setembro de 1948, 27.

111. StAM, Pol. Dir. 11301, Kriminaluntersuchungsabteilung, betr.: Experimentalabend Léon Hardt, 31 de março de 1947.

112. A. E., "Die Gesundbeter sind wieder da", Der Ruf, 15 de setembro de 1947. Fonte citada por Jennifer M. Kapczynski em The German Patient: Crisis and Recovery in Postwar Culture (Ann Arbor: University of Michigan Press, 2008), 69-70.

113. Sobre o "boom" da reforma monetária ver: Ulrich Herbert, Geschichte Deutschlands im 20. Jahrhundert (2014), 598.

114. Dieck, "Weltuntergang", 714-16; 718.

115. Wijnand A. B. van der Sanden e Sabine Eisenbeiss, "Imaginary People: Alfred Dieck and the Bog Bodies of Northwest Europe", Archäologisches Korrespondenzblatt 36 (2006): 112; Hermann Behrens e Elke Heege, "Nachruf auf Alfred Dieck, 4.4.1906-7.1.1989", Die Kunde 40 (1989).

116. Dieck, "Weltuntergang", 706.

117. Claus Jacobi, "The New German Press", Foreign Affairs (January 1954): 324.

118. Dieck, "Weltuntergang", 707.

119. Siegfried Sommer, "Weltuntergang verschoben", Süddeutsche Zeitung, Nr. 33, 19 de março de 1949. Citado em Dieck, "Weltuntergang", 716.

120. Dieck, "Weltuntergang," 704.

121. Dieck, "Weltuntergang," 706.

122. Dieck, "Weltuntergang," 708, 713-14.

123. Adlmaier, Blick in die Zukunft, 38-39.

124. Elaine Pagels, Revelations: Visions, Prophecy, and Politics in the Book of Revelation (Nova York: Penguin, 2012).

125. Bundesarchiv Koblenz (doravante: BAK), ZSG 132/2685, "Gedanken vor dem Einschlafen: Antworten auf eine Umfrage" (sem data, presumivelmetne 1949, ou 1950). Citações nas páginas 02 e 16.

126. Kommunalarchiv Herford/Stadtarchiv Herford (doravante: KAH), S10/270, "Wunderheiler" Bruno Gröning (Akten des Hauptamtes, 1949-1950), 161. Correspondência de Kassel, 29 de junho de 1949.

127. Elisabeth Noelle e Erich Peter Neumann, orgs., Jahrbuch der öffentlichen Meinung, 1947-1955 (Allensbach am Bodensee: Vlg. für Demoskopie, 956), 114-15.

128. Dieck, "Der Weltuntergang", 707.

2. Um estranho na cidade

129. Sobre discos voadores ver: Greg Eghigian, "A Transatlantic Buzz: Flying Saucers, Extraterrestrials, and America in Postwar Germany", Journal of Transatlantic Studies 12:3 (2014): 282-303. Sobre a nevasca em Los Angeles ver: http://www.lamag.com/citythink/citydig-a-snowstorm-in-los-angeles-its-happened/, acessado em 10 de setembro de 2019. Sobre a capacidade do século XX de inventar mundos fantásticos ver Alexander C. T. Geppert e Till Kössler, orgs. *Wunder: Poetik und Politik des Staunens im 20. Jahrhundert* (Berlim: Suhrkamp, 2011).

130. "Sogar Grönings Badewasser wird noch verlangt", Fränkische Presse (Bayreuth), 21 de março de 1950. Em StAM, Staatsanwaltschaften 3178/5. Sobre a ressurreição dos mortos ver: Egon-Arthur Schmidt, Die Wunderheilungen des Bruno Gröning (Berlim: Falken Vlg. Erich Sicker, 1949), 11-12.

131. Até hoje a pesquisa histórica mais completa sobre Bruno Gröning, do ponto de vista arquivístico, é o artigo de Florian Mildenberger, "Heilstrom durch den Kropf: Leben, Werk und Nachwirkung des Wunderheilers Bruno Gröning (1906-1959)", Zeitschrift für Wissenschaftsgeschichte, 92:1 (2008): 353-64. Gustav: StAM, Staatsanwaltschaften 3178/1, 129, Vernehmungsniederschrift, 17 de junho de 1950; Bernhard: StAM, Staatsanwaltschaften 3178/1, Aub an Geschäftsstelle des Schöffengerichts München-Land, 12 de junho de 1951.

132. "Mich sendet Gott", Stern, No. 22 (n.d., ca. meados de maio, 1949). Em Institut f. Grenzgebiete der Psychologie und Psychohygiene (doravante: IGPP), Busam Sammlung, PA 259.

133. Schmidt, Wunderheilungen, 85-86.

134. StAM, Staatsanwaltschaften 3178/2, p. 363, Vernehmungsniederschrift, Helmut Hülsmann, 20 de julho de 1950.

135. Schmidt, Wunderheilungen, 85-86.

136. StAM, Staatsanwaltschaften 3178/2, p.

137. Schmidt, Wunderheilungen, 86, diz ter ocorrido em 12 de março. Gröning disse posteriormente ter sido em 14 de março: StAM, Staatsanwaltschaften 3178a/2, p. 290. Psychiatrische und Nervenklinik... der Universität Freiburg, an dem Schöffengericht München-Land, 19 de fevereiro de 1957.

138. "Es zogen drei Jungfrauen durch den Wald", Allgemeine Zeitung, 5 de janeiro de 1950. Em HH, VVP 17, Nr. 3558.

139. Rainer Pape, Das alte Herford: Bilder aus vier Jahrhunderten (Herford: Maximilian Vlg., 1971), 104.

140. Haggard: Rp., "Der Wundertäter von Herford," Badisches Tagblatt, Nr. 72, 23 de junho de 1949, em IGPP, E 123/100. Nicotine-stained fingers: "Großverdiener um Gröning," Wort und Bild, 4 Jhg., Nr. 39, 25 de setembro de 1949. Em IGPP, Busam Sammlung, PA 172.

141. Sobre o charuto: StAM, Staatsanwaltschaften 3178/3, Renée Meckelburg, "Tatsachenbericht," 485.

142. Jobst Klinkmüller, "Bruno Gröning in Frankfurt", Frankfurter Neue Presse, n.d. (presumivelmente em 19 de setembro de 1949). Em IGPP/20/16, Busam Fotosammlung I, PA 001.

143. "Umgekehrt": "Bruno Gröning behandelt die seit 13 Jahren leidende Frau", Revue, Nr. 28, 21 de agosto de 1949, 10. Em IGPP, Busam Sammlung.

144. KAH, E348/10, "Manuskript für Druck und Verlag", 8.

145. StAM, Staatsanwaltschaften 3178/2, p. 359, Vernehmungsniederschrift, Anneliese Hülsmann, 20 de julho de 1950; Schmidt, Wunderheilungen, 85-86.

146. StAM, Staatsanwaltschaften 3178/2, p. 363, Vernehmungsniederschrift, Helmut Hülsmann, 20 de julho de 1950.

147. StAM, Staatsanwaltschaften 3178/2, p. 359, Vernehmungsniederschrift, Anneliese Hülsmann, 20 de julho de 1950.

148. "Dieter Hülsmann blieb gelähmt", Freie Presse, 13 de julho de 1950. Em KAH, S Slg. E/E 60.

149. Bruno Gröning, Hilfe und Heilung: Ein Wegweiser (Berlim: Einhorn Presse, 1991), 6; Danziger Verkehrs-Zentrale, org., Führer durch die Freistadt Danzig (Danzig: Danziger Verkehrs-Zentrale,

1920), 54, 56; "Das Leben Bruno Gröning", Revue, Nr. 30, 04 de setembro de 1949, 11, Em IGPP Busam Sammlung.

150. Deutsche Dienststelle f. die Benachrichtigung der nächsten Angehörigen der ehemaligen deutschen Wehrmacht (WASt), segundo correspondência de 16 de dezembro de 2014. O relato do próprio Gröning sobre sua carreira militar, que traz alguns detalhes diferentes dos encontrados nos registros das Wehrmacht, encontra-se em StAM, Staatsanwaltschaften 3178a/2, pp. 287-88, Psychiatrische und Nervenklinik... der Universität Freiburg, an dem Schöffengericht München-Land, 09 de fevereiro de 1957.

151. StAM, Staatsanwaltschaften 3178a/2, p. 289, Psychiatrische und Nervenklinik... der Universität Freiburg, an dem Schöffengericht München-Land, 09 de fevereiro de 1957.

152. StAM, Staatsanwaltschaften 3178/2, p. 395, Vernehmungsniederschrift, Bruno Gröning, 27 de novembro de 1950.

153. Anne-Kathrin Stroppe, "Die NSDAP-Mitglieder aus Danzig-Westpreußen und dem Saargebiet" em Jürgen W. Falter, org., Junge Kämpfer, alte Opportunisten: Die Mitglieder der NSDAP 1919-1945 (Frankfurt: Campus, 2016), 337-39; Peter Oliver Loew, Danzig: Biographie einer Stadt (Munich: C. H. Beck, 2011), 204; Dieter Schenk,

Hitlers Mann in Danzig: Albert Forster und die NS-Verbrechen in Danzig-Westpreußen (Bonn: Dietz, 2000), 125-43.

154. BA-Berlin, PK (anteriormente Berlin Document Center), Sig. DO 182, número de arquivo 1656, 1670, 1748.

155. Peter Fritzsche, Life and Death in the Third Reich (Cambridge: Belknap Press of Harvard, 2008), 76.

156. Winson Chu, The German Minority in Interwar Poland (Cambridge, UK: Cambridge University Press, 2012).

157. J. F. C. Harrison, The Second Coming: Popular Millenarianism, 1780-1850 (London: Routledge & Kegan Paul, 1979), 11-12.

3. O milagre de Herford

158. "Der Wundertäter von Herford," Badisches Tagblatt, Nr. 72, June 23, 1949. Localização do periódico: IGPP, Bestand E 123, Nr. 100.

159. Meister foi prefeito de Tahra por um curto período entre 1932 e 1933. Seu mandato como administrador da cidade Herford teve início em 1947. Sahrhage, Diktatur und Demokratie, 407.

160. Sahrhage, Diktatur und Demokratie, 568-75.

161. Reinisch, Perils of Peace, capítulo 5, citação 179.

162. Carol Poore, Disability in Twentieth-Century German Culture (Ann Arbor: University of Michigan Press, 2007), 170-71.

163. A. P. Meiklejohn, "Condition of Children in Western Germany", The Lancet, 16 de outubro de 1948, 620-21, 623.

164. Wolfgang Uwe Eckart, Medizin in der NS-Diktatur: Ideologie, Praxis, Folgen (Vienna: Böhlau, 2012), 353.

165. Michael Oldemeier, "Das Wachstum der Stadt Herford im 19. und 20. Jahrhundert", em Theodor

Helmert-Corvey e Thomas Schuler, orgs., 1200 Jahre Herford: Spuren der Geschichte (Herford: Maximilian Vlg., 1989),127-30. A população de Herford em 1945 ("excluídos os militares"), era de 46.753; em 1946: 43.882; 1948: 47.189; e 1950: 49.309. Rainer Pape, Sancta Herfordia: Geschichte Herfords von den Anfängen bis zur Gegenwart (Herford: Bussesche Verlagshandlung, 1979), 353.

166. Sahrhage, Diktatur und Demokratie, 499; Bettina Blum, "My Home, Your Castle: British Requisitioning of German Homes in Westphalia", em Camilo Erlichman e Christopher Knowles, orgs., Transforming Occupation in the Western Zones of Germany (London: Bloomsbury, 2018), 116.

167. KAH, S 32/7, Medizinalpolizei/Heilkunde, 1945-54. An den Herrn Regierungspräsident... von dem Oberstadtdirektor Herford, 16 de junho de 1949.

168. Revue, Nr. 27, 14 de agosto de 1949, p. 10. Localização do periódico: IGPP, Busam Sammlung; KAH, S 32/7, Medizinalpolizei/Heilkunde,

1945-54, relatório do Superintendent des Kirchenkreises Herford, maio de 1949.

169. KAH, S 32/7 Medizinalpolizei/Heilkunde, 1945-54. An Herrn Bruno Gröning von Oberstadtdirektor, 3 de maio de 1949 e, no verso, "Bericht", datado de 4 de maio de 1949.

170. KAH, S 32/7 Medizinalpolizei/Heilkunde, 1945-54. Folheto, datado de 28 de maio de 1949.

171. KAH, S 10/270, "Wunderheiler" Bruno Gröning (Akten des Hauptamtes, 1949-1950), p. 22. Cartade Löhne, 19 de maio de 1949.

172. "Gröning-Anhänger demonstrieren vor dem Rathaus", Westfalen-Zeitung, 9 de maio de 1959. Localização do periódico: KAH, S Slg. E/E60.

173. KAH, S10/270, "Wunderheiler" Bruno Gröning, p. 108, cartade Brake/Lippe, 13 de junho de 1949.

174. Thomas Faltin, Heil und Heilung: Geschichte der Laienheilkundigen und Struktur antimodernistischer Weltanschauungen in Kaiserreich und Weimarer Republik am Beispiel von Eugen Wenz (1856-1945) (Stuttgart:Steiner, 2000), 224-34.

175. Bundesarchiv Berlin (doravante: BAB), R 86/1492/231. Localizado em Braker Zeitung, 29. Jahrgang, 12, 14 e 16 de agosto de 1907.

176. Faltin, Heil und Heilung, 242.

177. Robert N. Proctor, Racial Hygiene: Medicine Under the Nazis (Cambridge and London: Harvard University Press, 1988), 227-28; Faltin, Heil und Heilung, 231.

178. Walter Wuttke-Groneberg, "Heilpraktiker im Nationalsozialismus", em Nachtschatten im weissen Land: Betrachtungen zu alten und neuen Heilsystemen, Manfred Brinkmann e Michael Franz, orgs. (Berlim: Verlagsgesellschaft Gesundheit, 1981), 127, 136-38; Corinna Treitel, Eating Nature in Modern Germany: Food, Agriculture and Environment, c. 1870 to 2000 (Cambridge: Cambridge University Press, 2017), 332; Kurlander, Hitler's Monsters, 247. Embora se trate de propaganda oficial do Terceiro Riech que visava "sintetizar" métodos de biomedicina e tratamentos naturais, essa tendência teve início anos antes, na virada do século, quando os médicos institucionalizaram terapias naturais e foram criadas cadeiras (como a desenvolvida na Universidade Friedrich-Wilhelm, em Berlim, por exemplo) para terapias leves e massagem. Petra Werner, "Zu den Auseinandersetzung um die Institutionalisierung von Naturheilkunde und Homöopathie an der Friedrich-Wilhelms-Universität zu Berlin zwischen1919 und 1933", em Medizin, Gesellschaft und Geschichte 12 (1993): 205; Avi Sharma, "Medicine from the Margins? Naturheilkunde from Medical Heterodoxy to the University of Berlin, 1889-1920", Social History of Medicine 24:2 (2011).

179. Robert Jütte, Geschichte der alternativen Medizin: Von der Volksmedizin zu den unkonventionellen

Therapien von heute (Munique: C. H. Beck, 1996), 53.

180. Anne Harrington, The Cure Within: A History of Mind-Body Medicine (Nova York: Norton, 2008), 87.

181. Houve tentativas anteriores de pôr um fim ao Kurierfreiheit, conforme pode ser visto na documentação: BAB, R 86/1492/231 e BAB, NS 22/445. O que foi realmente decisivo nesse sentido, segundo Wuttke-Groneberg, "Heilpraktiker im Nationalsozialismus", 134, foi o anschluß (unificação) com a Áustria. A Áustria não tinha "liberdade de cura" e ela foi eliminada quando a lei dos dois impérios foi unificada.

182. Wuttke-Groneberg, "Heilpraktiker", 143; Florian Mildenberger, Medikale Subkulturen in der Bundesrepublik Deutschland und ihre Gegner (1950-1990) (Stuttgart: Franz Steiner, 2011), 14, n. 20, sobre o apoio político ao curandeirismo.

183. KAH, S 10/270, "Wunderheiler" Bruno Gröning (Akten des Hauptamtes, 1949-1950), p. 20. Cartade Lüdenscheid, 18 de maio de 1949.

184. KAH, S 10/270, "Wunderheiler" Bruno Gröning (Akten des Hauptamtes, 1949-1950), p. 17. Cartade Castrop-Rauxel, 16 de maio de 1949.

185. KAH, S 10/270, "Wunderheiler" Bruno Gröning (Akten des Hauptamtes, 1949-1950), 6. Cartade Bottrop, 15 de maio de 1949.

186. KAH, S 32/7 Medizinalpolizei/Heilkunde, 1945-54. Cartapara Bruno Gröning de Oberstadtdirektor, 7 de junho de 1949; StAM, Polizeidirektion 15558, lfd. Nr. 90, 12 de setembro de 1950.

187. Kristian Buchna, Ein klerikales Jahrzehnt? Kirche, Konfession und Politik in der Bundesrepublik der 1950er Jahre (Baden-Baden: Nomos, 2014), 232-76.

188. KAH, S 32/7, Medizinalpolizei/Heilkunde, 1945-54. Relatório do Superintendent des Kirchenkreises Herford (Pastor Kunst), Maio de 1949.

189. KAH, S 32/7, Medizinalpolizei/Heilkunde, 1945-54. Relatório do Superintendent des Kirchenkreises Herford (Pastor Kunst), maio de 1949.

190. "Grönings Grenzen: 'Geheilte' werden wieder krank", Freie Presse, Nr. 66, Pfingsten 1949 (5 ou 6 de junho). Localização do periódico: KAH, S Slg. E/E60.

191. Schmidt, Die Wunderheilungen, 50.

192. KAH, S 32/7, Medizinalpolizei/Heilkunde, 1945-54. Relatório do Superintendent des Kirchenkreises Herford (Pastor Kunst), maio de 1949.

193. "Ein 'neuer Messias'", Die Welt (Hamburg), Nr. 53, 7 de maio de 1949. Clipping in Hamburgisches Welt-Wirtschafts-Archiv.

194. Johannes Dillinger, "Evil People": A Comparative Study of Witch Hunts in Swabian Austria and the Electorate of Trier, trad. Laura Stokes (Charlottesville: University of Virginia Press, 2009), 96.

195. Wolfgang Behringer, Witchcraft Persecutions in Bavaria: Popular Magic, Religious Zealotry and Reason of State in Early Modern Germany (Cambridge: Cambridge University Press, 1997), 353.

196. Behringer, Witches and Witch-Hunts, 2; Ronald Hutton, "Anthropological and Historical Approaches to Witchcraft: Potential for a New Collaboration?" The Historical Journal 47:2 (Junho, 2004): 421-23.

197. E. E. Evans-Pritchard, Witchcraft, Oracles, and Magic Among the Azande (Oxford, UK: Clarendon Press, 1976), citações nas p. 18-24. [Ed. bras.: Bruxaria, oráculos e magia entre os Azande. Trad. Eduardo Viveiros de Castro. Rio de Janeiro: Jorge Zahar, 2005, citações nas p. 50-54.]

198. Byron J. Good et al., orgs. A Reader in Medical Anthropology: Theoretical Trajectories, Emergent Realities (Malden, MA: Wiley-Blackwell, 2010), 10.

199. Gustav Jungbauer, Deutsche Volksmedizin: Ein Grundriß (Berlim: Walter de Gruyter, 1934); primeira grande coletânea: Jutta Dornheim, Kranksein im dörflichen Alltag: Soziokulturelle Aspekte des Umgangs mit Krebs (Tübingen: Tübinger Vereinigung für Volkskunde, 1983), 11, n. 2.

200. Jungbauer, Deutsche Volksmedizin, 1-2, 5, 22, 43.

201. Jungbauer, Deutsche Volksmedizin, 22-40.

202. Gerhard Wilke, "The Sins of the Father: Village Society and Social Control in the Weimar Republic", em Richard J. Evans e W. R. Lee, orgs., The German Peasantry: Conflict and Community in Rural Society from the Eighteenth to the Twentieth Centuries (London: Croom Helm, 1986).

203. Gerhard Wilke, "Die Sünden der Väter: Bedeutung und Wandel von Gesundheit und Krankheit im Dorfalltag", em Alfons Labisch e Reinhard Spree, orgs., Medizinische Deutungsmacht im sozialen Wandel des 19. und frühen 20. Jahrhunderts (Bonn: Psychiatrie-Verlag, 1989), 125, 131.

204. Gerhard Staack, "Die magische Krankheitsbehandlung in der Gegenwart in Mecklenburg" (Tese de Doutorado, Universidade Christian-Albrechts, Kiel, 1930), 10-11.

205. StAM, Staatsanwaltschaften, 3178/4, pp. 5, 7, manuscrito de Karl Gröning, "Melker–Wachmann–Kohlentrinner: Beinahe ein alltäglicher Lebenslauf", datado de 16 de fevereiro de 1951.

206. Jütte, Geschichte der alternativen Medizin, 90.

207. Michael Simon, "Volksmedizin" im frühen 20. Jahrhundert: Zum Quellenwert des Atlas der deutschen Volkskunde (Mainz: Gesellschaft f. Volkskunde in Rheinland-Pfalz, 2003), 175.

208. Simon, "Volksmedizin", 171-72.

209. Beate Schubert e Günter Wiegelmann, "Regionale Unterschiede beim Besprechen von Krankheiten im frühen 20. Jahrhundert", em Volksmedizin in Nordwestdeutschland: Heilmagnetismus–"Besprechen"–Erfahrungsheilkunde (Münster: Waxmann, 1994), 178-86.

210. KAH, S 10/270, "Wunderheiler" Bruno Gröning (Akten des Hauptamtes, 1949-1950), pp. 51-2. Graphologisches Gutachten, 27 de maio de 1949.

211. KAH, S 10/270, "Wunderheiler" Bruno Gröning (Akten des Hauptamtes, 1949-1950), p. 235. Cartade Europäische Missions-Gesellschaft, 4 de agosto de 1949.

212. KAH, S 10/270, "Wunderheiler" Bruno Gröning (Akten des Hauptamtes, 1949-1950), 161-64 e 170. Cartade Kampfgruppe gegen Nihilismus datada de 26 de junho e 5 de julho de 1949.

213. KAH, S 10/270, "Wunderheiler" Bruno Gröning (Akten des Hauptamtes, 1949-1950), p. 25. Cartade Gronau, 19 de maio de 1949.

214. KAH, S 10/270, "Wunderheiler" Bruno Gröning (Akten des Hauptamtes, 1949-1950), p. 85. Carta de Werries, 7 de junho de 1949.

215. KAH, S 10/270, "Wunderheiler" Bruno Gröning (Akten des Hauptamtes, 1949-1950), p. 197. Carta de Miesbach, 20 de junho de 1949.

216. "Das Leben Bruno Gröning," Revue, Nr. 30, 4 de setembro de 1949, 11. Localização do periódico: IGPP Busam Sammlung.

217. KAH, S 32/7, Medizinalpolizei/Heilkunde, 1945-54. Erklärung, Oberstadtdirektor Herford, 14 de junho de 1949.

218. KAH, S 32/7, Medizinalpolizei/Heilkunde, 1945-54. Oberstadtdirektor para Bruno Gröning, 11 de junho de 1949.

219. "Der Wundertäter von Herford", Badisches Tagblatt, 72, 23 de junho de 1949. Localização do periódico: IGPP/123/100.

220. KAH, S 32/7, Medizinalpolizei/Heilkunde, 1945-54. An den Herrn Regierungspräsident in Detmold von dem Oberstadtdirektor Herford, 16 de junho de 1949. "Der Wundertäter von Herford", Badisches Tagblatt, Nr. 72, 23 de junho de 1949. Localização do periódico: IGPP/123/100.

221. "Der Fall Gröning kommt vor die Landesregierung", Freie Presse, Nr. 71, 18 de junho de 1949. Localização do periódico: KAH, S Slg. E/E60.

222. "Der Wundertäter von Herford", Badisches Tagblatt, Nr. 72, 23 de junho de 1949. Localização do periódico: IGPP/123/100.

223. "Mich sendet Gott", Stern, No. 22, c. meados de maio de 1949. Localização do periódico: IGPP Busam Sammlung, PA 259.

224. "Grönings Grenzen: 'Geheilte' werden wieder krank," Freie Presse, Nr. 66, 1949 (5 ou 6 de junho). Localização do periódico: KAH, S Slg. E/E60.

225. "Das Wunder von Herford," Der Hausfreund, Nr. 23, June 4, 1949, p. 3.

226. KAH, S 32/7, Medizinalpolizei/Heilkunde, 1945-54. An den Herrn Regierungspräsident in Detmold von dem Oberstadtdirektor Herford, 16 de junho de 1949.

227. StAM, Gesundheitsämter, 4256. Notícia em Münchner Merkur, "Tausende im Banne des Herforder 'Wunderdoktors,'" 24 de junho de 1949.

228. "Der Wundertäter von Herford", Badisches Tagblatt, Nr. 72, 23 de junho de 1949. Localização do periódico: IGPP/123/100.

229. "Rätsel um den Wunderdoktor", Quick, 5 de junho de 1949.

230. "Grönings Grenzen: 'Geheilte' werden wieder krank," Freie Presse, Nr. 66, 1949 (5 ou 6 de junho). Localização do periódico: KAH, S Slg. E/E60.

231. KAH, S 32/7, Medizinalpolizei/Heilkunde, 1945-54. St. Marien-Hospital II, Hamm-Westfalen, betr. G. Köster, 21 de junho de 1949.

232. KAH, S 32/7 Medizinalpolizei/Heilkunde, 1945-54. Sozialminister des Landes Nordrhein-Westfalen an den Herrn Regierungspräsident in Detmold, 26 de junho de 1949. Ver também, StAM, BezA/LRA 57182, p. 19.

233. KAH, S 32/7, Medizinalpolizei/ Heilkunde, 1945-54. Hans Vogt und Kurt Viering to Herrn Regierungspräsident in Detmold, 28 de junho de 1949.

234. "Keine Arbeitserlaubnis für Gröning", Die Welt (Hamburg), Nr. 76, 30 de junho de 1949; KAH, S 32/7, Medizinalpolizei/Heilkunde,

1945-54. Der Sozialminister des Landes Nordrhein-Westfalen an den Herrn Regierungs-präsident in Detmold, 26 de junho de 1949; StAM, BezA/LRA 57182, p. 19, Abschrift, SSD Fst. Herford Nr. 243 an Kripo Rosenheim, betr. Bruno Gröning, 5 de setembro de 1949.

235. "Die Ärzte werden sich wundern", Die Welt (Hamburg), Nr. 75, 28 de junho de 1949.

236. Uma transcrição dessa coletiva de imprensa foi publicado em Die Akte des Dr. Rer. pol. Kurt Trampler und Bruno Gröning: Eine Dokumentation (Berlim: Einhorn Presse, 2001), 46.

4. Medicina da alma

237. Ver as muitas cartas no KAH, S 10/270, "Wunderheiler" Bruno Gröning (Akten des Hauptamtes, 1949-1950); aqui, p. 111, Correspondência de R. Berger, Essen, an den Oberstadtdirektor, 13 de junho de 1949.

238. Rp., "Der Wundertäter von Herford", Badisches Tagblatt, Nr. 72, 23 de junho de 1949. Localização do periódico: IGPP/123/100.

239. Poore, Disability, 169.

240. Jens Bergfeldt, Herfords Wunderdoktor: Der Fall Gröning (Wiedensahl und Minden: Heinz Schilling, ca. 1950), 2.

241. Schmidt, Wunderheilungen, 95-96.

242. StAM, Polizeidirektion München, 15558, p. 39. Durchschrift, 12 de setembro de 1949. Betr.: Bruno Gröning. Werner Bab, "Die Ursachen der Kriegsblindheit", Berliner klinische Wochenschrift 58:20 (16 de maio de 1921): 512-13.

243. Harrington, The Cure Within, 251.

244. Thomas Mann, The Story of a Novel: The Genesis of Doktor Faustus, trad. Richard Winston and Clara Winston (Nova York: Knopf, 1961), 76.

245. Sean A. Forner, German Intellectuals and the Challenge of Democratic Renewal: Culture and Politics After 1945 (Cambridge: Cambridge University Press, 2014), 60.

246. Harrington, The Cure Within, 253-54.

247. Maurice Merleau-Ponty, Phenomenology of Perception, trand. Colin Smith (London: Routledge, 2010), 186.

248. "Wer ein Schnitzel findet, ist geheilt," Der Spiegel 28 de julho de 1949, p. 7.

249. Landesarchiv Baden-Württemberg, 466-5/7330, an den Herrn Sozialminister des Landes Nordrhein-Westfalen, agosto de 1949, betr.: Ausübung der Heilkunde durch Bruno Gröning, Herford.

250. "Plan der Revue," Revue, Nr. 27, 14 de augusto de 1949, 8.

251. "Ich rieche Nazis," Der Spiegel 38, 15 de setembro de 1949, 14.

252. "Revolution in der Medizin?," Revue, Nr. 27, 14 de agosto de August 1949.

253. "Die Geschichte der Vorbereitung," Revue, Nr. 28, 21 de agosto de 1949, 8.

254. "Bruno Gröning: Phänomen eines Seelenarztes", Revue, Nr. 27, 14 de agosto de 1949, 8, 10-11, 18; "Bruno Gröning ein geborener Seelenarzt von großer Begabung", Revue, Nr. 28, 21 de agosto de 1949, 8, 10-11.

255. "Was Bruno Gröning in Heidelberg tut", Stuttgarter Zeitung, Nr. 139, 13 de agosto de 1949, 9. Localização do periódico: Landesarchiv Baden-Württemberg, 466-5 /7330.

256. Fischer recomendou Heidelberg: "Bruno Gröning ein geborener Seelenarzt von großer Begabung", Revue, Nr. 28, 21 de agosto de 1949, 9.

257. É preciso ressaltar que "psicológico" também é um termo etimologicamente ambíguo. Ele foi utilizado pela primeira vez na França, em 1588, "em um livro sobre fantasmas e outros milagres". Renaud Evrard, "The Orthodoxization

of Psychology in France at the Turn of the Twentieth Century", em Lux e Paletschek, orgs., Okkultismus im Gehäuse, 175.

258. "Briefe an Gröning–ein Alarmsignal!", Revue, Nr. 32, 18 de setembro de 1949, 10.

259. Gisela Bock, Zwangssterilisation im Nationalsozialismus: Studien zur Rassenpolitik und Frauenpolitik (Opladen: Westdeutscher Verlag, 1986), 8, 230-46; Hans-Walter Schmuhl, "Die Patientenmorde", em Vernichten und Heilen: Der Nürnberger Ärzteprozeß und seine Folgen, Angelika Ebbinghaus e Klaus Dörner, orgs. (Berlim: Aufbau Verlag, 2001), 297.

260. Steven P. Remy, The Heidelberg Myth: The Nazification and Denazification of a German University (Cambridge: Harvard University Press, 2003), 130, 137.

261. Anne Harrington, Reenchanted Science: Holism in German Culture from Wilhelm II to Hitler (Princeton: Princeton University Press, 1996), 203.

262. Benno Müller-Hill, Murderous Science: Elimination by Scientific Selection of Jews, Gypsies, and Others, Germany, 1933-1945, trad. George R. Fraser (Oxford, UK: Oxford University Press, 1988), 92.

263. Harrington, The Cure Within, 81-82. Ver também, Alexa Geisthövel e Bettina Hitzer, orgs., Auf der Suche nach einer anderen Medizin: Psychosomatikim 20. Jahrhundert (Berlim: Suhrkamp, 2019).

264. Ralf Bröer and Wolfgang U. Eckart, "Schiffbruch und Rettung der modernen Medizin", Ruperto Carola 2 (1993): 4-9.

265. Harrington, Reenchanted Science, 202; Harrington, The Cure Within, 84-86; citação na página 85.

266. "Bruno Gröning ein geborener Seelenarzt von großer Begabung", Revue Nr. 28, 21 de agosto de 1949, 10. Na matéria, a doença desconhecida é chamada de Unterleibsleiden (doença abdominal).

267. "Bruno Gröning ein geborener Seelenarzt von großer Begabung", Revue, Nr. 28, 21 de agosto de 1949, 9.

268. "Bruno Gröning ist kein Scharlatan", Revue, Nr. 29, 29 de agosto de 1949, 8.

269. "Gröning als Hellseher", Revue, Nr. 29, 28 de agosto de 1949, 18-19.

270. "Bruno Gröning: Phänomen eines Seelenarztes", Revue, Nr. 27, 14 de agosto de 1949, 10-11.

271. "Bruno Gröning: Phänomen eines Seelenarztes", Revue, 19.

272. "Bruno Gröning: Phänomen eines Seelenarztes", Revue, 19.

273. "Bruno Gröning ein geborener Seelenarzt von großer Begabung", Revue, 11.

274. "Briefe an Gröning ein Alarmsignal!", Revue, Nr. 32, 18 de setembro de 1949, 10, 19. Mais detalhes sobre a vida de vários pacientes também podem ser encontrados em outras edições da série de reportagens de Revue, em especial nas de 14 e 21 de agosto de 1949.

275. Johannes Vossen, Gesundheitsämter in Nationalsozialismus: Rassenhygiene und offene Gesundheitsfürsorge in Westfalen, 1900-1950 (Essen: Klartext, 2001), 285.

276. Norbert Sahrhage, Diktatur und Demokratie, 315.

277. "Briefe an Gröning– ein Alarmsignal!", Revue, 19.

278. Herr Weiland sieht wieder gut", Revue, Nr. 32, 18 de setembro de 1949, 11.

279. "Briefe an Gröning—ein Alarmsignal!," Revue, 18 de setembro de 1949, p. 10.

280. Arthur Kleinman et al., "Pain as Human Experience: An Introduction", in Mary-Jo DelVecchio Good et al., orgs., Pain as Human Experience: An Anthropological Perspective (Berkeley: University of California Press, 1992), 5-6.

281. Goltermann, Die Gesellschaft der Überlebenden, 165-216.

282. "Briefe an Gröning—ein Alarmsignal!", Revue, 10, 19.

283. Didier Fassin and Richard Rechtman, The Empire of Trauma: An Inquiry into the Condition of Victimhood (Princeton: Princeton University Press, 2009).

284. "Briefe an Gröning —ein Alarmsignal!", Revue, Nr. 32, 10.

285. Robert G. Moeller, War Stories: The Search for a Usable Past in the Federal Republic (Berkeley: University of California Press, 2001), 3-4.

286. Grossmann, Jews, Germans, and Allies, 7.

287. Como escreve Michael Geyer, os sentimentos de vergonha, misturados com a culpa pelo Holocausto, não produziram remorso, mas sentimentos agressivos de animosidade. Ver "The Place of the Second World War in German Memory and History", New German Critique 71 (primavera/verão 1997): 5-40, aqui 17, 19.

288. "Briefe an Gröning—ein Alarmsignal!", Revue, Nr. 32, 10.

289. Geyer, "The Place of the Second World War", 18. Geyer observa que um "confronto frio e aparentemente sem afeto com a morte estava presente" já no final dos anos de Weimar, pelo menos entre os intelectuais, e fazia parte da herança emocional da Primeira Guerra Mundial. Ver também Geoffrey Campbell Cocks, The State of Health: Illness in Nazi Germany (Nova York: Oxford University Press, 2012), 1-3; Monica Black, Death in Berlin: From Weimar to Divided Germany (Nova York: Cambridge University Press, 2010), 102-8.

290. Michael H. Kater, "Die Medizin im nationalsozialistischen Deutschland und Erwin Liek", Geschichte und Gesellschaft 16:4 (1990): 442-43.

291. Goltermann, Die Gesellschaft der Überlebenden, 353.

292. Süss, Death from the Skies, 362-65.

5. O messias em Munique

293. Siegfried Sommer, "'Wunderdoktor' Gröning in Munique", Süddeutsche Zeitung, Nr. 98, 20 de agosto de 1949, 9.

294. "Fall Gröning weiter umstritten", Die Welt, Nr. 79, 4 de julho de 1949.

295. Sommer, "'Wunderdoktor' Gröning in Munique", 9.

296. Um exemplo de como detalhes da série da Revue foram utilizados por outros periódicos pode ser

visto em "'Wunderdoktor' Gröning– umworben und umstritten", Münchner Allgemeine, Nr. 35, 2. Jhg., August 28, 1949, 3. Localização do periódico: Stadtarchiv Rosenheim.

297. StAM, Polizeidirektion 15558. Abschrift von Abdruck, Munique, 24 de agosto de 1949, lfd. Nr. 7. Bayer. Staatsmin. des Innern an die Regierung von Oberbayern. Betr.: Ausübung der Heilkunde durch Bruno Gröning, Herford.

298. "Bleibt Gröning in Bayern?", Oberbayerische Volksblatt, Nr. 102, 30 de agosto de 1949. Localização do periódico: StAM, BezA/ LRA 57182.

299. Thomas Großbölting, Losing Heaven: Religion in Germany Since 1945, trad. Alex Skinner (Nova York: Berghahn, 2017), 22-23.

300. Ver também, "Großverdiener um Gröning, Wort und Bild, 4 Jhg., Nr. 39, 25 de semtembro de 1949.

Localização do periódico: IGPP, Busam Sammlung, PA 172; "Schenk mir ein Pferdchen", Der Spiegel 40, 29 de setembro de 1949, p. 8, contém uma descrição da comitiva que acompanhava Gröning. Sobre o escultor: StAM, Staatsanwaltschaften 3178/2, p. 336, Vernehmungsniederschrift.

301. BAB, PK (ehem. BDC), Sig. PO 134, VBS 1/1160025110, Schmidt, Egon Arthur.

302. Schmidt, Die Wunderheilungen, 13.

303. BAB, R19, 2963, Schmidt, Egon Arthur.

304. Stadtatlas Munique: Karten und Modelle von 1570 bis heute (Munique: Technische Universität München, 1999), 60.

305. Joachim Slawik, "Steh auf und geh!" Almfried, Nr. 35, 3 de setembro de September 3, 1949, 2; Sommer, "'Wunderdoktor' Gröning in Munique," 9.

306. "Gröning und das Heilpraktikergesetz", Süddeutsche Zeitung, Nr. 100, 25 de agosto de 1949.

307. StAM, Polizeidirektion 15558, Stadtrat der Landeshauptstadt München, betr.: Menschensammlung durch Heilungssuchende, 26 de agosto de 1949, 10.

308. Josephson-Storm, The Myth of Disenchantment, 210-11; Kurlander, Hitler's Monsters, capítulo 2.

309. Wolffram, The Stepchildren of Science, 131-89.

310. Victor Klemperer, Munique 1919: Diary of a Revolution, trad. Jessica Spengler (Cambridge: Polity Press, 2017).

311. "Ein Besuch beim Wunderdoktor", Stuttgarter Zeitung, Nr. 157, 3 de setembro de 1949, 4. Localização do periódico: Landesarchiv Baden-Württemberg, 466-5/7330, Gröning, Bruno.

312. "Großverdiener um Gröning, Wort und Bild, 4 Jhg., Nr. 39, 25 de setembro de 949. Localização do periódico: IGPP, Busam Sammlung, PA 172.

313. StAM, BezA/LRA 57182, Abschrift, Landpolizei Oberbayern,

Kriminalaußenstelle Rosenheim, 4 de setembro de 1949. Betr.: Affäre Gröning.

314. Alfred Heueck, "Als Zaungast bei Bruno Gröning", Schwäbische Landeszeitung, Nr. 108, 14 de setembro de 1949. Localização do periódico: Stadtarchiv Rosenheim.

315. Heueck, "Als Zaungast bei Bruno Gröning."

316. Heueck, "Als Zaungast bei Bruno Gröning." Käsberger também esteve relacionado a este episódio.

317. StAM, BezA/LRA 57182, Abschrift, Landpolizei Oberbayern, Kriminalaußenstelle Rosenheim, 4 de setembro de 1949. Betr.: Affäre Gröning.

318. Heueck, "Als Zaungast bei Bruno Gröning."

319. StAM, BezA/LRA 57182, Abschrift, Landpolizei Oberbayern, Kriminalaußenstelle Rosenheim,4 de setembro de 1949. Betr.: Affäre Gröning.

320. Anne Harrington, "Unmasking Suffering's Masks: Reflections on Old and New Memories of Nazi Medicine", em Arthur Kleinman, Veena Das, e Margaret M. Lock, orgs., Social Suffering (Berkeley: University of California Press, 1997).

321. StAM, Staatsanwaltschaften 3178/4, pp. 708-13, Mitscherlich an das Schöffengericht, 24 de outubro de 1951.

322. StAM, Staatsanwaltschaften 3178/4, p. 715, Mitscherlich an das Schöffengericht, October 24 de outubro de 1951.

323. Esses são os temas que Mitscherlich viria a abordar em seu inovador livro, Society Without the Father: A Contribution to Social Psychology, trad. Eric Mosbacher (Nova York: Harcourt, Brace & World, 1969; publicação original de 1963).

324. Nicolas Berg, The Holocaust and the West German Historians: Historical Interpretation and Autobiographical Memory, trad. Joel Golb (Madison, WI: University of Wisconsin Press, 2015), 23.

325. StAM, Staatsanwaltschaften 3178/4, p. 715, Mitscherlich an das Schöffengericht, 24 de outubro de 1951.

326. Alexander Mitscherlich e Margarete Mitscherlich, Inability to Mourn: Principles of Collective Behavior (Nova York: Grove Press, 1975), 26.

327. Horst Axtmann, "Gröning, ein Dokumentarfilm", Illustrierte Filmwoche, Ausgabe B, 4. Jhg., Nr. 43, 29 de outubro de 1949, 586.

328. Alfred Heueck, "Als Zaungast bei Bruno Gröning".

329. "Aufmarsch des Elends im Traberhof", Badische Neueste Nachrichten, Nr. 182, September 15, 1949, sem local de publicação. Localização do periódico: Landesarchiv Baden-Württemberg, 466-5/7330, Gröning, Bruno.

330. Siegfried Sommer, "Der Glaube versetzt Berge", Süddeutsche Zeitung, 30 de agosto de 1949.

331. StAM, Polizei-Direktion 15558, 18. Überwachungsbericht, 2 de setembro de 1949.

332. "Die Nacht der großen Heilung", "Sonderausgabe über Grönings Erfolge", Nr. 1, Anfang September 1949. Localização do periódico: IGPP, Busam Sammlung.

333. StAM, BezA/LRA 57182, an die Regierung von Oberbayern, 7 de setembro de 1949. Betr.: Ausübung der Heilkunde durch Bruno Gröning.

334. "Das Phänomen Bruno Gröning", Neue Miesbacher Anzeiger, 10 de setembro de 1949. Localização do periódico: StAM, Gesundheitsämter 4256.

335. "Die Nacht der großen Heilung", "Sonderausgabe über Grönings Erfolge", IGPP.

336. Viktoria Rehn, "Ich kann nur gute Menschen heilen!", Echo der Woche, 2 de setembro de 1949. Localização do periódico: Stadtarchiv Rosenheim.

337. "Ihren Stock brauchen Sie nicht mehr", Münchner Allgemeine, Nr. 36, 4 de setembro de 1949, sem local de publicação. Localização do periódico: IGPP, Busam Pressesammlung.

338. StAM, BezA/LRA 57182, Landpolizei Oberbayern, Kriminalaußenstelle Rosenheim, Fernschreiben an das Präsidium der Landespolizei, 10 de setembro de 1949. O Süddeutsche Zeitung afirmou se tratar de 18 mil em Traberhof: "Grönings Besuch im Polizeipräsidium", September 10, 1949. A Der Spiegel mencionou 15 mil: "Schenk mir ein Pferdchen", 7.

339. "Aufmarsch des Elends im Traberhof", Badische Neueste Nachrichten.

340. StAM, Polizei-Direktion 15558, 39. Durchschrift, 12 de setembro de 1949. Betr.: Bruno Gröning; StAM, BezA/LRA 57182, betr.: Auftreten des "Wunderdoktors Brunno [sic] Gröning", 6 de setembro de 1949; Kurt Böhme, Wunderheilungen: Lourdes–Gesundbeter–Gröning (Berlim: Vlg. Psyche, 1950), 15.

341. BAB, "Welt im Film", 225, 19 de setembro de 1949. Acesso em 1 de junho de 2017: https://www.filmothek.bundesarchiv.de/video/583657.

342. Kurt Trampler, Die große Umkehr: Fragen um Bruno Gröning (Seebruck am Chiemsee: Im Heering Vlg., 1950), 92.

343. "Ihren Stock brauchen Sie nicht mehr", Münchner Allgemeine.

344. "Aufmarsch des Elends im Traberhof", Badische Neueste Nachrichten.

345. Stadtarchiv Rosenheim, VI P O 1560, Bruno Gröning.

346. "Bavarian 'Healer' Attracts Germans", The New York Times, 8 de setembro de 1949. O título de Clarke: Die Protokolle des Bayerischen Ministerrats, 1945-62 On-Line, "Einleitung", 35. Acesso em 7 de setembro de 2018 http://www.bayerischer-ministerrat.de//index.php?vol=ehr21&doc=ehr21aENLT.

347. StAM, BezA/LRA 57182, 21. Betr.: Auftreten des 'Wunderdoktors' Brunno [sic] Gröning. 6 de setembro de 1949.

348. StAM, Polizei-Direktion 15558, 24. Betr.: Auftreten des Heilpraktikers Bruno Gröning, 5 de setembro de 1949. Ver também, "Gröning--Anhänger blockieren Verkehr", nome do periódico ilegível, 9 de setembro de 1949. Localização do periódico: Stadtarchiv München, 167/14, Personen, Gröning, Bruno, Wunderdoktor.

349. StAM, Polizei-Direktion 15558, 18. Überwachungsbericht, 3 de setembro de 1949.

350. StAM, Polizei-Direktion 15558, 19. Überwachungsbericht, 1 de setembro de 1949.

351. StAM, Polizei-Direktion 15558, 23. Betr.: Menschenansammlung in der Lindwurmstraße, 3 de setembro de 1949.

352. "Mutter wollte ihr Kind opfern", Hannoversche Presse, 4. Jahrgang, Nr. 104, 2 de setembro de 1949. Localização do periódico: IGPP.

353. Conrad Adlmaier, Blick in die Zukunft (Traunstein: Chiemgau Druck, 1950), 23.

354. Trampler, Die große Umkehr, 107.

355. "Gröning: Meine Kraft ist keine menschliche", sem local de publicação, 3 de setembro de 1949, 6. Localização do periódico: Stadtarchiv Rosenheim.

356. "Gröning: Sender eines Strahlenfeldes?", Revue, Nr. 30, 4 de setembro de 1949, 10.

357. "Horizonte cósmico" é uma expressão de Jacob Taubes: Occidental Eschatology, trad. David Ratmoko (Stanford: Stanford University Press, 2009), 43.

358. "Lourdes and Traberhof", Alpenbote Rosenheim, Folge 1, setembro de 1949. Localização do periódico: Stadtarchiv München, 167/14, Personen: Gröning, Bruno, Wunderdoktor.

359. Siegfried Sommer, "Der Glaube versetzt Berge," Süddeutsche Zeitung, August 30, 1949.

360. "Gröning darf heilen", Abendblatt, 7 de setembro de 1949.

Localização do periódico: StAM, Staatsanwaltschaften 3178/5.

361. "Gröning darf heilen", Abendblatt.

362. "Erregte Debatte um Gröning", Abendzeitung, 17 de setembro de 1949. Localização do periódico: Stadtarchiv München, 167/14, Personen: Gröning, Bruno, Wunderdoktor.

363. "Auch der Stadtrat befasst sich mit dem 'Wunderdoktor'", Münchner Merkur, 7 de setembro de 1949. Localização do periódico: Stadtarchiv München, 167/14, Personen: Gröning, Bruno, Wunderdoktor.

364. Die Protokolle des Bayerischen Ministerrats 1945-62 On--Line, Das Kabinett Ehard II, Nr. 78, Ministerratssitzung, 9 de setembro de 1949. Acesso em 7 de setembro de 2018 http://www.bayerischer-ministerrat.de//index.php?vol=ehr21&doc=ehr21aENLT.

365. "Grönings Besuch im Polizeipräsidium", Süddeutsche Zeitung; "Gröning darf heilen," Abendblatt; "Gröning und das Innenministerium", Münchner Allgemeine, Nr. 36, 2. Jhg., 4 de setembro de 1949.

366. "Dr. Ehard über Gröning", Die Abendzeitung, September 6, 1949. Localização do periódico: Stadtarchiv München, 167/14, Personen: Gröning, Bruno, Wunderdoktor.

367. Sobre as bolinhas de papel laminado e o mercado clandestino ver: "Der Rosenheimer Landrat bei Gröning", Oberbayerische Volksblatt, Nr. 105, 6 de setembro de 1949, 8. Localização do periódico: StAM, BezA/LRA 57182; sobre o endereço ver: "Hohlspiegel", Der Spiegel 38, 15 de setembro de 1949.

368. "Die Merkur-Reporter Unterwegs. Was sagt der Mann auf der Straße zu Gröning?" Münchner Merkur, 7 de setembro de 1949. Localização do periódico: Stadtarchiv München, 167/14, Personen: Gröning, Bruno, Wunderdoktor.

369. Sobre o clima ver: StAM, BezA/LRA 57182, Landpolizei Oberbayern, Kriminalaußenstelle Rosenheim, Fernschreiben an das Präsidium der

LP, 10 de setembro de 1949. StAM, BezA/LRA 57182, "An die Regierung Oberbayerns, betr.: Ausübung der Heilkunde durch Bruno Gröning", 7 de setembro de 1949.

370. StAM, BezA/LRA 57182, Bayerisches Rotes Kreuz an Herrn Leo Hawart, 13 de setembro de 1949; "Gröning-Heilstätten im Landkreis Miesbach", Miesbacher Zeitung, 14 de setembro de 1949. Localização do periódico: StAM, Gesundheitsämter 4256.

371. "Traberhof–öffentlicher Notstand", Rosenheimer Tageblatt, 10 de setembro de 1949. Localização do periódico: StAM, BezA/LRA 57182; "Kann und darf Bruno Gröning heilen?", Tagespost, 13 de setembro 1949. Localização do periódico: IGPP, Busam Sammlung.

372. "Grönings Besuch im Polizeipräsidium", Süddeutsche Zeitung.

373. "Traberhof–öffentlicher Notstand", Rosenheimer Tageblatt, 10 de setembro de 1949. Localização do periódico: StAM, BezA/LRA 57182.

374. StAM, BezA/LRA 57182, Abschrift, BLD-Kurzdienst, Blatt III, 8 de setembro de 1949.

375. StAM, BezA/LRA 57182, 26. Landpolizei Oberbayern, Kriminalaußenstelle Rosenheim, Abschrift, Fernschreiben an das Präs. d. LP v. Bay., betr.: Überwachung Traberhof, sem data, provavelmente 11 de setembro de 1949.

376. "Gröning-Heilstätten im Landkreis Miesbach", Miesbacher Zeitung, 14 de setembro de 1949. Localização do periódico: StAM, Gesundheitsämter 4256. Ver também, StAM, BezA/LRA/57182, 17. "Niederschrift aufgenommen", 19 de setembro de 1949, zu Happing. Gegenstand der Beschlussfassung: Die Verhältnisse im Anwesen Traberhof", 23 de setembro de 1949.

377. StAM, Gesundheitsämter 4256, staatl. Gesundheitsamt Miesbach, 12 de setembro de 1949.

378. "Gröning braucht Ruhe", Abendzeitung, Nr. 233, 15 de setembro de 1949. Localização do periódico: Stadtarchiv München, 167/14, Personen: Gröning, Bruno, Wunderdoktor.

379. "Gröning-Heilstätten im Landkreis Miesbach". Ver também StAM, BezA/ LRA/57182, 17. "Niederschrift aufgenommen", 19 de setembro de 1949, zu Happing. "Gegenstand der Beschlussfassung: Die Verhältnisse im Anwesen Traberhof", 23 de setembro de 1949.

380. "Protest gegen die Zustände um den Traberhof", Südost-Kurier, 17 de setembro de1949, reproduzido em Ingrid Geupel, "Bruno Gröning: Das Phänomen eines Wunderheilers" (Tese de Doutorado, Fakultät f. Medizin, Technische Universität Munique, 1988), 61-62.

381. Todos os periódicos em IGPP Busam Sammlung, PA 048.

382. "Gröning und die Krise der Medizin", Quick, Jhg. 2, Nr. 39, 25 de setembro de 1949. Localização do periódico: IGPP/E 123/100.

383. Rehn, "Ich kann nur gute Menschen heilen!".

384. "Gröning darf heilen", Abendblatt; "Schenk mir ein Pferdchen", Der Spiegel, 7.

385. Ver diversas notícias e periódicos em Stadtarchiv München, ZA-P-489-16, Zoltikow. Ver também, "Graf Soltikow ans Telefon", Die Zeit, 3 de janeiro de 1952.

386. "Extra-Blatt, Der 'Herforder Wunderdoktor,' Gröning entlarvt," 27 de setembro de 1949. Localização do periódico: IGPP, E 123/100.

387. "Schenk mir ein Pferdchen," Der Spiegel, pp. 7-8.

388. "Gröning stellt Strafantrag," Münchner Merkur, Nr. 121, 29 de setembro de 1949. StAM, Staatsanwaltschaften 3178/5.

389. "Glauben Sie an Bruno Gröning?", sem local de publicação, 29 de setembro de 1949. Localização do periódico: IGPP/Busam Sammlung, PA 209.

390. "Offener Brief an Bruno Gröning", Revue, Nr. 34, 2 de outubro de 1949. IGPP Busam Sammlung.

391. "Rätsel um Gröning", Rheinischer Merkur, 1 de outubro de 1949. Localização do periódico: Stadtarchiv München, 167/14, Personen: Gröning, Bruno, Wunderdoktor.

392. "Rolf-Engler Film antwortet", Illustrierte Filmwoche, Ausgabe B, 4. Jhg., Nr. 43, 29 de outubro de 1949, 586.

393. "Die Zeit ist aus den Fugen", Oberbayerische Volksblatt, "Rosenheimer Anzeiger", Nr. 126, 25 de outubro de 1949, Stadtarchiv Rosenheim VI P O 1560, Bruno Gröning.

394. "Giftmord an Gröning geplannt?", Neuer Miesbacher, 8 de outubro de 1949. StAM, BezA/LRA 219606.

395. "Grönings letzte Heilungen". Matéria do Rosenheimer Tagblatt Wendelstein, Nr. 8, 18 de outubro de 1949. Localização: Stadtarchiv Rosenheim.

396. StAM, BezA/LRA 57182, Abschrift aus dem Bayerischen Landtagsdienst, 3. Jhg., Nr. 52, 16 de novembro de 1949.

397. Stadtarchiv Rosenheim VI P O, Bruno Gröning, carta escrita à mão em Hohenfichte, 19 de novembro de 1949.

398. Stadtarchiv Rosenheim VI P O, Bruno Gröning, carta para Husum, 23 de novembro de 1949.

399. "Ende des Gröning-Rummels", 8-Uhr-Blatt, Nürnberg, 17 de dezembro de 1949. Localização do periódico: StAM, Staatsanwaltschaften, 3178/5.

400. "Erste Gröning-Heilstätte in Mittenwald-Obb.", Rosenheimer Tageblatt, 24 de dezembro de 1949. Localização do periódico: StAM, Staatsanwaltschaften, 3178/5.

401. "Grönings Patienten warten vergebens: Verlassen auf dem Traberhof", Abendzeitung, Nr. 311, 29 de setembro de 1949. Localização do periódico: Stadtarchiv München, 167/14, Personen: Gröning, Bruno, Wunderdoktor.

402. IGPP E 123/100. Carta para Herr dr. Wüst, Ludolf-Krehl-Klinik, Heidelberg, 30 de dezembro de 1949.

6. Se o mal é a doença, o que seria a cura?

403. StAM, Staatsanwaltschaften 3178/2, 355, Vernehmungsniederschrift, Sachgebiet Einsatz der Kriminalabteilung... der Landpolizei von Bayern, 26 de outubro de 1950; StAM, Staatsanwaltschaften 3178/3, Renée Meckelburg, "Tatsachenbericht", 477 (número da página no arquivo), Junho 20-27, 1950; Opel P4: StAM, Staatsanwaltschften 3178/3, Heuner, "Tatsachenbericht", 443.

404. "Strahlen in den Polstern", Der Spiegel 36, 6 de setembro de 1950, p. 11.

405. StAM, Staatsanwaltschaften 3178/2, 375, Vernehmungsniederschrift, Sachgebiet Einsatz der Kriminalabteilung... der Landpolizei von Bayern, 22 de setmbro de 1950; StAM, Staatsanwaltschaften 3178/2, 35, Staatliche Kriminalpolizei, Kriminalabt. Konstanz, 17 de maio de 1950.

406. StAM, Staatsanwaltschaften 3178/3, Heuner, "Tatsachenbericht", 443.

407. StAM, Staatsanwaltschaften 3178/1, Pol. Bezirk Aurich to Pol. Präs. Munique, 1 de junho de 1950; StAM, Staatsanwaltschaften 3178/3, Heuner, "Tatsachenbericht", 443, 453.

408. StAM, Staatsanwaltschaften 3178/3, Renée Meckelburg, "Tatsachenbericht", 477-79.

409. Frank Bajohr, Parvenüs und Profiteure: Korruption in der NS-Zeit (Frankfurt: Fischer, 2001), 189.

410. Peter Fritzsche e Jochen Hellbeck, "The New Man in Stalinist Russia and Nazi Germany", em Michael Geyer e Sheila Fitzpatrick, orgs., Beyond Totalitarianism: Stalinism and Nazism Compared (Cambridge: Cambridge University Press, 2008), 302-42.

411. BAB, SS-Führerpersonalakten, Meckelburg, Otto, and BA-Berlin, RS (ehem. BDC), VBS 286/6035012513/ Otto Meckelburg, Sig. D5418.

412. "Strahlen in den Polstern", Der Spiegel, 11; StAM, Staatsanwaltschaften 3178/2, 386, Vernehmungsniederschrift, Sachgebiet Einsatz der Kriminalabteilung... der Landpolizei von Bayern, 11 de outubro de 1950.

413. Biddiscombe, The Denazification of Germany, 40.

414. Ulrich Herbert, Best: Biographische Studien über Radikalismus, Weltanschauung und Vernunft, 1903-1989 (Bonn: Dietz, 1996), 475.

415. StAM, Staatsanwaltschaften 3178/1, 20. Sem data, presumivelmente março/abril 1950.

416. StAM, Staatsanwaltschaften 3178/1, 104. Polizeibezirk Aurich, Wittmund, 3 de janeiro de1950.

417. StAM, Staatsanwaltschaften 3178/2, 383, Vernehmungsniederschrift, 28 de junho de 1950; StAM, Staatsanwaltschaften 3178/1, 104. Polizeibezirk Aurich, Wittmund, 31 de janeiro de 1950.

418. StAM, Staatsanwaltschaften 3178/2, 383, Vernehmungsniederschrift, 28 de junho 1950.

419. Norbert Frei, "Identitätswechsel: Die 'Illegalen' in der Nachkriegszeit", em Helmut König, Wolfgang Kuhlmann, e Klaus Schwabe, orgs., Vertuschte Vergangenheit: Der Fall Schwerte und die NS-Vergangenheit der deutschen Hochschulen (Munique: C. H. Beck, 1997), 207, 216.

420. StAM, Staatsanwaltschaften 3178/1, 20-21, sem data, presumivelmente 1950.

421. StAM, Staatsanwaltschaften 3178/2, 383, Vernehmungsniederschrift, Sachgebiet Einsatz der Kriminalabteilung... der Landpolizei von Bayern, 28 de junho de 1950; StAM, Staatsanwaltschaften 3178/2, 384, Vernehmungsniederschrift, Sachgebiet Einsatz der Kriminalabteilung... der Landpolizei von Bayern, 11 de outubro de 1950; StAM, Staatsanwaltschaften 3178/1, Polizeibezirk Aurich, an das Polizeipräsidium in Munique, 1 de junho de 1950.

422. Frei, "Identitätswechsel", 217-18.

423. Bettina Stangneth, Eichmann Before Jerusalem: The Unexamined Life of a Mass Murderer, trad. Ruth Martin (Nova York: Knopf, 2014), 62-63, 71-72.

424. StAM, Staatsanwaltschaften 3178/3, Renée Meckelburg, "Tatsachenbericht," 478-79.

425. StAM, Staatsanwaltschaften 3178/3, Renée Meckelburg, "Tatsachenbericht," 480.

426. StAM, Staatsanwaltschaften 3178/3, "Das war Bruno Gröning: Ein Tatsachenbericht von Ernst Heuner", sem data, presumivelmente 1950, 441.

427. StAM, Staatsanwaltschaften 3178/3, Renée Meckelburg, "Tatsachenbericht", 480-84.

428. StAM, Staatsanwaltschaften 3178/3, Heuner, "Tatsachenbericht", 443.

429. StAM, Staatsanwaltschaften 3178/3, Renée Meckelburg, "Tatsachenbericht", 486, 497.

430. StAM, Staatsanwaltschaften 3178/3, Renée Meckelburg, "Tatsachenbericht", 497.

431. StAM, Staatsanwaltschaften 3178/3, Heuner, "Tatsachenbericht", 444; "Strahlen in den Polstern", Der Spiegel, 12.

432. StAM, Staatsanwaltschaften 3178/3, Renée Meckelburg, "Tatsachenbericht", 520.

433. StAM, BezA/LRA/57182, 19. Abschrift SSD Fst. Herford Nr. 243 an Kripo Rosenheim/Bayern, betr.: Bruno Gröning, 4 de setembro de 1949.

434. StAM, Staatsanwaltschaften 3178/3, Heuner, "Tatsachenbericht", 442. Fallen out: "Schenk mir ein Pferdchen", Der Spiegel, p. 8.

435. StAM, Staatsanwaltschaften 3178/3, Heuner, "Tatsachenbericht", 444.

436. StAM, Staatsanwaltschaften 3178/3, Renée Meckelburg, "Tatsachenbericht", 492.

437. StAM, Staatsanwaltschaften 3178/4, "Eingestellt in Richtung gegen Bruno Gröning et al.", 18 de janeiro de 1951.

438. StAM, Staatsanwaltschaften 3178/3, Renée Meckelburg, "Tatsachenbericht", 499.

439. Stadtarchiv Rosenheim OAH 24, carta não datada de Leo Hawart para Gemeinderat Happing, sem data, (presumivelmente março/abril de1950).

440. StAM, Staatsanwaltschaften 3178/3, Renée Meckelburg, "Tatsachenbericht", 526. Jungbauer, Deutsche Volksmedizin, 67.

441. StAM, Staatsanwaltschaften 3178/3, Renée Meckelburg, "Tatsachenbericht", 526.

442. StAM, Staatsanwaltschaften 3178/2, 365, Vernehmungsniederschrift, Helmut Hülsmann, 29 de julho de 1950; Fritz Meister, diretor da cidade de Herford reportou algo semelhante: KAH, S10/270, "Wunderheiler" Bruno Gröning (Akten des Hauptamtes, 1949-1950), 250, Oberstadtdirektor Meister an den Herrn Regierungspräsidenten Detmold, 26 de setembro de 1949.

443. StAM, Staatsanwaltschaften 3178/4, "Eingestellt in Richtung gegen Bruno Gröning et al.", 18 de janeiro de 1951.

444. StAM, Staatsanwaltschaften 3178/3, Renée Meckelburg, "Tatsachenbericht", 504-5.

445. StAM, Staatsanwaltschaften 3178/3, Renée Meckelburg, "Tatsachenbericht", 489, 512.

446. StAM, Staatsanwaltschaften 3178/1, 123. Vernehmungsniederschrift, 27 de junho de 1950.

447. "Gröning in der Roxy-Bar", não consta o nome de periódico nem a data, presumivelmente 1949-50. Localização: Stadtarchiv München, 167/14, Personen, Gröning, Bruno, Wunderdoktor.

448. StAM, Staatsanwaltschaften 3178/3, Renée Meckelburg, "Tatsachenbericht", 512, 515, 517-18.

449. StAM, Staatsanwaltschaften 3178/3, 439, Ernst Heuner, "Das war Bruno Gröning".

450. StAM, Polizeidirektion 15558, 54. Abschrift, Kriminalpolizei Herford an das Polizeipräs. Munique, betr.: Ermittlungen in Sachen Bruno Gröning, 9 de setembro de 1949.

451. "Schenk mir ein Pferdchen", Der Spiegel, 8.

452. StAM, Staatsanwaltschaften 3178/3, Renée Meckelburg, "Tatsachenbericht", 511.

453. StAM, Staatsanwaltschaften 3178/1, 123. Vernehmungsniederschrift, 27 de junho de 1950.

454. StAM, Staatsanwaltschaften 3178/1, 123. Vernehmungsniederschrift, 27 de junho de 1950; StAM, Staatsanwaltschaften 3178/2, 340, Vernehmungsniederschrift, Sachgebiet Einsatz der Kriminalabteilung beim Präsidium der Landpolizei von Bayern, 10 de outubro de 1950.

455. StAM, Staatsanwaltschaften 3178/1, 124. Vernehmungsniederschrift, 27 de junho de 1950.

456. StAM, Staatsanwaltschaften 3178/3, Renée Meckelburg, "Tatsachenbericht," 494, 513.

457. StAM, Staatsanwaltschaften 3178/3, Renée Meckelburg, "Tatsachenbericht", 518.

458. StAM, Staatsanwaltschaften 3178/3, Heuner, "Tatsachenbericht", 439.

459. Schmidt, Die Wunderheilungen, 50, 57.

460. Rehn, "Ich kann nur gute Menschen heilen!"

461. A. Kaul, Das Wunder von Herford: Die merkwürdige Heilerfolge des Bruno Gröning (Laudenbach: Lauda Vlg., 1949), 13. Localização: KAH, S Slg. E/E 348-02.

462. Böhme, Wunderheilungen, 14.

463. Trampler, Die große Umkehr, 75.

464. StAM, BezA/LRA 57182. Abschrift zur Kenntnisnahme an das Landrat Rosenheim, Evang.-Luth. Pfarramt to Evang.-Luth. Landeskirchenrat, 10 de setembro de 1949.

465. StAM, Gesundheitsämter, 4256. Matéria do Münchner Merkur, "Tausende im Banne des Herforder 'Wunderdoktors'", 14 de junho de 1949. Ver também, Schmidt, Wunderheilungen, 49-50.

466. StAM, Staatsanwaltschaften 3178/3, Renée Meckelburg, "Tatsachenbericht", 482.

467. Amanda Porterfield, Healing in the History of Christianity (Oxford, UK: Oxford Universitiy Press, 2005), 22, 5.

468. "Scharfer ärztlicher Vorstoß gegen Gröning", Stuttgarter Zeitung, Nr. 169, 17 de setembro de 1949, 7. Localização do periódico: Landesarchiv Baden-Württemberg, Best. 466-5/7330, Gröning, Bruno.

469. Esta é minha tentativa de responder a desafiadora pergunta que minha colega Nikki Eggers fez aos seus alunos em um curso intitulado Saúde e Cura na África, ministrado na Universidade de Tennessee, em Knoxville: "Se a bruxaria é a doença, qual é a cura?". Ela, por sua vez, se inspirou no artigo de Gwyn Prins, "But What Was the Disease? The Present State of Health and Healing in African Studies", Past & Present 124 (August 1989). Vários capítulos em Steve Feierman e John M. Janzen, Social Basis of Health and Healing in Africa (Berkeley: University of California Press, 1992) abordam a mesma questão, assim como o estudo de Stacey Langwick, Bodies, Politics, and African Healing: The Matter of Maladies in Tanzania (Bloomington: Indiana University Press, 2011); e o próprio estudo de Eggers "Mukombozi and the Monganga: The Violence of Healing in the 1944 Kitawalist Uprising", Africa 89:3 (2019).

470. Sobre o Opel Olympia: StAM, Staatsanwaltschaften 3178/3, 444; sobre Wangerooge: StAM, Staatsanwaltschaften 3178/3, Renée Meckelburg, "Tatsachenbericht", 520.

471. Gröning verursacht Wintersaison", Neue Presse (Coberg), 10 de janeiro de 1950. Localização do periódico: StAM, Staatsanwaltschaften 3178/5.

472. Pastor Wilfried Voigt "Bericht über eine 'Massenheilung' des 'Wunderdoktors' Gröning am 16./17. Januar 1950 im Hotel Hanken", IGPP, Busam Sammlung, PA 204.

473. "Strahlen in den Polstern", Der Spiegel, 12.

474. Pastor Wilfried Voigt "Bericht über eine 'Massenheilung' des 'Wunderdoktors' Gröning am 16 e ./17. Januar 1950 im Hotel Hanken", IGPP, Busam Sammlung, PA 204.

475. StAM, Staatsanwaltschaften 3178/3, Heuner, "Tatsachenbericht", 465.

476. Pastor Wilfried Voigt "Bericht über eine 'Massenheilung' des 'Wunderdoktors' Gröning am 16./17. Januar 1950 im Hotel Hanken", IGPP, Busam Sammlung, PA 204.

477. StAM, Staatsanwaltschaften 3178/3, Heuner, "Tatsachenbericht", 465.

478. Pastor Wilfried Voigt "Bericht über eine 'Massenheilung' des 'Wunderdoktors' Gröning am 16./17. Januar 1950 im Hotel Hanken", IGPP, Busam Sammlung, PA 204.

479. Citado em Pastor Wilfried Voigt "Bericht über eine 'Massenheilung' des 'Wunderdoktors' Gröning am 16./17. Januar 1950 im Hotel Hanken", IGPP, Busam Sammlung, PA 204.

480. StAM, Staatsanwaltschaften 3178/3, Heuner, "Tatsachenbericht", 465.

481. Pastor Wilfried Voigt "Bericht über eine 'Massenheilung' des 'Wunderdoktors' Gröning am 16./17. Januar 1950 im Hotel Hanken", IGP-P,Busam Sammlung, PA 204.

482. StAM, Staatsanwaltschaften 3178/3, Renée Meckelburg, "Tatsachenbericht", 520; StAM, Staatsanwaltschaften 3178/3, Akte d. Schöffengerichts, 3.

483. "Gröning in Oldenburg... der rege und bewege sich!", não consta o nome do periódico, 7 de fevereiro de 1950. Localização do periódico: IGPP, Busam Slg., PA 200.

484. StAM, Staatsanwaltschaften 3178/1. Abschrift von Dr. med.

Julius Ahlhorn, "Erfahrungsbericht über die 'Massenheilung' Grönings vom 9.-10. Februar de i.d. Astoria (Oldenburg)."

485. "Gröning in Oldenburg... der rege und bewege sich!", não consta o nome do periódico, 7 de fevereiro de 1950. Localização do periódico: Clipping located in IGPP, Busam Slg., PA 200.

486. StAM, Staatsanwaltschaften 3178/3, Renée Meckelburg, "Tatsachenbericht", 520.

487. "Gröning in Oldenburg... der rege und bewege sich!", não consta o nome do periódico, 7 de fevereiro de 1950. Localização do periódico: IGPP, Busam Slg., PA 200. Os preços foram retirados de: Statistisches Bundesamt/Wiesbaden, org., Statistisches Jahrbuch f. Die Bundesrepublik Deutschland (Stuttgart-Cologne: W. Kohlhammer, 1954), 472-75.

488. StAM, Staatsanwaltschaften 3178/3, Renée Meckelburg, "Tatsachenbericht", 528.

489. StAM, Staatsanwaltschaften 3178/1, Abschrift von Dr. med. Julius Ahlhorn, "Erfahrungsbericht über die 'Massenheilung' Grönings vom 9.-10. Februar i.d. Astoria (Oldenburg)".

490. StAM, Staatsanwaltschaften 3178/1, Abschrift von Dr. med. Julius Ahlhorn, "Erfahrungsbericht über die 'Massenheilung' Grönings vom 9.-10. Februar i.d. Astoria (Oldenburg)".

491. "Tausende im Banne des Herforder Wunderdoktors", Münchner Merkur, June 24, 1949. Clipping em StAM, Gesundheitsämter 4256.

492. StAM, Staatsanwaltschaften 3178/1. Abschrift von Dr. med. Julius Ahlhorn, "Erfahrungsbericht über die 'Massenheilung' Grönings vom 9.-10. Februar i.d. Astoria (Oldenburg)".

493. StAM, Staatsanwaltschaften 3178/3, Renée Meckelburg, "Tatsachenbericht", 532. As primeiras sessões de cura foram realizadas

em março, de acordo com StAM, Staatsanwaltschaften 3178/3, Akte d. Schöffengerichts, p. 3; sobre a "visão gloriosa": StAM, Staatsanwaltschaften 3178/3, Heuner, "Tatsachenbericht", 452.

494. StAM, 3178/3, Abschrift of Urteil, 27 de maio de 1952.

495. "Strahlen in den Polstern", Der Spiegel, 11, 13.

496. StAM, Staatsanwaltschaften 3178/3, Renée Meckelburg, "Tatsachenbericht", 533-34.

497. "Gröning Heilstätte bei Behörden unbekannt", Hochland Bote (Garmisch), 13 de janeiro de 1950; e "Gröning Heilstätte wird vorbereitet", Straubinger Tagblatt, 13 de janeiro de 1950. Localização do periódico: StAM München/Staatsanwaltschaften 3178/5.

498. "Sogar Grönings Badewasser wird noch verlangt", Fränkische Presse (Bayreuth), 21 de março de 1950. Localização do periódico: StAM, Staatsanwaltschaften 3178/5.

499. StAM, Staatsanwaltschaften 3178/3, Renée Meckelburg, "Tatsachenbericht", 522.

500. StAM, Staatsanwaltschaften 3178/3, Renée Meckelburg, "Tatsachenbericht", 536.

501. StAM, Staatsanwaltschaften 3178/3, Heuner, "Tatsachenbericht", 472.

502. "Herr Gröning ist wieder im Lande," Süddeutsche Zeitung, Nr. 77, 1 e 2 de abril de 1950, p. 4. Localização do periódico: StAM, Staatsanwaltschaften 3178/5.

503. StAM, Staatsanwaltschaften 3178/1, Pol. Bezirk Aurich to Pol. Präs. Munique, betr. Meckelburg, 1 de junho de 1950.

504. StAM, Staatsanwaltschaften 3178/2, 360, Vernehmungsniederschrift, Anneliese Hülsmann, 20 de junho de 1950.

505. StAM, Staatsanwaltschaften 3178/1, 205, Polizeibezirk Aurich, 31 de janeiro de 1950.

506. "Herr Gröning ist wieder im Lande", Süddeutsche Zeitung, Nr.

77, 1 e 2 de abril de 1950, p. 4. Localização do periódico: StAM, Staatsanwaltschaften 3178/5.

507. "Zwecks Heilung vorsprechen", Der Spiegel 23, 6 de junho de 1951, 7.

508. "Herr Gröning ist wieder im Lande", Süddeutsche Zeitung, Nr. 77, 1 e 2 de abril de 1950, p. 4. Localização do periódico: StAM, Staatsanwaltschaften 3178/5.

509. "Gröning außer Verfolgung", 8-Uhr-Blatt (Nuremberg), 14 de abril de 1950. Localização do periódico: StAM 3178/5.

510. "Gröning-Heilstätten vor der Entscheidung", Hochland Merkur (Garmisch-Partenkirchen), 10 de maio de 1950. Localização do periódico: StAM, Staatsanwaltschaften 3178/5.

511. StAM, Staatsanwaltschaften 3178/1, Vernehmungsniederschrift, 27 de junho de 1950.

512. StAM, Staatsanwaltschaften 3178/1, 118-19, Rechtsanwältin Fr. Vögel-König zur Staatsanwaltschaften beim Landgericht Munique II, 26 de junho de 1950.

513. StAM, Staatsanwaltschaften 3178/6, Oberstaatsanwalt Munique II an Herrn Generalstaatsanwalt beim Oberlandesgericht, betr.:

Ermittlungsverfahren, 17 de julho de 1950.

514. StAM, Staatsanwaltschaften 3178/3, Renée Meckelburg, "Tatsachenbericht", 541, 526.

515. StAM, Staatsanwaltschaften 3178/1, p. 128. Vernehmungsniederschrift, 27 de junho de 1950.

516. "Gröning mit 3 hochblonden Damen", 8-Uhr-Blatt (Nuremberg), 10 de junho de 1950. Localização do periódico: StAM, Staatsanwaltschaften 3178/5; "Heilen Sie auch Krebs?", Der Spiegel 29, 14 de junho de 1954, pp. 12-15.

7. A doença que vem do pecado

517. "A Visit to Germany: From a Medical Correspondent", The Lancet, 16 de dezembro de 1950, p. 817.

518. Monique Scheer, Rosenkranz und Kriegsvisionen: Marienerscheinungen im 20. Jahrhundert (Tübingen: Tübinger Vereinigung f. Volkskunde 2006), 171.

519. Cornelia Göksu, Heroldsbach: Eine verbotene Wallfahrt (Würzburg: Echter Vlg., 1991), 13-21.

520. Michael E. O'Sullivan, "West German Miracles: Catholic Mystics, Church Hierarchy, and Postwar Popular Culture", Zeithistorische Forschungen/Studies in Contemporary History, Online-Ausgabe 6:1 (2009), 11-34, disponível em http://www.zeithistorische-forschungen.de/1-200/id=4628 (accessado em 1º de maio de 2015). Monique Scheer, Rosenkranz und Kriegsvisionen, 169. Para análises mais amplas sobre os milagres católicos no pós-guerra ver também Michael O'Sullivan, Disruptive Power: Catholic Women, Miracles, and Politics in Modern Germany, 1918-1965 (Toronto: University of Toronto Press, 2018); e Yuliya Komska, The Icon Curtain: The Cold War's Quiet Border (Chicago: University of Chicago Press, 2015).

521. Johannes B. Walz, Die Protokolle von Augenzeugen zu den "Muttergottes-Erscheinungen" von Heroldsbach-Thurn, vol. III (1958), 99-102.

522. Rudolf Kriß, "Heroldsbach: Eine verbotene Wallfahrt der Gegenwart", em Leopold Schmidt, org., Kultur und Volk: Beiträge zur Volkskunde aus Österreich, Bayern und der Schweiz (Vienna: Selbstverlag des Österreichischen Museums f. Volkskunde, 1954), 210.

523. Göksu, Heroldsbach, 49

524. Ver, por exemplo, o testemunho de Frau K., em Walz, Die Protokolle, vol. III, 99-102. Ver também "Heller Schein im gelben Laub", Der Spiegel, 27 de outubro de 1949, p. 32.

525. Göksu, Heroldsbach, 42-48.

526. Rudolf Kriß, "Heroldsbach in volkskundlicher Sicht: Zum Wallfahrtswesen der Gegenwart", Österreichische Zeitschrift f. Volkskunde, Bd. 6, Heft 3-4 (1952), 120.

527. Kriß, "Heroldsbach: Eine verbotene Wallfahrt", 210. Sobre quadrado Sator, ver Herbert Freudenthal, Das Feuer im deutschen Brauch und Glauben (Berlim: De Gruyter, 1931), 420.

528. Kriß, "Heroldsbach: Eine Verbotene Wallfahrt", 211, 214; O'Sullivan, "Miracles," 23.

529. Göksu, Heroldsbach, 47, 51.

530. Göksu, Heroldsbach, 41.

531. Kriß, "Heroldsbach in volkskundlicher Sicht", 110.

532. Göksu, Heroldsbach, 77-83, 88; O'Sullivan, "West German Miracles", 16.

533. O'Sullivan, "West German Miracles", 16, 18, 25.

534. Brian P. Levack, The Devil Within: Possession and Exorcism in the Christian West (New Haven: Yale University Press, 2013), 82-93.

535. StAM, Polizeidirektion München 11301, Überwachungsbericht, 28 de novembro de 1951.

536. StAM, Polizeidirektion München 11301, Abschrift, Strafanzeige, 29 de novembro de 1951.

537. StAM, Polizeidirektion München 11301, Abschrift, depoimento dado por Marianne D., 16 de novembro de 1951. Sobre a lei antichicana (anti-Gaukelei) da Baváría, ver Schäfer, Der Okkulttäter, 6. The law was changed in 1954.

538. StAM, Polizeidirektion München 11301, Abschrift, Carta dos fiéis da Igreja Luterana para Polícia de Munique, 17 e 23 de novembro de 1951.

539. StAM, Polizeidirektion München 11301, depoimento de

Kirmayer, Antonius, 18 de dezembro de 1951.

540. "Gröning darf wieder heilen", Der Hausfreund, 24 de setembro de 1949, 12

541. StAM, Polizeidirektion München 11301, depoimento de Kirmayer, Antonius, 26 de novembro de 1951; depoimento de Köhler, Fritz, 27 de novembro de 1951.

542. StAM, Polizeidirektion München 11301, Depoimento de Köhler, Fritz, 27 de novembro de 1951.

543. StAM, Polizeidirektion München 11301, Depoimento de Kirmayer, Antonius, 26 de novembro de 1951.

544. StAM, Polizeidirektion München 11301, Schlussbericht, 15 de janeiro de 1952.

545. As informações sobre Espenlaub foram fornecidas por Rainer Gabriel, que está conduzindo uma pesquisa de história oral sobre a vida de Espenlaub; e também de Böhme, Wunderheilungen, 9-11.

546. Paul Gerhardt Voigt, Gesundheit und Heil (Hannover: Lutherhaus-Vlg.,1959), 19-20.

547. Böhme, Wunderheilungen, 9-10; KAH, S10/270, correspondência de Richard Wenz para a administração da cidade de Herford, 13 de junho de 1949.

548. Böhme, Wunderheilungen, 9-10.

549. Hermann Zaiss, Gottes Imperativ: Sei Gesund! (Marburg/Lahn: Verlagsbuchhandlung Hermann Rathmann, 1958), 41-44.

550. Voigt, Gesundheit, 20.

551. Zaiss, Sei gesund! 5.

552. Tim Linder, Hermann Zaiss: Einblicke in sein Leben (Wuppertal: R. Brockhaus, 2000), 88.

553. "Bruno Gröning heilt in München", Mittelbayerische Zeitung (Regensburg), 30 de agosto de 1950. Localização do periódico: StAM, Staatsanwaltschaften 3178/5. Sobre o monóculo: StAM, Polizeidirektion München 15558, Nr. 100,

betr.: Bruno Gröning, unerlaubter Ausübung der Heilkunde, 23 de outubro de 1950.

554. StAM, Polizeidirektion München 15558, Nr. 76-77, betr.: Bruno Gröning, 24 de outubro de 1950; StAM, Polizeidirektion München 15558, Nr. 94, Stadtrat der Landeshauptstadt München, betr.: Bruno Gröning, 30 de outubro de 1950.

555. StAM, Polizeidirektion München 15558, Nr. 99, betr.: Bruno Gröning, unerlaubte Ausübung der Heilkunde, 23 de outubro de 1950.

556. StAM, Polizeidirektion München 15558, Nr. 75, betr.: Bruno Gröning, 17 de outubro de 1950.

557. StAM, Staatsanwaltschaften 3178/5, Landespolizei-Oberbayern, Kriminalaußenstelle an die Bezirksinspektion der Landpolizei, München-Pasing, 21 de outubro de 1950 (Meier) e Abschrift, Staatl. Gesundheitsamt München-Landan Bay. Staatsmin. d.I., Gesundheitsabt., betr.: Auftreten des Bruno Gröning, 23 de outubro de 1950 (Bachmann).

558. Vortrag, Bruno Gröning, Krailling, 05 de outubro de 1950, p. 04. https://www.bruno-groening-stiftung.org/images/stories/bgs-media/pdf/vortraege/bruno-groening_1950-10-05_vortrag_krailling_ich-habe-heute.pdf

559. Abschrift des stenographischen Protokolls eines Vortrags Bruno Grönings vom 12.10.1950, Wagnerbräu, Lilienstr., München, https://www.bruno-groening-stiftung.org/images/stories/bgs-media/pdf/vortraege/EN/EN_bruno-groening_1950-10-12_talk_it-is-difficult-to-accomplish-the-purpose_2-col.pdf

560. Pastor Wilfried Voigt's "Bericht über eine 'Massenheilung' des 'Wunderdoktors' Gröning am 16./17. Januar 1950 im Hotel Hanken". IGPP, Busam Sammlung, PA 204.

561. Bruno Gröning, Reden, Bd. II (Berlim: Edition Busam, 1999), 68-69.

562. Goltermann, Die Gesellschaft der Überlebenden, 122-23.

563. Dornheim, Kranksein im dörflichen Alltag, 243-45.

564. Siegfried Sommer, "Der Glaube versetzt Berge," Süddeutsche Zeitung, 30 de agosto de 1949.

565. BAK, B 142/3930/267-288, Kurzprotokoll der 10. Sitzung des Ausschusses f. Fragen des Gesundheitswesens, 12 de julho de 1950. Sobre Hammer ver: Albrecht Kirchner, "Abschlussbericht der Arbeitsgruppe zur Vorstudie 'NS-Vergangenheit ehemaliger hessischer Landtagsabgeordneter' der Kommission des Hessischen Landtags für das Forschungsvorhaben 'Politische und parlamentarische Geschichte des Landes Hessen'" (Wiesbaden, 2013).

566. BAK, B 142/3930/448, Bayer. Staatsmin. des Innern an das Bundesministerium des Innern, 16 de março de 1950; BAK, B 142/3929, "Stellungnahme der ärztlichen Berufsvertretungen zu den Änderung des Heilpraktikergesetzes vom 17.2.1939", sem data (presumivelmente 1950); BAK, B 141/6908/71-2, Anlage zum Protokoll Nr. 24 (Sitzung vom 13 de julho de 1955) des Ausschusses f. Fragen des Gesundheitswesens.

567. Geoffrey Cocks, Psychotherapy in the Third Reich: The Göring Institute, 2. ed. (New Brunswick, NJ: Transaction, 1997).

568. BAK, B 142/3930/290-296, Minuto 12ª Reunião da Comissão de Assuntos de Saúde (Kurzprotokoll der 12. Sitzung des Ausschusses f. Fragen des Gesundheitswesens), 4 de setembro de 1950.

569. Wolf von Siebenthal, Krankheit als Folge der Sünde: Eine Medizinhistorische Untersuchung (Hannover: Schmorl & von Seefeld Nachf., 1950).

570. Von Siebenthal, Krankheit als Folge, 89-95

571. StAM, Staatsanwaltschaften 3178/3, Renée Meckelburg, "Tatsachenbericht," 541-42

572. James Shapiro, Oberammergau: The Troubling Story of the World's Most Famous Passion Play (Nova York: Vintage, 2001), 142, 153; Helena Waddy, Oberammergau in the Nazi Era: The Fate of a Catholic Village in Hitler's Germany (Oxford, UK: Oxford University Press, 2010), 250-51.

573. Waddy, Oberammergau, 249-51.

574. Waddy, Oberammergau, 190.

575. Waddy, Oberammergau, 245.

576. Shapiro, Oberammergau, 142; Waddy, Oberammergau, 250-51.

577. Amos Elon, Journey Through a Haunted Land: The New Germany (Nova York: Holt, Rinehart and Winston, 1967), 13-14.

578. Rudy J. Koshar, Germany's Transient Pasts: Preservation and National Memory in the Twentieth Century (Chapel Hill, NC:

University of North Carolina Press, 1998), 234-35.

579. Michael Meng, Shattered Spaces: Encountering Jewish Ruins in Postwar Germany and Poland (Cambridge: Harvard University Press, 2011), 113-29.

580. Jan T. Gross, Neighbors: The Destruction of the Jewish Community in Jedwabne, Poland (Nova York: Penguin, 2002), 112-13.

8. Existem bruxas entre nós?

581. Landesarchiv Eslésvico-Holsácia (doravente: LSH), Abt 352, Itzehoe, Nr. 413, pp. 25-26, 8 de abril de 1954. A identificação dos indivíduos encontrados na documentação dos arquivos alemães geralmente fica proibida por até noventa anos após seu nascimento. Como eu nem sempre tive como saber a data em que cada um dos personagens deste capítulo nasceu, optei por usar apenas o primeiro ou último nome dos envolvidos.

582. LSH, Abt 352, Itzehoe, Nr. 413, pp. 25-26, 8 de abril de 1954. Há mais detalhes no mesmo documento sobre dois diferentes grupos que viviam do outro lado da rua, p. 20.

583. LSH, Abt 352, Itzehoe, Nr. 413, pp. 25-26, 8 de abril de 1954.

584. LSH, Abt 352, Itzehoe, Nr. 413, pp. 39-40, 26 de abril de 1954.

585. LSH, Abt 352, Itzehoe, Nr. 413, p. 3, 3 de março de 1954.

586. LSH, Abt 352, Itzehoe, Nr. 413, p. 17, 8 de abril de 1954.

587. LSH, Abt 352, Itzehoe, Nr. 413, p. 70, 16 de junho de 1954.

588. "Hexen-Aberglaube im Zeitalter der Wasserstoffbombe", Volkszeitung Kiel, Nr. 75, 30 de março de 1954. Localização do periódico: LSH, Abt. 352, Itzehoe, Nr. 413.

589. LSH, Abt 352, Itzehoe, Nr. 413, p. 3, 3 de março de 1954.

590. LSH, Abt. 352, Itzehoe, Nr. 413, p. 199.

591. LSH, Abt. 352, Itzehoe, Nr. 413, p. 24, 8 de abril de 1954, e p. 28, 10 de

abril de 1954; LSH, Abt 352, Itzehoe, Nr. 413, Vermerk, 10 de abril de 1954.

592. LSH, Abt 352, Itzehoe, Nr. 413, p. 7, sem data.

593. "Hexen-Aberglaube im Zeitalter der Wasserstoffbombe", Volkszeitung Kiel, Nr. 75, 30 de março de 1954. Localização do periódico: LSH, Abt. 352, Itzehoe, Nr. 413.

594. LSH, Abt. 352, Itzehoe, Nr. 413, p. 7, sem data.

595. LSH, Abt. 352, Itzehoe Nr. 413, p. 237, "Im Namen des Volkes," 9 de junho de 1955.

596. LSH, Abt. 352, Itzehoe, Nr. 413, p. 18, sem data.

597. LSH, Abt 352, Itzehoe, Nr. 413, p. 21, 9 de abril de 1954.

598. LSH, Abt 352, Itzehoe, Nr. 413, pp. 40-42, 26 de abril de 1954.

599. LSH, Abt 352, Itzehoe, Nr. 413, pp. 40-42, 26 de abril de1954.

600. Albert Hellwig, Verbrechen und Aberglaube (Leipzig: Teubner, 1908), 13.

601. Rudolf Olden, Propheten in deutscher Krise: Das Wunderbare oder die Verzauberten (Berlim: Rowohlt, 1932), 19-20, citação de "letzten Jahresbericht der evangelischen-lutherischen Kirche in Hamburg".

602. Eduard Juhl, "Aberglaube und Zauberei: Wahn oder Wirklichkeit?" 5. Heft der Volksmission (Eslésvico-Holsácia: Selbstverlag der Bekennenden ev. luth. Kirche, 1935), 3-4, 6. Panfleto localizado no Evangelisches Zentralarchiv Berlin (doravante: EZA) 180/44.

603. Joachim Friedrich Baumhauer, Johann Kruse und der 'neuzeitliche Hexenwahn': Zur Situation eines norddeutschen Aufklärers und einer Glaubensvorstellung im 20. Jahrhundert untersucht anhand von Vorgängen in Dithmarschen (Neumünster: Karl Wachholtz Vlg., 1984), 101; Owen Davies, Grimoires: A History of Magic Books (Oxford, UK: Oxford University Press, 2009), 345, n. 104.

604. Schäfer, Der Okkulttäter, x.

605. Baumhauer, Johann Kruse, 72, n. 244, citando "Hexengläubige im Bodenseegebiet", Badisches Tagblatt, Baden-Baden, 8 de agosto de 1957.

606. Karl-Heinz Christiansen, "Hexenspuk im Heidedorf", nome do periódico não informado, 18 de abril de 1951. Localização: HH, ZGS 2.2, Nr. 247.

607. Hans J. Mesterharm, "Attacke gegen Hexenwahn", nome do periódico não informado, 15 de novembro de 1953. Localização: HH, ZGS 2.2, Nr. 247.

608. Reiner Schulze, "Verfolgt als Hexe", Welt am Sonntag, Nr. 34, 21 de agosto de 1955, p. 2. Localização do periódico: HH, Nds. 401, Acc 112/83, Nr. 564.

609. LSH, Abt 352, Itzehoe, Nr. 413, pp. 25-26, 8 de abril de 1954.

610. LSH, Abt 352, Itzehoe, Nr. 413, p. 21, 9 de abril de 1954.

611. LSH, Abt. 352, Itzehoe, Nr. 418, Gutachte, p. 76, 21 de março de 1955.

612. Schäfer, Der Okkulttäter, x-xi.

613. David W. Kriebel, Powwowing Amongst the Pennsylvania Dutch: Traditional Medical Practice in the Modern World (University Park, PA: Pennsylvania State University Press, 2007), 117. citado em Davies, Grimoires, 209-10.

614. Behringer, Witches and Witch-Hunts, 2.

615. Para uma visão geral ver: Willem de Blécourt, "The Witch, Her Victim, the Unwitcher, and the Researcher: The Continued Existence of Traditional Witchcraft", em Bengt Ankarloo e Stuart Clark, orgs., Witchcraft and Magic in Europe: The Twentieth Century (Philadelphia: University of Pennsylvania Press, 1999). Para a Dinamarca: Gustav Henningsen, "Witch Persecution After the Era of the Witch Trials: A Contribution to Danish Ethnohistory", Scandinavian Yearbook of Folklore 44 (1988): 103-53. Para a Inglaterra: Owen Davies, "Healing Charms in Use in England and Wales, 1700-1950", Folklore 107 (1996): 19-32. Para a Finlândia: Laura Stark-Arola, Magic, Body and Social Order: The Contribution of Gender Through Women's Private Rituals in Traditional Finland (Helsinki: Finnish Literature Society, 1998). Para a França: Jeanne Favret-Saada, Les Mots, la mort, les sorts: La sorcellerie dans le Bocage (Paris: Gallimard, 1977), traduzido para o inglês como Deadly Words: Witchcraft in the Bocage (Cambridge, UK: Cambridge University Press, 1981), trans. Catherine Cullen. Para a Itália: Thomas Hauschild, Macht und Magie in Italien: Über Frauenzauber, Kirche und Politik (Gifkendorf: Merlin Verlag, 2002). Para a Polônia: Aldona Christina Schiffmann, "The Witch and Crime: The Persecution of Witches in Twentieth-Century Poland", Scandinavian Yearbook of Folklore 43 (1987): 147-64. Para Alemanha Ocidental: Baumhauer, Johann Kruse e Inge

Schöck, Hexenglaube in der Gegenwart: Empirische Untersuchungen in Südwestdeutschland (Tübingen: Tübinger Vereinigung f. Volkskunde, 1978).

616. Peter Geschiere, Witchcraft, Intimacy, and Trust: Africa in Comparison (Chicago: University of Chicago Press, 2013), xv; Michael D. Bailey, "Provincializing European Witchcraft: Thoughts on Peter Geschiere's Latest Synthesis", Magic, Ritual, and Witchcraft (Verão de 2015): 86-87; RobinBriggs, Witches and Neighbors: The Social and Cultural Context of European Witchcraft (Nova York: Penguin, 1996).

617. Leopold Schmidt, Volksglaube u. Volksgut (1966), 282. Citado em Baumhauer, Johann Kruse, 205.

618. Lattimore, Bertram Gresh, Jr., The Assimilation of German Expellees into the West German Polity and Society Since 1945: A Case Study of Eutin, Eslésvico-Holsácia (The Hague: Martinus Nijhof, 1974), 5; George Gerolimatos, "Structural Change and Democratization of Eslésvico-Holsácia's Agriculture, 1945-1973" (Tese de Doutorado, História, UNC-Chapel Hill, 2014), 111-13; Jürgens, "Entnazifizierungspraxis in Eslésvico-Holsácia", 54; Baumhauer, Johann Kruse, 205.

619. Baumhauer, Johann Kruse, 269-70.

620. Koshar, Germany's Transient Pasts, 238.

621. Alexander Otto-Morris, Rebellion in the Province: The Landvolkbewegung and the Rise of National Socialism in Eslésvico-Holsácia (Frankfurta.M.: Peter Lang, 2013), 19, 335.

622. Uwe Danker e Astrid Schwabe, Eslésvico-Holsácia und der National-sozialismus, 2. ed. (Neumünster: Wachholtz Vlg., 2006), 40.

623. Allan Borup, Demokratisierungsprozesse in der Nachkriegszeit: Die CDU in Eslésvico-Holsácia und die Integration demokratieskeptischer Wähler

(Bielefeld: Vlg. f. Regionalgeschichte, 2010), 132.

624. LSH, Abt. 352, Itzehoe, Nr. 418, Nervenärztliches Gutachten, 21 de março de 1955, pp. 33-34.

625. LSH, Abt 352, Itzehoe, Nr. 413, p. 33, 22 de abril de 1954.

626. LSH, Abt. 352, Itzehoe, Nr. 418, Nervenärztliches Gutachten, 21 de março de 1955, pp. 35-36.

627. LSH, Abt. 352, Itzehoe, Nr. 418, Nervenärztliches Gutachten, 21 de março de 1955, p. 34.

628. LSH, Abt. 352, Itzehoe, Nr. 418, Nervenärztliches Gutachten, 21 de março de 1955, pp. 38-39.

629. LSH, Abt 352, Itzehoe, Nr. 413, pp. 33-4, 22 de abril de 1954; LSH, Abt. 352, Itzehoe, Nr. 418, Nervenärztliches Gutachten, 21 de março de 1955, p. 49.

630. LSH, Abt. 352, Itzehoe, Nr. 413, p. 33, 22 de abril de 1954.

631. LSH, Abt. 352, Itzehoe, Nr. 413, Gutachte, Aktenauszug, 21 de março de 1955, pp. 30-33.

632. LSH, Abt. 352, Itzehoe, Nr. 418, Nervenärztliches Gutachten, 21 de março de 1955, pp. 46-47, 73.

633. LSH, Abt. 352, Itzehoe, Nr. 418, Nervenärztliches Gutachten, 21 de março de 1955, pp. 34, 36.

634. LSH, Abt 352, Itzehoe, Nr. 413, p. 35, 22 de abril de 1954.

635. LSH, Abt. 460.16, Nr. 219; LSH, Abt 352, Itzehoe, Nr. 413, p. 17, 18 de abril de 1954.

636. LSH, Abt. 352, Itzehoe, Nr. 414, depoimento de Walter, 19 de outubro de 1954.

637. LSH, Abt. 351, Nr. 1130, p. 26, Abschrift,11 de novembro de 1954.

638. LSH, Abt. 352, Nr. 414, statement by Käthe, 19 de outubro de 1954.

639. Jeanne Favret-Saada, Deadly Words, 63, 169; Anti-Witch, introdução, x.

640. Danker e Schwabe, Eslésvico-Holsácia und der Nationalsozialismus, 176, 183.

641. Gerolimatos, "Structural Change and Democratization," 111;

Jessica Jürgens, "Entnazifizierungspraxis in Schleswig-Holstein: Eine Fallstudie f. Den Kreis Rendsburg, 1946-49", Zeitschrift der Gesellschaft f. Schleswig-Holsteinische Geschichte, Band 125 (Neumünster, 2000), 150-51.

642. Gerolimatos, "Structural Change and Democratization", 111.

643. Gerolimatos, "Structural Change and Democratization", 111-13; Jürgens, "Entnazifizierungspraxis in Schleswig-Holstein", 169.

644. Jürgens, "Entnazifizierungspraxis in Schleswig-Holstein", 169-71.

645. Hans Fallada, Nightmare in Berlin, trad. Allen Blunden (Melbourne: Scribe, 2016), 69.

646. Baumhauer, Johann Kruse, 265, 269.

647. Michel de Certeau, The Possession at Loudun, trad. Michael B. Smith (Chicago: University of Chicago Press, 1996), 27-28.

648. Diversos clippings em LSH, Abt. 352, Itzehoe, Nr. 416 attest.

649. LSH, Abt. 352, Itzehoe, Nr. 413, Gutachte, Aktenauszug, p. 2.

650. LSH, Abt. 352, Itzehoe, Nr. 413, p. 62, June 12, 1954.

651. "Der Hexer von Sarzbüttel", Hamburger Abendblatt, Nr. 235, Jahrgang 7, 9 e 10 de outubro de 1954, p. 16.

652. LSH, Abt. 352, Itzehoe, Nr. 419, p. 23, Landgericht in Itzehoe from Pinneberg, Holstein, 10 de outubro de 1954.

653. LSH, Abt. 352, Itzehoe, Nr. 419, sem local, carta de Grünenthal, 11 de outubro de 1954.

654. LSH, Abt. 352, Itzehoe, Nr. 419, sem local, carta de Uelzen, 21 de outubro de 1954.

655. "Der Hexer von Sarzbüttel", Hamburger Abendblatt, Nr. 235, Jahrgang 7, 9 e 10 de outubro de 1954.

656. LSH, Abt. 352, Itzehoe, Nr. 418, Gutachte, 21 de março de 1955, pp. 28-29.

657. LSH, Abt. 352, Itzehoe, Nr. 418, Psychiatrische und Nervenklinik der Universität Kiel, nervenärztliches Gutachten, 21 de março de 1955, p. 73.

658. LSH, Abt. 352, Itzehoe, Nr. 418, Gutachte, Aktenauszug, 21 de março de 1955, p. 62. De acordo com informações adicionadas posteriormente aos autos do processo, a "Spezialforschungsgebiet" (área de investigação) do dr. Völkel era a superstição. Ver: LSH, Abt. 352, Itzehoe, Nr. 413, p. 373, "Im Namen des Volkes", 23 de maio de 1956.

659. LSH, Abt. 352, Itzehoe, Nr. 418, Psychiatrische und Nervenklinik der Universität Kiel, nervenärztliches Gutachten, 21 de março de 1955, pp. 66, 74.

660. LSH, Abt. 352, Itzehoe, Nr. 418, Gutachte, Aktenauszug, 21 de março de 1955, pp. 67, 69, 70.

661. LSH, Abt. 352, Itzehoe, Nr. 418, Gutachte, 21 de março de 1955, pp. 60-62, 66, 69, 70, 72, 78.

662. LSH, Abt. 352, Itzehoe, Nr. 418, Gutachte, 21 de março de 1955, pp. 51-53.

663. Baumhauer, Johann Kruse, 250.

664. LSH, Abt. 352, Itzehoe, Nr. 418, Gutachte, 21 de março de 1955, pp. 53-55.

665. LSH, Abt. 352, Itzehoe, Nr. 418, Gutachte, 21 de março de 1955, pp. 62, 71.

666. LSH, Abt. 352, Itzehoe, Nr. 418, Gutachte, 21 de março de 1955, p. 75.

667. LSH, Abt. 352, Itzehoe, Nr. 418, Gutachte, 21 de março de 1955, p. 80.

668. G. E. Störring, Besinnung und Bewusstsein: Persönlichkeitsaufbau und Persönlichkeitszerfall aus psychologisch-pädagogischer, soziologischer und psychiatrischer Sicht (Stuttgart: Georg Thieme Vlg., 1953), 91-94.

669. Störring, Besinnung, 97, 99, 100.

670. Störring, Besinnung, 102.

671. LSH, Abt. 352, Itzehoe, Nr. 418, Gutachte, 21 de março de 1955, p. 66.

672. LSH, Abt. 352, Itzehoe, Nr. 418, Gutachte, 21 de março de 1955, pp. 28-29, 74, 76.

673. LSH, Abt. 352, Itzehoe, Nr. 418, Gutachte, 21 de março de 1955, pp. 77, 81-82, 84.

674. "'Satan' kam in Ochsenkarren", Bersenbrücker Kreisblatt, data do selo de envio postal de 1º de junho de 1955. Localização do periódico: HH, Zgs. 2.1.

675. LSH, Abt. 352, Nr. 1130, Localização: Schleswig-Holstein Volkszeitung, 10 de maio e 10 de junho de 1955.

676. "'Satan' kam in Ochsenkarren", Bersenbrücker Kreisblatt.

677. Oma C.: notícias retiradas do Schleswig-Holstein Tagespost, 25 de maio de 1955, e Südschleswigischen Heimatzeitung, 26 de maio de 1955; ambos periódicos localizados em LSH, Abt. 351, Nr. 1130.

678. LSH, Abt. 352, Itzehoe Nr. 413, p. 232, "Im Namen des Volkes", 9 de junho de 1955.

679. LSH, Abt. 352, Itzehoe Nr. 413, p. 236, "Im Namen des Volkes".

680. LSH, Abt. 352, Itzehoe Nr. 413, pp. 241-42, 249, 252, "Im Namen des Volkes".

681. LSH, Abt. 352, Itzehoe Nr. 413, pp. 247, 252, "Im Namen des Volkes".

682. LSH, Abt. 352, Itzehoe Nr. 413, pp. 248, 254, 255, 256, "Im Namen des Volkes".

683. LSH, Abt. 352, Itzehoe Nr. 413, pp. 257, 259-60, 263, 265, "Im Namen des Volkes."

684. LSH, Abt. 352, Itzehoe Nr. 419, p. 89, Frau Alma H. para Herrn E., 1 de junho de 1955.

685. LSH, Abt. 352, Itzehoe, Nr. 419, p. 109. Carta de Ehrenberg, 21 de outubro de 1955.

686. LSH, Abt. 352, Itzehoe Nr. 419, p. 87, Herr E. para Herrn Landgerichtsdirektor Rostock, 2 de junho de 1955.

687. LSH, Abt. 352, Itzehoe, Nr. 413, pp. 279, 281-82, 284-85, Kremendahl, Revisão.

688. BAK, B 142/3930/66-71. "Im Namen des Volkes", 1 de novembro de 1955.

689. LSH, Abt. 351, Nr. 1130, p. 41. Oberstaatsanwalt to Herrn Justizminister des Landes Schleswig-Holstein, 28 de abril de 1956.

690. LSH, Abt. 352, Itzehoe, Nr. 413, p. 373, "Im Namen des Volkes", 23 de maio de 1956.

691. Baumhauer, Johann Kruse, 222.

692. LSH, Abt. 352, Itzehoe, Nr. 418, p. 76, Gutachte, 21 de março de 1955.

693. LSH, Abt. 352, Itzehoe, Nr. 413, p. 373, "Im Namen des Volkes," 23 de maio de 1956.

9. A cruzada de Kruse

694. "Bis das Blut kommt," Der Spiegel 14, 4 de abril de 1951, p. 10.

695. HH, Nds. 401, Acc. 112/83, Nr. 564, p. 8. An den Herrn Kulturminister in Niedersachsen, 12 de setembro de 1955.

696. Karl-Heinz Christiansen, "Hexenspuk in Heidedorf", jornal não informado, 18 de abril de 1951, localização do periódico: HH, ZGS 2.2, Nr. 247.

697. Baumhauer, Johann Kruse, 214-15.

698. LSH, Abt. 351, Nr. 1130, localização do periódico: Schleswig–Holstein Volkszeitung, 1 de dezembro de 1955.

699. "Eberling antwortet Kruse: Mich haben die Menschen gerufen!", Schleswig–Holstein Volkszeitung, 8 de dezembro de 1955. Localização do periódico: LSH, Abt. 351, Nr. 1130.

700. Karin Lieven, "Die Hexen sind unter uns", [Münchner] Merkur am Sonntag, 16 de fevereiro de 1963. Localização do periódico: EZA 180/44; Thomas Hauschild, "Hexen in Deutschland", em Der Wissenschaftler und das Irrationale, Band 1, Hans P. Duerr, org. (Frankfurt: Syndikat, 1982), 556.

701. Otto-Morris, Rebellion in the Province, 19.

702. Joachim Whaley, Religious Toleration and Social Change in Hamburg, 1529-1819 (London: Cambridge University Press, 1985), 146.

703. Baumhauer, Johann Kruse, 47-48, 63.

704. Baumhauer, Johann Kruse, 61.

705. Baumhauer, Johann Kruse, 25.

706. Bettina Goldberg, Abseits der Metropolen: Die jüdische Minderheit in Schleswig-Holsteins (Neumünster: Wachholtz Vlg., 2011), apenas cerca de 2 mil judeus viviam no estado da Eslésvico-Holsácia antes de 1933, a maioria deles em cidades maiores como Kiel e Lübeck. Ulrich Lange, org., Geschichte Schleswig-Holsteins: Von den Anfängen bis zur Gegenwart (Neumünster: Wachholtz, 1996), 549, menciona números maiores: 4.152. Essa discrepância possivelmente ocorreu por Lange ter incluído em seu levantamento Hamburgo-Altona, que faziam parte da Eslésvico-Holsácia até 1937.

707. Kruse, Hexenwahn in der Gegenwart (Leipzig, 1923), 43. Citado em Christoph Daxelmüller, "Vorwort", em Handwörterbuch des deutschen Aberglaubens (doravante: HDA), org. Hanns-Bächtold-Stäubli (Berlim: De Gruyter, 2000), 25.

708. Citado em Daxelmüller, "Vorwort", 25.

709. Baumhauer, Johann Kruse, 71-72

710. HH, Nds. 401, Acc. 112/83, Nr. 564, Johann Kruse an das Niedersächsische Kultusministerium, May 26, 1952; Hans J. Mesterharm, "Attacke gegen Hexenwahn", não consta o nome do periódico, 25 de novembro de 1953. Localização do periódico: HH, ZGS 2.2, Nr. 247.

711. "Bis das Blut kommt", Der Spiegel 14, 4 de abril de 1951, p. 10.

712. HH, Nds. 401, Acc. 112/83, Nr. 564, Johann Kruse an das Niedersächsische Kultusministerium, 26 de maio de 1952.

713. HH, Nds. 401, Acc. 112/83, Nr. 564, Johann Kruse an das Niedersächsische Kultusministerium, 26 de maio de 1952.

714. HH, Nds. 401, Acc. 112/83, Nr. 564, correspondência de Johann Kruse ao Niedersächsische Kultusministerium, 26 de junho de 1952.

715. Johann Kruse, Hexen unter uns? Magie und Zauberglauben in unserer Zeit (Hamburg: Verlag Hamburgische Bücherei, 1951), 141.

716. HH, Nds. 401, Acc. 112/83, Nr. 564, correspondência para Johann Kruse de Niedersächsische Kultusministerium, 26 de junho de 1952; HH, Nds. 401, Acc. 112/83, Nr. 564, an Herrn J. Kruse, 15 de setembro de 1952.

717. HH, Nds. 401, Acc. 112/83, Nr. 564, correspondência para Johann Kruse do Niedersächsische Kultusministerium, 26 de junho de 1952.

718. Kruse, Hexen unter uns?, 7-8

719. HH, Nds. 401, Acc. 112/83, Nr. 564, J. Kruse para Niedersächsische Kultusministerium, 24 de julho de 1952.

720. Hans J. Mesterharm, "Attacke gegen Hexenwahn", não consta o nome do periódico, 25 de novembro de 1953. Localização do periódico: HH, ZGS 2.2, Nr. 247

721. "Hexenverfolgung 'nach Vorschrift'", Die Ansage, Nr. 216, 16 de fevereiro de 1955. Localização do periódico: LSH, Abt. 352, Itzehoe, Nr. 419.

722. Martin Schneider, "Soldaten der Aufklärung", em Okkultismus, Lux and Palatschek, orgs., 283, n. 29.

723. "Witchcraft in Germany", Western Folklore 15:1 (January 1956): 66, menciona uma matéria da Reuters no Los Angeles Times de 31 de julho de 1955. Citado em Davies, Grimoires, 345-46, n. 104.

724. "Hexenverfolgung 'nach Vorschrift'", Die Ansage, Nr. 216, 16 de fevereiro de 1955. Citado em "Hexenwahn in Schleswig-Holstein", Südschleswigische Heimatzeitung, 26 de janeiro de 1955. Ambos os periódicos localizados em LSH, Abt. 352, Itzehoe, Nr. 419.

725. Neue Deutsche Wochenschau de 4 de maio de 1956, acessado em 15 de outubro de 2018 em https://www.filmothek.bundesarchiv.de/video/586223.

726. HH, Nds. 100, Acc 47/94, Nr. 63, Kruse para Niedersächsisches Ministerium des Innern, Hannover, 29 de dezembro de 1955.

727. HH, Nds. 401, Acc 112/83, Nr. 564, Niedersächsisches Minister des Innern para Nieders. Kultusminister, Hannover, 18 de janeiro de 1956.

728. HH, Nds. 100, Acc 47/94, Nr. 63. Landeskriminalamt Niedersachsen para Herrn Niedersächsischen Minister des Innern, 28 de janeiro de 1956.

729. HH, Nds. 100, Acc. 47/94, Nr. 63, pp. 12-13, Landeskriminalpolizeiamt Niedersachsen to Niedersachsen Min. des Innern, March 16, 1956.

730. HH, Nds. 120, Lün. Acc. 108/84, Nr. 10, Abschrift, Bericht, sem data, presumivelmente maio de 1956.

731. HH, Nds. 410, Acc. 112/83, Nr. 564, p. 33, Niedersächsische Minister des Innern an den Herrn Innenminister des Landes Schleswig-Holstein, 23 de outubro de 1956.

732. HH, Nds. 100, Acc. 47/94, Nr. 63, p. 19, Niedersächsische Sozialminister an die Herren Regierungspräsidenten, 27 de abril de 1956. "Kampf gegen Aberglauben und Hexenwahn", Osterholzer Kreisblatt, 12 de maio de 1956. Localização do periódico: HH, VVP 17, Nr. 3558.

733. HH, Nds 100, Acc. 47/94, Nr. 63, p. 29, an Frau Ministerialrätin Mosolf, 29 de outubro de 1956; HH, Nds 401, Acc 112/83, Nr. 564, p. 32, Mosolf para Grabenhorst, 6 de novembro de 1956.

734. HH, Nds.100, Acc. 47/94, Nr. 63, pp. 31-32. Auszugsweise Abschrift aus dem Protokoll, 30 e 31 de outubro de 1956.

735. HH, Nds.100, Acc. 47/94, Nr. 63, pp. 31-32. Auszugsweise Abschrift aus dem Protokoll, 30 e 31 de outubro de 1956.

736. HH, Nds. 401, Acc. 112/83, Nr. 564, p. 30. Betr.: Hexenwahn heute noch und Kurpfuscherei aus Aberglauben, 29 de outubro de 1956.

737. HH, Nds.100, Acc. 47/94, Nr. 63, pp. 31-32. Auszugsweise Abschrift

aus dem Protokoll, 30 e 31 de outubro de 1956.

738. "Die Hexenmeister sind unter uns", Allgemeine Zeitung, April 28-29, 1956, sem paginação. Localização do periódico: HH, VVP 17, Nr. 3558; Rainer Schulze, "Verfolgt als Hexe!", Welt am Sonntag, Nr. 34, p. 2, 21 de agosto de 1955. Localização do periódico: HH, Nds. 401, Acc 112/83, Nr. 564; Baumhauer, Johann Kruse, 85-86.

739. HH, Nds. 401, Acc 112/83, Nr. 564, p. 3, J. Kruse para Niedersächische Kultusministerium, 26 de maio de1952; Hans J. Messerharm, "Attacke gegen Hexenwahn", não consta o nome do periódico, 25 de novembro de 1953. Clipping in HH, ZGS 2.2, Nr. 247; Rainer Schulze, "Verfolgt als Hexe!", Welt am Sonntag, Nr. 34, p. 2, August 21, 1955. Clipping in HH, Nds. 401, Acc 112/83, Nr. 564.

740. HH, Nds. 401, Acc 112/83, Nr. 564, J. Kruse para Ministerium des Innern, Hannover, 31 de agosto de 1954.

741. Rainer Schulze, "Verfolgt als Hexe!" Welt am Sonntag, Nr. 34, p. 2, 21 de agosto de 1955. Localização do periódico: HH, Nds. 401, Acc 112/83, Nr. 564.

742. "Ermittlungsverfahren gegen Planet-Verlag", Offenburger Tageblatt, 28 de janeiro de 1956. Localização do periódico: HH, Nds. 401, Acc 112/83, Nr. 564, p. 15; LSH, Abt. 352, Itzehoe, Nr. 418, Amtsgericht Braunschweig an Staatsanwaltschaften Itzehoe, 15 de outubro de 1956; Baumhauer, Johann Kruse, 85-87.

743. Davies, Grimoires, especialmente o capítulo 1.

744. Stephen Bachter, "Anleitung zum Aberglauben: Zauberbücher und die Verbreitung magischen 'Wissens' seit dem 18. Jahrhundert" (Tese de Doutorado, Universität Hamburg, 2005), 95-96.

745. Adolf Spamer, "Zauberbuch und Zauberspruch", Deutsches Jahrbuch f. Volkskunde 1 (1955): 117; Hauschild, "Hexen in Deutschland",

537; Bachter, "Anleitung zum Aberglauben", 112-13.

746. Davies, Grimoires, 248.

747. Kurlander, Hitler's Monsters, 110-14; Davies, Grimoires, 249-50.

748. Conforme levantamento no catálogo online de um grande revendedor alemão de livros antigos e raros. https://www.zvab.de/.

749. Das sechste und siebente Buch Moses, F. H. Masuch, org. (Braunschweig: Planet, 1950), 16-17.

750. Davies, Grimoires, 254; Bachter, "Anleitung zum Aberglauben", 136-37; Karl-Peter Wanderer, "Gedruckter Aberglaube: Studien zur volktümlichen Beschwörungsliteratur" (Tese de Doutorado, Frankfurt am Main, 1976), 27.

751. Philipp Schmidt, "Skandal in der Geschichte der deutschen Rechtsprechung", July 17, 1960, n.p. Clipping in HH, Nds. Acc. 112/83, Nr. 564, 47.

752. Spamer, "Zauberbuch und Zauberspruch", 112.

753. Um colega que cresceu na Renânia na década de 1950 me relatou este fato.

754. Schäfer, Der Okkulttäter, 106.

755. Claus Philip, "Gröning gegen Gröning", Abendzeitung, 8 de maio de 1953. Localização do periódico: IGPP, Busam Slg.

756. Schöck, Hexenglaube in der Gegenwart, 183.

757. LSH, Abt. 352, Itzehoe, Nr. 419, não consta o local, carta datada de 9 de outubro de 1954.

758. Baumhauer, Johann Kruse, 232-33.

759. LSH, Abt. 352, Itzehoe, Nr. 413, Gutachte, 21 de março de 1955, p. 49.

760. LSH, Abt. 352, Itzehoe, Nr. 418, Nervenärztliches Gutachten, March 21, 1955, p. 30.

761. "Jude/Jüdin", HDA, 811-12, 815.

762. Kriß, "Heroldsbach: Eine verbotene Wallfahrt", 210.Kriß, "Heroldsbach: Eine verbotene Wallfahrt", 210.

763. Rudolf Kriß, "Heroldsbach, Statistiken und jüngste Entwicklung", Bayerisches Jahrbuch für Volkskunde 1955 (Regensburg: Vlg. Josef Habbel, 1955), 111. O panfleto em questão era intitulado "A salvação da humanidade, o mistério de Franconia".

764. A. Jacoby, "Mosis, das sechste und siebente Buch", HDA, Band 6, 587.

765. Davies, Grimoires, 253.

766. Susan Neiman, Slow Fire: Jewish Notes from Berlin (Nova York: Schocken, 1992), 39-40.

767. Ra'anan Boustan and Joseph E. Sanzo, "Christian Magicians, Jewish Magical Idioms, and the Shared Magical Culture of Late Antiquity", Harvard Theological Review 110:2 (2017): 221.

768. Boustan and Sanzo, "Christian Magicians", 221.

769. Bronislaw Malinowski, Coral Gardens and Their Magic: A Study of the Methods of Tilling the Soil and of Agricultural Rites in the Trobriand Islands, vol. II (Allen & Unwin, 1935), 214, 218.

770. Davies, Grimoires, 30-31, 74-5. O status de cultura originária atribuído pelos nazistas à cultura judaica é o tema de: Confino, A World Without Jews.

771. Os autos do processo judicial do Livro de Moisés não foram localizados. As informações que temos sobre o caso foram pinçadas da imprensa e de relatos de pessoas que testemunharam o julgamento, em especial os feitos por Will-Erich Peuckert e Otto Prokop. Ver, Peuckert, Verborgenes Niedersachsen: Untersuchungen zur Niedersächsischen Volkssage und zum Volksbuch (Göttingen: Vlg. Otto Schwartz, 1960); e A. Eigner e O. Prokop, "Das sechste und siebente Buch Moses:

Zur Frage der Kriminogenität 'von Büchern und besonders laienmedizinischen Schundliteratur", em Medizinischer Okkultismus: Paramedizin (Stuttgart: Gustav Fischer Vlg., 1964).

772. Baumhauer, Johann Kruse, 88, 91; Schäfer, Der Okkulttäter, 55.

773. Peuckert, Verborgenes Niedersachsen, 124.

774. Johanna Micaela Jacobsen, "Boundary Breaking and Compliance: Will-Erich Peuckert and Twentieth-Century German Volkskunde" (Tese de Doutorado em Folclore e Cultura Popular, University da Pensilvânia, 2007), 3; o verbete em questão é um dos 110 de autoria de Peuckert publicados no HDA.

775. "Jude/Jüdin", HDA, 817.

776. Thomas Hauschild, "Hexen in Deutschland", em Der Wissenschaftler und das Irrationale, vol. 1 (1981), 559.

777. Jacobsen, "Boundary Breaking," 48.

778. Jacobsen, "Boundary Breaking," 57-58, 61, 89.

779. Daxelmüller, "Vorwort," 41-42.

780. LSH, Abt. 605, Nr. 537, Innenmin. des Landes Schleswig-Holstein an die Landeskanzlei, 14 de maio de 1957.

781. Baumhauer, Johann Kruse, 88.

782. "Hexenspuk in der Heide", Grafschafter Nachrichten, 22 de dezembro de 1956, sem local. Localização do periódico: HH, VVP 17, Nr. 3558.

783. HH, Nds. 100, Acc. 47/94, Nr. 63, p. 34, Niedersächsische Sozialminister an Herrn J. Kruse, 7 de março de 1957.

784. Rolf Seufert, "Geschäft mit dem Aberglauben", jornal não especificado, 20 de maio de 1957. Localização do periódico: HH, ZGS 2.2, Nr. 247.

785. LSH, Abt. 605, Nr. 537, Innenminister des Landes Schleswig-Holstein an den Herrn Justizminister, Kiel, betr.: Bekämpfung der neuzeitlichen Hexen-wahns, 12 de dezembro de 1957.

786. LSH, Abt. 605, Nr. 537, Vermerk, 29 de novembro de 1957.

787. Mark Benecke, Seziert: Das Leben von Otto Prokop (Berlim: Das Neue Berlin, 2013).

788. Baumhauer, Johann Kruse, 89-90.

789. Baumhauer, Johann Kruse, 90, 93.

790. Peuckert faz essas insinuações em Verborgenes Niedersachsen. Ver também: HH, Nds. 401, Acc. 112/83, Nr. 564, 50. Vermerk, 4 de novembro de 1960.

791. HH, Nds. 401, Acc. 112/83, Nr. 564, 50. Vermerk, 4 de novembro de 1960.

792. HH, Nds. 401, Acc. 112/83, Nr. 564, 45, Kruse an das Niedersächsische Kultusministerium, 6 de setembro de 1960; and HH, Nds. 401, Acc. 112/83, Nr. 564, 51, an Herrn Johann Kruse, 5 de dezembro de 1960.

793. HH, Nds. 401, Acc. 112/83, Nr. 564, 45. Kruse paraNiedersächsisches Kultusministerium, 6 de setembro de 1960.

794. HH, Nds. 401, Acc. 112/83, Nr. 564, 51, an Herrn Johann Kruse, 5 dezembro de 1960.

10. Alvorecer de uma nova era

795. Uta G. Poiger, Jazz, Rock, and Rebels: Cold War Politics and American Culture in a Divided Germany (Berkeley: University of California Press, 2000).

796. Wolfgang Benz, "Postwar Society and National Socialism:

Remembrance, Amnesia, Rejection", em Tel Aviver Jahrbuch f. deutsche Geschichte 19 (1990), 8.

797. Julius P. F. Hütt, "Auf der Anklagebank: Bruno Gröning", Kriminal Illustrierte, 15 de maio de 1957; "War es fahrlässigeTötung?", Gong,

16 de março de 1957. Localização dos periódicos: IGPP.

798. "Gröning, Die Karriere eines Scharlatans", 7 Tage, sem data (presumivelmente junho de 1957), localização do periódico: IGPP (não há informações arquivísticas adicionais); "Grönings Weg zum Wunderheiler", 7 Tage, (dia ilegível) julho de 1957, localização do periódico IGPP, PA 031a.

799. StAM, Staatsanwaltschaften 3178/4, p. 724, Otto Meckelburg, junho de 1951; StAM, Staatsanwaltschaften 3178/4, p. 719, Otto Meckelburg, betr.: Eidestattliche Erklärung, 3 de junho de 1951. Mildenberger, "Heilstrom", p. 54, n. 141 sugere que Enderlin deixou a polícia "surpresa" com as informações sobre Ruth, citado em StAM 3178/1, Vernehmung, Eugen Enderlin, 3 de junho de 1953. No entanto, tudo indica que Meckelburg informou a polícia antes da data mencionada por Mildenberger.

800. "Zwecks Heilung vorsprechen", Der Spiegel 23, 6 de junho de 1951, p. 7.

801. StAM, Staatsanwaltschaften 3178a/1, p. 142, Landespolizei Säckingen/Baden, Ersuchen der Krim. Außenstelle Fürstenfeldbruck, 19 de outubro de 1954.

802. StAM, Staatsanwaltschaften 3178a/1, p. 144, Staatliches Gesundheitsamt Säckingen an die Landespolizei Säckingen, 5 de novembro de 1954; StAM, Staatsanwaltschaften 3178a/3, p. 437, Protokoll, 1 de agosto de 1957.

803. StAM, Staatsanwaltschaften 3178a/3, pp. 437-38, Protokoll, 1 de agosto de 1957.

804. StAM, Staatsanwaltschaften 3178a/1, p. 144, Staatliches Gesundheitsamt Säckingen an die Landespolizei Säckingen, 5 de novembro de 1954; StAM, Staatsanwaltschaften 3178a/3, p. 437, Protokoll, 1 de agosto de 1957.

805. StAM, Staatsanwaltschaften 3178a/1, pp. 144-45, Staatliches Gesundheitsamt Säckingen an die Landespol. Säckingen, betr. B. Gröning wegen Verdachts der fahrl. Tötung, 5 de novembro de 1954.

806. StAM, Staatsanwaltschaften 3178a/3, pp. 431, 433, Protokoll, 1 de agosto de 1957.

807. StAM, Staatsanwaltschaften 3178a/3, 435, Protokoll, julho-agosto de 1957.

808. StAM, Staatsanwaltschaften 3178a/1, p. 145a, Gemeinschaft zur Erforschung und Unterstützung Grön'scher an Herrn K., 12 de fevereiro de 1950.

809. StAM, Staatsanwaltschaften 3178a/1, pp. 144-45, Staatliches Gesundheitsamt Säckingen an die Landespol. Säckingen, betr. B. Gröning wegen Verdachts der fahrl. Tötung, 5 de novembro de 1954.

810. StAM, Staatsanwaltschaften 3178a/1, p. 145a, K. para Meckelburg, 28 de março de 1950.

811. StAM, Staatsanwaltschaften 3178a/2, p. 10, K. para Meckelburg, 6 de maio de 1950.

812. StAM, Staatsanwaltschaften 3178a/2, p. 12, K. para Gröning, 15 de maio de 1950.

813. StAM, Staatsanwaltschaften 3178a/2, p. 15, K. para Meckelburg, 17 de junho de 1950.

814. StAM, Staatsanwaltschaften 3178a/3, pp. 431-32, Protokoll, 1 de agosto de 1957.

815. StAM, Staatsanwaltschaften 3178a/2, Ruth K's letters to Gröning, maio-junho de 1950.

816. StAM, Staatsanwaltschaften 3178a/2, p. 15, K. para Gröning, 17 de junho de 1950.

817. StAM, Staatsanwaltschaften 3178a/2, p. 23, K. para Gröning, 4 de outubro de 1950.

818. StAM, Staatsanwaltschaften 3178a/2, p. 25, K. para Enderlin, 11 de outubro de 1950.

819. StAM, Staatsanwaltschafen 3178a/3, p. 425, Protokoll, 1 de agosto de 1957.

820. StAM, Staatsanwaltschaften 3178a/2, p. 26, K. para Gröning, 1 de novembro de 1950.

821. StAM, Staatsanwaltschaften 3178a/2, p. 30, K. para Enderlin, 5 de dezembro de 1950.

822. StAM, Staatsanwaltschaften 3178a/2, p. 32, K. para Enderlin, 18 de dezembro de 1950.

823. StAM, Staatsanwaltschaften 3178a/2, p. 141, K. para Gröning, 7 de janeiro de 1951.

824. "Die Wunderkur brachte ihr den Tod", Süddeutsche Zeitung, Nr. 172, 19 de julho de 1957. Localização do periódico: IGPP. Um jornal afirmou que Herr K. morreu de embolismo: "Ein Mädchen zerbricht an Gröning", Abendzeitung, Nr. 92, 26 de abril de 1955, p. 3, localização do periódico: IGPP, Busam Slg.

825. StAM 3178/4, Oberstaatsanwalt Munich II, 18 de janeiro de 1951.

826. StAM 3178/4, Oberstaatsanwalt Munich II, 8 de janeiro de 1951.

827. StAM, Staatsanwaltschaften 3178a/2, p. 173, Anklageschrift, 7 de março de 1955.

828. StAM, Staatsanwaltschaften 3178a/1, Landratsamt Starnberg, Abt. II, Vermerkung, 22 de novembro de 1952.

829. StAM, Staatsanwaltschaften 3178a/1, Bayerische Landpolizei, Kriminalaußenstelle Fürstenfeldbruck, 1 de março de 1953.

830. StAM, Staatsanwaltschaften 3178a/1, pp. 46-47, Landeskriminalpolizei, Außenstelle Hameln, 5 de agosto de 1953; StAM, Staatsanwaltschaften 3178a/1, p. 53, Staatl. Gesundheitsamt an die Stadtverwaltung Hameln, 15 de setembro de 1953.

831. StAM, Staatsanwaltschaften 3178a/1, p. 95, Niederschrift, Michelson, 23 de outubro de 1953.

832. "Herr Gröning und sein Grönium", Süddeutsche Zeitung, Nr. 113, 19 de maio de 1951. Localização do periódico: StAM, Polizeidirektion 15558, p. 162. StAM, Polizeidirektion München, 15558, p. 168, betr.: Verhandlung gegen Bruno Gröning [und] Mitangeklagten, 19 de março de 1952; StAM, Staatsanwaltschaften 3178/3, Beglaubigte Abschrift, Urteil, 27 de maio de 1952. StAM, Polizeidirektion München, 15558, pp. 171, 173, respectivamente em Münchner Merkur (No. 144) e Abendzeitung (No. 155), ambos datadas de

9 de julho de 1952. Em janeiro de 1952, Gröning também foi julgado por fraude, extorsão e por ter violado a lei que regulava reuniões e ajuntamentos públicos no sul da Baviera, em uma localidade chamada Garmisch-Partenkirchen. StAM, Staatsanwaltschaften 3178/6, "Eingestellt in Richtung gegen Bruno Gröning", 21 de janeiro de 1952.

833. StAM, Staatsanwaltschaften 3178a/1, Baerische [sic] Landpolizei, Landpolizei Station Moorenweis, Vernehmungsniederschrift, 5 de março de 1953.

834. StAM, Staatsanwaltschaften 3178a/3, Anwalt Reuss para Bruno Gröning, 10 de abril de 1952.

835. "Legal illegality": "Was macht Gröning heute?", Grüne Blatt, Jhg. 6, Nr. 5 de fevereiro de 1953. Localização do periódico: IGPP E 123/100.

836. "Gröning Anhänger weinen", Abendzeitung, 23 de novembro de 1953. Localização do periódico: IGPP/Busam Sammlung, PA 214.

837. Friedrich Retlow, Bruno Gröning's Heilstrom: Seine Natur und seine Wirkung (n.p., n.d., ca. 1953), 3.

838. "Geht der Rummel wieder los?", nome de jornal não informado, sem data (presumivelmetne 1953). Localização do periódico: IGPP, PA 012.

839. StAM, Staatsanwaltschaften 3178a/1, Bayerische Landpolizei, Kriminalaußenstelle Fürstenfeldbruck, an die Staatsanwaltschaften beim Landgericht München I, 1 de março de 1953. StAM, Staatsanwaltschaften 3178a/1, Krim. Departamento de Polícia de Stuttgart, depoimento do Privatgelehrter Bruno Gröning, 2 de janeiro de 1955.

840. StAM, Staatsanwaltschaften 3178a/1, pp. 367–69, Landespol. Nürtingen, betr.: Ermittlungsverfahren geg. Bruno Gröning wegen Vergehen geg. das Heilpraktikergesetz, June 25, 1956.

841. StAM, Staatsanwaltschaften 3178a, p. 144. Staatliches Gesundheitsamt Saeckingen an die Landespol. Saeckingen, betr. Bruno Gröning wegen Verdachts der fahrl. Tötung, 5 de novembro de 1954.

842. StAM, Staatsanwaltschaften 3178a/1, pp. 159-62. Krim. Departamento de Polícia de Stuttgart, depoimento do Privatgelehrter Bruno Gröning, 31 de janeiro de 1955 – 1 de fevereiro de 1955.

843. StAM, Staatsanwaltschaften 3178a/3, pp. 367-69, Landespolizei Nürtingen, betr.: Ermittlungsverfahren gegen B. Gröning, 25 de junho de 1956; Erwin Gamber, Luzifers Griff nach der Lebenden (Bietingheim: Turm Vlg., ca. 1954), 56, 63, 64.

844. StAM, Staatsanwaltschaften 3178a/3, 429, Protokoll, 30 de julho a 1º de agosto de 1957.

845. StAM, Staatsanwaltschaften 3178a/2, Erfolgsberichte, sem data, presumivelmente gravado em 1957.

846. Anna Lux, "Passing Through the Needle's Eye: Dimensionen der universitären Integration der Parapsychologie in Deutschland und den USA", em Lux e Palatschek, orgs., Okkultismus.

847. Inge Strauch, "Die 'geistigen' Heilungen von Dr. rer. Pol. Trampler", em Wilhelm Bitter, org., Magie und Wunder in der Heilkunde: Ein Tagungsbericht (Stuttgart: Ernst Klett Vlg., 1959), 125-29.

848. A. Jores, "Magie und Zauber in der modernen Medizin", Deutsche medizinische Wochenschrift, 80. Jhg., Nr. 24, 17 de junho de 1955.

849. Harrington, Reenchanted Science; Mitchell G. Ash, Gestalt Psychology in German Culture, 1890-1967: Holism and the Quest for Objectivity (Cambridge, UK: Cambridge University Press, 1995); Christopher Lawrence e George Weisz, orgs., Greater Than the Parts: Holism in Biomedicine, 1920-1950 (Oxford, UK: Oxford University Press, 1998).

850. Erwin Liek, Das Wunder in der Heilkunde (Munich: Lehmanns Vlg., 1930), 175-76. Ver também Michael Hau, The Cult of Health and Beauty in Germany: A Social History, 1890-1930 (Chicago: University of Chicago Press, 2005); e Susanne Michl, "'Gehe hin, dein Glaube hat dirgeholfen': Kriegswunder und Heilsversprechen in der Medizin des 20. Jahrhunderts", em Geppert and Kössler, orgs., Wunder, 211-36.

851. Paul Mevissen, "Der Mann mit dem Zeichen Rasputins", Frankfurter Nachtausgabe, 22 de abril de 1955, p. 4. Localização do periódico: Stadtarchiv Rosenheim.

852. "Gröning hat mich behext," Welt am Sonnabend, 13 de abril de 1957, 15. Woche, 25. Jhg., p. 1. Clipping em IGPP, PA 037.

853. "Gröning: 'Dieser Proze. ist f. mich eine Erholung,'" Abendpost, 1. de agosto de 1957, clipping em IGPP, PA 029; "Gröning sagt: Ich kann gar nicht heilen!" Münchner Merkur, 31 de julho de 1957, clipping em Stadtarchiv München, 167/14, Personen, Gröning, Bruno, Wunderdoktor; "Gröning verurteilt und freigesprochen," Münchner Merkur, 2 de agosto de 1957, p. 4, clipping em IGPP, PA 026.

854. "Gröning geht vor Gericht!" Revue, Nr. 31, 3 de agosto de 1957, p. 9. Clipping em IGPP (nenhuma outra informação fornecida no documento).

855. "Der D.mon ist entzaubert," Bild, 6. Jhg., Nr. 176, 1. de agosto de 1957, p. 18. Clipping em IGPP/E 123/100.

856. "Gröning sagt: ich kann gar nicht heilen!" Münchner Merkur, 31 de julho de 1957. Clipping em Stadtarchiv München, 167/14, Personen, Gröning, Bruno, Wunderdoktor.

857. StAM, Staatsanwaltschaften 3178a/3, pp. 419–22, Protokoll, 1. de agosto de 1957.

858. StAM, Staatsanwaltschaften 3178a/3, pp. 423, 424–25, Protokoll, 1. de agosto de 1957.

859. StAM, Staatsanwaltschaften 3178a/2, p. 296. Psychiatrische und

Nervenklinik . . . der Universit.t Freiburg, an dem Sch.ffengericht München-Land, 9 de fevereiro de 1957.
StAM, Staatsanwaltschaften 3178a/3, pp. 426–27, 429, Protokoll, 1. de agosto de 1957.

860. StAM, Staatsanwaltschaften 3178a/3, pp. 423–24, Protokoll, 1. de agosto de 1957.

861. StAM, Staatsanwaltschaften 3178a/3, pp. 425–26, Protokoll, 1. de agosto de 1957.

862. StAM, Staatsanwaltschaften 3178a/3, pp. 426–27, 429, Protokoll, 1. de agosto de 1957.

863. StAM, Staatsanwaltschaften 3178a/3, p. 432, Protokoll, August 1, 1957. Sunglasses: "Bittere Anklage einer Mutter gegen Gröning," Bild, 6. Jhg., Nr. 176, 1. de agosto de 1957, p. 1. Clipping em IGPP/E 123/100.

864. "Heilen Sie auch Krebs?" Der Spiegel 29, 14 de jluho de 1954, pp. 12–15.

865. StAM, Staatsanwaltschaften 3178a/3, pp. 434, 435, 437–38, Protokoll, 1. de agosto de 1957.

866. StAM, Staatsanwaltschaften 3178a/3, p. 441, Protokoll, 1. de agosto de 1957.

867. "Der Fall Bruno Gröning," Welt am Sonntag, 4 de agosto de 1957. Clipping in IGPP (no further information on document).

868. StAM, Staatsanwaltschaften 3178a/3, p. 446-47, Urteil, 1. de agosto de 1957.

869. Dirk Blasius, "Tuberkulose: Signalkrankheit deutscher Geschichte," Geschichte in Wissenschaft und Unterricht 1 (1996): 329–30.

870. Winfried Süss, Der "Volkskörper" im Krieg: Gesundheitspolitik, Gesundheitsverhältnisse und Krankenmord im nationalsozialistischen Deutschland (Munich: Oldenbourg Vlg., 2003), 138, 319–22, 254.

871. StAM, Staatsanwaltschaften 3178a/3, p. 447 e 449, Urteil, August 1, 1957.

872. StAM, Staatsanwaltschaften 3178a/2, pp. 277, 282. Jung an das Sch.ffengericht, 9 de fevereiro de 1957.

873. StAM, Staatsanwaltschaften 3178a/2, pp. 292-95. Psychiatrische

und Nervenklinik . . . der Universit.t Freiburg, an dem Sch.ffengericht München-Land, 9 de fevereiro de 1957.

874. StAM, Staatsanwaltschaften 3178a/2, pp. 293-94.

875. StAM, Staatsanwaltschaften 3178a/2, pp. 297-303.

876. StAM, Staatsanwaltschaften 3178a/3, Urteil, 14-16 de janeiro de 1958.

877. StAM, Staatsanwaltschaften 3178a/3, letters from B.ttcher, Liebner, Zimmermann, and Bundesführer der Partei der guten Deutschen, dated January 15–21, 1958. On Unger: "Die guten Deutschen von Plaidt," Die Zeit, Nr. 35, 29 de agosto de 1957.

878. StAM, Staatsanwaltschaften 3178a/3, 496-97, Revisionsbegründung, 28 de março de 1958.

879. StAM, Staatsanwaltschaften 3178a/3, p. 544, begl. Anschrift, betr. Bruno Gröning wegen fhl. T.tung, 21 de fevereiro de 1959.

880. "Nachruf: Bruno Gröning," Der Spiegel 6, 4 de fevereiro de 1959, p. 62.

Conclusão

881. "Der Hexenspuk in Mailach", Süddeutsche Zeitung, 6 de junho de 1962; Hans Morper, "Die 'Hexe' sollte in ihrem Haus verbrennen", Stuttgarter Zeitung, 7 de junho de 1962. Localização do periódico: EZA 180/44.

882. LSH, Abt. 605, Nr. 537, Innenmin. des Landes Schleswig-Holstein an den Herrn Ministerpräsidenten, 19 de maio de 1961.

883. LSH, Abt. 605, Nr. 537, Vermerk, 8 de junho de 1961.

884. Leopold Schmidt, "Die Wiederkehr des Volksglaubens: Versuch einer Umschau nach dem Zweiten Weltkrieg", em Leopold Schmidt, org., Volksglaube und Volksbrauch: Gestalten, Gebilde, Gebärden (Berlim: E. Schmidt Vlg., 1966).

885. Karl-Heinz Kallenbach, "Ist die Welle des 'Hexenwahns' vorbei?" Frankfurter Rundschau, 28 de agosto de 1965, p. 68. Localização do periódico: EZA 180/44.

886. Kallenbach, "Ist die Welle des 'Hexenwahns' vorbei?".

887. "Rätsel um den Tod Grönings", 7 Tage, 14 de fevereiro de 1959. Localização do periódico: KAH, S Slg. E/E60.

888. "Viele Fragen nach Grönings Grab", Bild, data ilegível, presumivelmente 1960. Localização do periódico: KAH, S Slg. E/E60.

889. Paul Mevissen e Werner Schmidt, "Mein Leben mit Bruno Gröning", Neue Illustrierte, 20 de junho de 1965, p. 65. Localização do periódico: KAH, S Slg. E/E60.

890. Colin Dickey, "The Suburban Horror of the Indian Burial Ground", The New Republic, 19 de outubro de 2019.

891. Monica Black, "The Supernatural and the Poetics of History", Hedgehog Review 13:3 (Outono de 2011): 72-81.

892. Avery F. Gordon, Ghostly Matters: Haunting and the Sociological Imagination (Minneapolis: University of Minnesota Press, 2008), 98.

MONICA BLACK é professora de história na Universidade do Tennessee e autora do livro *Death in Berlin: From Weimar to Divided Germany*, que foi vencedor de vários prêmios, entre eles o prestigiado Fraenkel Prize. Ela mora em Knoxville.

DARKSIDEBOOKS.COM